作 者 简 介

马国臣,男,1954年出生,山东莱州人。教授,管理学博士,山东大学管理学院硕士生导师。现任山大鲁能信息科技有限公司董事长,享受国务院特殊津贴专家。2001年、2002年连续两年被评为"济南软件企业十大领军人物",2002年被评为"山东省信息产业十大新闻人物",2004年荣获富民兴鲁劳动奖章。主要研究方向为战略管理、公司治理、知识管理等,在多年的管理实践中积累了大量成功经验,在国内外发表论文数十篇,获省、部级科技进步奖多项。

作 者 简 介

　　柳丽华，女，1968年出生。副教授，现任山东大学教务处副处长，管理学博士。主要研究方向：知识管理、人力资源管理、高等教育管理。在《山东社会科学》、《东岳论丛》等核心期刊发表学术论文10余篇，主持或参与省、部级重点科研项目多项。

作 者 简 介

徐向艺，男，1956年出生，山东鄄城县人。现任山东大学管理学院院长、企业管理专业博士生导师、MBA教育中心主任，兼任教育部工商管理学科专业教学指导委员会委员、中国工业经济学会常务副理事长。获山东省"百人工程"理论人才、山东大学教学名师称号。主要研究方向：公司治理、企业组织管理与战略管理。撰写出版个人专著10部；发表重要学术论文160余篇，主持或参与国家级、省部级重点科研项目10余项。

现代企业管理创新丛书

基于企业团队和员工个体双重视角的知识管理

马国臣　柳丽华　徐向艺　等著

经济科学出版社

图书在版编目（CIP）数据

基于企业团队和员工个体双重视角的知识管理／马国臣等著. —北京：经济科学出版社，2007.3

（现代企业管理创新丛书）

ISBN 978 – 7 – 5058 – 6121 – 3

Ⅰ. 基… Ⅱ. 马… Ⅲ. 知识经济 – 应用 – 企业管理
Ⅳ. F270

中国版本图书馆 CIP 数据核字（2007）第 020972 号

总　　序

　　人类社会进入 20 世纪末，特别是进入 21 世纪以来，企业经营环境发生了根本性的变化，一是以知识经济为主体的新经济特征逐步形成；二是经济全球化趋势日益显现；三是信息技术飞速发展，基于互联网技术的网络经济方兴未艾。因此，企业要在复杂多变的环境中生存与发展就必须不断进行技术、制度与管理的变革与创新。管理理论产生于管理实践，管理实践呼唤管理理论的创新。为了分析、探讨和解决企业管理实践中出现的新情况和新问题，现代管理思想、管理理论、管理方法和管理手段不断涌现与演进。近半个世纪以来，中国经济高速发展，经济规模迅速扩大，企业竞争力有了提高，同时，面临的机遇与挑战不断增多。为应对日益严峻的国际竞争的挑战，中国企业急需加强创新能力。为此，除了需要研究总结我国企业管理的成功经验外，还必须学习、引进、吸收、消化世界先进企业的经验与知识。为了从不同视角反映现代企业管理最新研究成果，我们组编了这套《现代企业管理创新丛书》。

　　在浩瀚如烟的管理知识海洋中，这套丛书不过是我们注入的点滴浪花。我们难以企求丛书全方位展示管理学发展的趋势，也难以使选辑的作品都是"高、精、尖"的顶峰之作。我们力求为构筑中国管理学发展的巨大工程增砖添瓦。我们追求的目标有三：一是着力推出学术功力深厚、思想新颖独到的专著问世；二是反映管理学领域前沿学科、边缘学科和综合学科研究的新成就、新成果；三是借鉴国外企业管理研究的前沿理论，密切联系中国管理实践的发展，提出供管理学界同行关注并共同探讨的新课题。

　　这套丛书还是山东大学"985"二期工程人文社科重点研究基地"现代企业管理创新丛书"项目标志性成果之一。经过充分论证，山东大学管理学院承担了"985"工程二期重点建设项目。面对新形势与环境要求，确定了以现代企业管理创新为研究重点，力求在企业制度创新、企业组织管理创新、企业人力资源管理创新、企业品牌管理与营销创新、企业金融与财务管理创新、企业技术创新等领域取得突破性进展。《现代企业管理创新丛书》作为山东大学"985"二期工程规划项目，将陆续出版原创性企业管理创新成果，并介绍国外的优秀成果。以期对中国企业管理理论与实践做出应有贡献。

　　当我们推出这套丛书的时候，有点惶恐不安。我们深知丛书选题存在许多不足之处，作品理论水平也参差不齐。但我们也深知，理论创新是永无止境的，我们希望广大管理界同仁对这套丛书提出批评、建议与忠告，并参与这套丛书的编写，把你们的宝贵成果提供丛书出版。我们的目的是一致的，那就是推动中国管理理论的繁荣和管理理论指导下的中国企业的可持续性发展！

　　我们和国内管理学家们一起展望中国管理学发展和企业腾飞的未来！

李京文

2006 年 1 月

前　言

在知识经济时代，知识已经成为企业运作与管理的重要资源，知识管理的能力已经成为企业竞争优势的重要来源。因此，企业知识管理研究从理论方面将进一步拓展企业竞争优势的资源理论和能力理论；从实践方面看，知识管理研究有助于企业强化知识创造、转移、提升和利用的管理，有效地整合外部知识为己所用，在超强竞争的时代持续地保持和扩展核心竞争力。

本书从团队和员工个体双重视角研究知识管理。其结构是这样安排的：第一篇，关于知识管理的一般理论问题；第二篇，基于团队的知识管理；第三篇，关于知识型员工的绩效管理及其评价；第四篇，关于创新组织中的知识管理。

（一）

知识资本化和商品化是企业进行知识管理的背景条件。知识商品化的条件有两个：一是知识产品出现剩余；二是知识产品的私有产权得到充分保护。对知识商品化条件的讨论，为企业进行知识产权保护、激励和知识创新提供了理论依据。知识商品化的实现形式随着信息工具和传播手段的多样化、广泛化而日益多种多样。

知识创造是企业知识管理的起点，共有知识转移是企业知识管理的重点，但共有知识的转移必须以创造为前提。当作为知识源的团队提供了知识以后，决定一种知识转移流程能在一个特定情况下适用的因素就是三个，即知识的接受者、任务的性质和知识的类型。由这三个因素所决定，知识转移方式可以划分为连续转移、近转移、远转移、战略转移和专家转移。知识转移的内容既包括项目管理方面的知识，也包括产品本身的知识。要保证这五种转移方式的实现，应注意转变三种观念：一是知识来源从集中的专家模式转变为分散的个人模式；二是知识广度从个体转变为群体；三是知识形态从稳定转变为动态。

知识管理早已不局限于理论上的研究，它已经给勇于探索和实践知识管理的企业带来了巨大的经济效益。西门子公司、施乐公司、惠普中国公司等国内外知名企业的知识管理实践为我国企业进行知识管理提供了许多可资借鉴的经验。

（二）

组织结构变迁对企业知识管理具有重大影响，因此，组织设计是实现基于团队的企业知识管理的一个关键环节。机械式组织结构中的知识管理强调总任务的分解和权力的等级制，其知识管理的各项措施是围绕组织职能和等级链展开的。有机式组织结构中的知识管理是围绕动态团队、横向传递而展开的。通过创建学习型组织，可以有效地改进企业和团队的知识管理。

文化建设是实现基于团队的企业知识管理的另一个关键环节。团队文化分为强力渗透型、弱力影响型和系统适应型三类。系统适应型团队文化更有利于提高知识管理的绩效。企业应当通过建立健全知识运行机制、知识明晰机制、知识绩效机制和知识奖惩机制，对知识团队形成卓越的领导，并打造热情凝聚的知识团队。

信息技术为企业的自我知识充实机制提供支持，为企业建立不断更新知识的网络，为虚拟企业提供物质条件，为知识生产部门提供决策支持，因此，信息化是网络时代企业运营与管理的加速器，也是实现基于团队的企业知识管理的技术保证。为了从技术上实现基于团队的知识管理，需要把知识管理融于企业的战略和业务流程之中，建立适合企业自身特点的知识管理系统，从技术上提供对知识创造、知识转移、知识应用及知识创新的系统支持，借知识管理实现企业知识转型，通过知识管理创造业务价值。

（三）

知识经济时代，经济增长的源泉和企业间竞争的重心，已经从物质资本转移到知识资本方面，而作为知识拥有者的知识型员工在企业中的地位也日趋重要。然而，目前针对知识型员工绩效管理的研究却不多见，而现行的绩效管理思想和方法并不能直接应用于知识型员工的绩效管理。因此，非常有必要针对企业中知识型员工的绩效及其管理进行系统研究。第三篇利用理论分析与实证分析相结合的方式，按照系统的观点对知识型员工的绩效管理进行了全面深入地研究和分析。

与传统员工不同，知识型员工是从事生产、创造、扩展和应用知识、为企业（或组织）带来知识资本增值，并以此为职业的人员。他可以是隶属于企业的员工，也可以是不隶属于企业但为企业工作的外部人员。知识型员工具有自身的鲜明特点：实现自我价值的愿望强烈、个性鲜明、需求具有混合性特点；创新能力突出；知识更新的欲望强烈；工作过程难以监督和控制；工作成果难以直接测量和评价；工作流动较为频繁等。当然，其工作性质和组织形式也发生了一定的改变。例如，知识成为知识型员工拥有和携带的生产工具；工作的独特性和弹性较高；任务结果的不确定性较大；对员工知识和技能的要求日益提高。而企业的组织形式也开始向有机式转变。因此，知识型员工的工作机理与传统员工便有所不同，要求知识型员工：具备个体工作效率之上的效能；保持个人能力之上的合作以及完成任务过程中的知识积累。

同样，知识型员工的绩效界定也有其特殊性。传统的绩效观点有三种：基于结果、能力和行为的绩效观。尽管该三种定义各有自身的优点，但都存在一定的缺陷，也不适于对知识型员工的绩效管理。为此，本书在引入系统理论分析的基础上，提出了知识型员工的绩效是价值的观点，从而很好地综合了传统的绩效观点，且加入了系统的因素，这为知识型员工的绩效管理奠定了基础。

与此相似，传统的建立在期望理论基础上的绩效评价也存在着一定的缺陷：认为绩效高低由员工本人决定，对员工假设失误，评价的目的是奖罚，割裂了绩效管理与环境之间的关系，动态性不足，忽视了行为的价值及对"适应性绩效"的考评等。于是，这种侧重事后考核工作结果的绩效评价，目前开始转向将事前计划、事中管理和事后考核综合到一起的绩效管理。

事实上，无论是从宏观（组织或流程）层面还是微观（员工个人）层面进行绩效研究，都具有一定的片面性，因此，笔者提出，知识员工的绩效管理是一个员工绩效管理与组织绩效管理互动的过程，在该过程中组织与知识型员工进行充分的互动，从而使知识型员工和组织都获得绩效的改善。

尽管坎贝尔等人提出的绩效管理模型综合了许多学者的研究，但用于知识型员工的绩效管理时仍然存在一些缺陷：忽略了一些影响员工绩效的关键因素，模型过于复杂且缺乏验证，在知识型员工绩效构成方面也有不足等。因此，在系统理论的指导下，笔者提出了较为完善的知识型员工绩效管理模型。该模型包括员工绩效的影响和决定因素以及知识型员工绩效的成分构成两大内容，并将绩效产出分为任务绩效、关系绩效和递延绩效三个维度。并由此推演出，知识型员工的绩效管理应该分为绩效评价和绩效提升，前者侧重于员工绩效的科学衡量，后者则侧重于员工绩效的改善，从而构成了一个较为完善的绩效管理系统。

就知识型员工的绩效评价而言，应该从三个方面进行：基于工作产出的成果性指标、基于组织氛围的行为性指标和基于未来绩效能力的知识积累性指标。对成果性指标而言，可以选用的指标有四类：功能质量型、效率型、递延型及效益型，每一项指标之下还有更多子指标。实证分析表明，对行为性指标而言，有组织忠诚、协作助人和积极主动三类指标；而对知识积累性指标而言，则有自我学习、公司教育、专项学习和交流学习四类指标。当然，上述每一个指标也都含有子指标。这样，在确定了上述指标后，企业就可以根据自身的情况，对不同的指标体系及其子指标分别赋予不同的权重。当然，各企业还应该根据自身的具体情况设定各指标的得分临界值。最后，企业可以根据特定的公式计算出每个知识型员工的绩效得分，并针对其各部分的得分情况，给予相应的指导、激励或惩戒，以促进其绩效的提升。

就知识型员工的绩效提升而言，按照系统论的观点分析，应该采用全新的管理范式，进行全方位的考虑。根据笔者所构建的绩效提升模型，企业至少应该从三个方面展开知识型员工的绩效提升工作：工作体系的设计、领导方式的变革和激励体系的设计。随着环境的变迁，传统的工作体系开始转向更加有机化的工作体系，因此，应该针对知识型员工的特点重新设计企业工作，以使知识型员工具有更多的自主决策权等；而环境的变化也催生了一种新型的绩效提升激励方式——组织与员工间缔结心理契约，以通过满足知识型员工价值观需求的方式，实现知识型员工的内在激励。当然，激励体系作为外部环境作用于员工行为的一种重要因素，在对知识型员工的绩效提升管理中也不可缺少，但该种激励作用的发挥应以员工动机的准确把握为前提。实证分析表明，成就与发展、福利与收入、工作自主和尊重参与这四个维度的指标，对知识型员工绩效提升的激励及其满足都有显著作用，因此，可以将其纳入到知识型员工的绩效提升机制中。

（四）

第四篇之所以命名为"创新组织中的知识管理"，是因为近些年来，在信息经济条件下组织形态发生了重大的变化，供应链组织的发展、虚拟企业的成长、战略联盟对竞争优势的影响，均促进了知识管理系统化发展。

供应链与知识管理是近年来研究的热点，众多学者对供应链与知识管理分别进行了大量研究，但将二者结合起来的研究较少。现实中，企业竞争演变为供应链之间的竞争，而知识作为重要的竞争资源日益凸现其价值。如何整合供应链中的知识资源，使其得到最有效地利用，成为企业面临的难题。因此对供应链中的知识管理进行研究具有重要意义。本书从企业的知识观出发，界定了供应链中的知识范畴，探讨了供应链中知识管理的必要性及可行性，并将其划分为节点企业知识管理和供应链层知识管理，本书则主要研究供应链层知识管理。供应链中拥有丰富的知识资源，如何对原属于不同利益主体的知识资源进行有效管理，书中引入供应链核心竞争力的概念，探讨了供应链知识管理与供应链核心竞争力的互动关系，进而构建了供应链集成知识管理模型。提出供应链应以提升供应链核心竞争力为目标，对各环节知识管理进行集成，实现供应链知识管理系统最优化。然后阐述了建立供应链知识管理体系必须具备的知识管理技术，并对供应链集成知识管理过程进行了详细分析，包括供应链集成知识发现、供应链知识传播与共享、供应链知识创新，最终推动供应链核心竞争力的创新。此外，供应链知识管理体系还需一系列组织支持策略，最后构建了供应链知识管理的绩效评估体系。

由于信息技术的迅猛发展和国际互联网的广泛应用，使制造商共享信息并在全球范围内进行资源配置成为可能，其组织结构也将趋于分散并逐步虚拟化。虚拟企业（Virtual Enterprise，VE）被称为21世纪企业的新型组织模式，它是随着精益生产、集成制造、敏捷制造等发展形式的提出而发展起来的，是企业之间为了共同响应某一市场需求机遇而形成的，它能够以其本身独有的柔性实现对环境变化的敏捷性，使企业从容应对不可预测的市场变化，在多变的竞争环境中取得长期的经济效益和可持续发展。同时，知识资本也逐渐成为企业竞争的优势之一。一个企业的竞争力和潜在竞争力主要决定于知识的模仿能力和创新能力。相应地，在所有的知识需要者和知识拥有者之间知识模仿中，虚拟企业就提供了这么一个最充分，但也最具挑战性的消化吸收别人知识的一个机制。本书以虚拟企业产生的背景为起点，首先阐述了虚拟企业的内涵特征与理论基础，进而展开分析虚拟企业知识转移的动因、基本要素和一般模式；其次，研究了我国企业与跨国公司的虚拟企业的知识转移层次和转移过程，并且分析了影响虚拟企业知识转移的因素；再次，论述了虚拟企业知识转移的收益，提出了虚拟企业强调的是利益均沾与共享，实际上也是双赢策略。在这种合作博弈中，强调的是双方利益的协同发展，双方效率的共同提高。之后，本书提出知识转移过程中也存在着风险，针对诸多风险，提出了相应的防范措施，包括虚拟企业本身采取的措施和政府社会所给予的外部环境保障，从而进行风险的防范，提高虚拟企业运作的效率和成功几率。

从 20 世纪 80 年代起，信息技术的发展使企业的竞争关系进行了战略性的调整，从单个组织的竞争逐渐转向大规模的合作竞争，以跨国公司为主体的企业与全球范围的竞争对手之间建立战略联盟是企业进行大规模合作竞争的普遍形式。同时战略联盟的存在为知识传递和创新也提供了空间，战略联盟发展的新趋势也是以知识的双向和多向流动为特征，更重视知识学习的效果和创新能力的提高。本书研究的企业战略联盟的知识传递，是战略联盟和知识管理两个前沿问题的横向交融，在前人研究的基础上，既关注了现代企业组织形态的典型形式——企业战略联盟，又研究了知识经济时代企业管理所不可缺少的因素——知识管理，旨在为现代企业走向全球竞争提供有针对性的理论指导。本书从战略联盟知识传递的意义出发，结合前人的研究成果，建立了战略联盟知识传递的模型，并进一步将战略联盟知识传递的过程概括为知识共享和知识吸收两个关键环节；随后从博弈论的角度，阐述了战略联盟成员之间的知识共享博弈过程是一个非合作的、动态的重复博弈，并得出战略联盟成员之间长期的知识共享是一个子博弈完美纳什均衡，是可以持续下去的；战略联盟的知识吸收是促进知识传递成功的第二个环节，本书从联盟伙伴、知识特性及传递路径、企业自身三个方面分析了对知识传递产生阻碍的因素，结合我国 TD - SCDMA 产业联盟实际案例，最终构建出了企业战略联盟知识传递的整体机制。

本书是集体劳动的成果。本书的其他作者都是我的博士生和硕士生。马国臣现任山大鲁能信息科技有限公司的董事长，兼任山东大学管理学院的教授、硕士生导师，2001 年起他师我攻读博士学位，2004 年获管理学博士学位。他长期在高科技企业从事管理工作，既有丰富的实际管理经验，又掌握系统的现代管理前沿知识。本书吸收了他博士论文中的核心内容。柳丽华 2002 年师从我攻读博士学位，2006 年获管理学博士学位，现任山东大学教务处副处长。她的博士论文及近几年研究方向即是关于知识型员工的绩效管理，其主要成果构成了本书的第三篇内容。第四篇内容是我和我指导的几位硕士生共同研究的成果。具体作者如下：第一篇：马国臣、徐向艺；第二篇：马国臣；第三篇：柳丽华；第四篇：徐向艺、陈英华、马跃、李薇。我对本书的初稿进行了较大幅度的修改，有的章节甚至进行了重写。在研究过程及成书过程中我们参考了国内外大量的研究成果（参考文献附后），我们特向这一领域做出贡献的作者们表示敬意！

徐向艺

2007 年 1 月 16 日于山东大学

第一篇　知识管理总论

第1章　知识管理导论 ……………………………………………… 3

§1.1　知识管理理论进展与研究视角 …………………………… 3

§1.2　知识管理相关范畴释义 ……………………………………… 8

第2章　知识资本化与商品化 ……………………………………… 27

§2.1　知识资本的价值构成及其对企业增长效应 ……………… 27

§2.2　知识商品化的条件及实现 ………………………………… 34

第3章　共有知识的创造与转移 …………………………………… 39

§3.1　共有知识的创造 ……………………………………………… 39

§3.2　知识转移的过程和影响因素 ……………………………… 44

§3.3　知识转移方式 ………………………………………………… 49

§3.4　知识转移方式比较与选择 ………………………………… 63

第4章　国内外知识管理实践的比较及启示 …………………… 67

§4.1　西门子公司的知识管理 …………………………………… 67

§4.2　施乐公司的知识管理 ………………………………………… 70

§4.3　惠普中国公司的知识管理 ················· 75
§4.4　知识管理实践对当代企业管理理念的影响及启示 ··········· 79

第二篇　基于团队的知识管理

第5章　基于团队知识管理的组织设计 ················· 85
§5.1　企业组织结构演变分析 ················· 85
§5.2　机械式组织结构中的知识管理 ················· 93
§5.3　有机式组织结构中的知识管理 ················· 97
§5.4　知识管理与学习型组织构建 ················· 108

第6章　知识团队的文化建设与激励机制 ················· 113
§6.1　知识管理中的团队文化建设 ················· 113
§6.2　基于团队组织的知识员工激励与领导 ················· 118
§6.3　创建热情凝聚的知识团队 ················· 126

第7章　企业团队知识管理的信息化 ················· 129
§7.1　知识管理与企业信息化 ················· 129
§7.2　知识管理的信息化平台 ················· 133
§7.3　知识管理信息化的规划 ················· 139

第三篇　知识型员工管理及绩效评价

第8章　知识型员工及其工作机理分析 ················· 147
§8.1　知识型员工的工作性质分析 ················· 147
§8.2　知识型员工的组织形式分析 ················· 154
§8.3　知识型员工的工作机理分析 ················· 160

第 *9* 章　知识型员工绩效的系统分析及其绩效管理模型 ·············· 173

§9.1　绩效的传统观及其缺陷分析 ················· 173

§9.2　知识型员工绩效的系统分析 ················· 182

§9.3　绩效评价的传统机制及其变迁 ··············· 187

§9.4　绩效管理的层次结构及知识型员工的绩效管理 ···· 198

§9.5　知识型员工绩效管理模型的构建 ·············· 207

第 *10* 章　知识型员工的绩效评价机制············· 217

§10.1　知识型员工的绩效管理流程与绩效契约分析············· 217

§10.2　知识型员工绩效评价的成果性指标分析 ········ 226

§10.3　知识型员工绩效评价的行为性指标分析 ········ 231

§10.4　知识型员工绩效评价的积累性指标分析 ········ 250

§10.5　知识型员工绩效的综合评价及其实施············· 257

第 *11* 章　知识型员工的绩效提升机制············· 265

§11.1　知识型员工绩效提升的原理分析与模型构建············· 265

§11.2　基于绩效提升的知识型员工工作体系设计········· 267

§11.3　基于绩效提升的知识型员工心理契约的缔结········ 275

§11.4　知识型员工绩效提升中的激励体系分析·········· 286

第四篇　创新组织中的知识管理

第 *12* 章　基于供应链的知识管理················· 305

§12.1　供应链与知识管理················· 305

§12.2　基于供应链的知识管理模型················· 312

§12.3　基于供应链的知识管理体系的构建············· 316

§12.4　供应链知识管理的组织支持策略··············· 332

§12.5　基于供应链的知识管理的绩效评估············· 337

第 *13* 章　虚拟企业的知识管理 ·· 343

§13.1　虚拟企业及其知识转移 ·· 343

§13.2　虚拟企业中的知识类型与获取方式 ····························· 346

§13.3　虚拟企业中知识转移的理论解释 ······························· 349

§13.4　虚拟企业知识转移的层次与过程 ······························· 354

§13.5　影响虚拟企业中知识转移的因素 ······························· 360

§13.6　虚拟企业知识转移的收益 ·· 368

§13.7　虚拟企业知识转移中的核心能力保护 ························· 372

第 *14* 章　战略联盟中的知识管理 ·· 381

§14.1　企业战略联盟知识传递的理论基础和模型建立 ············ 381

§14.2　企业战略联盟知识共享可能性和吸收障碍分析 ············ 391

§14.3　"中国 TD—SCDMA 产业联盟"知识传递案例分析 ······ 402

§14.4　企业战略联盟知识传递机制的构建 ···························· 407

主要参考文献 ··· 421

第一篇

知识管理总论

第 1 章

知识管理导论

§1.1 知识管理理论进展与研究视角

☞ 1.1.1 知识管理的学派及对知识管理的认识

由于知识管理是管理领域的新课题，所以目前还没有一个被大家广泛认可的定义。总结起来，基本可以划分为以下三个学派：技术学派、行为学派和综合学派。

技术学派认为，知识管理就是对信息的管理。这个领域的研究者和专家们一般都有着计算机科学和信息科学的教育背景。他们常常被卷入到对信息管理系统、人工智能、重组和群件等的设计、构建过程当中。对他们来讲，知识等于管理的对象，并可以在信息系统当中被标识和处理。

行为学派认为，知识管理就是对人的管理。这个领域的研究者和专家们一般都有着哲学、心理学、社会学或工商管理的教育背景。他们经常卷入到对人类个体的技能或行为的评估、改变或是改进过程当中。对他们来说，知识等于过程，是一个对不断改变着的技能等的一系列复杂的、动态的安排。这些人在传统上，要么是像一个心理学家那样热衷于对个体能力的学习和管理方面进行研究，要么就像一个哲学家、社会学家或组织理论家那样在组织的水平上开展研究。

综合学派认为，知识管理不但要对信息和人进行管理，还要将信息和人连接起来进行管理；知识管理要将信息处理能力和人的创新能力相互结合，增强组织对环境的适应能力。组成该学派的专家既对信息技术有很好的理解和把握，又有着丰富的经济学和管理学知识。他们推动着技术学派和行为学派互相交流、互相学习从而融合为自己所属的综合学派。由于综合学派能用系统、全面的观点实施知识管理，所以能很快被企业界接受。

其实各种定义的出现，反映了人们从各个侧面对知识管理不倦的探索，而综观各个侧面的研究则使我们有可能对知识管理逐渐产生全面的理解。目前国内媒体普遍比较愿意接受下面这一种比较全面的定义：知识管理就是对一个企业集体的知识与技能的捕获，然后将这些知识与技能分布到能够帮助企业实现最大产出的任何地方的过程。知识管理的目标就是力图能够将最恰当的知识在最恰当的时间传递给最恰当的人，以便使他们能够做出最好的决策。

📖 1.1.2　企业知识管理的目标和内容

企业知识管理的内容就是要解决知识特性中的矛盾和问题，基于团队组织的企业知识管理的目标是：通过采用信息系统和股票期权等技术支持和激励机制，以及设计、构造具有良好企业文化的团队组织形式，发掘固有知识、引导知识创新，实现知识共享，并通过对共享的知识进行有效应用，最终提高企业的竞争力，实现企业的可持续成长。

长城企业战略研究所提出了一个企业知识管理模型（王德禄，1999），该模型包括六方面的内容：知识管理方向（价值体系）；知识管理体系（方法和策略）；促进知识管理的企业文化；通畅的知识管理途径；要有支持知识管理的设备和工具；对知识进行监控。[①]

英特尔公司在一份关于"二十一世纪半导体制造能力"的报告（綦振杰，1999）中也提出了一个知识管理模型。它认为知识管理可以被分成四个大的领域：知识创造（包括调查研究、集体讨论、战略规划、综

[①]　王德禄：《知识管理：竞争力之源》，江苏教育出版社1999年版。

合集成）；知识的获取和结构（包括数据和知识数据库、索引、培训开发、成文报告、知识管理工具）；知识分发（包括互联网和内部网、教育和培训、电子邮件、读物、浏览器和用户界面、安全预防）；知识应用（包括问题解决、战略规划、决策制定、管理和规则）。①

施乐公司在调查60名知识管理工作者后，列出了最重要的十个知识管理领域：对知识和最佳业务经验的共享；对知识共享责任的宣传；积累和利用过去的经验；将知识融入产品、服务和生产过程；将知识作为产品进行生产；驱动以创新为目的的知识生产；建立专家网络；建立和挖掘客户的知识库；理解并计量知识的价值；利用知识资产。

IBM公司的知识管理研究院（綦振杰，1999）则将其研究领域主要集中在如下九个方面：团体和团队；知识战略；专家网络管理；客户知识；技术的目标；知识经济；创新；灵活性和响应能力；社会资本。IBM在每一个领域内主要进行一些最基本的研究，以求建立未来跨国公司的学习框架。

☞ 1.1.3　企业知识管理的策略与原则

在企业知识管理的策略研究上，国外主要以美国生产力与质量研究中心对在知识管理实践方面走在前列的11家公司和组织的调查为代表。提出了六种企业知识管理战略模式（柳卸林，1998）：（1）把知识管理作为企业经营战略；（2）知识转移和最优实践活动；（3）以客户为重点的知识战略；（4）建立企业员工对知识的责任感；（5）无形资产管理战略；（6）技术创新和知识创造战略。② 其他诸如德曾姆士的四步实施战略、汉森的编码和个人化两种模式以及达文波特教授提出的"知识管理两阶段论"也有一定代表意义。

国内的研究则主要体现在徐勇等人（1999）归纳的知识共享的三种推动模式：命令带动式、利益诱导式和个人行为推动式。③ 还有学者对企业信息主管（CIO）进行了研究，归纳出三种最基本的CIO模型（霍国

---

① 綦振杰编译，http://www.intel.com/.
② 柳卸林：《知识经济导论》，经济管理出版社1998年版。
③ 徐勇、王福军等：《知识管理》，广东经济出版社1999年版。

庆，1999），① 分别是：（1）战略/战术模型。在这个经典模型中，一个公司中总有两个或几个信息方面的主管，其中一个负责战略事务，另一个或几个负责战术事务。（2）内部/外部模型。在这种模型中，有关职责被划分为内部和外部两个部分，一个信息技术经理可能管理内部信息系统的总体结构、基础设施和日常操作，另一个则追踪技术进展、商业机会或研发活动。（3）消亡模型。这种模型还没有流行，在这种模型中，随着时代的发展，首席执行官（CEO）日益了解信息技术对企业的作用，无需 CIO在信息系统和业务战略之间扮演重要角色，技术方面的问题可以由技术主管（CTO）解决。

对于知识管理的原则，不少学者也从不同侧面提出了自己的看法。当某一组织在有关知识管理的一些原则上达到共识，具体的方法和计划就会在此基础上随之产生。基于以上认识，知识管理的研究学者纷纷给出相应原则。国外以达文波特教授为代表，提出了知识管理代价高昂、知识管理受益于实事求是等十大原则。② 国内以王德禄为代表指出，最为有效的知识管理需要把握积累、共事和交流三个原则。③ 为了适应知识管理的需要，企业需要新型组织结构，新型的团队化组织结构有利于员工的相互影响、沟通和知识共享，有利于企业的知识更新的深化，有利于企业集中资源完成知识的商品化，有利于企业掌握对环境的适应能力，有助于增强企业员工的团队合作精神，有利于知识商品化过程中关键角色的明确和确认，使其顺利地发挥各自应有的作用。而且知识经济条件下的新型团队不仅仅是一个生产、经营性的组织，而是一种学习型组织，也是一种宽松的、民主的管理体制。

1.1.4 企业知识管理的方法与技术

国外的研究还是主要集中在美国生产力与质量研究中心提出的实施知识管理战略的六种方法：构建支持知识管理的组织体系；加大对知识管理的资金投入；创造有利于知识管理的企业文化；制定鼓励知识创造和转移

① 霍国庆：《信息主管与战略信息管理》，中国科学院文献情报中心博士论文，1999a。
② Davenport, T. and Prusak. Working Knowledge：How organizations manage what they know. Harvard Business School Press，1998.
③ 王德禄：《知识管理的 IT 实现——朴素的知识管理》，电子工业出版社 2003 年版。

的激励措施；开发支撑知识管理的信息技术；建立知识管理评估系统。

国内的王如富等人（1999）也给出了知识管理的六种方法：知识编码化；应用信息技术；建立学习型组织；设立知识主管；构建知识仓库；进行基准管理和最佳实践。[①] 徐勇等人（1999）也给出了知识管理的六种方法：设立知识主管；创建动态团体；建立知识创新的激励机制；建立递增收益网络；建立企业内部网络，促进知识交流；建立动态联盟，培养核心创新能力。[②]

20 世纪末和 21 世纪初，知识管理技术的兴起与应用，使知识管理的可操作性大为提高，知识管理进入了一个大发展的时期。这一时期的主要推动者是国际知名的 IT 厂商和咨询公司，而一些世界顶级企业的成功也起到了相当有影响力的“标杆效应”。Compaq 公司在实施知识管理时，将整个技术分为四大类，即知识收集技术、知识共享技术、知识利用技术和知识拓展技术。毕马威公司提出知识特征矩阵分类法，从知识位置及知识结构化程度两个维度来分类知识管理技术；Gartner 公司提出知识管理技术的成熟度矩阵，认为知识管理技术将越来越从知识存储和检索层次的应用向知识共享和智能技术利用方向发展。由此可以看出，知识管理技术并不是没有分类，而是缺少统一、科学而规范的分类标准。

与技术相关的知识管理相关软件主要包括以下几个种类：群件、知识资产管理、知识的管理软件、数据仓库、协作和工作管理、工作流管理、文本和文档管理软件等，这些软件的应用大大提高了团队成员间的交流沟通效率，提高了知识管理的绩效。当然以上的分类也并不绝对，各种软件没有完全绝对的界限；而且即使是一个产品从不同的角度、功能来看可能可以同时归入不同的类别。

国内外学者还对许多成功的知识管理企业作了案例分析，除上面提及的外，国外的企业还有布兹—爱伦—汉密顿咨询公司（Booz, Allen & Hamilton）、安永公司（Ernst & Young）、惠普公司（Hewlett-Packard, HP）、微软公司（Microsoft）、安达信咨询公司（Andersen Consulting）等等；国内的有金山公司、北大方正、清华同方、科利华、亚信集团等等。

由上面四部分的综述可以看出，国内外学者目前还侧重于对知识管理的定义、目标和内容、策略与原则以及能支持知识管理的信息技术进行讨

① 陈劲、王如富：《知识经济与企业核心能力的培养》，载《中国软科学》1999 年。
② 徐勇、王福军等：《知识管理》，广东经济出版社 1999 年版。

论，而对于企业知识管理的具体方法与手段还没有进行系统的研究，现在还不能给企业提供一套操作性强的知识管理方案。对于企业知识管理的激励机制、企业知识管理部门的职能与定位、知识主导型文化的体系以及知识管理软件的系统分析还没有较为深入地研究。

虽然很多敏锐的企业在实践知识管理的思想，有些学者对其采用的方法与手段也进行了一些归纳和分析，但显得星星点点，不成体系。然而，我国企业在面临知识经济时代挑战的同时，还面临加入世界贸易组织（WTO）后的挑战，它们急需提高竞争力，其中实施知识管理是有效措施之一。这就需要学者们加强对企业知识管理方法与手段的研究。

§1.2　知识管理相关范畴释义

☞ 1.2.1　知识、知识的分类及其特性

研究知识管理，首先需要清晰地界定核心的概念，包括知识、知识分类、知识特性、知识管理、知识团队和知识共享等。美国当代著名经济学家和管理学专家彼得·德鲁克认为在当今新的经济条件下，知识已成为与传统生产要素（劳动、资本、土地）相并列的资源，甚至超过了其他要素的重要性，成为知识经济的根本特征。① 知识的积累、发展、更新和创造推动了企业的进步，从而带动整个社会的知识化进程。

1. 知识及知识的分类

广义上说，知识是人们在认识世界、改造世界中所获得的认知，包括积累经验的总和。但这种定义还不足以说明知识的确切内涵，只有在一系列的阐述和比较中才能认识到知识的多个方面。从一般意义上说，知识是经过加工提炼，将很多信息材料的内在联系进行综合分析，从而得出的系统结论。知识通常能够回答五个重要问题：是什么（what）、在何时

① P. E. Drucker. The Information Executive Truly Need. Harvard Business Review, 1995.

（when）、怎么样（how）、在哪里（where）、为什么（why），它描述了一个问题从产生到找到解决方案的整个过程，包括解决路径、所使用的工具、所涉及对象与人员、可能的分歧和后果等。按照 OECD 的定义（OECD，1997）知识可分为四大类：①

——知道是什么，即知事（Know-What，又称事实知识）；

——知道为什么，即知因（Know-Why，又称原理知识）；

——知道怎样做，即知窍（Know-How，又称技能知识）；

——知道谁有知识，即知人（Know-Who，又称人力知识）。

其中前两类知识是可以表述出来的知识，也就是我们一般所说的显性知识（Explicit knowledge），而后两类知识则难以用文字明确表述，一般称之为隐性知识（Inexplicit knowledge）。显性知识的管理主要是编码化和数据库化，这些往往有规律和条例可循，而隐性知识的管理通常没有固定的方法和原则，只能因地制宜，因人而异。所以显性知识相对隐性知识来讲比较易于管理，两者需要采用不同的方法协同配合，达到知识的积累、转化与创造的目的。

一般来讲，隐性知识比显性知识更完善、更能创造价值，隐性知识的挖掘和利用能力，将成为个人和组织成功的关键（王德禄，1999）。② 通过运用暗号、比喻、类比和模型（Ron Young，1998），可以将存在于整个组织中的有价值的隐性知识转化为容易传播的显性知识。另一方面，显性知识必须能很快地再转换为隐性知识，否则它的真实价值就不复存在（Ron Young，1998）。因为显性知识转换为企业员工隐性知识的过程，一般都是知识应用的过程或知识转化为生产力的过程。

2. 知识的特性

利用知识创造价值的基础的前提是理解知识的特性。随着对知识研究的不断深入，人们已经普遍关注到知识的以下几个特性，从理论上来讲，主要是共享性、隐含性和资源性；在指导实践的过程中，主要表现为增值性和"波粒二相性"。

（1）知识的共享性。知识与其他传统资产不同，是不具独占性的，

---

① OECD：《以知识为基础的经济》，机械工业出版社 1997 年版。
② 王德禄：《知识管理：竞争力之源》，江苏教育出版社 1999 年版。

即把你的知识传送给别人后，你还拥有这种知识；甚至通过互动，你的知识不但不会减少，反而还会增加。知识的非消耗性与知识的共享性有着密切的关系，它不会由于更多人的享用而减少消失。在这一点上，知识不同于物质和能量，物质和能量在共享中有潜在的竞争性与冲突性。

知识本身的外部性（徐勇，1999）导致知识可以低共享成本，并且共享程度越高，越能更多地展现知识的网络效应，而知识创新具有高成本性、高风险性以及收益和分配的不确定性（J. D. DayJames，1998），显然，这是知识管理需要解决的一对矛盾。另外，随着知识更新周期的加快，知识创新过程的长期性和知识使用寿命短期性（孙涛，1999）构成另一对矛盾。[①] 因而知识拥有者为了回避风险、回收投资，自然就会对拥有的知识有意"垄断"，而这与知识只有通过大范围的共享才能充分发挥其效益形成冲突，知识工作者对知识的垄断性和知识本身要求的共享性构成一对矛盾。这些矛盾要求解决如何使个人知识公共化和企业化，以及如何使企业知识社会化和全球化的问题。

（2）知识的隐含性。知识的隐含性主要体现了作为客体的知识和作为认识主体的人之间的不可分割性。因为所谓"知识"，简单地说，就是作为认识主体的人知道和了解的事情。而理解必须是个人的、主体的、特殊的、难以充分交流的，或者说知识总是属于某个个人的。正是这一点决定了知识的隐含性。这一特性也增加了在知识管理实践中隐性知识外显化的难度，如何挖掘出潜在的隐性知识已成为当前知识管理研究和实践的重点，因为对企业而言，隐性知识往往比显性知识具有更大的独占性和竞争力，且沉没成本极大。隐性知识、显性与组织识别的关系如表 1－1 所示。

表 1－1　　　　　　隐性知识和显性知识与组织识别的关系

领域	个人	群体	组织	跨组织
明晰化知识/信息 认识、技能 物化形式	懂得微积分	质量圈对其运作的成形化分析	组织结构图	供应商专利和惯例
隐性知识/信息 认识、技能 物化形式	跨文化谈判技能	复杂工作中的团队协调	公司文化	顾客对产品的态度和期望

资料来源：[法] 查尔斯·德普雷、丹尼尔·肖维尔主编，刘庆林译：《知识管理思想的主题分析》，载《知识管理的现在与未来》，人民邮电出版社 2004 年版。

---

① 孙涛：《21 世纪经营管理的新趋势——知识管理》，中华工商联合出版社 1999 年版。

（3）知识的增值性。知识的增值性是指知识在生产、传播和使用过程中，有不断被丰富、被充实的可能性。在知识经济条件下，知识的增值作用远远大于传统资本。这是因为除了知识本身所带来的生产力提高、人员素质改善等知识深度增值外，其组织间零成本共享的特点带来了知识的广度增值，因此，在信息技术发展到一定程度，依靠知识增值而迅速成长起来的知识型企业越来越多，而这样的企业也更具竞争力。

（4）知识的资源性。知识作为一种新型资源，已经成为像土地、劳动力等传统资源一样不可或缺的生产要素，甚至比传统更为重要，因为与传统自然资源相比它有许多优势。不妨通过表 1－2 来对比一下自然资源与知识资源的特点。

表 1－2　　　　　　　　　　　自然资源与知识资源之对比

自然资源	知识资源
损耗速度快	不会损耗
不可再生性	具有再生性
复制成本高	复制成本低
优势递减	优势递增
便于模仿	难以模仿

知识是与物质、能量共同构成人类社会的要素，它与物质和能量一样也是一种资源。当前，世界经济正在由工业经济向知识经济转变，知识在经济发展中所占有的比重与创造的价值正呈上升趋势。

据专家估计，科技进步对经济增长的贡献率，已从 20 世纪初期的 5%～20%，提高到 70～90 年代的 70%～80%。近年来，在全球信息高速公路建设的带动下，全球 GDP 中已有 2/3 的产值与信息行业有关；《以知识为基础的经济》一书中指出，OECD 主要成员国的知识经济产值已经超过其国内生产总值的 50%。[①]

在知识经济时代，知识的作用第一次得到充分体现——知识在经济增长中的角色已不再是"外生变量"，而成为内在的核心因素。这将使经济的增长方式发生根本变化，使人类对物质资源的依赖逐渐减弱；而知识作为一种独特的生产要素将在经济发展中发挥越来越重要的作用。

（5）知识的"波粒二相性"。如同物理学中对于光的认识一样，人们

---

①　OECD：《以知识为基础的经济》，机械工业出版社 1997 年版。

在对知识的理解上也一直存在着疑问：知识究竟是一种没有清晰边界的社会过程，还是能够为我们所拥有的一种有形物质呢？维娜·艾莉就此提出了一种有意义的见解：知识的"波粒二相性"（Verna Allee，1998），即作为实体的知识和作为过程的知识。①

第一，作为实体的知识。简单来说，知识是我们所学东西的总和，因此可以将知识看成某种"东西"。首先，东西一般都被某个人所拥有，具有产权，而知识也有产权，类似于一种财产；其次，东西需要储藏和维修，而知识的积累也需要人们付出种种努力。这种将知识"实体化"的看法，促使人们致力于应用信息手段实现知识编码，并成为"知识产权"的理论基础。以此为基础，还产生了诸如"知识转移"等概念，说明知识能够像接力棒一样逐步传递。承认了知识的实体性，就自然产生了知识的识别、组织、收集和测度等一系列问题。

第二，作为过程的知识。在"知识是一个过程"的看法下，知识领域的重点就发生了变化，也就是说，应该更多地将注意力集中于知识的动态方面，例如知识的共享、创造、学习、运用和沟通。米切尔·普拉尼将人们获取和创造新知识的过程描述为"认识的过程"。他将知识概括为"一种能更好地描述为认知过程的活动"。而认识是在个体和群体之间一种持续不断的流动过程，因此，就引发了鼓励参与和协助沟通等问题。

我们所注意的事物的性质，往往依赖于我们怎样看待它与行为、工作和结果的关系，如同对光的"波粒二相性"的理解一样。以上关于知识的两种考察方法各有侧重和用途。所谓知识的"二相性"，是指当对知识进行分类、组织甚至测度时，知识具有实体的性质；而在对知识进行创造、提高及应用的持续过程中，知识又具有了过程的性质。这两者的矛盾统一，就构成了知识的性质。用一句话来做一个不完全的概括："知"和"识"的过程（王德禄，1999），恰恰是获取和创造"知识"这一实体的过程。所谓"实体"和"过程"，是不可分的和统一的。

3. 知识的广度与深度

知识还具有广度与深度，这是组织或个人在考虑知识结构时需面对的另外一对矛盾。所谓知识的广度，就是指知识数量的多少；所谓知识的深

---

① ［美］维娜·艾莉：《知识的进化》，珠海出版社1998年版。

度，就是指对知识精通的程度。在一定的资源（比如时间、资金、人力）限制下，知识的广度与深度将成反比关系。所以，不但要强调终生学习，还要强调适时学习（宋玲，1999）。设计一套合适的知识结构和培训计划是知识管理的重要内容。

《1998/1999 年世界发展报告》考察了两种类型的知识：技术知识（如关于耕作、卫生保健或会计的知识）及有关属性的知识（产品质量、借款人的信用度或雇员的勤奋度）。该报告将这种技术诀窍的不平均称为知识差距（Knowledge Gaps），将有关属性知识的不平衡性称为信息问题（Information Problems）。如何缩小知识差距和解决信息问题显然也是知识管理需解决的问题。

对一个企业而言，知识则指与企业经营及管理的各个要素相关的有价值信息及资料（市场、客户、竞争对手、技术、产品、员工、供应商、合作伙伴、股东、业务流程、管理流程）。它的知识构成大致可以分为以下四种存在形式：（1）物化在机器设备上的知识；（2）体现在书本、资料、说明书、报告中的编码后的知识；（3）存在于职员头脑里的意会知识；（4）固化在组织制度、管理形式、企业文化中的知识。

具体来说，企业外部的通用商业知识又可细分为以下三类：（1）宏观经济、行业经济及细分市场，包括市场及客户，竞争对手，技术及产品，相关的竞争情报等。（2）商务，包括金融，贸易，投资，财务、税务及评估公证，工商、商标及专利，法律法规，管理及营销，公关、会议及展览，环保服务，广告、设计及印刷包装，软件，信息及商务顾问，资产及产权交易或处置等。（3）企业经营及管理，包括管理原理、业务及管理流程典范、案例等。

而企业内部的特有商业知识可分为以下四类：（1）支持决策的信息，包括经营管理数据，信息，研究分析等。（2）经营及管理的制度规范，包括目的说明，管理流程图示，操作指引（流程说明、重要目标、数量及质量要求、时间要求、注意事项），标准文本，执行人员指引，管理人员指引，审批权限指引，监督机制，奖惩制度等。（3）经营及管理的经验智慧，包括泛文档管理，案例，专家渠道等。

所以从知识的构成来看，企业知识管理除了应对企业的信息资源和信息系统进行管理外，还应包括企业技术创新的管理、企业文化的管理、企业员工知识的管理、企业组织和制度的管理、企业固化知识的管理等。现在很多企业已经注意到对研究与开发（R&D）的投资，然而对教育与培训（E&T）的投资却重视不够或不知从何处着手，很多企业已经注意到对新知识、新技术的重视，但对已经固化到企业制度、组织形式、产品或设备上的知识则没有重视，或者不知如何管理。

4. 知识与数据、信息、智能的关系

要准确的理解知识的含义，必须严格区分知识与数据、信息、智能的关系。数据是反映事物运动状态的原始数字和事实；信息是已经排列成有意义的形式的数据；知识是经过加工提炼，将很多信息材料的内在联系进行综合分析从而得出的系统结论；智能是激活了的知识，主要表现为收集、加工、应用、传播信息和知识的能力，以及对事物发展的前瞻性看法。从图1-1中可以看出，数据—信息—知识—智能，构成了由低到高、由浅入深、由易到难的序列。

图1-1 数据、信息、知识与智能

Michael Earl（1998）以图表的形式对数据、信息和知识做了区别，见表1-3。信息和知识可以作进一步的对比，如表1-4所示。

表1-3　　　　　　　　　　对数据、信息和知识的分类

	数据	信息	知识
内容	事件	趋势	专业知识
形式	交流	模式	学习
信息任务	描述	操作	编码
获取方式	观察	判断	体验
组织意图	自动化	决策	行动
价值	建标基础	减少不确定性	新认识

资料来源：［法］查尔斯·德普雷、丹尼尔·肖维尔主编，刘庆林译：《知识管理思想的主题分析》，载《知识管理的现在与未来》，人民邮电出版社2004年版。

表 1 – 4	信息与知识的属性对比
信　息	知　识
独立于行动和决策	与行动和决策密切相关
经过处理改变形态	经过处理改变思维
独立于环境存在	环境改变含义
容易转让	经过学习才能转让
可复制	无法复制

资料来源：王德禄：《知识管理的 IT 实现》，电子工业出版社 2003 年版。

知识不同于传统的土地、物资、资金和人力资源，它是一种特有的资产。同其他有形资产相比较，知识具有如下特性：（1）指数增长特性；（2）可分享性；（3）可扩展性；（4）复杂性；（5）价值的不确定性；（6）利益分成的不确定性；（7）知识通过经验规则和直觉起作用。

真正能够使企业活动富有活力并取得成功的知识，应该具备两方面的特性：（1）财产的特性——可以被开发利用的、有价值的认知和信息，它能够不断积累、保存、筛选和完善，并能够最大限度地为企业成员和部门所利用。（2）实践的特性——能够根据掌握的认知和信息，开展发明、建造、编纂、组织、改造、转让、共享、应用和保护等一系列活动，并能够转化为有价值的商品和服务。

1.2.2　知识团队及特点

1. 什么是知识团队

知识团队是团队的一种。团队是由两个或者两个以上的人组成，通过人们彼此之间的相互影响，相互作用，在行为上有共同规范的一种介于组织与个人之间的一种组织形态。他们为了共同的目标走到一起，承诺共同的规范，分担责任和义务，为实现共同目标努力。其重要特点是团队内成员间在心理上有一定联系，彼此之间发生相互影响。团队不同于集体，集体是一群人的简单组合，这样的集体不是团队。简单的集合体没有共同的工作目标，而团队有；集合体没有领导核心，而团队有。团队的个人目标和集体目标是一致的，个人业绩和团队业绩是统一的，团队不是简单的"1＋1＝2"，而是"1＋1＞2"，团队成员因为共同使命感和责任感而共同努力，会产生大于个人努力总和的群体效益。

知识团队是为了促进知识的共享而建立的团队。由于知识所固有的隐形性和不易共享的特点，知识与拥有知识的人是密不可分的。任务的复杂性加上知识获取上的分工（缘于知识的总量太大，以至于超过任何一个人的学习能力），使得知识共享显得尤为重要。为了完成不同的任务，将具有不同知识背景的员工组合在一起形成团队，是实现知识共享的重要方式。这种团队就是知识团队。由于知识团队是为了实现"知识"而不是其他相对简单的技能的共享，因而这种团队更加复杂，有不同于一般团队的特点。

2. 知识团队的特点

组织结构要随着管理对象和管理方法的改变而改变。知识管理由于具有不同于传统管理的特点，因而也要求企业组织结构要进行重新设计。传统的行政组织结构和单纯的项目管理组织结构都是一种"自上而下"的管理模式，会压抑员工的工作主动性和创造力，因而已经越来越不能满足知识型企业发展的需要。在知识管理中，要最大限度地发挥员工的潜能，必须建立起知识型团队。知识型团队管理更加强调员工在团队中的价值，强调员工对管理工作的参与性，能够最大限度地满足个人发展的需求。

知识团队管理与传统管理主要有如下区别：

（1）员工特点不同。在知识型团队中，团队成员要有较高的知识和创新能力，他们不再是只具有简单技能的机器的附属品，学习和创造能力是他们的重要特点。总而言之，他们属于知识型员工；传统管理更适合于非知识型员工的管理。

（2）稳定性不同。知识团队的组建和撤销根据企业的实际情况可以随时变更，知识团队是任务导向型的，不同的任务需要组建不同的知识团队，每个人在不同知识团队中的角色也不尽相同；传统管理中的职能部门是一个较稳定的团体，其中成员的角色很难变化。

（3）领导风格不同。知识团队中没有"命令者"，只有团队协调人，因而其管理方式也不同于传统的管理者，团队协调人既可以由企业任命，也可以由团队成员选举产生，由于每个人的知识特长不同，在不同的知识团队中，同一个人作为协调人和被协调人的角色经常发生转换；传统的职能部门有部门经理，部门经理一般很难更换。

（4）职责分工不同。知识团队中每位成员的工作职责划分很明确，有严格的工作流程；职能部门的职能很清楚，但每位成员的具体工作则由部门经理随意安排。

（5）负责人职责不同。知识团队协调人没有命令知识团队其他成员工作的权利，只有在知识团队内部发生冲突和知识团队对外交往时起到调解人的作用，知识团队协调人有自己的本职工作；职能部门经理对部门成员负责管理职责，部门经理的主要工作是管理工作。

（6）上下级关系不同。知识团队协调人与知识团队其他成员属于平等关系，他并不一定是知识团队中待遇最高的成员，与其他成员相比，他没有任何其他津贴；职能部门经理往往是本部门待遇最高的员工，比起部门其他员工，他一般有岗位津贴。

（7）成员职权不同。知识团队中的成员由于要对自己的岗位负责，所以有一定的决策权，他可以利用自己的知识特长进行相机决策并采取自己认为是最好的工作方式；只要能完成工作任务，并且他的意见可以直接向企业决策层反映，有更宽广的沟通渠道；职能部门的成员往往听从部门经理的工作安排，决策权集中在部门经理手中，他们的意见往往只会反映到部门经理那里。

（8）协调机制的不同。所有的知识团队是平行机构，这点与职能部门相同。知识团队组织中往往有属于调度台性质的一个核心知识团队，负责所有知识团队各种信息的收集，还负责知识团队间矛盾的协调。在职能部门中，没有这样的机构。

（9）信息沟通方式不同。知识团队的信息是平行沟通，而职能部门的信息是以"自下而上，再自上而下"的形式沟通。所以，在知识团队组织中，公司高层需要直接处理的事情很少，能够使经理集中决策企业重要问题；在传统组织结构中，企业高层需要将很多精力放在处理公司内部管理问题之中。

☛ 1.2.3　知识管理及内容

1. 知识管理的含义

目前人们对于知识管理的概念和定义，还没有形成统一的认识和界定。国内外学者分别从不同的角度给出了自己的看法。

巴斯（Bassi，1997）认为，知识管理是指为了增强组织的绩效而创造、获取和使用知识的过程。David J. Skyrme（1998）博士认为，知识管理是对知识及其创造、收集、组织、传播、利用与宣传等过程的管理，它要求将个人知识转变为某个组织可以广泛共享与适当利用的团体知识。Paul Quintas（1998）认为，以知识为核心的管理就是知识管理，也就是指对各种知识的连续管理的过程，以满足现在和未来的需要，利用已有的和获取的知识资产，开拓新的机会。法拉普罗（Carl Frappuolo，1998）认为，"知识管理就是运用集体的智慧提高应变和创新能力"。他还认为知识管理应有外部化、内部化、中介化和认知化四种功能。外部化是指从外部获取知识并按一定分类进行组织；内部化是指知识的转移，即从外部知识库中筛选、提取人们想得到的与特定用户有关的知识；中介化是指为知识寻找者找到知识的最佳来源；认知化则是将以上三种功能获得的知识加以应用的过程。卡尔·E·斯维拜对知识管理的定义既简洁又深刻：知识管理是利用组织的无形资产创造价值的艺术。① 戴布拉·艾米顿（Debra M. Amidon，1998）说："知识管理无孔不入。无论它以什么形式定义——比如学习、智力资本、知识资产、智能、诀窍、洞察力或智慧——结论都是一样的：要么更好地管好它，要么衰亡。"

美国生产力和质量中心（APQC）认为知识管理应该是组织一种有意识采取的战略，它保证能够在最需要的时间将最需要的知识传送给最需要的人。这样可以帮助人们共享信息，并进而将之通过不同的方式付诸实践，最终达到提高组织业绩的目的。

国内著名学者乌家培教授（1998，1999）认为，"信息管理是知识管理的基础，知识管理是信息管理的延伸与发展"；"信息管理经历了文献管理、计算机管理、信息资源管理、竞争性情报管理，演进到知识管理。知识管理是信息管理发展的新阶段，它同信息管理以往各阶段不一样，要求把信息与信息、信息与活动、信息与人连接起来，在人际交流的互动过程中，通过信息与知识（除显性知识外还包括隐性知识）的共享，运用群体的智慧进行创新，以赢得竞争优势"。② 他还评述道："对于知识管理的研究，最宽的理解认为，知识管理就是知识时代的管理，最窄的理解则

---

① Sveiby K：《The New Organizational Wealth》，载《San Francisco》，1997 年。
② 乌家培：《正确认识信息与知识及其相关问题的关系》，载《情报理论与实践》，1999年。

认为，知识管理只是对知识资产（或智力资本）的管理。介于上述理解之间的认识，又有两种，一为对知识的管理，另一为用知识来管理。尽管理解不同，但是对知识作为一种重要生产要素加以管理的认识却是相同的，对知识管理日趋重要的认识也是一致的。"陈锐（1999）认为，知识管理是一种致力于将组织的智力资产——记录型信息和员工头脑中的智慧转化为更大的生产力、竞争力的信息管理策略与理论。[1]　郭强（1999）认为，知识管理的实质是对企业中人的经验、知识、能力等因素的管理，以实现知识共享并有效实现知识价值的转化，以促进企业知识化和企业的不断成熟和壮大。[2]

综上所述，知识管理就是对一个企业集体的知识与技能的捕获，然后将这些知识与技能分布到能够帮助企业实现最大产出的任何地方的过程。知识管理的目标就是力图能够将最恰当的知识在最恰当的时间传递给最恰当的人，发掘固有知识、引导知识创新，实现知识共享，并通过对共享的知识进行有效应用，最终提高企业的竞争力，实现企业可持续发展。

2. 知识管理的内容

毋庸置疑，知识管理的对象就是知识，而知识可分为显性知识和隐性知识两种类型，所以，知识管理的内容不外乎包括对显性知识的管理、对隐性知识的管理以及对显性知识和隐性知识之间变化过程的管理三方面。对显性知识的管理，体现为对知识本身的管理；对隐性知识的管理，体现为对人的管理；对显性知识和隐性知识之间变化过程的管理，体现为知识变换模式的建立。首先，隐性知识需要显性化。隐性知识比显性知识更完善、更能创造价值，隐性知识的挖掘和利用能力，将成为个人和组织成功的关键。[3]　实际上，隐性知识的挖掘、传播过程，正是对隐性知识的显性化。没有这个过程，知识的利用就会有很大的局限性。另一方面，显性知识必须能很快地再转换为隐性知识，否则它的真实价值就不复存在。因为显性知识转换为企业员工隐性知识的过程，一般都是知识应用的过程或知识成为生产力的过程。关于知识管理的内容，Robert M. Grant 的观点体现在图 1-2 中。

---

[1]　陈锐：《知识管理的实现思路与实现技术》，载《图书情报知识》，1999 年。
[2]　郭强：《论 KM 与 CKO 制度的构建》，载《情报资料工作》，1999 年。
[3]　王德禄：《积累、共享与交流》，http://www.chinakm.com，1999。

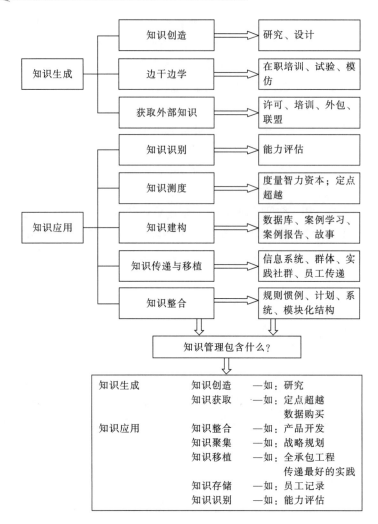

图1－2　知识管理的内容①

郭强认为主要有：建立知识和经验的积累、宣传和开发利用的共享机制；将知识融入到生产过程和产品服务中去；将知识作为产品加以生产和管理；建立企业内部和外部的专家系统；建立、挖掘和利用客户的知识库；评价、计量知识的价值等。② 丁蔚、倪波认为，知识管理包括两方面

① Robert M. Grant：《世界经济的转变》，载《知识管理的推动力》，人民邮电出版社 2004年版。

② 郭强：《论 KM 与 CKO 制度的构建》，载《情报资料工作》，1999 年。

内容，即信息技术所提供的对数据和信息的处理能力与人的发明创造能力。① 党跃武提出了知识管理的内容体系，包括四个方面：（1）知识管理基础工作，包括知识管理规划组织和知识管理政策制定；（2）知识资本识别和维护，包括知识资本识别、知识资本审计、知识资本体系构建和知识资本体系维护；（3）知识资本开发和创新，包括知识管理系统建设和知识资本价值开发；（4）知识管理成果评价，包括知识管理系统评价和知识服务体系评价。② 盛小平（1999）提出的知识管理体系则概括为七个方面：（1）知识生产管理；（2）知识组织管理；（3）知识传播管理；（4）知识营销管理；（5）知识应用管理；（6）知识消费管理；（7）人力资源管理。③

　　邱均平教授（1999）指出，广义知识管理的研究内容包括理论研究和应用研究两方面，其中前者可细分为知识的特性和运动规律的研究、知识组织管理研究、知识信息管理研究、知识管理方法体系的研究，后者是指各行业、各学科领域的知识创新和管理在本领域的应用。④ 朱晓峰等指出，知识管理大致包括六项内容：知识管理的基础设施，知识管理与核心业务结合，知识管理的具体工具，知识的获取和检索，知识的传递，知识的共享和知识管理评测。⑤ 尹继东认为，"知识管理从纵向层次看，主要包括知识获取的管理、知识利用的管理和知识创意的管理；从横向方面看，主要包括信息管理、无形资产管理、职工教育与培训、人才管理、经营战略决策等。"⑥ 李敏将知识管理分成四个领域：知识创造、知识的获取和结构、知识的分发和知识的应用。⑦ 各个领域的属性如表 1-5 所示。

表 1-5　　　　　　　　　　知识管理的领域

知识创造	知识结构	知识分发	知识应用
调查研究 集体讨论 战略规划 综合集成	数据和知识数据库 索引 培训开发 成文报告 知识管理工具	互联网和内部网 教育和培训 电子邮件 读物 浏览器和用户界面 安全预防	问题解决 战略规划 决策制定 管理和规则

① 丁蔚、倪波：《知识管理系统与企业电子商务》，载《图书情报知识》，2001 年。
② 党跃武：《略论现代社会组织的知识管理》，载《图书情报知识》，2000 年。
③ 盛小平：《试析知识经济时代的知识管理》，载《情报资料工作》，1999 年。
④ 邱均平等：《论知识管理与信息管理》，载《中国图书馆学报》，1999 年。
⑤ 朱晓峰、肖刚：《知识管理基本概念探讨》，载《情报科学》，2000 年。
⑥ 尹继东：《知识管理的主要层面和特点》，载《企业经济》，2000 年。
⑦ 李敏：《现代企业知识管理》，华南理工大学出版社 2002 年版。

3. 知识管理的发展

知识管理的发展如表 1 - 6 所示。从表中可以看出，知识管理的发展大体分为三个阶段：从 20 世纪 70 ~ 80 年代中期，知识管理与信息管理混为一体，知识管理成为信息管理的一部分内容。从 80 年代末到 90 年代初，知识管理已逐渐从信息管理中分离出来，并开始在企业中运用、实践。第三阶段从 90 年代中期到现在，知识管理已具有自己的系统内容和具体方法，信息管理已转化成为知识管理的一部分内容。

表 1 -6 　　　　　　　　　　　　**知识管理的发展**

20 世纪 70 ~ 80 年代	开始出现一些超文本/群件应用系统，依赖人工智能和专家系统的知识管埋系统（KMS），以及诸如"知识获取"、"知识工程"、"以知识为基础的系统"和"基于计算机的存在论"等观点
20 世纪 80 年代中期	尽管古典经济学理论忽视了知识作为资产的价值，而且多数组织缺乏管理知识的战略和方法，知识（以及它以专业能力形式的表述）作为竞争性资产的重要性已经明确化
1989 年	一个美国企业社团启动了"管理知识资产"的项目
1989 年	有关知识管理的论文开始在《斯隆管理评论》、《组织科学》、《哈佛商业评论》以及其他刊物上出现
1989 年	适于组织学习和知识管理的第一批专著也开始出版，如圣吉的《第五项修炼》和 Sakaiya 的《知识价值的革命》
1989 年	国际知识管理网络（IKMN）在欧洲创办
1990 年	许多管理咨询公司开始实施企业内部的知识管理项目，而且一些著名的美国、欧洲和日本企业建立了重点知识管理项目
1994 年	IKMN 又吸收了位于美国的"知识管理论坛"和其他与知识管理相关的团体和出版物，公布了对欧洲企业开展的知识管理调查的结果
1995 年	欧共体开始通过 ESPRIT 计划为知识管理的相关项目提供资助

资料来源：王德禄：《知识管理的 IT 实现——朴素的知识管理》，电子工业出版社 2003 年版。

☞ 1.2.4　知识型员工的涵义与特征

1. 知识型员工的涵义

知识型员工（Knowledge Worker）的概念最早由管理学大师彼得·德鲁克提出，他在 1959 年出版的著作《明天的里程碑》（Landmarks of Tomorrow）中将其界定为"那些掌握和运用符号和概念，利用知识或信息工作的人"，但当时他其实指的是经理或执行经理，并没有涵盖现在所讨论的一般知识型员工。而真正对知识型员工进行系统分析和研究，则是在20世纪90年代知识经济浪潮和知识管理革命兴起以后。在我国，对知识型员工的研究则始于90年代末期。

然而，尽管对知识型员工的研究已有十余年的历史，但纵观国内外的研究，可以发现，目前学术界对知识型员工还没有统一的界定，而是从不同的角度给出不同的解释。概括而言，主要有如下三种观点：

其一，能力论观点。该观点认为，知识型员工具有不同于一般员工的能力，这种能力主要体现在对知识的运用以及价值的创造上。例如，Davis（1991）认为，知识型员工主要是用自己和外部的知识产生以信息为特征的产出的人；Davenport（1996）认为，知识型员工主要是获取、创造、整理和应用知识的人；孙继伟（1998）认为，知识型员工是生产、重组、扩展和应用知识的人员；汪群，王颖（2001）认为，知识型员工是指具有从事生产、创造、扩展和应用知识的能力，为企业（组织）带来知识资本增值的人；而赵慧军（2004）认为，知识型员工是指在组织中具备一定知识和技术，从事获取、创造和应用知识等工作的员工。

其二，职位论观点。该观点认为，知识型员工所从事的工作岗位具有较高的知识要求（如研发、营销、会计、管理、咨询等），在这些岗位上工作的员工就是知识型员工。例如，Horibe（1999）认为，知识型员工就是那些创造财富时用脑多于用手的人们，如管理人员、专业技术人员和销售人员等；Gates（1999）认为，知识型员工就是在 Windows 上工作的人；张望军、彭剑锋（2001）则认为，知识型工作要求员工具备智力输入、创造力和权威来完成工作，知识型员工包括以下人员：专业人士、具有深度专业技能的辅导性专业人员、中高级经理。

其三，学历论观点。该观点主要由我国的部分学者提出，认为知识型员工是具备一定学历的人员。例如，黄河（2001）认为，知识型员工是会电脑、懂技术或掌握管理技能和能够不断自我更新知识的大中专学历以上的员工。

2. 知识型员工的特征

准确了解知识型员工的特征是对知识型员工进行绩效管理的基础和前

提，因此，国内外的学者，例如，Drucker（1999）、彭剑锋（2001）、张望军（2001）、高贤峰（2001）、江卫东（2002）、徐拥军（2004）、赵慧军（2004）和胡恩华、刘洪（2005）等，都对知识型员工的特征作出了相应的分析和研究。概括而言，知识型员工的特点如下：（1）具有突出的创新能力和学习能力。创新是知识型员工最重要的特征，而且，知识型员工为了保持知识的更新，需要不断的学习。（2）较强的成就动机。知识型员工实现自我价值的愿望强烈，很难满足于一般事务性工作，更热衷于具有高成就性和挑战性的工作。（3）较强的工作自主性。知识型员工一般拥有丰富的专业知识，对工作任务的具有独特的理解，能够处理工作中出现的各种情况，因此，更强调工作中的自我引导和自我管理。（4）工作过程难以监督，工作成果难以准确衡量。知识型员工从事的是创造性的工作，往往没有固定的工作流程和可供参考的工作标准，而且工作中主要依靠智力投入，因此，很难对其进行监督。同时，工作产出主要是知识成果，或者是团队合作的结果，因此，很难进行准确衡量。（5）流动较为频繁。由于知识型员工自身拥有生产工具——知识，可以随身携带，因此，他们更忠诚于自己所从事的工作，而不是忠诚于企业。

1.2.5 知识型员工的绩效管理

1. 知识型员工的绩效

绩效是工作者完成职位任务的程度，它反映了员工能在多大程度上实现职位要求。由于知识型员工的特征、工作机理都不同于一般员工，因此，有必要对知识型员工的绩效内涵做出新的解释。然而，目前国内外的大多数研究，并没有将知识型员工的绩效与一般性员工的绩效进行区分。Bernarding 等人（1995）将绩效定义为结果，而 Murphy（1990）、Ilgen 和 Schneider（1991）等学者将绩效定义为行为，Borman 和 Motowidlo（1993）进一步将绩效区分为任务绩效和关系绩效，而 Hesketh 和 Neal（1999）又在上述划分的基础上提出了适应性绩效（Adaptive Performance）的概念，但上述学者都没有对绩效的实现者进行区分。近年来，我国部分学者开始尝试对知识型员工的绩效进行界定。例如，李树丞、乐国玲（2004）就对知识型员工的绩效进行了研究，但他们主要采用了 Borman

和 Motowidlo（1993）的绩效界定方式。张体勤（2002）则从知识团队的角度，利用系统分析的方法对绩效的含义进行了分析，这对知识型员工绩效的识别具有一定的借鉴意义。

2. 知识型员工的绩效评价

知识型员工绩效的界定是其绩效评价的基础，而准确评价知识型员工的绩效则有利于其绩效的提升，因此，对知识型员工绩效的评价就成为学者们关注的重点之一。在此方面，国内外的研究仍存在一定的差异，这表现在国外研究绩效评价时仍然没有区分知识型员工和一般员工，而仅仅是注重评价方法的改进，并推出了一些新的评价方法。例如，Kaplan 和 Cooper（1997，1996）的行为基准成本法；Rappaport（1986）的股东价值法；Kaplan 和 Norton（1992，1996）的平衡计分法；以及 Becker、Huselid 和 Ulrich（2001）的人力资源计分卡等。尽管这些方法并不是针对知识型员工的绩效评价，甚至不是针对人力资源管理，但它们无疑对知识型员工的绩效评价提供了方法上的支持，使知识型员工的绩效评价有了更多的参考基础。在国内，近年来，部分学者开始针对知识型员工的特点研究其绩效评价，并取得了一些有益的成果。例如，吴建华（2005）、刘卫东（2004）等人对知识型员工的绩效评价进行了理论研究，给出了若干政策建议，但并没有给出具体的评价方法。骆国刚和边琼芳（2005）利用多级模糊综合评价模型设计了动态绩效测评指标体系，但该指标体系没有将知识型员工的未来绩效能力以及对团队的贡献情况纳入评价体系，因此，并不能准确衡量知识型员工的绩效水平。而肖媛（2004）则建立了对知识型员工的劳动进行衡量的评价模型，但其评价的范围有限，并不能包容各种知识型员工的绩效衡量，因此，需要进一步扩充和完善。

3. 知识型员工的绩效提升

对知识型员工进行绩效评价的最终目的是提升员工个人和组织的绩效，提高企业的市场竞争力和满足顾客需求的能力。因此，在科学的绩效评价基础上，建立知识型员工的绩效提升机制是必要的。为此，国内外学者对知识型员工的绩效激励机制进行了相应地研究。例如，Tampoe（1996）经过调查分析后认为，与一般员工相比，知识型员工更加重视自身的成长，要求给予自主权，而且金钱的边际价值有所降低等。该研究为国内外其他学者的研究提供了参考，但它仅给出了对知识型员工产生激励作用的部分因素，而且没有考虑环境的因素对知识型员工绩效提升的影响。而 Zingheim 和 Schuster（2001）经过调查研究后，又提出了与上述结果不一致的四种人才激励因素。在我国，近年来学者们也展开了相应的研究，并得出了不同于国外学者的结论。例如，张望军和彭建峰（2001）、文魁和吴冬梅（2003）以及赵慧军（2004）等，都对知识型员工的绩效激励因素进行了实证分析，并提出了绩效提升的建议，但由于样本选择的原因，使得研究结论并不一致，因此其应用受到一定的限制。另外，还有部分学者从理论分析的角度对知识型员工的激励问题进行了研究，例如，彭剑锋和张望军（2001）、王蓉和张梅珍（2002）、冼静和张昊民（2003）、陈云娟（2004）等，但这些研究所给出的激励策略缺乏实证支持，其有效性尚有待验证，而且仅仅侧重于某个方面，缺乏对各策略间相互作用的系统考虑。

第 2 章

知识资本化与商品化

§2.1 知识资本的价值构成及其对企业增长效应

☞2.1.1 什么是知识资本

自从马克思在《资本论》中对"资本"的内涵进行了系统全面的论述之后，资本的形式经历了一个不断发展和深化的过程，商业（商品）资本、货币资本、生息（借贷）资本、产业（生产）资本、人力资本都是资本的表现形式。如果说上述几种资本都是工业经济时代的资本的表现形式，那么当知识的地位和价值越来越重要并在生产要素中占据了统治地位，市场经济的发展使得知识商品成为重要的（增殖）生产手段时，知识商品也就不是一般的商品而是资本品，即知识资本。当知识资本成为最主要的资本形式，其他的各种资本都依附于它时，工业经济也就过渡到知识经济了。

知识资本的概念产生于 20 世纪 80 年代末期。美国经济学家 J. K. Galbrainth 认为，知识资本是一种知识性的活动，是一种动态的资本，而不是固定的资本形式。这不能看作是对知识资本的严格定义，而只是对知识资本的一种描述。斯图尔特在其经典性的论文《知识资本：如何成为美国最有价值的资产》（1991）中指出，知识资本已经成为美国最重要的资产。他还论证了知识资本是企业、组织和一个国家最有价值的资产，虽然它们常常以潜在的方式存在，但却是能够使你真正富有的东西（1994）。他认为，知识资本体现在员工的技能和知识、顾客忠诚以及公司的组织文化、制度和运作中包含的集体知识之中（1997）。埃德文森和沙利文（1996）则认为知识资本是企业真正的市场价值与账面价值之间的差距，是知识企业物质资本和非物质资本的合成。

其他的一些不同的提法，如智慧资本、智力资本，我们认为其内涵与知识资本是一致的。张寿宝（1999）提出了智慧资本的概念，认为智慧资本是指能够转化为市场价值的知识，是企业所有能够带来利润的知识和技能。Annie Brooking（1996）提出了智力资本的概念，认为智力资本是对使公司得以运行的所有无形资产的总称。Davie Kelain（1998）认为，智力资本是指企业所拥有的知识、经验、技能以及相关的软资产。

刘炳瑛等（2001）在其《知识资本论》中，给出了知识资本的一个较为系统的定义：所谓知识资本就其价值形式来说，可以概括为蕴藏于知识中，以知识形态存在和运动的，在商品货币的关系中以商品价值形式追求增殖的价值。刘炳瑛等从资本追求增殖的本性出发，区分了构成资本的知识和不构成资本的知识，认为只有当知识用于交换，以知识商品的形式存在，成为商品生产和流通过程中价值形成和增殖的手段或载体时，才能成为知识资本。那种用于个人的享受或赠与别人享受的知识不是知识商品，更不是知识资本，购入知识商品如果只是满足自己的某种消费需求，而未将其用于生产知识产品或其他产品，使价值增殖，那么这种知识商品也不是知识资本。

■ 2.1.2　知识资本的价值构成[①]

考察知识资本的价值构成对于知识资本的形成、积累和运行管理有重要的作用。下面我们分别考察个人、企业组织和国家的知识资本价值构成。

---

① 刘炳瑛等：《知识资本论》，中共中央党校出版社 2001 年版；陈则孚：《知识资本：理论、运行与知识产业化》，经济管理出版社 2003 年版。

1. 个人的知识资本价值构成

个人的知识资本有三种：人力资本、知识产权资本与声誉资本。个人所拥有的知识资本的价值就由这三部分的价值构成。

（1）个人的人力资本的价值构成。个人人力资本的价值构成可表示为：

$$Cpn = Vpbk + Vpte + Vppm + Vpns$$

其中，Vpbk 是个人接受教育所吸收的知识价值库中的知识价值；Vpte 是个人接受正规教育过程中教师讲授的知识中所创造的新价值与所消耗的其他教学投入（这部分投入不是来自于个人而是来自于组织）的价值转移之和；Vppm 是个人在学习过程中所投入的物质产品的转移价值；Vpns 是个人学习过程中吸收消化知识所付出的脑力劳动和体力劳动所创造的价值。某些知识的陈旧所引起的精神磨损和生命体的衰老所引起的有形损耗，可以引起人力资本的逐渐贬值，因而人力资本是一个可变量，是时间变量的递减函数。

（2）个人的知识产权资本。一个人的智力成果，如发明、科学发现、作品、论文专著等，每一项都是他所拥有的一项或一个单位的知识产权资本，所有的知识产权资本的总和就是他的知识产权资本。任何一项知识产权资本的价值构成如下：

$$Cpri = Cph + Vpnri + Vpbmi + Vbki$$
$$= Vpbk + Vpte + + Vppm + Vpns + Vpnri + Vpbm + Vbki$$

其中，Cph 是个人所拥有的人力资本；Vpnri 是个人从事第 i 项知识传播或研究发明付出大量的智力劳动和必要的体力劳动新创造的价值；Vpbmi 是个人从事第 i 项知识传播或研究发明所投入的物质资本的转移价值；Vbki 是从事第 i 项研究发明或知识传播从知识价值库中所吸收的与第 i 项研究有关的专业知识价值，这里要说明的是，Cph 作为他所有的人力资本是从事每一项研究发明所必需的，因而其价值在每一项知识产权资本的价值中都要体现。也就是说，人力资本的价值可以多次重复转移和使用，这正是人力资本的特征。若某人有 N 项智力成果，并且都已发表，并受到知识产权法律的保护，那么他的知识资本就是：

$$Cpr = \sum_{i=1}^{n} Cpri$$

（3）个人的声誉资本。一个人的声誉资本价值取决于以下几个方面：第一，他的人力资本存量 Cph；第二，他的知识产权资本存量 Cpr；第三，他的知识产权资本的外部效应 Ecr；第四，他的知识产权资本的增量 ΔCpr；第五，他所处年代的知识价值库的存量 Tsv；第六，他本人的行为 Ap，即对他本身声誉的维护。他的声誉资本的价值与前五个方面的量都成正比，与第六个方面的关系则可能呈现正反两个方面，这要取决于他的行为状况。因此，个人的声誉资本价值用公式表示为：

Cpc = f(Cph，Cpr，ΔCpr，Ecr，Tsv，Ap)

综上所述，个人的知识资本价值构成为：

Ckp = Cph + Cpr + Cpc

2. 企业的知识资本价值构成

企业的知识资本也分为三部分，即人力资本、知识产权资本和声誉资本，但其价值构成要比个人复杂。

（1）企业的人力资本。企业的人力资本 Ceh 构成如下：

$$Ceh = \sum Cphi + Vem + Vtm + Vsm$$

其中，$\sum$ Cphi 是企业所有员工的人力资本总和；Vem 是指企业招雇员工所投入的物质资本的转移价值；Vtm 是企业培训员工的各种投入资本的转移价值；Vsm 是指企业为留住特殊的高级专业人才和管理人才所付出其他额外投资的价值转移部分。可见，企业的人力资本价值主要体现为企业进行人力资源管理时的投入与产出。$\sum$ Cphi 并不是企业员工个体人力资本的简单加总，员工能否适应企业的技术和经营状况以及员工之间的技能能否取长补短，形成整体的合力，起到"1 + 1 > 2"的作用，对企业人力资本的价值影响很大。

（2）企业的知识产权资本。创新是企业在竞争中取得竞争优势的根本力量，而由于创新而形成的企业的知识产权则是企业最重要的资本，是企业竞争取胜的利器。企业的智力成果和商标可能通过以下方式获得：第一，自行研究开发；第二，与其他企业联合研究开发；第三，从外部购入；第四，与成果拥有者合资合作，组成新的企业。在这四种不同的情况下，企业的知识产权资本的价值构成各不相同。

在第一种方式下，企业有许多项专利发明，第 i 项的知识产权资本的价值由这几部分构成：第一，本企业中参与第 i 项研究开发项目的人员的人力资本 $\sum\limits_{i=1}^{M} Cphi$；第二，研究开发人员在研究开发过程中从知识价值库中再次吸收的与 i 项目有关的专项知识 Vbki；第三，企业给 i 项研究开发投入的物质资本转移 Vebmi；第四，企业中参与第 i 项研究开发人员在研究开发设计过程中新创造的价值之和 $\sum\limits_{i=1}^{n} Vnrij$，则企业第 i 项项目成果的价值构成为：

$$Ceri = \sum_{i=1}^{n} Cphi + Vbki + Vbki + Vebmi + \sum_{i=1}^{n} Vnrij$$

在第二种方式下，虽然成果的取得是由至少两个主体完成的，但是由于知识成果的不可分性，企业拥有这项知识产权资本，其价值构成与第一种方式相同。但是，由于双方对该成果的使用不具有排他性，因此，这项成果能否发挥作用以及能发挥多大作用，将取决于各主体之间的合作状况。在有些情况下，企业从中得到的价值可能比单独拥有这项研究成果能取得更大的价值。

在第三种方式下，企业对专利或设计所支付的全部购买成本就是该企业的这项知识产权资本的价值。

在第四种方式下，由于企业不能全部占有这项知识产权资本，企业只能以合作合同所规定的股份比例获取这项知识产权资本为企业带来的新利润的一部分，因此，这种方式只能以长期投资的形式对待之。

所以，企业若有 N 项知识产权资本，其价值总和为：

$$Cer = \sum_{i=1}^{n} Ceri = \sum_{i=1}^{N} \left(\sum_{j=1}^{M} Cphj + Vbki + Vebmi + \sum_{j=1}^{M} Vnrij \right)$$

（3）企业的声誉资本。企业的声誉是社会对其评价和认可的标志。一般而论，企业的声誉资本价值取决于以下几方面：企业的人力资本存量 Ceh；企业的知识产权存量 Chr；企业的知识产权资本的增量 ΔChr；企业经济规模扩张的速度和企业的效益 Eece；企业在 CI 设计和广告宣传上的投资 Vci；企业的营销网络、服务网络与服务 Snq；企业中个人所拥有的资本存量 Cepc；企业的产品质量、款式等 Cqs。企业的声誉资本 Cec 与这八个方面都是成正比关系，所以：

$$Cec = f(Ceh, Chr, \Delta Chr, Eece, Vci, Snq, Cepc, Cqs)$$

综上所述，企业的知识资本价值构成为：

$$Cke = Ceh + Cer + Cec$$

3. 国家的知识资本构成

一个国家的知识资本主要由两部分构成：一是该国的人力资本存量；二是它所有的知识产权资本的存量。

一个国家的人力资本是全国某时刻现有全部人口所积累的人力资本总量，其价值（Csh）构成如下：其一，全国对各种形式的教育和培训所投入的物质资本的价值转移部分 Vsm；其二，本国居民学习吸收的知识价值库中的知识 Vsb；其三，本国居民学习吸收知识时新创造的价值总和 $\sum$ Vsnj；其四，本国吸收的外国人才的人力资本之和 $\sum$ cimhj；其五，为吸收外国人才本国所投入物质资本的价值转移部分 Vim；其六，本国培养但已流向国外的人力资本部分 $\sum$ cemhj，它应是本国人力资本价值的扣减项。这样：

$$Csh = Vsm + Vsb + \sum Vsnj + \sum cimhj + Vim - \sum cemhj$$

一个国家的知识产权资本存量应是该国在一定时刻所拥有全部知识产权资本的总和。具体而言，就是在一定时刻具有该国国籍的居民、该国的企业和国家所属的研究机构与其他高校等事业单位所拥有的知识产权资本之和，其价值构成也应是由上述各项知识产权资本的价值之和与国家的保护知识产权所投入的物质资本的价值转移部分：

$$Csr = \sum Cprj + \sum Cerj + \sum Corj + Vsmt$$

各符号的含义如下：Csr 表示一个国家的知识产权资本价值；$\sum$ Cprj 是具有该国国籍居民的所有知识产权资本之和；$\sum$ Cerj 是该国所有企业的全部知识产权资本之和；$\sum$ Corj 是除企业和个人以外的所有其他研究机构的知识产权资本价值之和；Vsmt 是国家的保护知识产权资本对专利、出版管理及法律等机构所投入的物质资本的价值转移部分。因此，一个国家的知识资本总量 Cs 用公式表示为：

$$\begin{aligned} Cs &= Cst + Csr \\ &= Vsm + Vsb + \sum Vsnj + \sum cimhj + Vim - \sum cemhj + \sum Cprj \\ &\quad + \sum Cerj + \sum Corj + Vsmt \end{aligned}$$

☛ 2.1.3　知识资本带给企业的增长效应

　　知识资本在企业的实际应用中形成知识资产，企业知识资产的增殖能力体现了知识资本带给企业的增长效应。西方经济学家和管理学家在研究知识资本的运营和管理时，将知识资产的各种具体形式看成是知识资本的基本构成部分（埃德文森和沙利文，1996；斯图尔特，1997；斯维比，1996；安妮·布鲁金，1996）。安妮·布鲁金（1996）指出，企业的知识资产可分为四类：（1）市场资产。这是指企业所拥有的、与市场相关的无形资产，包括各种品牌、客户和他们的备用存货、销售渠道、专利专营合同协议等等，这主要是企业的人力资本和声誉资本在运行中的表现形式。（2）知识产权资产。包括技能、商业秘密、版权、专利与各种设计专有权和贸易与服务的商标。这主要是知识产权资本在运行中的存在形式。（3）人才资产，由体现在企业雇员身上的群体技能、创造力、解决问题的能力、领导能力和企业管理技能所构成，这是人力资本在运行过程中的表现形式。（4）基础结构资产，是指那些评估风险的方式、管理销售队伍的方法、财政结构、企业组织方式和管理制度与规章、市场与客户数据库等。这主要是企业人力资本在运行中外化后的发展形式和衍生形式。

　　世界上第一份知识资产报表在 1995 年诞生于瑞典 Skandia 公司。该公司是瑞典第一大保险和金融服务公司。自 1991 年以来，在公司副总裁 Leif Eduinsson 的领导下，公司组成了专门研究、管理知识资产的机构，经过数年的研究和探索，逐步建立起较为完善的知识资产评价指标体系，该体系包括 164 个指标，最后经过精简，于 1995 年 5 月编制出只有 47 个指标的知识资产年度报表。该公司通过编制知识资产报表，加强对知识资产的运营管理，大大提高了企业的营业收入，增强了企业资产的增殖能力，资产得以急剧膨胀，效果极为明显。该公司的保险业务收入在 6 年间增加了 1 倍，1996 年达到 110 亿美元，尤其是知识资产管理的试点部门"保险和服务业务（AFS）"部的效率提高更为显著，该部门在雇员未增加的情况下，业务量占全公司业务量的比例由 1991 年的 10% 上升到 1998 年的 60%。Skandia 公司管理知识资产的成功实践引起了世界经济学家界和管理学界的广泛关注。①

§2.2 知识商品化的条件及实现

☞2.2.1 知识的商品属性

　　商品具有使用价值和价值两重属性，而具有使用价值和价值的物品也必定是商品。知识由于同时具有了这两重属性，因而也必定是商品。知识的使用价值体现在：首先，知识和其他劳动手段结合起来并作用于劳动对象，就可以生产出人们所需要的产品，知识起着劳动手段的作用，并且这种作用随着时间的发展越来越显得重要。其次，知识经过物化过程可以转化成满足人们需求的、有价值和使用价值的商品，这种商品就是知识商品。再次，知识可以为人们带来较高的收入、精神的享受、消费层次的提升及自我价值的实现。最后，知识本身还可使知识商品的消费者在不断地积累和使用中创造出新的知识。因此，知识具有使用价值。当知识被用于交换时，它作为人脑复杂劳动的结晶，凝结了一般人类劳动，因而具有价值。首先，掌握知识需要勤奋学习，投入货币资本和时间成本，知识的消化、吸收要通过复杂的脑力劳动；其次，创造新知识产品的过程更要耗费脑力劳动，是极其复杂的劳动创造过程；最后，一个组织或集体要进行各种研究和发明创造，更是要投入大量的财力、物力和个人的或外在的物化知识，耗费参加者的脑力劳动。所以，知识不论是物化的还是非物化的，都凝结了人类的一般劳动，形成价值，只要它被用于交换，便都以交换价值（价格）的形式表现出来。

☞2.2.2 知识商品化的条件

　　知识既是商品又是一种特殊商品，因此它的商品化条件与其他商品既

---

　　① 陈则孚：《知识资本：理论、运行与知识产业化》，经济管理出版社 2003 年版。

有相同之处又有不同之处。关于一般劳动产品的商品化条件，马克思已经有经典论述。他指出："使用物品可能成为交换价值的第一步，就是它作为非使用价值而存在，作为超过它的所有者的直接需要的使用价值量而存在。"① 这是指劳动产品出现剩余。"为了使这些物作为商品发生关系，商品的监护人必须作为自己的意志体现在这些物中的人彼此发生关系。因此，一方只有符合另一方的意志，就是说第一方只有通过双方共同一致的意志行为，才能让渡自己的商品，占有别人的商品。可见，他们必须彼此承认对方是私有者。这种具有契约形式的（不管这种契约是不是用法律固定下来的）法权关系，是一种反映着经济关系的意志关系。"② 这是说，劳动产品要成为商品，必须建立私有产权制度。

由于知识产品的特殊性，它成为商品所必须具备的这两个条件远不如一般产品那样来得明显。知识产品剩余的出现及其能被用于自由交换是知识产品商品化的首要基本条件。从知识产品的发展历史来看，在很长的一段历史时期内，知识产品由统治阶级所垄断，而且统治阶级占有知识不是为了交换，而是用于个人的修身养性或附庸风雅或者是为了自己的仕途，封建社会臣子为了升官发财而学习知识并向皇帝"卖弄"，不能看作是知识产品的交易，皇帝是不谈交易的。除了垄断以外，知识交易的困难也源自于知识产品的依附性、不可分性和难以度量性。这一条件真正成熟的标志是欧洲文艺复兴运动的开始、现代教育制度的产生、造纸技术及木版印刷技术的发明、发展和普遍应用。前者解放了人们的思想，打破了知识的垄断，后者则解决了知识商品化所需要的方式和载体问题。

剩余知识产品的出现只是为知识的商品化提供了一个基本条件，如果没有对私有知识产权的保护，任何人可以不受限制地侵害和无偿占有他人的知识产品，则知识的商品化还不能实现。出于不断发展和完善市场经济制度和建立现代企业制度的需要，产权问题已经成为经济管理界热切关注和广泛研究的课题之一。马克思（1844）对产权进行了系统地研究。他认为，产权首先是财产主体对财产所拥有的排他性、归属性关系或权利，产权就是财产权。这种财产权是所有权、占有权、使用权、支配权、索取权等的集合体，这些权利可以集中于一个主体，也可分散于不同的主体，

---

① 《马克思恩格斯全集》第 23 卷，人民出版社 1965 年版，第 105 页。
② 同上，第 102 页。

其根本基础是所有权及其所决定的索取权，产权实质上体现着人们之间的经济权利关系。其次，产权本身是一种客观的经济权利或经济利益，但当其获得法律认可和规范时就取得了法权的形式，前者决定后者；产权是由所有制决定的，是一个历史范畴，随着社会生产力的发展而变化和更新。科斯认为，对产权的划分是市场交易的基本前提。在科斯第一定理中，他指出，若交易费用为零，则最终的资源配置与最初始的法律（或财产权）界定无关，虽然他也认识到这一假设的不现实。费希尔（I. Fisher，1923）认为，"产权是享有财富的收益并同时承担与这一收益相关的成本的自由或者所获得的许可……产权不是有形的东西或事情，而是抽象的社会关系。产权不是物品。"① 德姆塞茨（H. Demsets，1967）认为产权就是社会的工具，是使自己或他人受益或受损的权利，其作用在于能帮助一个人形成他与其他人进行交易时的合理预期。斯蒂格利茨（1993）认为产权包括每个人按照他认为合适的方式使用其财产和出售它的权利。

　　不论经济学家对产权的定义如何不同，产权出现的意义是显而易见的。在资源稀缺的情况下，每个理性的人为了自己的利益都会尽可能最大限度地占有更多的资源，只有赋予人们明确的产权，即对某一资源拥有排他性的所有权及由此决定的占有、支配等一系列权利，才能避免人们因争夺稀缺资源而导致的纠纷或冲突。否则，就会引起资源利用秩序的混乱，造成资源的严重浪费，甚至导致资源价值的无谓耗散，即人们争夺稀缺资源付出的代价可能等于甚至大于人们使用资源所取得的收益。因此，为了充分利用稀缺资源使其能够最大限度满足人类的需求，必须通过法律对资源的产权予以界定、明晰和保护。在产权界定明晰和有效保护的情况下，不仅避免了争夺资源的无序竞争和纠纷导致的资源浪费和资源价值的无谓耗散，而且激励人们最有效率地利用资源来最大限度地积累财富，并形成产权主体多元化和产权的分散化。虽然分工和专业化生产使人们提高了资源的使用效率，但人们在生产自己有比较优势产品的同时也强化了对其他经济主体的依赖，产权的有条件让渡或交易的契约才得以产生。德姆塞茨认为，"与社会相互依赖性相关的第一成本和收益就是一种潜在的外部性，使成本和收益外部化的一个必要条件是，双方进行权利交易（内在化）的成本必须超过内在化的所得"。"产权的一个主要功能是导引人们

---

① I. Fisher. Elementary Principles of Economics. New York：Macmillan，1923.

实现外部性较大的内在化的激励。"① 因此，建立排他性产权制度的过程也就是将外部性内在化的过程，在此基础上实现的排他性产权使得产品的成本—收益核算具有了实际意义。

对知识产品而言，由于一个人对某种知识产品的拥有并不排除他人对这种知识产品的完整占有，并且人们一旦拥有了这种知识产品，就不可能被剥夺，还可以无限制地多次使用和几乎无成本地出售多次。正是由于知识产品的这种非排他性和难以识别性，使得知识产品商品化的第二个条件比一般商品来得困难得多，因而也显得特别重要。对知识产品私有产权保护的制度，就是现在所说的知识产权保护制度。知识产权保护制度是通过一系列知识产权法律或条例规定和建立的。专利法是最早的知识产权法律。世界第一部专利法是 1474 年威尼斯颁布的。1615 年发生在英国的一起"伊普斯威奇织布工人案"促使英国政府发放"特许状"，给付出代价取得新发明、新发现或从事一项新事业的人以某种特权。1624 年的英国垄断法是具有现代意义的专利制度。同样是在英国，1709 年又诞生了版权法即安娜女王法。美国和法国分别于 1790 年和 1793 年制定了专利法。法国于 1803 年颁发了第一部商标法。后来，知识产权保护不再只是局限于国家内部，国际交流的扩大使得国际知识产权保护成为必需。于是，1886 年出现了国际间保护著作权的基本公约《伯尔尼保护文学艺术作品公约》；1952 年又产生了另一个国际公约《世界版权公约》，至此，在世界上建立了较为完备的知识产权法律制度。迄今为止，全世界已有 100 多个国家和地区建立了完备的知识产权保护制度。正是这些制度的建立和完善，大大促进了知识产品商品化的进程。人们学习研究发明创造的热情空前高涨，知识的产生传播利用取得了前所未有的进展，加快了知识经济来临的脚步。中国的知识产权保护已经取得一定的进展，已经建立了《专利法》、《商标法》、《版权法》等一系列相关法律法规，但整体来看，中国知识产权保护还存在以下几个方面的问题：一是知识产权归属问题不清，缺乏创新的激励机制，资源不能共享；二是整体上法律意识不强，对知识产权的认识处于初级的程度；三是保护知识产权的执法力度不高；四是执法队伍和人员素质、数量都远远不能适应保护知识产权的需要；五是知识产权资源开发投入严重不足，自主知识产权少。

---

① 德姆塞茨：《财产权利与制度变迁》，上海三联书店 1994 年版。

2.2.3 知识商品化的实现方式

知识商品化的实现是指知识作为一种有价值的商品，通过何种途径从知识的所有者传达到知识的需求者并实现其价值。知识产品不同于一般商品之处在于，一般的商品是有形的，因而其所有者让渡商品的使用价值的同时也让渡了商品的有形载体，这个有形载体与商品本身是同一和等价的，一般商品的这种有形性使得它可以以"一手交钱，一手交货"的方式进行交易，交易过程简单明晰。劳务的交易也很简单，劳务在提供的同时也就是消费者消费的过程，劳务提供过程的中止也就意味着劳务的消费也同时中止了。这一过程也是简单明了的。

但知识商品不同，知识商品可以进行多次让渡，而且它是存贮于知识商品拥有者的大脑里，具有看不见、摸不着的特点。知识商品的交易过程也就是一个双向沟通的过程，在沟通的过程中有太多的干扰因素，如知识的编码，知识的传播，知识的解码，知识的反馈，任何一个环节出现问题，都可能造成知识商品化过程的失败。

在现有的知识商品化的方式中，学校教育是最常见的一种方式。教师是知识的拥有者，而学生则是知识的需求者。教师在掌握和组织知识方面付出了辛苦的劳动，而且在向学生教授知识的过程中会传授一些书本上找不到的知识，如学习方法、教师的人格精神等，因此，教育所传授的知识具有价值，是一种商品。学生通过交纳学费获取商品，而教师则通过工资等形式实现自身知识商品价值的实现。

知识商品的拥有者可以将自己的知识通过出版物的方式销售给知识的需求者。因此，出版印刷是实现知识商品化的一种方式。但就出版业本身来说，它并不创造知识，而只是将以文字、图形、符号等形式表现出来的知识印刷在有形载体上，它所产生的是有形的出版物，与一般商品的生产没有什么区别。

知识商品的生产者与消费者也存在直接的交易方式。计算机程序、数据库、设计图纸、专利技术、配方、技术诀窍、组织管理制度与文件、管理咨询意见书等。电视、广播和电影传媒等则是如文学、音乐作品、歌曲、表演艺术等知识商品的"销售渠道"。互联网的发展与普及也为知识的商品化提供了一条重要渠道。论文、文学作品、戏剧、歌曲等知识商品可以在互联网上进行交易。

第 3 章

共有知识的创造与转移

§3.1 共有知识的创造

在知识经济时代的大多数产业中，知识使用寿命逐渐变短，企业必须不断地重新发明和更新他们的共有知识。这需要企业不断致力于两种类型的知识活动：第一，必须去发现有效地将他们正在获得的经验转化成知识，也就是创造共有知识的方法。第二，必须跨越时间和空间来转移共有知识，也就是管理和利用共有知识。知识创造是企业知识管理的起点。相比而言，共有知识的转移是企业知识管理的重点，但共有知识的转移必须以创造为前提。

3.1.1 团队创造共有知识的一般过程

在一个企业中，从工作经验中提炼知识，通常要花费大量的主动努力，这需要在推动组织继续前进之前对以前的行动及其结果进行回顾和总结。但是，自从网络时代到来以后，速度成了企业竞争的焦点领域，越来越多的企业已经或正在建立快速行动的理念。因为强调快速行动，很少有组织或团队能够停下来总结过去的经验和教训，因为它们担心被其他组织甩在后面，从而失去市场的领导地位。

当一个团队在执行任务并获得产出以后，将经验转化为知识的过程是相当复杂的，必须使所有团队成员在发生了什么和为什么发生等问题上达成共识。这要求组织抽出时间进行总结，回顾刚刚发生的对组织有重大影响的事情。一个团队可能取得了非常突出的成功，比如一件新产品的成功远远超出了预期，但却因为团队没有花时间研究诸如"为什么这种新产品取得如此巨大成功"方面的知识，结果发现这种成功并不能重复。也就是说，团队有了经验，但并没有从中提炼出知识。

图 3 - 1 展示了一个团队将经验转化为共有知识的必经步骤。第一步是：一个团队执行一项任务，这项任务可能持续几个星期，也可能持续几个月。第二步是：团队获得了结果，这个结果可能很成功，也可能令人失望，单独一个结果不足以创造共有知识。第三步是：团队成员对执行任务的结果和过程进行总结。第四步是：团队成员花时间探索他们的行为和结果之间的联系，也就是将他们的经验转化为知识。如果一个团队在未来几天或者几个月内还将完成同样的任务，那么他们就需要做第五步：在他们得到的共有知识的基础上，在下一次行动中调整他们的行为。

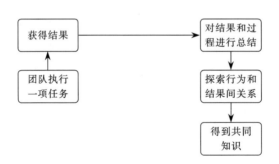

图 3 - 1　共有知识的创造步骤

图 3 - 1 所表示的创造共有知识的过程其实是针对某一具体任务而言的，我们进一步把这一过程抽象化、一般化后，可以概括为五个阶段：（1）分享隐性知识。也就是在执行任务时团队成员间彼此沟通，交流经验的过程，往往是通过一系列的求助和问询来实现的。团队成员在接受自己的那一部分任务后，大多数情况下并不能仅凭自己的力量和能力来完成，所以他们会直接或间接的通过观察或言谈获取同伴的经验，接受同伴

的教训，当然同时也会参考某些书面化的显性知识。（2）创新理念。团队的每位成员在得到所需的共享知识后，会在自身原有的知识基础上，对新知识进行加工处理，得出某些新的理念，这些理念可能是来自于新的视角，也有可能来自于对某些细节的再认识或深加工。这些理念的产生过程一方面增加了员工的知识积累，另一方面也是对原有知识的深刻挖掘。（3）证明理念的适当性。新理念的创造固然重要，但还要遵循因地制宜、因人而异的原则，因为并非所有的新理念都是正确的和有效的，或者更准确地说并非所有的新理念都是适当的。因为即使理念本身没有差错，也可能会因为应用的时间、地点、对象、事件的不同，产生完全相反的结果，所以对新理念的考察是相当重要的，要根据团队结构和任务特性对所有理念进行综合测评从而确定自身可以兼容的理念。也就是所谓"只选对的，不选贵的"，即使某些理念看起来更有前沿性、更具新颖性。（4）建立原型（archetype）。（5）跨层次的知识拓展。

3.1.2　团队创造共有知识的制约因素

团队共有知识的创造并不会自动发生。在创造共有知识这个问题上，基于团队的组织并不具有天然的优势；相反，存在很多制约因素。主要有工作压力、创新能力、公司战略、价值观、领导能力，如图 3 - 2 所示。

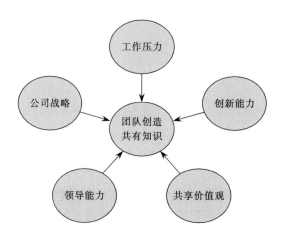

图 3 - 2　影响团队创造共有知识的因素

1. 工作压力

时间紧、任务重，团队往往无暇顾及知识创造。信息化时代的企业，要求对市场变化有敏锐的反应和准确地把握，瞬息万变的商机已经让企业应接不暇，疲于应付。特别是对于那些拥有雄厚知识积累的大型企业来说，其本身在业界信誉较好，业绩突出，所以业务量较大，能够短时间内高效完成任务并保证客户的满意已经相当不错，至于知识的研发创造自然就放到了次要的地位上。

2. 创新能力

团队并不天然具备创造共有知识的能力。第一，团队成员可能不专注于他们的任务，因为他们或许会忙于处理涉及到自身利益的其他事情。第二，团队成员可能会受限于组织预定的目标，没有足够的工作积极性和创造性。第三，团队的结构可能过于僵化，无法根据任务需要快速地进行变动，即便能够顺利变动，其变动的规模和速度也会影响到团队今后的发展，从而影响共有知识的创造，因为此时的变化不是渐进式的发展，而是随机式的跳跃。第四，在团队组成上，可能存在官僚主义的现象，一群可能毫无关系、没有相同兴趣爱好的人被行政命令强行组合在一起，此时的团队内部根本不可能存在创造共有知识的氛围，跨越组织层级或跨部门的沟通或联结更是难以发生。换句话说，此时的团队并不是一个开放而富弹性的团队，只是一群人的集合。第五，团体成员的水平和能力可能参差不齐，并不是每个人都具有高度的智力并且正直，所以在彼此交换意见，充分表达意见时，会出现答非所问或漠不关心甚至插科打诨的现象，此时没有了针锋相对的激烈讨论，对某一重大议题的决策可能会轻易收场，素质低的成员往往只是一味敷衍，毫无真知灼见；能力高的成员则曲高和寡，接收不到任何反馈，最终的结果自然不是最佳解决之道。第六，领导者与成员之间可能存在芥蒂，不能相互支持。此时，团队成员只是对任务敷衍了事，能按时交差已经相当不错，对于其他属于分外工作的挑战性任务根本不予考虑，更不愿意为了团队利益而牺牲个人的利益了。同样，此时的团队领导只知道一味地批评和斥责，不懂得协调与激励，不从自身管理找毛病，将过错完全迁怒于团队成员，更加剧了彼此间矛盾的恶性循环。

3. 公司战略

团队所在企业可能没有正确的战略。一个企业的发展战略就好像一支军队的进攻命令，一旦出现差错，不仅贻误战机，而且会对整个团队造成无法挽回的损失。如果企业把大量的人力、物力、财力在错误的时间、错误的地点投入到了错误的目标中，作为企业一部分的团队即使独善其身，也无法兼济其他。

4. 共享价值观

团队可能没有具体而高尚的价值观。如果一个团队没有高尚的追求，只是注重于该团队自身的经济收入，而不考虑其他相关团队或工作环境及社会利益，那么，这个团队不会有创造共有知识的激情，并且很可能会为了利益最大化而铤而走险，甚至不惜触犯道德准则和法律制度。此时，团队的一切成果都是建立在损害其他团队或公共利益的基础之上的，在业界没有良好的声誉，对于团队的发展极为不利。

5. 领导能力

团队负责人缺乏领导艺术也会影响共有知识的创造。如何与一线员工沟通是现在令每一位团队领导头疼的事情，与员工间的最佳距离往往很难把握。距离太近会失去威严，在以后的管理上难以控制；距离太远又会使员工产生强烈的敬畏感，不利于协调和沟通。对领导而言，既要在行动上表现出对员工的关怀与认同，又要在日常言谈中体现出自己在领导和控制上的权威，的确是一件很困难的事情。过于生硬的口气以及过于僵化的办事风格，毫无商量和周旋的余地，未免缺乏随机应变的领导弹性和协调全局的领导艺术性。在这里，需要再次强调的一点就是团队知识的创造并不会自动发生。它需要一个明晰的能被参与者积极执行的战略，这些参与者不仅想得到有效的结果，而且也想知道如何得到这些结果。没有这样的战略，团队将一次又一次地犯同样的错误，或是不能重复成功。

当然，在创造出共有知识后，如何转移是一个大问题。因为企业在进行知识转移时会担心如果把时间和资源花费在将现有知识从企业的一个地方转移到另外一个地方，那么可能就会减少用于开发新知识的时间和资源，这样企业可能就会落后于那些持续创新的竞争对手。然而，知识转移领域领先组织的经验告诉我们，开发现有知识会节省巨大的成本。事实上，无论是转移共有知识，还是创造新知识都不能忽视；知识转移对于提高企业当前的生存能力非常重要，而知识创造对于提高企业未来的生存能力非常重要。① 关键任务是在二者之间找到恰当的平衡，而不是完全偏向某一方。

§3.2　知识转移的过程和影响因素

从一定意义上说，知识转移的能力决定着一个企业的竞争优势。因此，探讨共同知识的转移具有很强的必要性。

☛3.1.1　知识转移的一般过程

转移共有知识是以创造共有知识为起点的，否则无可转移。因此，知识转移过程是知识创造过程的延伸。由此可以在知识创造过程的基础上增加如下步骤：第一，找到一种将知识转移到能重新使用它的小组或个人的方法；第二，将所学到的知识转化成可以为他人使用的形式；第三，接受知识的团队或个人使知识适用于特定的情景；第四，当受方团队执行新任务时，将流程自我重复。不过，受方团队的行为本身就是一个创新，而不仅仅是简单地接受。如图3-3所示。

在大多数情况下，我们提到的共有知识是"团队知识"而不是"个人知识"，因为大多数企业是围绕"团队知识"开展知识共享活动的。正如学习理论家 John Seely Brown 和 Paul Duguid 所论述的："工作中的经验

---

① Daniel A. Levinthal and James G. March. The Myopia of Learning. Strategic Management Journal, 1993.

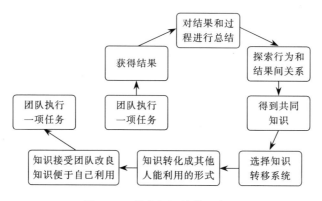

图 3 - 3　共有知识的转移步骤

创造它自己的知识，因为大多数工作是集体的、合作的活动，所以大多数沉淀下来的知识是集体性质的，它们很少由个人掌握，而是由工作团队共享。"[1] 正因如此，不同企业以知识转移为目的的流程表现出惊人的多样性。虽然每个企业都深信它自己的过程，但一个企业管理知识的方法，很少与另外一个企业所使用的方法有共同之处。那么，是哪些因素影响企业共有知识的转移呢？

☞ 3.2.2　影响知识转移的因素

正是由于不同企业转移知识的过程千差万别，所以有必要识别并分析影响知识转移的一般性因素。

一个简单的知识转移模型由四个要素组成，其分别是知识的提供者、知识的接受者、知识的类型以及任务的性质。因此从总体上看，当作为知识源的团队提供了知识以后，决定一种知识转移流程能在一个特定情况下适用的因素就是三个，即知识的接受者、任务的性质和知识的类型。如图 3 - 4 所示。

① John Seely Brown and Paul Duguid. Organizational Learning and Communities of Practice：Toward a Unified View of Working，Learning，and Innovation. Organization Science，1991.

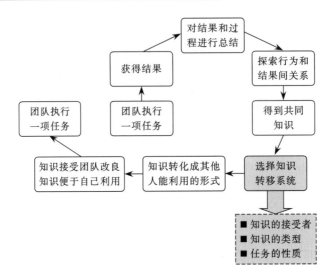

图 3-4　影响知识转移的因素

1. 知识的接受者

知识的接受者是不是处于与知识提供者相似的情景，是不是承担与知识提供者相似的任务，都会直接发生知识转移。因此，根据任务和情景的相似性分析，谁是预期的知识接受者是影响知识转移的一个重要因素。

在某些企业中，作为知识源的小组和预期接受知识的小组，都在非常相似的情景下做类似工作。但是，在另一些企业中，团队和团队之间的任务和背景就不一样。知识转移的方式与受方团队的"吸收能力"有关。[1]这就是说，为了学习新知识，团队或个人必须拥有足够的相关知识以吸收新知识。企业的知识包括经验、共同语言以及技术知识。

在知识供方小组和受方小组任务和背景相似的情况下，受方小组的吸收能力，是确定哪种转移方法最有效的决定因素。最初，企业经常把大部分注意力放在知识提供方小组上，集中在企业中谁拥有知识以及拥有哪些值得转移的知识。这种倾向较少关注将成为知识接受者的团队的特点。因此，在选择知识转移机制之前，确定以下两个问题非常重要：第一，接受知识的团队和提供知识的团队，在任务和背景上的相似程度如何？第二，

① Wesley. M. Cohen and Daniel. A. Levinthal. Absorptive Capacity：A New Perspective on Learning and Innovation. Administrative Science Quarterly，1990.

知识接受团队是否有吸收能力（经验、技术知识、共同语言）运用知识提供团队开发的知识?

2. 任务的性质

一些任务在每天甚至每小时的工作中重复进行，另一些任务则不经常发生，或是仅在某些特殊情况下才发生。随着企业的成长，越来越多的重复进行的工作将变成"结构良好的工作（Well structured tasks）"，亦称为常规性工作。对于结构良好的工作，团队和个人可以通过程序化的（Programmed）决策和行动来完成。在现代信息技术的支持下，很多结构良好的工作（比如乏味的工作、数据采集、数据传送、数据分析等工作）可以由计算机和网络来完成，团队和个人在知识转移中可以大大地减少工作量。另一方面，对于那些结构不良的工作（Poor structured tasks），团队和个人则必须通过非程序化的（Nonprogrammed）决策和行动来完成，这类工作亦称为非常规性工作。现代信息技术可以为团队和个人进行非程序化决策提供全面的基础资料和深度分析，这对于共有知识的创造和转移具有重要的意义。

在知识转移中，供方团队和受方团队是否从事性质相同的任务，对于知识有没有必要转移、转移的效率等都产生影响。因此，在讨论知识转移的方式时，任务性质是一个重要的因素，比如，任务发生的频率如何? 是每天? 每月? 还是每年? 任务是常规性的还是非常规性的? 有否清晰、固定的步骤还是每个步骤都在变化?

3. 被转移知识的类型

被转移知识的类型决定了哪种转移方法最有效。知识是显性知识和隐性知识的连续体，连续体的一端是能通过程序、步骤和标准表述的显性知识（如清单和说明书），连续体的另一端是存在于人们头脑中的隐性知识。认知科学家们认为隐性知识是真实存在的，虽然这种知识非常难以用文字或口头表述。[①]

[①]　Donald A. Schön. The Reflective Practitioner. New York: Basic Books, 1983. Chris Argyris, Robert Putnum, and Diana M. Smith. Action Science. San Francisco: Jossey-Bass, 1985. Robert Kegan. In Over Our Heads. Harvard University Press, 1994.

　　著名的化学家和哲学家波兰尼（Michael Polanyi）是最早讨论显性知识和隐性知识的人之一。他把隐性知识解释为"我们知道的比讲得出来的更多"，并用一个相似的例子来证明这个观点：我们都具备准确认出一个人的脸的能力，但我们没有足够的能力用语言描绘通过哪些细节来辨认这个人。① 他的论述指出，尽管专家确实在其领域比初学者掌握着更多的隐性知识，但所有人都有运用隐性知识的能力。我们都既掌握和使用显性知识，也掌握和使用隐性知识，虽然在完成某些任务时使用某种类型的知识比另一种多。

　　波兰尼把隐性知识描述为"内在的"，意思是隐性知识来自实际生活中的体验，即我们从所看到、触摸到和所听到的事物中得到的意识。他并不认为隐性知识和显性知识是两种不同类型的知识，而是把隐性知识看作是显性知识的基础。更进一步来说，实际上大多数知识，特别是组织中的共有知识都有隐性和显性的部分。因此，在组织中从经验中得到的大多数知识并不是单纯的某个极端，而是一个混合体，或是处于连续体的中间部分。

　　在知识类型方面，另一个需要考虑的因素是企业中有多少不同的职能部门受到所转移知识的影响。这些知识是仅仅影响某个分支机构的工作？还是影响整个团队或多个机构？预期影响涉及的部门越多，知识越复杂。而且，如此复杂的知识要想被接受团队所利用，接受团队的每个部门和单位都需要获得新知识，同时他们必须学习各业务单位间的关系，即所谓的"空白地带"。② 即使在每个业务单位内的知识都是非常显性以至于可以写下来，但各业务单位之间的关系可能很大程度上仍是隐性的。这是因为有关各个部门关系的知识可以看成是一种结构性知识，这种知识本身不同于各部分的知识，形成这种结构性知识本身就是一个知识创新过程。由于这类结构性知识更加植根于组织，因此很难传递和转移。

　　所以，知识的类型和范围是影响知识如何转移的非常重要的因素。在讨论和考察这一因素对转移机制选择影响时，这方面的问题必须给予关注，比如，供方团队的知识是隐性的还是显性的？再如，企业中的多少职能部门将受到即将实施的知识的影响？是一个团队？一个分支机构？还是整个组织？

---

① 　Michael Polanyi. The Tacit Dimension. Gloucester, MA：Peter Smith, 1983.
② 　Geary A. Rummler and Alan P. Brache. Improving Performance：How to Manage the White Space on the Organization Chart. San Francisco：Jossey-Bass, 1990.

§3.3　知识转移方式

Nancy M. Dixon 根据谁是预期的知识接受者、任务的性质、被转移的知识的类型等标准将知识转移分为五种类型，即连续转移、近转移、远转移、战略转移和专家转移。不同的知识转移方式对应着不同的成功要素和设计原则。

☛3.3.1　连续转移

当组织指派一个曾经有过相同经验和经历的个人或者团队去完成相同的任务时，知识就发生了连续转移（Serial Transfer）。连续转移机制指将一个团队在某种背景中完成任务时所学到的知识，转移到团队下一次在新背景下重复完成该任务。由于任务具有重复性，知识的主体也没有发生变化，因此，行动以及从每次行动中所得到的知识都以连续的形式出现。团队在第一次经验中得到的知识，不论是有益的经验或者失败的教训，都能帮助它在下一次更有效地完成任务。但是由于在完成任务的过程中团队成员的体验和所得到知识各不相同，为了在下次任务中更好地完成任务，必须将知识从团队的单个成员转移到整个团队。

在知识的连续转移中，任务是相似的，因为知识由生产它的同一个小组所使用。但是，每次完成任务所面临的情境都是变化的。这些相似的任务不一定都是常规任务，其中可能也包含一些非常规任务。在这种知识转移方式中，被转移的知识可以是隐性知识，也可以是显性知识。显性知识可以写成程序或者规则，隐性知识必须在团队成员到新地方时通过回忆产生。而通过讨论从完成的项目中得到经验时，隐性知识得到显性化。

连续转移是这样一个过程，它把每个个体成员得到的独有知识转移到小组中，所有分散的知识被整合起来并被整个团队所理解。每个团队成员都可以从完成一项任务的过程中学到知识，这些知识可能包括：单个团队成员所从事的行动（包括所做的、所说的以及不能做的），团队成员的行动如何影响结果，团队成员对其他成员行动的记录，团队成员如何受到其他成员的影响，其他成员的行动如何影响结果，周围环境所发生的事情（包括预期和非预期的），环境对该团队成员和其他团队成员的影响等等。由于团队成员的个人经历及观察角度不同，每个人所学到的知识也各不相同。知识的连续转移过程，也就是为了将这些个人知识转移到团队中并形成共识。知识的这种转移过程，并不仅仅是让团队成员向团队汇报自己的知识并让其他成员知道，而是要比这复杂得多，知道但没有经过深入思考和消化吸收的信息并不是知识。团队成员必须能利用其他人所说的，重新解释自己是如何理解形势的，并因此形成事物之间的新的联系方式，虽然这并没有改变事实本身。这或者改变了看问题的角度，或者原有的认识得到了深化。从而引起对原因和结果的重新思考，产生了能引导团队新行动的"如果……，那么……"的想法，明确了对所发生的事情的理解，产生了能指导未来行动的新共识，这种新共识成了团队下一次完成相同任务的行动指南。正是从这一重要意义上来说，在知识从个人认识到组织认识的传递中，完成了知识转移过程。

经验可能直接成为下一次的行动指南。但是，如果前一次行动并不是那么成功，则知识连续转移的过程就可能形成完成相同任务的新的指导原则，这种原则可能的形式是：如果那种情况又发生了，那么我们应该是这样而不是像原来那样，这或者需要调整个别成员的行动，或者团队需要采取全新的行动。图 3-5 表示了如何将经验转化成知识，包括从个人到群体之间的转移。

由于事件本身的复杂性，人的记忆容易出现问题，经验可能来自于全体团队成员的共同体验，连续转移面临许多的困难。这需要采用多视角提供的清单和平衡表来加以克服。团队如果能纠正、支持和依赖每个成员的见解，则更能精确总结出行动和结果之间的关系。

在知识的连续转移过程中，创造知识的人必须也是那些使用知识的人。团队成员要相互依赖，并朝着共同目标一起工作。如果团队仅仅在名义上是一个团队，是单个个体的集合，但是在工作中并不相互依赖，那么很难保证连续转移的成功。在每个成员的绩效依赖于其他成员绩效的情况下，连续转移才能提高团队的生产率。

有规律的会议有助于知识的连续转移。建立例会制度，如定期进行或者在完成任务时进行，会使团队成员形成良好的预期和工作习惯。冗长的会议令人生厌，有损于会议的效果，因此每次会议必须明确会议的主题，不在议程之内的事坚决不拿出来讨论。所有参与行动的成员都被要求参加

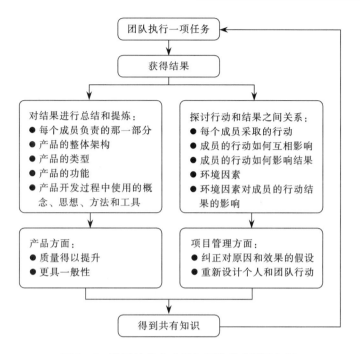

图 3-5　连续转移中成员知识转移为团队知识

会议，这既可以保证知识的完整性，又可以提高成员的责任心，防止某些成员推卸责任。召开会议的目的并不是为了追究某些成员的过错，这可能需要采取其他一些方式，比如另外召开会议。因为责备所带来的防卫心理妨碍了对事实的回顾和陈述，由此造成的不愉快也使这部分人避免积极参与到议题中并形成积极的和有建设性的意见和建议。会议过程中形成的记录和达成的共识一般只局限于团队内部，而并不向上级或者考评部门汇报，否则很容易导致成员对自身行为的美化和修饰，只说自己好的一面而回避可能把自己置于不利境地的一面。由本团队成员来组织会议，由于不需要外来经验，规则和指南非常少，且非常容易被每个人所理解，因此，效果比让外来人员组织会议要好一些。

美国陆军的事后回顾（AAR）方式是知识的连续转移的好例子。美国陆军在任何一次团队行动之后，都要举行事后回顾。美国陆军对此给出的简单指南是：（1）不表扬；（2）提示基本事实；（3）不批评；（4）做记录；（5）所见即所述。美国陆军的事后回顾可以标准化为三个关键问题：曾经设想将发生什么事情？发生了什么事情？差别的原因是什么？一个事后回顾持续 15 分钟，或是一个小时，取决于所讨论的行动，但在任何情况下，它都是一个简短的会议。

　　知识的连续转移可能面临的障碍将会影响它的效果。团队成员可能不愿花时间参加会议，因为他们可能觉得不能从会议中得到收益。采取措施，让参加会议的人感受到明显的收获可能是重要的。团队成员也可能缺少能产生新知识的谈话技巧，这对隐性知识产生的影响要大于对显性知识的影响。行为学家和商业交流理论家 Chris Argyris 提出的模式可以有效地解决这个问题。这个模式要求训练团队成员提出建议和质疑的交流技巧，能帮助他们学会给出结论背后的理由，学会检查自己的假设，学会质疑其他人提出的假设并对自己推理中的错误保持开放性。团队成员在项目结束前就被拆散是知识连续转移过程中面临的又一障碍。如果发生了这种情况，而源团队只是在项目结束后才召开知识转移的会议，则源团队产生的知识就不能连续转移到下一个团队。但是如果源团队能经常举行连续转移会议，则团队成员在转移到下一个团队时就可以同时转移自己在源团队中得到的知识。在虚拟团队中进行知识的连续转移可能面临更大的困难。但只要控制适当，严格遵循连续转移的要求，就一样能取得成功。

表 3 - 1　　　　　　　　　　　　　连续转移的设计指南

定义	一个团队从在一个背景下完成任务中所得到的知识，被转移到团队下一次在不同情境下完成任务中
任务和背景的相似性	接受知识的团队（也是提供知识的团队）在新情境下完成相似任务
任务的性质	经常发生，非常规
设计指南	有规律地举行会议 会议要简短 每个参与行动的人都参加会议 没有责备 不上交报告 会议由本团队组织
举例	一个发电机更换团队更换化工厂的发电机。当更换精炼厂的发电机时，团队使用来自化工厂工作所形成的知识

☞ 3.3.2　近转移

　　近转移（Near Transfer）是指将一个团队从其经验中学习到的知识复

制到另外一个与其相似的团队。"近"转移不是指地理位置上的远近，而是指源团队与接受知识团队之间具有很大的相似性。这里所说的相似性，是指两个团队的学习经历和知识运用的地点和场景很相像。正因为如此，知识在源团队和接受团队之间的转移相对容易。近转移中所转移的知识，是一个团队所获得的关于如何更有效或更高效地完成任务的知识，比如找到降低劳动成本的新设备，或者只是一个更加复杂的过程及一系列提高效率的步骤。知识近转移的目标不是共享知识，而是要达到管理部门规定的一个特定的商业或者任务目标。此模式涉及的任务包含团队重复做的、大量的重复性工作，如福特公司位于芝加哥的团队通过采用亚特兰大工厂积累的最佳经验，可大量减少安装前刹车所需的时间，15 秒内即可完成规定任务。

关于福特公司的案例，可以作更加详细的论述。福特公司的汽车总装部门下辖 37 家工厂，每个工厂都由工厂经理亲自任命一个或多个生产工程师作为焦点人物，负责最佳经验的提供、收取和总结工作。各工厂的焦点人物每周都会通过企业内部的互联网收到 5~8 种适合于汽车制造厂的最佳经验，他们又要负责将来自其工厂的最佳经验输入系统中。这些关于最佳经验的报告是简洁而且标准的，通常包括这个经验来自何方，该经验的简单描述，取得的节约情况以及联系人的姓名和电话，通常还要添加录像。焦点人物必须对每个经验做出反应，虽然不一定要采用。一旦最佳经验被采用，焦点人物要负责报告最佳经验需要的成本和实际取得的收益。各工厂采用最佳经验的报告，将在工厂级或副总裁级的会议上进一步审阅。福特公司还建立了最佳经验数据库，用来公布 37 个工厂的每一个企业提供并采用了多少最佳经验，这无论是对经验的提供者还是经验的采用者都是一种激励。如果一个工厂的最佳经验被大多数的工厂所采用，则是这个工厂的最大荣耀。福特的最佳经验复制是一种"推进系统"，是根据使用这种做法的生产工程师的要求设计的。它减少了工程师们搜寻最佳经验的成本。福特最佳经验复制系统的成功源于：（1）发布最佳经验的数据库；（2）每个工厂指定负责接受项目和发送项目的生产工程师；（3）做出采纳项目的厂方管理层会议；（4）产生和发放复制活动的响应系统和追踪系统；（5）福特公司内部生产工程师们频繁的会面；（6）工厂在劳动生产率上的要求促使人们不断寻求新主意来缩减成本；（7）由少于 6 个人组成的核心小组来维持这一系统。

福特工厂案例说明了知识的近转移所具有的主要特征和基本要求。在福特工厂间知识近转移的例子中，接受知识的团队和提供知识的团队在任务和背景方面具有很大的相似性。模板必须擦洗以保证密封，车辆要上漆，保险杠要安装。在所有的工厂里，这类任务都是相似的，工作场景也很相似。由于任务的相似性，接受知识的团队在实施提供知识的团队所开发的知识方面有吸收能力。当亚特兰大的团队讨论挡风玻璃擦洗模板时，在 Louisville 和 Dearborn 的团队已经充分认识到了模板擦洗不干净时的后果。他们在模板擦洗的原因、次序以及因果关系方面有共同的背景。由于汽车是流水线生产，任务是重复的，并且都是常规和标准任务，在任务执行的过程中几乎没有变化。所转移的知识是关于程序和机器的明晰知识，很少涉及隐含知识。知识转移的影响力仅限于接受知识的团队。

在信息时代，知识的近转移主要通过电子方式完成，虽然也有一小部分要通过人际交流来实现。虽然有近80%的近转移要通过电子方式来完成，但是人际交流也是必不可少的。福特公司的生产工程师每季度都要在世界各地的工厂召开会议以直接观察兄弟工厂的做法。这种面对面的会议有助于密切不同工厂生产工程师之间的关系，如果没有这些会议，整个知识转移体系将无法正常运作。近转移的接受方通过会晤，在一定程度上相信知识的发明者经验丰富且很能干，这使他们最终决定采用他们的知识并认真加以实践，这保证了知识的成功转移并切实发挥作用。在知识的近转移过程中，知识的内容和格式是由用户指定的。由用户具体确定：（1）支持这一转移的程序；（2）转移文档中应包括什么；（3）文档应采用的格式。这种用户需求拉动型的知识转移确保了所转移的知识是真正适合用户需要的，是能解决用户的具体问题的。在福特公司，生产工程师强调，他们只想看到已经被实践证明是最佳经验的东西，而不是那些未经实践检验的想法。后来，他们又要求既能看到图片又能看到文本，现在，他们又增加了添加视频设施的要求。福特公司的所有知识转移的设计都是根据生产工程师们的具体要求而进行的。为了达到知识转移的高效率，知识应该是自动出现的，而无须用户为了搜索这些知识而阅读大量毫不相干的文献。这样既节约了时间，又能快速地获取知识。即使是自动出现的知识，其数量也应该是有限的而且是高质量的，否则就达不到上述效果。福特公司的焦点人物每周只收到 5~8 种最佳经验。对这些有限数量的知识的描述应该是简洁的，繁言赘语是不必要的，因为源团队和接受团队之间的相似性使他们很容易理解这种简洁的描述。知识转移中共享的知识应该是指定的，同一主题的知识被放在一个数据库中，以防止数据库由于知识的混杂变得过于庞大而带来数据搜索的麻烦。虽然接受知识的团队往往被要求回复每条收到的知识，但是他们也有自己是否接受这些知识的自由。他们应该有提高生产率方面的具体要求，因而他们在知识的接受方面是积极的。但是每种知识是否适合他们，则是他们自己说了算。如果硬性要求每个团队都采用相同的方法，往往达不到什么效果，团队之间总有差别，而且只有他们自己相信的东西才能真正帮助他们提高效率。在知识近转移的整个过程中，其使用和目标实现情况都应该处于监控之中，以保证它是始终符合公司的情况和要求的，否则就要进行调整。

　　知识的近转移要克服一些障碍。有的公司发现，他们曾经建立的一个最佳实践的数据库，公司成员不使用。这是因为知识的近转移除了数据库以外，还需要其他几个相互依赖的要素，如明确的商业驱动力；和商业驱动力直接相关的知识；确保知识可靠性的面对面的会议；公开监控使用和目标实现情况的方法；指定专人负责数据库信息的输入和检索。由于知识的近转移是一个整体，因此要确保知识转移的成功，这些要素缺一不可。有的公司的文化是深深植根于独立解决问题基础之上的，他们倾向于抵制不是他们自己发明创造的知识。他们的原则是：如果知识不是这里发明的，就不用。即使在这样的组织文化中，知识共享也在以一定的方式在小范围内进行。发现这些方面，弄清是谁已经在共享知识，共享的是什么知识，为什么需要这些知识，在此基础上，应有可能构造一个适合这种文化的近转移系统。那些想尽量把知识收集得既全面又详实的组织，其知识近转移的努力几乎注定是要失败的。因为搜索相关知识花费的大量时间吓倒了知识的潜在接受者，他们发现没有时间去共享知识。因此，知识的简洁性和明晰性是必要的。知识的近转移设计指南如表 3-2 所示。

表 3-2　　　　　　　　　　近转移的设计指南

定义	一个团队从长期从事的重复性工作中获得的明晰知识，被其他从事类似工作的团队再次使用
任务和背景的相似性	受方团队所执行任务和源团队任务相似，而且工作环境类似
任务的性质	经常性，常规性

知识的类型	明晰
设计指南	电子化传播知识 电子化传播需与人际交流相互补充 用户指定内容和格式 知识是被推进的 数量有限的条目被推进 有选择的服从 使用和目标都在监控之中 简洁描述 目标明确的数据库
举例	亚特兰大一家汽车制造厂的一个团队发明了怎样在 10 秒内安装刹车装置。位于芝加哥的一个团队用该知识将时间缩减了 15 秒

☛3.3.3 远转移

知识的远转移（Far Transfer），是指一个组织把它的一个团队在工作实践中获得的知识和经验提供给它的另外一个从事类似工作的团队。这听起来虽然与近转移没有什么不同，但实际上二者存在很大的区别。这至少表现在两个方面：一是远转移所涉及的任务是非常规性任务，而近转移所涉及的任务则是常规性任务。二是源团队所获得的知识在远转移中主要是隐性知识，在近转移中则是显性知识。"远"字暗示接受知识的团队和提供知识的团队很可能区别很大，比如地理位置不同、文化背景不同、技术水平不同、工作性质不同等。在这种情况下，来自源团队的知识，必须进行转化或大幅度修改，才可以为接受团队采用。简单地把一种环境下获得的知识原封不动地运用到另一个环境中，是不可能的，因为环境差异很大。如一个由同行组成的团队被邀与一个石油勘探团队会面，帮助解释受方团队采集的数据。被转移的知识基本上是在访问团队成员的头脑中，没有写成步骤及程序的隐性知识。因为解释地震或地质数据是一个新出现且变化多端的任务，那些掌握相应知识的人必须亲身到当地环境中才能利用和转移他们所知道的。每次勘探场地，采用的方法都是不同的，地质学家往往有多种途径可供选择，而每种途径又可以引出许多新的途径。一个团队的知识可以为另一团队的工作提供对手头资料的更好地理解，但不能由此预测它应该采取什么样的途径。远转移系统可以有效地发挥那些掌握非常特殊、非常关键的知识的人的作用。远转移系统提供了在决策成本较高的情况下，在解决问题过程中应用这些重要知识资源的一种方法。

在地质勘探团队相互帮助，进行知识远转移的例子中，接受知识的团队和提供知识的团队在任务和背景方面有相同之处，但也有很大区别。每个团队都在进行勘探工作，但是每个团队勘探的政治、法律、技术和环境的背景不同。由于成员的经验不同，勘探团队的消化吸收能力可能会有所不同。每个团队代表不同的知识和技能。团队拥有自己选择同行帮助人员的权利，这有助于解决这一问题。勘探任务的周期很长，工作任务是非常规性的，从来不可能发生完全相同的勘探工作。转移的知识基本上都是隐性知识，它存在于团队成员的头脑中，并且和他们研究过的某一个地点密切相关。在帮助者的意识中，是具体的情境激发什么样的相关想法，而不是由知识接受者来确定什么样的知识是需要的。知识转移的结果只影响到引进知识的团队，而接受团队对知识的解释结果会影响到其他部门。对上述例子的分析阐明了远转移的相关标准。

远转移由于要视情境而定，因此不同组织的远转移呈现出很大的差别，这预示着不止一种方法可以实现这种转移，但实现这种转移的具体方法在很大程度上取决于具体场合，因此很难复制。尽管如此，设计这样一个体系，还是有一些指导方针的。知识转移过程应该被设计成是一种互惠的过程，源团队也可以在帮助接受团队的过程中受益，这样的设计使源团队不需要额外的激励。两个以上的源团队参加知识转移，并同时承担提供知识的接受知识的角色，有助于互惠互利。由于各团队的工作环境大不相同，源团队的知识要进行相应的转换，才能顺利的为接受团队所吸收。这或者是由源团队根据受方团队的具体情况对知识进行转换实现的，或者要求受方团队本身完成转换。由于远转移的对象是隐性知识，因此，它是靠人而不是电子数据库完成的。只有人才能理解具体的场合并根据特定的场合做出相应的反应。在新的场合，人可以由具体的情境激发而回忆起以前的知识，但是又可以根据新情况对原先的知识进行调整，以适应新的情况。因此把有相应经验的人安排到需要知识的团队并通过各种方式进行充分地交流，是实现远转移的有效方法。由于个人求助可能带来的麻烦，比如自己感觉的尴尬或者知识提供者的不耐烦，给知识转移活动一个有意义的名称并使其合法化，使知识转移变成一种组织认可和支持的行为而不是个人行为，有助于知识远转移的实现。

如何把隐性知识从人们的头脑中引出来，从而实现知识的顺利转移是远转移面临的第一个障碍。这种知识不能写到纸上或者通过电子化以标准格式来实现转移，因为隐性知识不仅仅是对以前知识的简单回顾，而需要知识拥有者的创造。

因为情境是不同的，以前的知识不可能完全适用，但是知识拥有者可以在新的场合下结合不同情境下的知识，或者转移表面上看起来不同但实质上相似的知识。让人们来回流动，把专家作为共享资源，提供咨询指导，都可以实现知识的远转移。第二个障碍可能是知识转移的无组织化。单纯依靠非正式的知识转移是不能持久的，也不能达到良好的效果。为组织内的知识转移命名，使其合法化，有利于当前知识转移的顺利进行和后续知识转移的发生。知识远转移的设计指南如表 3 – 3 所示。

表 3 – 3   远转移的设计指南

定义	一个团队在从事一种非常规性的工作时获得的隐含知识，让该组织内另一个从事类似工作的团队得到
任务和背景的相似性	受方团队所从事的工作和源团队的工作性质相似，但背景不同
任务的性质	经常性，非常规性
知识的类型	隐含
设计指南	交流是互惠的 源团队的知识要经过转换 人在整个组织范围内传播隐含知识 赋予活动一个有意义的名称
举例	同行们从世界各地赶来帮助一个团队研究一个特别的石油勘探场地。这种合作提供了解决问题的新方法

☛ 3.3.4   战略转移

战略转移（Strategic Transfer）也是适用于当一个团队承担一项任务时，试图从组织中曾经做过类似项目的其他机构的经验中受益这种情况。如果不是因为这里的任务是很少发生的，比如一个战略层面上的一次性项目，这样的转移似乎很难与远转移区别开来。这种任务由于往往具有战略性，因而发生的频率很小，有时甚至难以在团队中找到与此相类似的项目。比如推出新产品，完成一个购并，或者是把产品打入一个新国家。但是知识确实存在于组织的某个地方，可能一项看起来与此项目毫不相干的任务可以为其提供重要的知识而使其受益匪浅。这种知识可能由于有不同的文化，使用不同的技术，面对不同的竞争对手而显得很不相同，其所影响的范围也不局限于某个团队，而是涉及组织的很多部门，这是战略转移与远转移的重要区别。

战略转移适用于需要运用组织的集体知识（包括显性知识和隐性知识），来完成一项不经常发生，但对整个组织起决定性作用的战略任务这种情形。购并就是这种情况。受方团队所面临的购并对象比供方团队所运作的公司规模更大、不太友好且经营环境迥异。供方团队的隐性知识和显性知识，在新情况下都将非常有用。受方团队运用的知识会影响组织的多个职能部门。战略转移非常复杂且极其重要，不是简单的最佳经验转移系统能胜任的。

在知识的战略转移中，知识的受方团队与源团队在任务和背景方面相似性很小，可能都是开发新产品，但是对于每个团队来说，任务发生的政治、法律、技术、环境的背景不同。由于受方团队与供方团队之间的很大程度的不同，加上受方团队以前没有做过类似的新产品开发项目，因此受方团队的接受能力较弱。解决这个问题，需要多个案例，详细推理，同时也需要多种选择，知识资产可能需要适应不同的能力层次。远转移面临的任务是不经常发生的非常规性任务，同一个新产品开发项目不可能重复两次，但是从组织层面上看，经过一段时间任务将会重复，新产品开发项目虽然很少发生但也绝不是一次性任务。所转移的知识既有显性知识又有隐性知识，系统的所有部分都将受到任务的影响。这种影响深远而且持续时间很长。新行动需要人们改变行为方式，改变流程和技术，这又涉及到目标以及实现目标的方法。

要让知识的战略转移体系更好地发挥作用，下面是一些设计指南。一是所需要的知识由高层管理者确定。战略转移与前面所提到的几种转移方式的不同之处在于，前面几种转移方式是寻求如何更好地利用组织现有的知识，而战略转移却是面向未来的，它需要确定的是组织需要哪些知识，当然这种知识需要是根据组织未来的发展战略和基于对环境的预测之上的。正是因为具有这个特点，这种知识的需要是由高层管理者决定的。如果所需要的知识分布很广，但是又不具体存在于组织的某个地方，或者所需要的知识主题是新的，但可行的知识能从当前执行任务的团队的经验中归纳出来，这时候就适用战略转移。除了确定需要的知识以外，高层管理者还要识别哪里存在采集这些知识的机会。

第二个指南是由知识专家负责采集并解释知识。由于战略转移所面临的任务的复杂性以及知识的分散性和隐蔽性，知识的采集和解释需要专门的专家，以利于更好地识别、发现、收集和解释知识，他们被称为知识专家。为此，这些专家需要一系列技能以明确地提出问题，由此引出每个被访谈者的推理。这些技能的发展需要一定的培训和准备，以更好地识别他人的推论，并能设计问题以检验推论。知识专家既要积极听取他人的推论，又不能受他人思维框架的影响。因为对同一种知识，不同的人会有不同的理解。这些团队外部的知识专家带来了不同的观念，由此可减少数据采集者行动和认知上的偏见，减少了由团队内部的利益关系带来的干扰，还减少了知识接受者怀疑源团队吹捧自己的成绩等认知上的偏见。

第三个指南是要实时采集数据，而不是依靠事后回顾。事后回顾往往是不可靠的，人们偏向于根据事件的结果来重新构造历史，这一新的构造使结果成为一种必然。换句话说，人们更注重的是结果而不是事情的细节，在事后回顾中，人们为了使结果变得顺理成章而倾向于修改历史事实。因而，事后回顾是靠不住的，实时采集的效果要好得多。

第四个指南是知识的采集和提供要以最终用户为中心，即以知识的接受者为中心。在前面提到的几种知识转移方式中，知识都是由源团队负责采集并提供的，但这一点在战略转移中并不适用。由于任务的差别很大，受方团队的接受能力较弱，源团队并不清楚应该提供什么样的知识。而战略转移又是面向未来的，因而受方团队也不知道自己需要什么样的知识。这就需要知识专家来确定受方团队的需要，并以此来开发知识及其传递形式。

第五个指南是战略转移要广泛听取多方面的意见，综合多种声音。这种转移涉及的知识是如此复杂，以至于任何一种听起来相当不错的单方面的意见都是不可取的，知识专家必须综合多方面的声音，听取不同的意见。既要有繁杂的意见，又要从中发现真理（很多时候需要综合归纳推理），是一个相当困难的任务。

在战略转移中有两种担心。一是知识专家团队的成本太高昂。这种成本包括采集数据，综合数据以及从所学到的东西中开发出知识产品。因此，当任务相对简单，因而其他知识转移模式能够胜任时，要避免使用战略转移，只有当知识具有战略意义时才使用战略转移。二是公司将知识转移所形成的模式强加于各个团队，或者至少团队是这样认为的。实际上，任何模式都不具有通用性，各个团队有是否采纳以及进行修正的权利。可以采取两个措施来预防这种危险。第一个措施是在推行知识共享的同时，突出知识共享所遵循的原则。

这种原则诸如"告知而非指示","在其他人所开发的知识基础上改善",等等,使受方团队明确他们有自由选择的权利。第二个措施是在知识产品中融入代表多个观点的声音。多种方式的存在,使受方团队认识到,他们不是非要选择其中一种方式不可。知识战略转移的设计指导方针如表 3 – 4 所示。

表 3 – 4   **战略转移的设计指导方针**

定义	完成一项不经常发生,但是对整个组织非常重要的战略任务所需要的组织的集体知识
任务和背景的相似性	受方团队执行一项影响整个组织的任务,与源团队的背景不同
任务的性质	不经常发生,非常规性
知识的类型	隐含和明晰
设计原则	所需要的知识由市场管理者确定 知识专家采集和解释知识 采集是实时发生的,而不是事后回顾 以最终用户为中心 综合多方面的声音
案例	一个公司购并了 ABC 公司,6 个月后别的地方的另外一个团队,使用 ABC 项目上所学到的知识购并 DFG

3.3.5 专家转移

如果说前面所提到的四种知识转移模式都或多或少的涉及到重复发生的任务,那么专家转移(Expert Transfer)所涉及的任务则是很少发生的。这种知识只是存在于某个特定的人的身上,因而当团队面对一个超出了自己知识范围的、少见的技术问题时,寻求这位专家的帮助则成了解决问题的惟一的方式。这种知识不能在现有的文档或其他记录方式中找到。如对一个年代久远的设备,只有曾经处理过的人才知道如何修复。这些问题非常特殊,但通过专家转移所寻找的知识是有清楚明晰的答案的。知识不像远转移那样涉及到需要理解的问题,也不像在战略转移中那样涉及的是必须开发的知识。

在专家转移中,受方团队有时并不清楚所需要的知识到底在哪里,解决这种问题的方式就是广泛求助,搜寻能够解决问题的人和方法。如今互联网的普及，为这种行为提供了极好的条件。求助者可以在互联网上建立电子论坛，就某一问题向世界各地的专家寻求帮助。

专家转移的标准有以下几点：接受知识的团队和提供知识的团队在背景方面是熟悉而不是相似的，所谓熟悉，就是二者都是针对同一主题。任务则是独一无二的，以前不曾发生，以后也不会发生相同的任务。由于二者共同面对的是专业方面的问题，源团队又是针对受方团队的问题进行解答，因而知识在两个团队之间的交流是没有障碍的，受方团队的接受能力很强。

任务可能是经常发生的，如撰写项目建议书，但绝对是非常规的，每次的建议书都不相同，技术也随时在发生变化。所转移的知识都是明晰知识，因而源团队可以以书面的形式把知识表述出来。受方团队得到的知识仅影响该团队及该团队的成功。

下面是专家转移设计的几个指导方针。一是电子论坛按主题分类。这一方面减少了信息接收者接收信息的数量，过滤了不相关主题的信息；另一方面，只收到背景熟悉的知识，可以使知识的表述更加简化，提高交流的效率。二是电子论坛要得到监控与支持，否则论坛很容易萎缩。三是鼓励不同层次的参与，不必强求参与论坛的人必须是贡献者。四是知识是被拉动的，知识的交流是由于受方团队的问题而产生的。

技术水平不够是专家转移的一个障碍。这种过低的技术水平不能把人们连接起来。在这种情况下，一个可能的妥协就是先为那些能上网的人建立一个专家转移系统。第二个障碍是员工还不太熟悉计算机，这需要一定的培训。知识专家转移的设计原则如表3-5所示。

表3-5　　　　　　　　　专家转移的设计原则

定义	一个遇到超出其知识范围的技术问题的团队，在组织中寻找其他人的经验
任务和背景的相似性	受方团队与源团队执行不同的任务，但有相似的背景
任务的性质	常规，但很少发生
知识的类型	明晰知识
设计指南	电子论坛按主题分类 电子论坛得到监控与支持 鼓励不同层次的参与 知识是被拉动的
举例	技术人员向网络发邮件，询问如何增加年久的监视器的亮度，7位专家给出了答案

§3.4 知识转移方式比较与选择

3.4.1 知识转移的方式选择

从适用前提、设计原则、实施障碍等方面来看，这五种知识转移方式的确存在很大的差别。但是当我们遇到一种需要转移的知识时，不可能从各个方面进行如此详细的比较分析，然后再确定采用何种转移系统。这是一项费时费力的工作，而且会因为知识的时效性下降影响到转移效果。因此，人们需要一种相对简单的方法来帮助判断。

我们可以从影响知识转移的三个因素出发，概括初四个关键问题，将五种知识转移方式逐层分开，每个问题仅需要做出是非判断，少则一个问题，最多也只有三次就可以确定，一目了然。如图 3-6 所示。

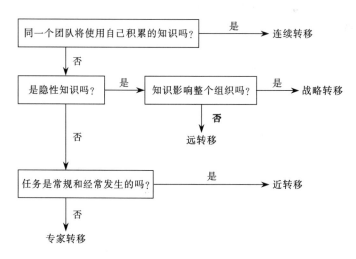

图 3-6 选择知识转移方式决策树

通过图 3-6 的决策树分析，可以根据知识类型的不同，很快选择出相应的知识转移方式。当然，出于众多不同的目的，一个企业在一定时间内往往需要转移很多不同类型的知识，所以需要多种类型的转移方式相互配合。这是因为，不管某种方式多么成功，也不可能适用于各种知识：隐性的和显性的，常规性的和非常规性的，战略性的和团队特性的，等等。

3.4.2　知识转移模式的变革

需要着重指出的是，要保证这五种转移方式的顺利运行，除了按照既定的指导原则设计和实施以外，还应注意知识转变三种模式的变革。

1. 知识来源从集中的专家模式转变为分散的个人模式

从知识来源上看，不再认为专家是知识的惟一源泉，转而认为执行任务的每个人都掌握利于他人进步的知识，即从集中的专家模型转变到分散的个人模型。过去，企业的高层经理们普遍认为企业的关键知识由所在领域的主要问题专家掌握，如果遇到严峻的问题，管理层往往会召集公司各地专家组成一个临时团队，寻找解决方案，然后将方案发送给对这方面知识了解较少的人来实施。这是一个单向的扩散，虽然有用但缺乏活力，而且可能会因为对其普遍性的认同掩盖了对其可靠性的质疑。此时的知识流动如图 3-7 所示。

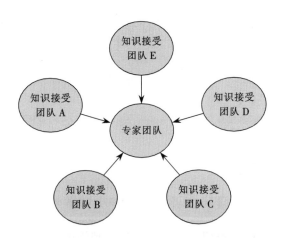

图 3-7　集中模式：知识由少数指定专家向外转移

然而，知识是广泛分布在整个企业之中，而不是存在于一小部分专家中。企业不应局限于努力识别某个人在关键实践上做得有多么好，而是应假设每个团队都在做对他人能有所借鉴、有所帮助的事情，并同样能利用他人的知识和技能，也就是要促进同行之间"给予—索取"的知识交流。

这种基于新思维方式的分散模式如图3-8所示。

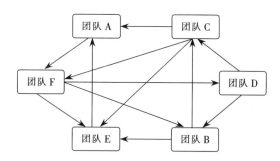

图3-8 分散模式：知识在团队间转

在图3-8中，知识从多个源头向多个接受者流动，在相似的团队间转移，而非从"最佳"向"稍差"流动。这是一个互惠的模型，每个团队既是贡献者，又是接受者，可以根据情况自行决策选择哪些知识，因为并非任何团队开发的知识都是正确和值得复制的。"实地的真实性"才是最重要的。

2. 知识广度从个体转变为群体

从知识广度上看，不再把知识看作是一个个体现象，而是看作是一个群体或者团队现象。在以往的学习经历中，我们总是有意无意地被鼓励做自己的工作，比如，我们会选择像图书馆这样不易被其他人打扰的地方学习，在考试中不能作弊（既不能从其他人那里得到帮助，又不能试图帮助别人），等等。这些独立的学习知识的活动，把知识从参与其中的共同体分裂开来，影响了我们对知识的系统性思考。在工作中，一些组织也经常通过奖励政策或者个人绩效目标，来促使员工把想法作为自己个人的来报告。实际上，这些做法都违背了"实践的共同体性"，[①] 因为我们总是

---

① Jean Lave and Etienne Wenger. Situated Learning：Legitimate Peripheral Participation. New York：Cambridge University Press，1991.

归属于某一团体（团队），知识和主意从一个人传递到另一个人而发展和变化，许多创新的想法不能由单个个人创造，需要多种多样的意见和多个想法的协同，这也正是当前学习型组织所倡导的。

3. 知识形态从稳定转变为动态

从知识状态来看，不再把知识当作一个稳定的事物，而是当作动态的和永远处于变化中的事物。在知识的"波粒二相性"中，我们曾提出作为实体的知识和作为过程的知识。当收集、储存和分发知识时，我们是将知识"实体化"处理的，会给人一种控制的感觉，确定知识掌握在自己手中且不会外溢。不过，在我们使用和再使用时，知识就成了不断变化和改变的事物，像水一样在组织中四处流动，此时的控制力可能稍差，但会更有能力和活力。因为我们的目的是让知识在组织中的流动最大化，而不是储存最大化。至于流动方式是单向流动、双向流动还是分散流动，则会根据知识类型设计出不同的转移系统与之相适应。

第 *4* 章

国内外知识管理实践的比较及启示

§4.1 西门子公司的知识管理[①]

德国西门子公司自 1847 年成立以来，始终以积极创新、不断进取的精神为改善人们的生活提供解决方案。在过去的 150 多年中，西门子公司从一间小作坊发展成跨国公司，逐步从电气工程领域转变到电子领域，业务重点转移到信息技术方面，并且发展到半导体领域。西门子公司成功地重建了其全球的规模，20 世纪 60 年代和 70 年代，该公司在南美和北美市场站稳了脚跟；现在，该公司的注意力集中在亚太、东欧和南部非洲地区。1989 年，西门子公司采用现代结构进行改组，形成了 17 个核心业务集团，以便更好地适应公司在新领域的发展。今天，西门子公司的员工人数已达到 379 000 人，新订单额首次超过了约 510 亿欧元，西门子公司再次进入新的转型期，这个时期的核心是"最佳时效运作"。过去十年以来，中国已发展成为西门子在亚太地区以及全球的一个主要业务支柱。西门子全球的各项业务在中国都取得了突出的成绩，其中包括：信息与通信、自动化与控制、电力、交通、医疗、照明和家用电器。截至 2002 年

① 杨治华、钱军：《知识管理——用知识建设现代企业》，东南大学出版社 2002 年版。

9 月底，西门子在华长期投资总额超过 6.1 亿欧元，在全国设有 40 多家公司和 26 个地区办事处，为 21 000 多人提供就业机会，2002 年，西门子在华公司中财务合并的公司的销售总额为 36 亿欧元。

　　在知识经济已经来临，知识管理逐渐兴起，但很多的传统型企业或者因为观念更新缓慢，或者因为机构庞大、业务臃肿而在知识管理方面迟迟不见动作之际，西门子公司紧紧抓住这个潮流，全面引进知识管理，以知识管理促进各项业务的全面提升，在知识管理方面走在了前列。西门子公司知识管理目标如图 4-1 所示。

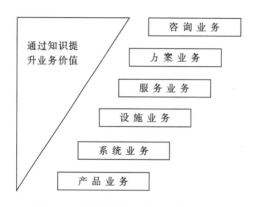

图 4-1　西门子公司的知识管理目标

　　西门子公司通过一系列知识管理实践，希望它能带来在产品上市时间、战略应变能力、成本、客户关系等方面的改善。具体是：缩短产品上市时间——通过加速知识流和知识整合；扩大"注意力带"，以及早获得战略机遇或危机的信号——通过感知和获取遍布全球的知识和信息，并对之实现有效共享和管理；降低协作成本——通过实施实践社区，以之来管理企业核心能力并加速知识创新；改善客户忠诚度——通过建立面向客户的虚拟社区来实现；加速各种创新实践在组织中的传播——通过组织知识座谈、知识咖啡等方式来实现。

　　考察西门子公司的知识管理实践，可以发现，它超越了对于知识管理的传统技术观，认为成功的知识管理系统应是一个"社会—技术"系统，并给出了一个参考模型，如图 4-2 所示。

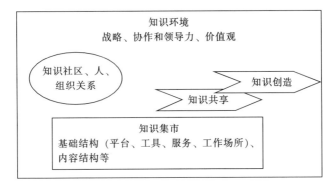

图 4 - 2　西门子公司的知识管理参考模型

该模型聚焦于四个方面：

（1）知识社区。试图跨组织边界达到"最佳实践网络"，使企业中各个领域的知识能够通过社区交流得到共享，使员工可以对业务的相关主题进行经验交流，充分利用已有的成功经验。

（2）知识集市。如果说知识社区建立了人和人、人和组织以及组织和组织之间的联系，而知识集市则提供了有关知识管理的基础设施，它通过提供知识地图，以及企业 Internet 来进行最佳实践传输，保证所有员工能够访问最佳实践资源。

（3）知识环境。知识环境主要是在"软"环境方面对企业知识管理提供支持，即需要在企业战略及价值观等方面来推进知识管理在企业中的实施，在组织中形成知识交流的气氛和知识共享的文化，使员工能够有效进行"从业务中学习"、"分布学习"以及"虚拟团队学习"。

（4）知识管理关键。过程建设知识社区、知识集市以及知识环境的最终目的就是为了有效实现对企业知识过程的管理，使企业知识共享、知识应用、知识创新的水平上一个新台阶。

在西门子公司的知识管理实践中，它还指出了一条通向成功知识管理的道路——以业务目标为导向，依据一定的知识战略，实施知识管理活动。它强调了一种融合思想，即应将企业业务目标、知识战略以及知识管理实施过程有机融合，知识管理实践应"从企业战略、业务目标中来，并到企业战略、业务目标中去"。其基本指导思想如图 4 - 3 所示。

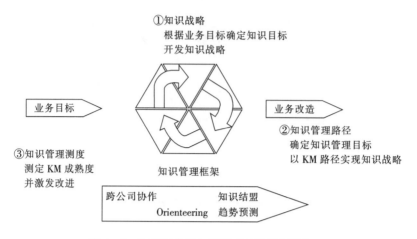

图 4 - 3   西门子公司知识管理实践的指导思想

§4.2   施乐公司的知识管理

　　施乐公司首席科学家约翰·布朗（John Brown）说，知识经济时代的公司要能够敏捷地利用知识提高公司的竞争力。施乐公司的总裁在一次会议上介绍说：知识管理意味着创造一种环境，培养对知识的不断创造、收集、使用和再使用，以创造新的商业价值，为了帮助客户创造这种环境，我们把工作重点放在开发促进知识共享的工具、服务和文化上。

　　施乐公司建立了有史以来最大的知识经理组织，由 100 多名人士组成。他们的工作是在企事业内部指导知识的广泛传播，以支持企业的商业决策。公司每年与其他公司共同赞助两个主要的全球性知识大会，并利用从上述活动中学到的知识开发新的工具和运作方式，尤其是文件服务方面的新工具和新运作方式。

☞4.2.1   施乐公司的知识管理战略

　　20 世纪 90 年代以后，施乐公司以战略性的眼光，不惜投入，率先建立起较为完善的知识管理体系，展示了企业为迎接知识经济的到来而采取的发展战略,从而为企业的竞争和发展注入新的活力与动力。施乐公司的知识发展战略主要体现在以下几个方面。

1. 密切注意和深入研究知识管理的发展趋势

施乐公司积极主动地投入研究资金,在世界范围内探讨知识管理的作用,为此还启动了名为"知识创新"的研究工作,这项工作的主要内容是:

(1)对美国其他机构的60名知识管理工作者进行深度面对面访问,了解他们对知识管理的认知程度,并列出他们认为最重要的十个知识管理领域:对知识和最佳业务经验的共享;对知识共享责任的宣传;积累和利用过去的经验;将知识融入产品、服务和生产过程中;将知识作为产品进行生产;驱动以创新为目的的知识生产;建立专家网络;建立和挖掘客户的知识库;理解和计量知识的价值;利用知识资产。

(2)参加由美国、欧洲和日本等国的100名知识管理者组成的研究小组。他们大多是世界500家大公司中负责知识管理的高级管理人员。该小组一年开展一两次研讨活动,以沟通各公司在知识管理方面的进展情况,探讨知识管理的发展趋势。

(3)积极参与安永(Ernst & Young's)咨询公司组织的"知识管理"活动。这是一个多客户知识管理项目,有10~15家公司参与,并在剑桥商业中心的领导下建立互助研究基金。到目前为止,这个小组开展的活动有会议、研究小组活动、工作研修等。其目的是建立一个知识管理实践方面的共同体。

(4)支持三个由美国生产力和质量中心(American Productivity and Quality Center)进行的基准管理研究项目。第一项研究是跟踪10家公司知识管理的发展趋势,并记录其应用情况;第二项研究主要集中在支持知识管理的信息技术上;第三项研究是欧洲公司知识管理的基准。

(5)在加州大学伯克利分校哈斯(Hass)商学院建立了知识管理教职。

2. 设立知识主管

知识主管的主要任务是将公司的知识变成公司的效益,主要职责如下:(1)了解公司的环境和公司本身,理解公司内部的信息需求。

（2）建立和造就一个能够促进学习、积累知识和信息共享的环境，使每个人都认识到知识共享的好处，并为公司的知识库做贡献。（3）监督保证知识库内容的质量、深度、风格，使之与公司的发展一致，其中包括信息的更新等。（4）保证知识库设施的正常运行。（5）加强知识集成，产生新知识，促进知识共享。由于知识涉及的范围大于信息，因此知识主管的作用已大大超出信息技术范围，进而包括培训、技能、奖励、战略等。企业在设立知识主管时应避免将知识管理视为信息管理的延伸或简单地把信息主管改为知识主管，因为这将在不知不觉中把知识管理工作的重点放在技术和信息开发，而不是置于创新和提升集体的创造力上。

3. 建立企业内部网络

施乐公司专门建立了名为"知识地平线"的内部网络。主要包括以下六方面内容：（1）工作空间：这是员工可以分享文献和思想的虚拟空间，这部分内容是可以自我组织和自我维护的。（2）知识管理新闻：包括有关知识管理的新闻、事件、报告、演讲和各种活动通知。这项内容每周更新一次，在事件较多时更新更为频繁。施乐公司聘请两名信息监测人员从1 000多种信息资源中抽取知识管理信息。（3）事件：存储有关知识管理的会议、研讨、演讲等信息。（4）知识的搜集：这个知识库保存知识管理的研究资料、发展趋势和最佳实践案例，其中也包括施乐职员已经做的工作和有关施乐公司的文章。除此之外，还有大量施乐的知识管理案例研究。（5）产品、技术和服务：该部分目前尚未开放。它将保存施乐公司及相关公司的知识产品、技术和服务信息。（6）相关网点：连接了与知识管理有关的15～20个站点，包括知识工作和知识管理站点、知识公司的站点等。

4. 建立企业内部知识库

建立内部知识库的目的是实现企业内部的知识共享。知识库建立在企业的内部网络上，该系统由安装在服务器上的一组软件构成，它能提供所需要的服务以及一些基本的安全措施和网络权限控制功能。员工可以利用该系统阅读公报和查找历史事件，并彼此在虚拟的公告板上相会。该系统解决了公司内部知识共享问题。知识库的内容包括：公司的人力资源状况；公司内每个职位需要的技能和评价方法；公司内各部门和各地分公司的内部资料；公司历史上发生的重大事件等历史资料；公司客户的所有信息；公司的主要竞争对手及合作伙伴的详细资料；公司内部研究人员的研究文献和研究报告。

5. 重视对公司智力资源的开发和共享

施乐公司非常重视对公司内部智力资源的开发与共享。公司总经理兼执行董事长保罗·阿尔莱尔（Paul A. Allair）认为："知识管理是从强调人的重要性，强调人的工作实践及文化开始的，然后才是技术问题。"为此，公司主要采取以下措施：（1）将公司的人力资源状况存入知识库，这样可以方便知识主管及其他管理者对公司员工的管理。（2）让员工进行自我测评。施乐公司在内部信息系统上专门开设了一个网页，在网页上列出公司每个职位需要的技能和评价方式，每个职员可匿名上网，利用该系统对自己的能力做出评价，系统会帮助员工找出自己和职位上的差距，并告诉员工如何提高或改变的方法，即每个员工可以实现自我测评。这一系统有利于员工的职业培训和职业发展。（3）将员工的建议存入知识库中。员工在工作中解决了一个难题或发现了处理某件事的更好方法后，可以把这个建议提交给一个由专家组成的评审小组。评审小组对这些建议进行审核，并把最好的建议存入知识库中。在建议中注明建议者的姓名，以保证提交建议的质量及促进员工提交建议的积极性。所有的员工都可以从知识库系统中看到这个建议。（4）开创家庭式的办公环境。公司对员工的工作环境进行了改善，员工工作空间的墙被涂成了浅粉色、紫色、黄色和绿色，全部的工作空间都是平等和开放的。施乐公司认为，这样有助于创造一个充满和谐的气氛，有利于员工之间进行公开、坦诚地交流。

6. 传统营销方式的变革——客户知识的管理

过去，企业与客户之间只是单纯的买卖关系，现在要改变这种单一的关系，变客户为合作伙伴，充分挖掘客户的有效资源，在营销过程中促进企业与客户的共同发展。

（1）对销售部门的知识管理。过去，施乐公司的销售人员一般为一个客户工作 1 年，然后转向其他客户。以这种方法运作，公司损失了大量的知识。因为每次业务人员对新客户都是陌生的,需要从头开始了解这个客户,这不仅浪费时间,而且客户也不希望这种行为发生,客户希望按以前约定好的计划进行。现在,施乐在公司的内部网上建立了一个系统,销售人员将所了解到客户的所有信息,特别是每一笔交易的情况都存入这个系统。公司鼓励销售人员了解客户各方面的情况,包括客户的个性、脾气、喜好、习惯,甚至小孩的姓名等,当然还包括有关客户的商业信息。如果客户在商务交往中发生了不愉快,销售人员必须将事情的背景记录下来,施乐公司会派专职人员负责处理客户和员工之间的矛盾。

(2)对维修部门的知识管理。施乐公司开展了一个有关维修业务的知识管理项目,以更好地获得并保存维修人员的知识。此前,售后服务部门的新知识是通过手册传递给每个维修人员的,由于产品的生命周期越来越短,软件开发的时间也越来越短,手册一经制定出来往往就过时了。现在工作手册的传递也已进入了计算机时代。施乐公司的技术人员现在拥有带高效能超文本文献服务功能的便携电脑,用来诊断和维修机器。假如技术人员要进行复印机的例行检查,就可以通过超文本快速链接到有关的工作指南中去;若技术人员打算更换某个零件,那么这个系统也可自动链接有关零件的图纸和更换程序。这种"聪明的小手册"的成本比印刷的成本要便宜得多,并且可以经常进行更新。施乐公司还建立了一个系统,在这个系统中维修人员可以进行实地交流、诊断和维修机器。维修人员还可将在工作过程中发现的新问题或新方法及时存入这个系统,以实现维修知识的共享与及时更新。

☞ 4.2.2　知识管理项目——EUREKA

1996年施乐正式开始实施自己雄心勃勃的名为EUREKA知识管理项目,旨在利用知识管理技术及时分析问题,满足消费者的服务要求。这也正是施乐公司总服务方针的体现:在尽可能接近消费者的地点提供准确而有效的服务。

EUREKA项目的核心内容是使技术人员在地点分散、时间各异的具体服务过程中共享所获得的新知识。主要措施就是上面所提到的建立企业内部知识库,建立名为"知识地平线"的内部网络,设立知识主管。由于在消费者服务过程中经常发生的一种情况是,技术人员所遇到的实际问题往往超出了服务手册的范围，需要自己想办法解决，EUREKA 项目正是从这类问题入手的。如果一个技师遇到并解决实际问题后，就要记录下他们用来解决难题的窍门，并提交公司的一个专门委员会审查，审查通过后有关记录就被存入一个知识数据库中，并与网络服务器上的相应文档相连。这样做一方面有助于及时扩充和更新服务手册的内容；另一方面其他技师通过网络就可以及时利用这些经过认可的实际经验。技师们可以在电子公告牌上浏览信息，可以在知识数据库中查询有关技术服务的指导信息，还可以通过膝上型电脑、只读光盘等获得专为技师们提供的其他信息。该项目小组认识到，对于知识管理项目，企业文化比信息技术具有更为重要的作用。因此公司邀请工业心理学家分析业务流程，并研究哪些措施可以激励技术人员提供并共享知识。后经证明，最有效的激励措施是以技师的名字来命名他们所提供的技术窍门，于是项目组在知识数据库内加入了技师以及审查委员的名字。

施乐公司从 1996 年开始依次在法国、加拿大和美国分公司引入 EU-REKA 项目，后在全球范围内推广。该项目使施乐的法国分公司用于零部件及雇员的开支缩减了 5%。平均每 1 000 例服务中有一条技术窍门被收入知识数据库；30% 的技师向数据库贡献了自己的技术窍门；85% 的技师经常查询这些技术窍门；每月平均有 5 000 人次访问知识数据库。

§4.3　惠普中国公司的知识管理[①]

惠普在中国的业务始于 1985 年，至 2001 年，中国惠普各主要产品线的增长超过了 20%，PC 服务器连续 8 年保持第一名，软件、顾问咨询成长超过 50%，成为全球范围内增长最快的子公司之一。短短 17 年，中国惠普有限公司已经发展成为在全国拥有八大区域总部及 30 个支持服务中心、员工总数达 1 600 多人、2001 年销售额 12 亿美元的大型企业。

1995 年，惠普总部在信息总监兼副总裁 Bob Walker 的倡导下尝试开展知识管理。当时公司提出的知识管理目标是要解决存在于各部门中已影响公司经营发展的问题。这些问题包括：产品相关知识传播未能加快产品

---

① 王广宇：《知识管理——冲击与改进战略研究》，清华大学出版社 2004 年版。

市场占有的问题；老专家头脑中经验知识要流传下来以避免研发人才新老交替的知识断代问题；全球生产机构工艺流程技术和管理方法参差不齐致使各厂效能不平衡的问题；对众多用户提出的大量问题进行及时咨询服务的问题等。惠普总部在安永（Ernst & young）咨询公司的辅导下，采用 IT 手段（IBM LOTUS 平台），开展了基于网络论坛的共享观念和共同推进知识管理的文化建设；基于培训师网上讨论库的产品知识汇兑与及时传播管理；基于专家地图网络（CONNEX）的专家头脑隐性知识管理；基于工艺流程技术和管理方法全球网上共享的生产机构管理，以及基于自动化用户咨询的交易服务知识管理等。这些知识管理活动效果立竿见影，有力地支持了企业的经营发展。

2001 年 9 月，中国惠普成立了知识管理委员会，采用知识管理的动机被归纳为整合惠普内部分散的资源，从而为惠普的整体战略服务。有三个具体目标：一是提高组织智商。惠普希望把中国惠普分散的众多高智商人才拧成一股绳，把各个方向上的矢量合成一个方向，从而使公司战略能够自上而下地得到贯彻。二是减少重复劳动。中国惠普的业务"前端"与客户关系较为靠近，不像产品研发那样处于"后端"，随着人员流动的加快，已有知识流失的速度加快，因而分享已有知识的风险不断加大。公司在业务上已经有许多成功经验，知识大多已形成于每个员工的头脑中，需要拿出来分享。三是避免组织失忆。公司作为一个组织必须有自己的记忆，过去经历的案例和企业方向性的变化等需要有延续性，保证公司不重蹈覆辙并沿着正确的方向发展。

作为中国第一个首席知识官，中国惠普副总裁高建华称，"知识管理的本质是一个管理问题，IT 只是工具。如果没有实质内容，系统就是个摆设吗。"因此，高建华认为，中国惠普探索和实践知识管理不应先从硬件建设和软件开发入手，而应从培育适合知识管理的企业文化和提升知识管理的能力入手。为实现知识管理的三个目标，惠普首先对需要的知识进行整理并使之成文。高建华很重视流程规划，他认为知识管理工作的重点就在于是否把现有流程中的一些环节与知识管理的价值链相结合，并且对结合的效果进行量化。举例来说，惠普以往每一个业务部门都设有面向客户的售后服务电话，客户通常会打进一个电话要求找另外一个部门。这样转来转去浪费了客户大量的时间，并使他们丧失对惠普的信心。为此，惠普专门将各个部门的客户服务中心进行知识统一，保证他们知道另外部门的客服电话，让客户查询电话转接不超过 2 次。高建华把惠普的知识管理划分成三个阶段：先有文化、再有内容、再有系统。他认为，如果企业先建立起分享知识的文化，再用相应的激励措施来保证，这样，员工才能有内容愿意分享；内容多到一定程度，再发挥计算机系统的作用；这种作用只是将繁杂的劳动用简单的方式去检索，加快知识流动的速度——系统的本身是没有创造性的。

为了强化"自由交流"这种惠普的知识管理"文化"，中国惠普开展了以下知识管理实践活动，包括：

（1）知识文档"写下来"活动。包括分类整理汇总一系列的标准文件。内容涵盖从企业发展至如何与客户沟通等多个方面，使员工迅速掌握关于企业以及如何拓展业务流程的基本常识。

（2）经验知识"师带徒"活动（Mentoring）。最初对知识管理的实施手段没有运用 IT 手段，而是以抓人为主，通过集中培训和一种被称为"师傅带徒弟"的活动，使员工有机会从行业专家吸收、消化经验和开阔视野。在惠普内部已经形成了一个良好的机制鼓励员工参与知识分享，并与个人业绩考核挂钩。

（3）方式方法"标准化"活动。力求在公司里建立一种公认的工作方式、方法。通过培训让员工接触同样的思想、方法、工具，共用一致的标准，以求在工作中达到方式、方法上的统一。

（4）事务流程"规范化"活动。惠普很重视流程规范，认为知识管理工作的重点就在于是否把现有流程中的一些环节与知识管理的价值链相结合，并对结合的效果进行量化。

（5）基础知识"读书会"活动。2001 年底在总经理的支持下，中国惠普成立了读书会。定期举行所有员工参与的读书会，推荐员工阅读相关业务书籍和个人成长书籍，并进行读后交流，读书小组一度达到了 70 个。2002 年 1 月，位于中国惠普大厦 9 层的领导力培训中心和惠普商学院建成。

（6）知识贡献业绩评估与激励。惠普还把这种分享与员工每年个人的业绩评估结合在一起。员工乐于分享，将获得额外的加分，除了业绩评估外，惠普在管理制度上也给一些名誉上的鼓励，比如在员工铭牌上标明"星级"，对那些乐于与大家分享知识的员工个人铭牌上加上星形标志。在物质奖励上，分享知识也是惠普认可的一个方面。

2002 年下半年，惠普与康柏宣布合并。2003 年 1 月，康柏的全体员工搬进惠普中国大厦。在负责整合事宜的副总裁高建华看来，与不可触摸的知识与企业文化的整合相比，惠普在财务系统、IT 系统的合并相对顺利，因为这些工作更多都是技术性的，虽然工作强度比较大，但冲突并不是很大，真正的难题反而是知识和文化的融合。如果知识管理出现问题，文化冲突和知识流失将使合并的价值大打折扣。他认为，"成功与否，需要有历史的眼光，而目前最担心的是知识的断档，一旦断档，就相当于购买了一个空壳"。"很多时候公司合并只是消灭了竞争对手，最后只买了个空壳，或是人都跑了，或是那些知识全都没有了，世界上很多公司合并不成功，原因就在这里。"换言之，兼并整合中，企业隐性知识的流失，就像是当年君士坦丁堡的守军忘了关上那扇名为"科克波塔"的出口。

正是出于这种担心，新惠普从整合伊始就贯穿着知识的交流和交接，在两个公司的团队相互熟悉后，双方要了解对方的产品、做事的方法，理出整合的思路，在财务和 IT 系统合并完成后，惠普把知识管理作为了整合后期的重点。"要让员工乐于分享，如果队伍稳定就相对容易，但现在环境变化太快，新人太多，你就需要不停地宣传这种文化，现在还处在积累内容的阶段，积累到一定阶段才需要分类、储存、上系统"，高建华评价说。要让重新设计的流程正常运作，惠普就面临着整个组织对新流程的适应和学习的大问题，而这正是知识管理系统所能起到的提高企业"智商"和避免"组织失忆"的作用。

目前，惠普的知识分享系统已经初具雏形，惠普总结出了一些成功和失败的案例以及典型应用，供惠普的员工在发展客户时借鉴和作为向客户展示的范例；同时，惠普在内部有自学的网页，网上有很多自学的素材，也配备有自我检查的考试题，可以让惠普的员工检查自己关心的内容已经掌握到什么样的水平。新惠普在合并后将众多产品线一分为四，打造出企业系统集团（ESG）、信息产品集团（PSG）、打印及成像系统集团（IPG）、专业及支持服务集团（HPS）四大集团，每个集团的营业额都在200 亿元左右，与 IBM 已经非常接近，但在知识管理方面，惠普与 IBM 的道路并不相同。

§4.4　知识管理实践对当代企业管理理念的影响及启示

☛ 4.4.1　知识管理实践对当代企业管理理念的影响

在诸多企业成功的知识管理实践对当代企业管理理念产生了重大影响。近代大工业生产所形成的管理思想，忽视了知识作为资源的重要性，其特征集中表现在：一是物本观念突出，重视对设备、厂房、物料等的管理，忽视了员工的主观能动性；二是缺乏系统的观念，管理往往针对某一孤立的对象，或是生产、或是营销、或是人事、或是资金，整体化、系统化的考虑不够；三是缺乏科学的决策机制，决策是直观、经验和线性的，决策往往严重依赖于已有的经验和模式，缺乏创新思维。传统的管理遵循静态管理模式，往往用一种固定的模式去适应不同的环境，其假设前提是环境是静态的、不变的，但这显然不符合现实的经济状况。

知识管理思想的盛行和实践的成功，突出了知识的重要作用，知识正在成为企业核心竞争力的根本保障。伴随着经济全球化和知识经济时代的到来，知识正在成为推动社会发展的关键因素，也正在成为企业最重要的资源，成为企业获得利润的主要手段。核心竞争力是企业所有能力中最重要、最关键、最根本的能力，核心竞争力的强弱决定了企业在市场竞争中的地位和命运。以哈佛商学院教授迈克尔·波特的关键战略为代表的传统管理理论，把行业结构和市场机会看作企业核心竞争力的源泉，强调竞争优势是外生的。但同一行业中面临相同市场机会的企业之间，盈利能力差别很大，说明这种理论不能合理解释企业核心竞争力的来源。资源学派则认为企业的核心竞争力来源于企业所拥有的或可支配的资源，如土地、设备、资本、人力等，但是随着市场的逐渐完善，这些资源均可以从市场上得到，而企业之间的差别仍然存在。从成功企业实践知识管理的经验来看，企业的"核心竞争力"实际上源于企业所拥有的知识，包括发现市场机会的市场拓展能力、开发新产品以满足市场需求的科研开发能力、将个人创新整合到新产品中去的能力、将企业生产的知识产品推向市场的能力和传播知识的能力。

知识是创造企业核心竞争力的源泉，从某种意义上讲，现代企业管理就是知识管理，企业的管理首先是对知识的管理。由于知识从根本上说存在于人的思维中，因此知识管理要求由物本观念向人本观念的转变。知识的转移和传播要求要有系统的观念，知识要突破职能部门的限制，在全组织范围内进行共享，一个项目的高度复杂性要求多种知识同时参与，因此，这需要有系统的观点。知识管理需要有创新的思维，而不能坚持固有的模式，不同的情境要求相应的知识要进行适应性的修正。

☛4.4.2　对我国知识管理的启示

西门子公司、施乐公司、惠普中国知识管理实践取得的巨大成就，给我国企业的知识管理提供了可资借鉴的重要经验。

1. 知识管理应当及早进行

知识管理绝非是虚无飘缈，看不见、摸不着的东西，也不是尚处于概念炒作阶段，而是已经被成功的跨国公司广泛实践并取得良好效果的一种获得竞争力的有用工具。中国惠普实行知识管理已经 10 年了，中国企业必须引起高度重视，加快实施知识管理的步伐。

2. 知识管理是一项系统工程

知识管理系统是一个"社会—技术"系统——成功的知识管理是"机械"方法和"生态"方法的结合。通过对西门子等公司知识管理实践的考察，我们能够基本了解实现一个成功的知识管理系统所应具备的方法论——它决不仅仅是一个技术问题，而是同企业战略、价值观、组织、人员技术等各个方面都有紧密联系。目前，一些软件公司提出了所谓的"知识管理"解决方案，但考察这些解决方案后，会发现它们基本上是从技术观点出发，在功能上大都是对以往企业文档管理的拓展，对企业隐性知识管理尤其不足。而事实上，知识管理应有更宽广的视野，我们不能仅仅将之视为一个 IT 项目，我们需要将知识管理与企业的战略紧密联系，并从组织、文化、过程以及技术等多个侧面来认识和实施知识管理。而从本质上来讲，知识管理并不能仅仅局限于一个项目，它应该是一个过程——使企业智商不断改善的过程。

3. 实践社区是推进知识管理系统的核心概念

有效的实践社区是实现知识共享的重要手段这种社区可以是物理的，也可以是虚拟的，如互联网上的电子论坛。知识的共享和交流是重要的，为此，要采取多样化的方式。而且，要采取有效的激励手段，使员工乐于分享知识。

4. 文化和观念的建设和转型比手段更重要

IT 只是实现知识管理的一种手段，虽然很重要，但有时不是必需的。如中国惠普实行的经验知识"师带徒"活动。不论是在惠普本身的文化建设上，还是在与康柏合并时，惠普都特别强调这一点。

5. 知识管理的手段与方法因自身特点而异

用户友好的 IT 环境支持对知识管理同样十分重要。但 IT 手段要与企业的具体业务相结合。知识管理的最终目的是促进企业各项业务的发展，而不是为了知识管理而进行知识管理。因此，在企业知识管理过程中，对自身业务特点的分析是重要的，不能照抄照搬其他企业的做法。

6. 沟通是实施知识管理的必要条件

具有充分资源的跨职能的知识管理核心团队、上层部门的关注以及良好的沟通也是实施知识管理的必要条件。在中国惠普的知识管理中，副总裁高建华始终把握了正确的指导思想，使公司的知识管理始终沿着正确的方向进行。

第二篇

基于团队的知识管理

第 5 章

基于团队知识管理的组织设计

§5.1 企业组织结构演变分析

☞5.1.1 企业组织结构的演进

随着企业的不断发展及领导体制的演变，企业组织结构形式也经历了一个发展变化的过程。美国学者威廉姆森（Oliver Williamson）在《市场与层级组织》中将企业的组织结构分为古典型、U 型（Unitary Structure，亦称一元结构）、H 型（Holding Company，H-form，亦称控股公司结构）、M 型（Multidivisional Form，亦称事业部制或分支公司结构）。① 后来又产生了 U 型的变种——矩阵结构和 M 型结构的变种——超事业部结构。古典型企业组织结构是一种尚未进行管理分工的原始结构，企业的所有者负责管理企业的一切活动。H 型结构较多地出现于由横向合并而形成的企业中，这种结构使合并后的各子公司保持了较大的独立性。在美国的制造业中，这种结构不太流行。因此，企业组织结构有两种最基本的类型即 U

---

① Oliver Williamson, Markets and Hierarchies. Analysis and Antitrust Implications. The Free Press，1975.

型（单元结构）、M型（多元结构）。

1. U型组织结构

19世纪末及20世纪初，西方大企业普遍采用的是一种按职能划分部门的纵向一体化的职能结构，即U型结构。这种结构的特点是，企业内部按职能（如：生产、销售、开发等）划分成一系列部门，各部门独立性很小，企业实行集中控制和统一指挥。U型结构可以使企业达到必要的规模和效率，适用于市场稳定、产品品种少、需求价格弹性较大的环境。U型组织结构如图5－1所示。

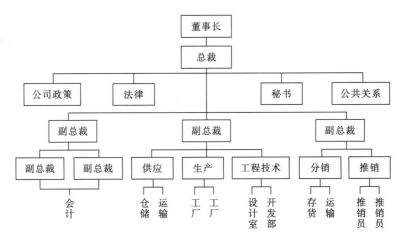

图5－1　U型组织结构①

这种组织结构的设立，其内在的假设是上级领导拥有企业发展所需的一切知识，下层管理人员只需服从上级的领导即可，中层人员来只不过起着传递信息的作用。这种结构并不鼓励乃至压制企业内部的知识创新。因为，一旦下层人员有创新必将打乱企业原有的部署，而且会对上层领导的知识权威这一形象构成挑战。在企业内部，员工之间各自独立工作，按企业制定的标准准时完成任务，至于平级之间的协调问题均由领导层来完成，员工之间的联系被职能部门这堵无形的墙所隔开。因此，U型结构里

---

① 徐向艺：《现代公司组织与管理》，经济科学出版社1999年版。

企业内的知识传播与共享受到严重阻碍。当然，这种结构也并非一无是处，其之所以能够存在是由于在大工业时代企业所处的环境变化相对较慢，企业所面临的主要问题是如何组织规模生产，以更好地满足社会的需要。权力的高度集中有助于将企业内的人、财、物等资源集中配置。此外，这种结构遵循着分工和专业化的原则，权责清晰有利于目标的实现，同时也简化了员工的训练工作，为上层主管部门提供了严格控制的手段。

2. M 型组织结构

20 世纪 20 年代初美国通用汽车公司总经理艾尔弗雷得·斯隆（Alfred Sloan）提出了 M 型结构，该结构是 U 型和 H 型两种结构发展、演变的产物。它是一种分权与集权相结合、更强调整体效益的大型公司结构。

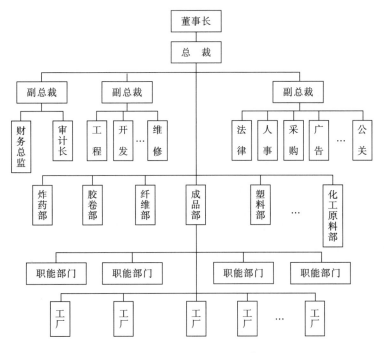

图 5 - 2　M 型组织结构①

---

① 徐向艺：《现代公司组织与管理》，经济科学出版社 1999 年版。

它的特点是，企业按产品、客户、地区等来设立事业部，每一个事业部都是一个有相当自主权的利润中心，独立地进行日常经营决策，各事业部相当于一个 U 型企业。

随着企业的发展，企业规模不断扩大，原有的高度集权的 U 型结构由于受到管理幅度的限制成为制约企业规模扩大的瓶颈。因此，企业必须将权力下放，以使规模日益庞大的企业保持一定的灵活性。M 型结构有效的解决了集权与分权的矛盾，从根本上讲，由于人的知识精力有限，企业的权力必须从高层向低层转移，这种转移是权力向知识的拥有者的一次转移，毕竟各事业部的负责人与总部的人员相比更了解当地市场，拥有更多开拓本地市场的知识和经验，在某种程度上，该结构是对传统高层管理人员无所不知、无所不能的否定。但是这种结构也带来一个难题，即各事业部各自为政，相互之间缺乏知识和信息的交流与共享，而且造成管理人员的大量增加和一些物质资源的重复使用和浪费。各事业部内的结构仍然是 U 型结构，并未彻底消除知识交流与共享的障碍，不过由于其将部分的权力向知识的拥有者转移（尽管这种转移不彻底），因此从知识的角度看，是组织结构的一次优化。

3. 矩阵型组织结构

U 型结构和 M 型结构基本是按职能来划分部门，这种划分将一个完整的产品生产过程分割得支离破碎。由于各个职能部门只拥有某个产品的部分专业化知识，因此对其他部分的生产制造知识不太了解，不能从整体上把握产品的生产制造，这就决定了各部门只能提出一些产品创新的局部建议，产品根本性的创新就不是一个部门所能解决的了。在市场瞬息万变的今天，新产品层出不穷，局部的产品创新很难保持持续的市场优势，如何将企业内的产品知识有机的聚集起来，形成新产品的开发能力对企业来讲极其重要，矩阵性组织结构一定程度上解决了这个问题。该结构在原有的按职能分工的纵向基础上，增加了横向连接的项目小组，这种项目小组由各职能部门的技术骨干组成，以完成某个任务为中心。这样就在一定程度上克服了职能部门的分散知识之间的沟通问题，人为地为知识的聚集创造了条件。但是该结构同样存在明显的弊端，首先原有的按职能划分的部门依然存在，因此在职能部门和项目小组之间易造成责任不清，而且这种项目小组也不是常设机构，企业内缺乏正常的知识交流与共享机制，这种结构并没有为知识管理带来根本性的变革。矩阵型组织结构如图 5 - 3 所示。

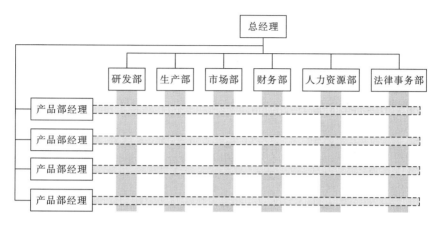

图 5 - 3　矩阵型组织结构

4. 网络组织结构

网络组织结构又分为内部网络结构和外部网络结构。前者指在企业内部以项目小组为基本单元，每个项目小组根据任务性质和特点灵活组建与运作；后者以契约关系的建立和维持为基础，依靠外部机构进行制造、销售或从事其他重要的业务活动的组织结构形式。在网络组织中，被联结在这一结构中的各经营单位之间没有正式的行政隶属关系或资本所有关系，相互之间除了契约外更主要的是通过相互信任和支持、以互惠互利为纽带来进行紧密合作。

网络组织有如下特点：首先是结构扁平化，即网络组织的层次较少，这一方面是电子信息技术发展的结果，另一方面也是知识交流的需要，扁平化使得各知识单位之间的传播更快捷。其次是虚拟化。网络结构的形成完全是知识集聚的需要，完成某项中心任务所需的知识单元自由的聚集到一起，任务一旦完成各知识单元即告解散。因此，网络组织形式更多的表现无形的、虚拟的特点，而不是一成不变的固定的某种实体形式，这一特点符合知识的自组织的特性。在网络结构中，没有严格的等级概念，每个单位或每个人都是与其他单位或个人保持信息沟通的节点，组织结构和工作流程的管理是以任务为导向。因此人与人之间的交流更为坦诚，层级组织中那种严格的上下级关系以及部门之间的矛盾淡化甚至消除。由于知识的重要性及更新速度的加快，使各知识单元注定要成为终生学习型组织，因此各知识单元不仅要加强内部的交流与共享，还要将范围扩展到组织外部，在与别的知识单元进行的交流与合作中增进自身的知识，从而使本单位的价值得到体现，否则必将被淘汰。所以说，网络组织中各知识单元之间进行交流与共享是自身生存与共享的需要，并非出于行政干预。因此，网络组织结构是对传统组织结构的根本性变革。企业内部网络组织结构和外部网络组织结构如图 5-4 和图 5-5 所示。

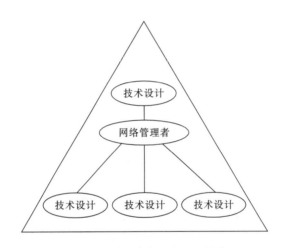

图 5-4　企业内部网络组织结构

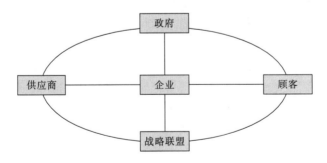

图 5-5　企业外部网络组织结构

5.1.2　企业组织结构变革的动因和规律：基于知识的解释

1. 组织的变革规律

一般来说，组织产生变革往往是迫于一定的现实压力，比如顾客消费群的变化、顾客消费倾向的转变、出现新的强大竞争对手等。但是变革的效果取决于很多因素，其中外部环境因素主要有宏观社会经济环境、资源、竞争观念等，内部环境因素主要有组织机构的适时调整性、信息畅通的保障、组织低效率的克服、快速决策、组织整体管理水平的提高等。在不同情况下，组织会变革成不同的类型：战略性变革、结构性变革、流程主导性变革、以人为中心的变革，等等，其最终目标就是因势利导，使组织更具环境适应性、使管理者更具环境适应性、使员工更具环境适应性。当然，目标的达成需要一系列工作的开展，包括对人的变革、对机构的变革、对技术和任务的变革等。

就管理组织的变革而言，一般遵循解冻、变革、再冻结的过程，主要依照以下程序进行：通过组织诊断，发现变革征兆；分析变革因素、制定改革方案；选择正确方案，实施变革计划；评价变革效果，及时进行反馈。当然，组织变革会受到来自各方的阻力，组织中的个体可能会由于利益上的冲突以及心理上的压力抵制变革，组织中的团队也会担心由于组织结构变动以及人际关系调整所带来的负面影响。作为管理者，此时就应注意客观分析变革推力和阻力的强弱，努力创新组织文化，创新策略方法和手段，最大限度地消除组织变革的阻力。所以，组织变革的倡导者往往会承受来自组织和个人的巨大压力，背负很大的心理负担，造成生理上、心理上、行为上的不理智，影响决策的准确性。这种压力的释解与否会直接影响组织的未来发展。不过，与破坏性冲突相反，组织中的某些建设性冲突会在一定程度上加快变革的进程，虽然此时变革者的压力没有丝毫的减少。

当前，全球进入了知识经济时代。从企业能力理论来看，知识经济时代一个企业所拥有的知识及其进行创新的能力决定着企业在市场上的持续竞争优势，企业作为一个产品知识的集合与创新的场所，企业的组织结构必然要为知识的衍生、传播和共享服务。企业的战略不管其具体表现为什么，其根本就是使企业赢得持续的竞争优势，而知识，也只有知识才是企业持续竞争优势的源泉（余光胜，2002）。[1] 根据钱德勒（Alfred D. Chandle Jr.）的"结构追随战略"的观点，企业的组织结构必须朝着有利于知识的集聚、传播、共享和创新的方向发展。[2]

知识经济时代，企业组织结构的变革呈现出如下规律：（1）权力朝着知识的拥有者转移，这就需要上级向下级分权。（2）管理者的新任务是促进企业内知识的传播与共享，不仅要促进企业内显性知识的传播与共享，更要着力于隐性知识的显性化，让组织内的人随时能得到他们想要的知识。因此，管理者要尽力营造崇尚学习的企业文化，将企业打造为学习型组织。（3）需求的个性化、多样化促使企业从大规模生产向定制生产转变，同时知识分工的细化也要求组织结构简单化，组织的规模向小型化发展。企业必须从整个价值链的角度审视自身的业务，甩掉不能增加价值的业务，同时保留具有战略前景的业务。（4）企业在形式上除了向网络化、扁平化发展外，还要积极投身于社会的大网络结构中去，通过内外的知识交流与共享，不断地进行知识创新以实现自身的价值，因此组织结构的变革应更具有开放性、适应性。

2. 基于知识差异的组织划分

由于各个组织具有不同的目标、任务、工艺和环境，组织内关键知识的流动方式和流动方向会产生很大的差别，一般可分为"知识稳定型"和"知识适应型"两大基本类别。知识稳定型组织适宜采用"机械式"组织结构，强调严格的组织规范、明确的任务、与权力对等的责任。知识适应型组织应采用权宜应变的"有机式"组织结构，强调内部相互关系、技能和经验。

具体来说，在"机械式"组织结构中，严格的等级制使得知识自身在转移方向和转移内容上受到极大的限制，知识在长期的约束限定内保持了相对的稳定性，有了约定俗成的传递通道和传递流程，组织领导的权威性和组织的系统性保证了知识的有规律共享，一般靠自上而下的行政命令和严格的部门化体系来实现。不可否认，在执行某些常规任务和工作方

---

[1]　余光胜：《企业竞争优势根源的理论演进》，载《外国经济与管理》，2002 年。
[2]　［美］艾尔弗雷德·D·钱德勒，北京天则经济研究所，北京江南天慧研究有限公司选译：《战略与结构：美国工商企业成长的若干篇章著》，云南人民出版社 2002 年版。

面，"机械式"组织结构如同高效率的机器一样，以规则条例、工作的标准化和同一模式的控制作为润滑剂，最大限度地减少了各行其是的工作摩擦，将个性差异、人的判断及由此产生的模糊和不确定减少到最低限度。因为传统观念认为人性特征是非效率的，只会带来知行或言行间的不一致。同时，"机械式"组织结构中明确的指挥链和狭窄的管理跨度使得知识在传递中的漏损率降到最低，这些条件对于知识相对稳定型的企业来说都是最好的保障。

　　与"机械式"组织结构形成鲜明对比的是"有机式"组织结构，这是一种灵活的具有高度适应性的结构。因为其不具有标准化的工作和规则条例，所以具有一定的灵活性，能根据需要迅速地做出调整。员工本身的劳动分工并非僵化固定的，而是在经过良好的培训后，被授权允许其开展多种多样的工作活动和处理问题，他们不需要太多正式的规则和直接监督，每个个人所具备的高水平的知识和技能，会很自然地受到其他成员的支持，因此，这类组织中会经常地使用灵活性较高的员工团队来执行工作任务，从而使得正规化和严密的管理控制成为不必要。这种跨职能和跨层级的团队保证了知识自身适应性的充分展示，灵活的组织形式又保证了知识的自我创造性和适时共享性，最大限度地促进了知识的自由流动。宽广的管理跨度以及分权化的权力模式使得知识适应性企业更加游刃有余。实践证明，在当前个性化产品定制以及产业连续化作业大行其是的商业竞争中，"有机式"组织结构的企业具有绝对的优势，因为它更能将知识的内涵发挥出来，即在不同环境中适时地通过知识性员工以知识为资本产生出更多的知识。

§5.2　机械式组织结构中的知识管理

☞5.2.1　机械式组织结构的特征

　　机械式组织结构的前身为行政性组织（或称官僚组织），是由德国社会学家马克斯·韦伯（Max Weber）首先提出的。他强调组织活动要通过职务或职位而不是个人或世袭地位来设计和运作。①

理想的行政性组织应当以合理——合法权利作为组织的基础，就是一种按职位等级合理地分配，经规章制度明确规定，并由能胜任其职责的人，依靠合法手段而行使的权力，通称职权。以这种权力作为基础设计出具有明确的分工、清晰的等级关系、详尽的规章制度和非人格化的相互关系、人员的正规选拔及职业定向等特征的组织系统。认为一个组织越是能完全地消除个人的、非理性的、不易预见的感情因素或其他因素的影响，那么它的行政组织特征也就发展得越完善。行政组织被后人通称为"机械式组织"。

机械式组织结构一般有以下几个特征：

1. 等级性

这是机械式组织的最本质特征，通过组织具体的管理过程和活动加以体现，并且是最直接、最经常、最广泛的体现。由上而下的金字塔式组织结构，表现出组织各层管理权限的逐层递减，且不可能实现跨层越权管理。不管是上层传达的战略决策还是基层的汇报请示，必须经过所有的中间环节。

2. 服务性

服务性是机械式组织做出某种行为的出发点与组织绩效的统一。机械式组织为了实现组织的利益，逐层维持其权威地位，就必须负担起对下层组织有效管理的责任，并施惠于下属，以换取不同层次员工对现存组织形态的以契约为基础的承认。在这一过程中，组织服务于员工的形象，是实现上述契约、获致平衡的重要方面。

3. 权威性

机械式组织严格的等级制度使得组织高层可以行使权力对组织各方面实行广泛的领导和干预，一般是通过制定和实施各种规章、条例、公告等

---

① Max Weber. Economy and Society. New York：Bedminister Press，1968.

形式对全体员工包括管理层实施普遍的约束，并对组织各方面事务实行广泛的管理。

4. 系统性

机械式组织都具有极强的系统性。其结构方式和权力关系都表现为头尾相连、纵横交错、上下贯通、左右联系、上统下属、指令划一，只是结构紧密和权力统属的程度存在差异而已。一般而论，整个组织系统中，从整体到局部，从主干到分支，都是按照层次级别的原则构建而成的。

5.2.2　机械式组织结构中的知识管理

机械式组织结构的形式如同一个金字塔，处于最顶端的是一个有绝对权威的老板，他将组织的总任务分成许多块，沿着一根不间断的链条一直延伸到每一名雇员，具有严格的等级制度，指挥链中的每一位管理者在一项任务或职责上都有绝对的权力，因而必须承担相应的责任。所以其知识管理的各项实施也是围绕着这样一个中心展开的。

首先，机械式组织结构是将组织的总任务分成一系列精选的专业或功能，每项功能就是给定的专业，以完成一组选出的任务，并利用一定的装备来完成这些任务。通过使人们集中致力于组织工作的每一个小的改进，专业化分工能有助于组织智慧的更好发挥。每个人专于自己的岗位知识，能够保证知识的高效使用，但是各岗位间明显沟通交流不足，没有密切的跨职能沟通和持续的同伴之间的协调，更谈不上知识转移与共享，无法实现知识的系统化要求，缺乏创新的动力。

其次，机械式组织推崇一贯性书面规则和政策。有关职责与权力的书面规则，部分地弥补了指挥链中最差的部分，这种弥补是在监督和中间管理层次上，通过减少哪怕是很小的潜在专制权力来实现的。规则当然是需要的，但需要的是不同的规则。过于程式化的教条主义做法，只会使员工观念僵化，担心知识创新失败的指责。此时的知识转移往往不是主动产生，而是被动的按指令行事，知识有可能被转移到毫无用处的部门，而真正需要的却还在四处寻找。这种低效的共享只会带来成本的增加，对组织绩效没有任何改善，更谈不上基于知识创新基础之上的组织战略变革。

　　第三，在机械式组织结构形式中，每一项工作都有标准化的程序。雇员如何工作是按规定的固定程序进行的，明文规定的规则和程序通过频繁的人员流动，使得要学习的行为标准化，进而扩大了指挥的权力，标准化程序可以使组织中某一部分的经验教训，在更大范围内起作用。但是，知识的流动方式和流动方向此时受到了很大的限制，因为员工一旦习惯于既有的流程后，会不自觉地产生例行公事的情绪，不会主动借鉴其他部门的知识，也没有动力把自身的某些"最佳实践"分享出去。组织的各个单位各自为战，彼此缺乏沟通和了解，在某些类似环节上会产生重复投入的现象。整个组织不是一个有机统一体，而只是人员或部门的简单叠加，整体绩效明显小于各部门绩效之和，组织对变化反应迟缓，对复杂性处理不力，不支持各相关团队间的内在联系。

　　第四，在机械式组织结构中，员工取得的一系列成功就成为了在指挥链中向上爬升的职业生涯，晋升的获得是由于专业技术能力和完成命令的效率。晋升和职业生涯保障的诱惑，可以激励雇员对组织保持长期忠诚，因而是机械式组织结构成功的一个重要因素。不过，丰厚的物质奖励和荣誉的心理满足感，大大加重了员工对个人私有知识的保密程度。员工间、团队间会为了各自的利益对知识进行垄断，特别是对组织进步有明显推动作用的关键知识更是只掌握在了极少数人手中。因为大家都不想把自己的宝贵知识无偿地贡献给他人，从而为自己在晋升的道路上带来更强劲的对手。每个任务团队都会为了自身的前途，主动开展知识创新活动，此时的积极性是不言而喻的。但是，每个团队都是基于自身的知识基础上展开研发活动的，不管从知识积累度、研发效率还是从系统性兼容性等方面来讲，都要比知识共享条件下组织集体创新的效率低得多，同时也会出现重复投入的资源浪费现象。而且，由于需要的管理者日益减少，期待晋升的有文化员工逐渐增加，因而晋升空间太小，这对于员工也是很大的打击。

　　第五，在机械式组织结构中，员工是不知道如何在同事间协调他们的工作的。老板将工作任务分解并安排给每个人任务，使这些工作组合起来进行生产，则是上司的管理职责，员工的工作就是按照说明书和标准化程序规定的内容去操作。最主要是他们不允许与同一级同事进行协调，否则就会剥夺上司的权威。虽然这可以为非熟练工人提供指导，为枯燥工作的快速人员流动提供有力监督，但是会大大挫伤员工的自信心和工作积极性。因为受过教育的员工往往倾向于自我管理，对于一些自己没有掌握或掌握不熟练的岗位操作知识，会主动寻求沟通，对从事相同或相似工作的人请教，同时自身得到提高。如果这种自发寻求知识、主动知识共享的行为受制于上司的权威，就会明显挫伤员工的士气，他们会认为自己只是被当作机器在运作，毫无主动性，产生厌倦情绪，不仅不会有知识创新的动力，就连原有知识和能力也不会完全发挥出来，只会敷衍塞责。

§5.3　有机式组织结构中的知识管理

5.3.1　基于工作性质的组织结构转变

从上面的分析中可以看出，机械式组织结构采用的是高度集中的单一决策中心，这种垂直等级制度的结构体现了松散的思想，每个人有限定狭窄、彼此排斥的责任。这种组织结构形式有许多缺点，比如容易产生官僚主义，管理层次多，效率低，组织结构僵化，统一控制产品和经营易脱离市场的实际需要等等。

在知识经济时代，工业时代后期所创造的严格等级制模式受到极大的压力，在竞争和合作程度不断增加的国际市场上，他们不能提供所需的灵活性和反应能力。当今社会需要的是有生气，充满智慧的组织——有机式组织结构。这种组织结构的转变主要是基于工作实质的改变而产生的。主要有以下几个方面。

1. 从非熟练工作到知识工作者

社会中越来越多的工作，不管是技术性的还是非技术的，我们不再需要众多的非熟练的流水线工人，工厂里的大多数工作需要技术性知识和培训。知识工作，包括信息收集，发挥创造力，实验，发现，以及就知识与更大系统的统一，其本质意味着上司不能像对从前流水线工人那样对知识工作者发号施令。知识工作，包含更多的自我引导和团队工作，而远处上司的遥控指挥会起阻碍作用。当我们超越直线制组织结构形式时，就可调动每个人的智力和协作能力，从而以不断变化的方式实现共享的目标。

2. 从枯燥的重复性工作到创新和关心

现在，适合机械式组织结构管理的简单重复性工作还正在急剧减少，机器可以完成更多的机械性工作，剩下的工作需要创造性和灵活性。人比机器更有创新能力，能在量变和不完全确定的系统中更好地发现新的可能发生的情况，并知道如何去做，另一个不可替代的人类天赋是关心，当越来越多的工作变成服务时，关心别人变得日益重要。好的推销员能留住顾客，因为顾客能感到他们真诚的关心，当下属感到领导者关心他们，关心群体的成功，且关心他们相互奉献时，领导者就会得到拥护。

机械式组织结构的规则禁止关心，尤其是禁止将行动建立在个人珍惜的内在价值观上，而是建立在对上司的严格服从和忠诚上。机械式组织结构过于专制和过于依赖规则，因而不能激励和运用产生创新和关心的智慧，由于机械式组织结构的规则抑制了创新和关心，因而也抑制了现代工作的本质。

3. 从个人工作到团体工作

机械式组织结构形式以较枯燥的指挥链取代了人们寻求合作的自然能力，这对今天的快节奏变化和挑战来说是不够丰富多彩和缺乏活力的。目前可行的管理创新几乎都在一定程度上依赖于团队的力量。因为知识工作者个人并不能创造多少价值，所以工作中需要跨越组织界限以便获得综合信息，当组织能够调动多个人的智慧来支持组织目标时，这个组织就会变得更有智慧。

4. 从职能性工作到项目工作

当知识工作者从静态工作转向解决一系列问题时，他们将工作组织成项目，在这个复杂的领域里，每个项目通常都需要一个跨部门的小组，这些小组随着项目的进展一起学习，不久，各职能部门的上司就会远离工作而无法为团队决策，从而控制权便从机械式组织结构的职能部门转移到项目小组。

若管理者认为他们在半小时内的考虑，比项目小组数日深思熟虑还周全的话，那么他们就很难调动组织中每个人的智慧。他们需要将担忧向项目小组指出来，而不是随意发号施令，在一个智慧型的组织中，参与是广泛的，并且小组是在反馈指导下工作而不是靠命令。

5. 从单一技能到多重技能

机械式组织结构比较依赖额外人员，通常在顾客订购预料之外的不同产品而造成某种额外工作时，会花费大量的人力、物力来寻找组织内是否有适合这种工作的额外人员，从而保证顾客的要求得到满足，这种限定技能和额外人员系统，开支很大且缺乏灵活性。

在一个典型的多重技能方案中，职责转移到小组，雇员每掌握一种新技能就能获得工资的增加，不管是由于缺乏或当某种工作突然而至而出现瓶颈时，只要拥有多重技能的员工，总会有人能胜任而使工作正常进行。

工人组织和管理层之间的机械式组织结构关系，阻碍了多重技能的发展，因为这种关系死守繁多的合同般限定的工作划分，现在的工作成功地获得了培训和教育的机会，使广大的工会成员具有更广泛的就业面。由于宽松工作划分和通过交叉培训雇员，而培养了一支更具灵活性的员工队伍，从而提高了士气，速度和效率。

6. 从上级协调到同伴协调

在机械式组织结构系统中，雇员没有责任协调同一层次的工作，这种协调是他们上司的事。当协调由上司负责时，跨职能与同伴之间水平的沟通是被视为浪费时间，或是篡夺上司的权威。

现实已变得如此复杂和多维化，没有一种将组织分解成指挥链的方法可以成功面对所有的挑战，因此，整合是通过同级水平跨组织沟通实现的，而不是通过机械式的组织结构。因为每一个重要的过程都跨越组织的界限，所以需要大量的跨职能沟通，总经理没有足够工夫做传递信息的工作，且在经多人传递后信息会失真。

在工业化时代，大规模但固定的生产方式使人们产生了疏远、刻板和不平等的工作关系，今天，复杂而智力密集型工作使人们的关系变得密切、开放、诚实和更接近平等。以高新技术产业为主体的知识经济正广泛深刻地影响经济增长方式、产业结构、市场结构、就业结构乃至人们生活与社会文化的各个方面。直线式的组织结构已不能够适应以知识为背景的组织机构的需要。在新的经济环境下，我们呼唤新的组织结构——有机式组织结构。

5.3.2 有机式组织结构的产生和发展

理想的新型组织是一种有机的、高度柔性的、扁平化的、符合人性的、能持续发展的组织。要建立并保持这样的组织，需要进行持续不断的学习，它需要具有以下特性：

第一，精简。通过学习培训使每一个人都能一岗多能，发挥个人的最大潜力，再减去不必要的人员，防止互相推诿、责任不清的现象，使每个人的办事能力和效率都得到提高，这样才能提高组织的办事效率。

第二，扁平化。工业时代和知识时代一个质的区别是组织更加扁平。以前的组织由于管理层次过多，组织配备了过多的职员，一层又一层的文书和发布的报告使组织对市场的反应迟钝而缓慢。随着企业网络化的发展，现代企业将越来越通过水平、对等的信息传递来协调企业内部各部门、各小组间的活动。因为信息系统使高层管理人员的集中控制能力增强，从而可以取消中间管理层次，减少管理职位，使管理幅度加大，实现组织扁平化。扁平结构的益处之一是减少了决策与行动的时间延迟，加快了对市场和竞争的动态变化的反应，从而使组织的能力变得柔性化，反应更加灵敏。

第三，有弹性，适应性强。对于未来具有不确定性的突发事件，能够处理得当，短时间内寻找出最佳方案。对于随时可能出现的商机，能够及时把握，准确定位，适时扩大客户群。对于竞争对手的策略变化，能够敏锐察觉，做出相应对策，尽可能减少损失。

第四，不断自我创造。组织要想发展壮大，需要不断适应环境的变化，在组织原有的基础上，摒弃过时的技术、知识、思想和战略，创造性地发挥组织的资源潜力，以新的角度或新的方式对各个环节、各个流程进行再造，在创新中求生存，与时俱进。

第五，善于学习，努力向学习型组织转变。在创造、获取和传递知识的同时，改进自身行为适应新的知识和见解。组织进步要靠创造力和洞察力的闪现，要靠团队或成员间的知识交流学习，从而将新的知识转变为新的行为方式，推动组织进步和发展。

第六，自主管理，强调职工参与。知识型员工的最大特点就是善于自我管理，他们在遇到以自己的知识背景或技术能力无法解决的问题时，会及时与从事类似工作岗位的同事或专家沟通，通过自我协调和各方面参与，实现员工的自我完善和发展，同时提高了知识的自主共享效率，使员工真正参与到企业的基层管理和决策制定中来，提高他们的工作积极性和主人翁意识。

在这些新的组织特性下，产生了新的组织结构。20 世纪 90 年代，针对机械式组织的不足之处，麻省理工学院教授迈克尔·海默（Michael Hammer）和管理咨询专家詹姆斯·钱皮（James Champy）提出"业务流程再造（BPR）"理论，强调"以满足顾客需求为导向"的经营理念，重组结构，提高工作效率，使企业在成本、质量、服务和速度方面达到"跨越式"的改善和提高。[①] 由此在美国等西方国家兴起一场轰轰烈烈的工商管理革命。"企业再造理论"反映出组织结构的扁平化、网络化，管理的人性化等未来管理要求和特征。BPR 组织结构和运行表现为：

首先，围绕工作流程而不是部门职能来建立结构，传统部门的边界被打破。如图 5 – 6 所示，我们看到传统的机械型组织关注的中心可能被导向组织中各层次的"老板"，而不是顾客；对于横向的流程没有统一的控制；组织对外接触点不止一处，且缺乏统一的形象；职能部门间的界限会导致一些无效工作的存在。所以，组织应当从关注职能，通过再造，向关注流程转变，向有机型组织转变。

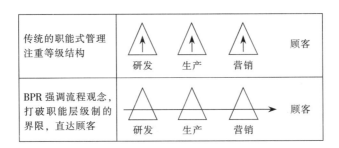

图 5 – 6　流程再造对职能制结构的突破

① Michael Hammer and James Champy. Reengineering the Corporation: A Manifesto for Business Revolution. Nicholas Breadley Publishing, 1993.

其次，纵向的层级组织扁平化，可能只有传统的支持性职能部门，如财务和人力资源部门存留少量高级管理者。扁平化组织的优势会体现在很多方面，比如管理费用的节省，信息上下传输的加快，快速决策，上级与下级更加密切关系等。而且组织的扁平化方便了公司的首席执行官和执行委员会成员直接同广泛的员工交流与沟通，这种跨层级的交流在机械式组织结构中是不可想像的。

再次，管理的任务委托到更低的层级，组织结构由个人导向转变为团队导向。多数职工在多职能、自我管理型团队中工作，这些团队围绕诸如新产品开发之类的过程而组织。例如 Kodak 公司，撤除了主管诸如行政管理、生产和研发的副总裁，取而代之的是自我管理型团队，为各种各样的流程或项目服务。这是因为流程再造必将带来组织的扁平化，可供员工追求的等级职位必将减少，所以改造后的新型组织的基本构成是自我管理团队（Self-managed Team），团队成员必须是复合型的专门人才。他们必须具备现代知识、技能和敬业精神，专注于顾客利益，为顾客创造价值。这就为员工的成长与发展提供了更多的机会。

最后，顾客导向与顾客驱动。为了满足顾客需要，流程得以改变，这使得员工像和供应商联系一样与顾客进行直接的经常的联系。从根本上说，有机型组织结构就是以顾客为导向重建企业，顾客需求是流程再造的出发点。在传统的企业组织结构中，虽然许多企业都在讲"顾客就是上帝"，但员工绩效的评定却不是由"上帝"来决定，而是由职能部门的经理来决定。这就使得在多数情况下，员工考虑的主要不是如何满足客户需求、怎样使客户更满意，而是如何讨好上司。组织朝有机形结构发展后，员工绩效以再造后的流程运作的结果来衡量，顾客满意度的高低是评价员工绩效的惟一标准，顾客不再是抽象的"上帝"，而是实实在在的"衣食父母"。这样一来，了解顾客需求，设法满足顾客需求，为顾客提供满意的服务，就变得特别重要。

由此我们得出有机形结构的主要优势在于：通过短暂的反应时间和快速的决定，迅速有效地促进了顾客满意度；部门间为完成整个任务有意识地去获取合作；由于员工热衷于参与而士气更加旺盛；团队的自我管理取代了管理工作，上层管理费用减少等。

当然，每一种组织结构都会有其不足之处。虽然与机械式组织结构相比，有机式组织结构已经有了不小的进步，但距离理想化的目标还有一定的差距。主要表现在以下几个方面：

第一，有机式结构的转变需要在内部的工作设计、管理哲学以及信息和奖励系统方面进行重大调整。这不是对原有组织的细致末节的修补，而是根本性的变革。对于企业长期形成的文化、制度和战略，是不小的挑战。企业如果没有足够的胆识和魄力，不会冒如此大的风险来颠覆可能本来运行绩效良好的各项制度和系统，因为失败是致命的。

第二，管理者需要参与式管理培训，以提高管理技能，员工需要培训以便能在团队环境中高效地工作。现在大多数企业已经注意到了采用一定的物质奖励，作为对员工良好工作表现的回报。但是，从知识型员工的自我职业生涯规划来看，他们更看重自身能力的提高，看重自己的未来发展前途。因为物质奖励与技能培训相比，就像眼前利益和长远利益的比较，理性的知识型员工往往选择后者。而且，对企业来讲，员工自身素质和技能的普遍提高，会带来工作效率和组织绩效的大幅提升。在两种奖励方式成本相差不大的情况下，这是对企业和员工双赢的决策。

第三，在进行有机式组织和自我管理团队的转变过程中，由于个人绩效与组织绩效相冲突，有可能会出现失控，不利于组织总体目标的实现。自我管理型团队的最大优势是灵活宽松的管理氛围，团队成员间的自我协调沟通。

5.3.3　有机式组织结构的实现形式

1. 虚拟企业

利用信息网络，企业的管理者，技术人员以及其他组织成员比较容易打破企业之间、产业之间、地区之间及国家之间的壁垒，进行信息交流，共享信息资源，企业的经营活动打破时间和空间的限制，出现了新型的企业组织形式——虚拟企业，虚拟企业是指把不同地区的现有资源迅速组合成为一种没有围墙，超越时空的约束，利用电子手段联系，统一指挥的经营实体，企业的虚拟化可以使一个企业的某一要素或某几种要素与其他企业系统中某一种或某几种要素相结合，形成新的生产力。当进入知识时代，虚拟企业将把焦点由"控制"转向"支持"，由"监督"转向"激励"，由"命令"转向"指导"。

2. 动态团队

一个组织光靠领导者殚精竭虑而没有员工的积极参与，光提高员工的个人能力而没有有效的团队协作，在竞争日益加剧的今天已没有生命力了，要想取得今后的成功，就应充分运用人力资源，尤其要尽力形成强大的团队合力。团队并不是一些人的机械组合，一个真正的团队应该有一个共同的目标，其成员的行为之间相互依存相互影响，并且能很好地合作，以追求集体的成功。一旦企业建立自己的网络并且通过因特网与其他公司联网，它就能穿越空间和时区来组成团队。任务集中的团队，即所谓的动态团队的主要目标是，识别来自市场、竞争、供应商和合伙人，以及自己公司内部的主题。通过在对等的基础上共同工作，他们就能够反复重申可能的解决办法，直到开发出一个成熟的和适应市场的计划。

随着团队环境的不断发展，企业部门间的界限变得越来越模糊，等级管理体系逐步被打破，组织结构将成为互为关联的网状结构。在以前组织中，任务是与固定的责任范围紧密相连，在等级层次下，某人的任务是能按照一连串的命令从头至尾地完成，职能是预先确定的，对于今天赋予组织的多种需求，这样的一种组织结构缺少反应的灵活性，适应性和敏捷性。通过建立虚拟企业这个过程，公司联合他们的能力，依赖这些能力在需要的时候确定和重新确定复合的跨职能团队。这些团队不仅包括公司的成员，而且也可能包括来自卖主或顾客公司的人员，这些团队并不需要拴在同一地点，建立虚拟企业更多的依靠人员的知识和才干，而不是他们的职能。

新的组织结构要付诸实施不是件轻而易举的事，要考虑到多种复杂的因素，如人的思想和意识、企业的环境和文化氛围、知识共享的程度、人力资源开发和利用等。这就需要管理者从本企业的实际情况出发，制定一系列的配套措施。

☞5.3.4　知识管理在有机式组织结构中的突破

机械式组织结构因为严格的等级制不能适应当代复杂动态的竞争环境，从而不能有效地吸收和利用以计算机和网络技术为代表的新技术成果以及日益多样化的管理理论。而有机式组织结构有望在知识管理方面获得突破。

1. 观念的转变

从工业时代向知识时代的转变主要是态度，价值观和规范的转变。工业时代的价值观是不信任与服从，而知识时代的价值观是信任与诚实。转变观念需要转变经济发展和增长观念，树立经济知识化的新观念，确立经济全球化、网络化的观念，鼓励创新和求知的文化观念。

2. 建立创造并共享知识的文化氛围

知识产生于交流的过程之中，而且越交流，越共享，生产出来的知识就越多。知识管理首先是对工作环境进行改善，使得知识更容易交流，更容易创造和积累。这就需要组织文化在企业内部形成一种自然而然地共享知识的行为环境。首先，组织管理者思想开放，敢于向自己和传统的习惯做出挑战，敢于突破固有的思维模式，自上而下形成一种共享学习的宽松环境；其次，组织的每一位员工都认为贡献知识与人共享是一种自然的行为，并自然与组织内外的人员形成知识网络团队；再次，组织竞争环境不是相互损害对方的利益，而是实力的竞争，因此，组织要同其环境形成一个由供应链、产业链共同支撑的全方位的知识网络环境。

3. 如何将人们头脑中的隐性知识分离出来

知识可划分为显性知识和隐性知识，知识管理者通常通过信息的搜寻，开放式的交流、项目反馈，外部参照等方法系统地获取外部知识，并以文档、数据、表格等形式表示显形知识体系，以经验、体会和突破性的思想，观点等形式表示隐性知识体系。

人们头脑中的隐性知识对于企业的发展和创新有着很重要的作用，而存在与业务流程、人脑中的知识如何转化成可供交流和共享的显性知识，这需要一套行之有效的控制知识的制度和方法。管理者首先必须能够评价内在于他们的知识工人的脑海里和经验中的无形的人力资本。因为受过良好教育的、负责任的同时拥有想像力的公司员工能够带给公司的要比技术能带来的多得多。企业要使每个员工把自己所具备的可能对企业创造价值的知识列举出来，对这些知识加工重组后，产生一个知识的资源库。一个技术人员同时又具备一些客户关系，当他自愿把自己的资源贡献出来后，他的潜力和知识得到了更充分的发挥。最大限度地把员工拥有的知识从头脑中分离出来，对于管理者是非常有利的，当人员流动时，特别是核心员工的离去，公司的资产不会损失太大。

管理这些和人难以分离的知识，只有靠企业的人力资源管理，企业文化和企业给予员工的发展环境把人才留住，把知识留住。

4. 人力资源的开发利用与人员的培训

企业中信息流通能力的提高，使知识共享和协调合作成为企业的准则，企业更重视人的价值。知识社会需要知识工作者或知识工人，未来所有的工作都需要知识化，这就要求他们具有非常高的专业化水平，同时有更好的知识需要多方面的专业化，许多岗位上的工作可能必须要通过专门培训的知识工人才能胜任，这就需要培养适应知识经济的劳动者。通过建立一个产学研密切结合的教育培训网络、加强职业教育系统、强化在职教育和上岗培训，推行终生教育。

在新的企业文化中，领导者与员工、员工与员工之间通过垂直和水平的信息交流和公开协商，广泛沟通和交流，形成团队学习的气氛，使每个员工都能共享远景，提高企业整体搭配和实现目标的能力。

5. 建立高效率的知识团队

作为有机式组织结构的一种形式，团队通常是与职能型结构或事业部型结构相结合的，这就使得在拥有了团队结构的灵活性的同时，还获得了行政式机构的效率性。这种自我管理式的团队能够让知识在团队成员间及各个团队间无障碍地流动。成员不再一味地专注于自己的岗位知识，而是通过寻求沟通和交流，通过与同伴间连续不断的言行暗示，达到自身知识在深度的扩展和广度上的延伸。知识的转移与共享，在潜移默化间达到默契，成为团队乃至整个组织的系统化要求，在知识量变的基础上随时孕育着质变的可能，即创新无处不在。

6. 有机式组织不过分强调严格的规则条例

过于细化的职责与权力的约束，会限制员工自我知识创造的积极性，员工的创新思路被束缚在某个狭小的范围内，感到举步维艰，因为他们都清楚越权后的失败责任会完全由自己来承担，从而背负巨大的心理压力。此时所要遵循的规则就是"没有规则"，或者更准确地说是没有一成不变的规则。让知识自动自发地转移到需要的个人和部门，实现多对多的网状知识映射，而不是行政命令下一对一的直线式映射。知识转移系统的利用率会显著提高，在共享成本基本不变的前提下实现了组织绩效的全面提高。

在有机式组织结构形式中，几乎所有的工作都不再具备标准化的程序，每个任务团队针对同一类型事件的具体处理方法可能各不相同，甚至大相径庭。这就大大提高了员工处理特殊情况和紧急情况的应变能力，在新条件和新环境等外部刺激下，员工的知识和技术潜能得到最大程度的发挥和展示，为企业的知识库不断增添新的内容。当这些新知识通过知识管理人员的一般化、抽象化改造后，会当作"最佳实践"在企业中分享。此时企业中各个团队的绩效会很明显地定期发生提升，实现集团化并进的效果，即所谓多样性与统一性在并存条件下的相互促进。

7. 通过大范围知识共享完成任务

在有机式组织结构中，团队成员拥有一个共同的目标，就是通过知识的大范围共享提高整个团队完成工作任务的效率，员工不再以自我为中心，因为此时的成功与失败是建立在整个团队基础上的，只有大家协调配合，才能得到来自组织和其他团队的认同和奖励，即"人人为我，我为人人"。传统组织中，往往会出现这样的情况，即团队成员在某方面的业务岗位知识越出色，其保护个人私有知识的动机就越强，就越会导致组织在该成员专长方面的团队缺陷，我们可以把这称之为"知识优势的劣势化"，即在最优势的地方会出现最大的劣势。而在以团队为基础的有机式组织结构中，每个成员的"知识盲点"几乎都可以从其他成员处得到弥补，对照上面的术语，我们可以把这种情况称之为"知识劣势的优势化"。这两种转化的方向截然相反，在同等的资源配置条件下，后者绩效自然要高得多。同时，由于团队中的人员数量相对较少，知识员工的晋升空间会相对较多，这对员工个人的职业生涯规划也是一个比较大的吸引。

8. 自我管理能力增强

在有机式组织结构中，组织领导对任务团队的人员配置不作任何硬性规定，不会指定特殊的工作人员组合，员工可以在同事间自行协调，通过面谈、电话、电传、邮件等方式寻求合适的人选，当然这样的选择并不是过于随意的，而是在企业知识地图的引领下，联系某方面的权威或专家，不管是组织内部的还是外部的。这些临时性组合起来的专业人员会定期召开交流研讨会，讨论涉及到衔接各流程的关键知识，并彼此交流在遇到非常规问题时的心得体会。这种自我管理的方式增强了员工的自信心，特别是在随着任务逐步深化、逐步完成的过程中，他们不断接触到新知识，并通过实践获得检验，极大地提高了团队的士气，自发寻求知识、自动共享知识的环境使得原有的知识和能力淋漓尽致得发挥出来，并挖掘出潜在的隐性知识。

§5.4 知识管理与学习型组织构建

众所周知，21 世纪的经济可称为知识经济，21 世纪的管理可称为知识管理。知识的来源是学习，故知识经济也是"学习经济"，知识管理也是"用学习的知识来管理"。知识管理要求组织或企业成为学习型组织，学习型组织又是进行知识管理的保证。目前，国内同仁已分别对知识、学习型组织进行研究，但很少将二者结合在一起来分析，因此有必要将二者结合起来进行研究。

5.4.1 学习型组织是团队建设的有效形式

1. 学习型组织的涵义

对于学习型组织的涵义，不同的学者从不同的哲学观和学科领域出发往往会得到不同的解释，使学习组织的内涵几乎成了一个包罗万象的概念体系。在此，我们引用鲍尔·沃尔纳对学习型组织的一段精辟论述："学习型组织就是把学习者与工作系统地、持续地结合起来，以支持组织在个人、工作团队及整个组织系统这三个不同层次上的发展。"①

学习型组织实质是一个能熟练地创造、获取和传递知识的组织，同时也要善于修正自身的行为，以适应新的知识和见解。其实，道理很简单，新的思想对学习来说是极为重要的。有时，这些思想是通过创造力和洞察力的闪现而创造出来；有时又是来自组织外部或是内部个体的知识交流。它们都是组织进步的根源。但这些思想本身并不能创造出学习型组织，如果没有与之相伴的工作方式的转变，那也不会使企业改变成为学习型组织。所以，善于将新的知识转变为新的行为方式；积极的管理知识及学习过程；富有特色的政策和实践将是形成学习组织的基石。

2. 学习型组织的构成

学习型组织是由多个相互关联的系统组成的，这些系统的相互作用是组织学习的前提和基础，学习型组织正是借助这些系统的作用，使个人的学习上升为组织的系统学习。构成学习型组织的系统如下：

（1）领导和管理系统。在学习型组织中，领导和管理的作用是至关重要的。领导者和管理者应建立起学习行为的榜样；为组织提供有利的学习环境；鼓励员工创造新思想；确保知识和学习的传播。

（2）文化系统。文化是把组织连接在一起的粘合剂。学习型组织的文化必须支持和奖励学习与创新行为；鼓励员工不耻下问，以及员工之间的交流；鼓励员工的冒险和实践精神，允许员工犯错误，并把错误看成是最好的学习机会；帮助员工树立正确的价值观。此外，学习型组织还提倡员工的生活方式和价值观的多样性。因为这有利于多角度地看问题并能产生新的观点。

（3）知识交流系统。学习型组织应是一个自由的、开放的知识交流系统。它能创造有用的知识；能使员工接触到战略信息；有利于外部环境的扫描；有利于知识在组织内的传播；促进员工相互支持。另外，知识交流系统也有利于外部环境扫描，从企业外部获取知识。

---

① Woolner, Paul. A Developmental Model of the Learning Organization. Lowy and Associates, 1995.

（4）组织结构系统。学习型组织的组织结构应能克服组织内部部门划分的障碍。很明显，学习只有在开放的环境下才能进行，因此，组织结构的设计有利于跨部门、跨组织的学习。在学习型组织中，大多数角色是灵活的，工作也是由一些跨部门的工作小组执行，组织结构具有扁平化、权力分散的特点。

（5）支持系统。良好的业绩支持管理系统有助于组织的学习和知识的创造。支持系统的业绩评估系统能够指明组织的进展情况，确定有待发展的领域，有效的评估系统能使个人和小组明确他们对经营目标的贡献，指导其发展。

（6）技术系统。在学习型组织中，技术是至关重要的，它能改变工作和学习的方式，使得接触商业和战略信息成为可能。技术还能提供有效的学习方式和过程，促进团队的学习。现代信息技术加快了信息的流动和传播，提高了学习的效用。此外，网络技术的发展，使得信息的交流和共同决策成为可能。

上述六个子系统是相互影响，相互作用，它们是有机的整体，是构建学习型组织的基础，缺一不可。

知识经济的到来不仅迅速改变着世界经济的增长方式，而且企业的生产、经营方式以及组织方式都发生了变化。知识、信息越来越影响一个企业的生死存亡。面向知识经济的企业管理也从工业社会的市场管理向今天及未来的知识管理转变。

知识管理起始于个人的学习，倘若个人不能有效地学习，知识管理就会成为一句空话。但是，仅有个人的学习还不够。组织或企业整体的学习能力并不是个人学习能力的简单相加。人们有不同的思维方式，并制定严密的规则，约束人们在创造性的活动中一起工作，创立一种孜孜不倦的学习型组织。在知识管理中，个人和组织学习的环境、动力、能力都非常重要，但学习的工具也必不可少。例如，在知识型组织或企业中，最重要的是创新将是组织或企业本身，即超越新产品创新——组织创新。

另一方面，进行知识管理的前提首先是知识的获取。知识与认知学习是天然地联系在一起的。认知学习的结果即表现为知识。如何通过认知学习获得知识是认知学习的最终目的，也是企业知识管理理论的基本要求。通过学习，个人可以改变其知识存量和知识机构，突破有限理性的约束，而学习型组织则是创造与共享企业知识的有效途径。所以，学习型组织的构建保证了企业知识管理的有效进行。它有利于企业获取知识、创造知识、积累知识；使组织能够有效地、持续地创造新知识；便于形成乐于学习的文化氛围。学习型组织是一个自由的、开放的知识交流系统，而知识的有效交流和传播对于知识是至关重要的。

☞5.4.2　创建学习型组织，改进知识管理

1. 创建学习型组织，应避免三种倾向

随着经济全球化趋势日益加剧，竞争的范围和压力越来越大，无论是国家与国家的竞争，还是企业与企业的竞争，竞争的实质就体现为学习力的竞争。在未来的知识管理中，建立学习型组织十分必要。企业应依据创建学习型组织的方法，借鉴国际著名企业创建学习型组织的经验，以及考虑自身的实际与特点来创建学习型企业，保证知识管理的顺利实施。

（1）正确认识学习型组织，避免走入误区。企业简单地把学习型企业与学习画等号，凡是同学习有关的内容，如职工教育、培训、竞赛、技术练兵等都被称之为创建学习型企业。中国人民大学工商管理研修中心首席顾问叶延红指出："学习型组织的创建不仅仅是让每个员工都进行学习，单纯地开几次会、做几次培训，这只是建设学习型组织的表象。"实际上，学习型企业侧重强调的是整个企业的组织学习能力，如果仅仅是吸收咨询和知识，那不是真正的学习，真正的学习应突出以人为本，以提高人的综合素质、促进人的全面发展为中心，树立终身教育、终身学习的理念，构建多种形式、多层次、开放性、立体化的终身教育体系，形成有利于人力资源能力建设的良好学习环境。

（2）对学习型组织的创建不能流于形式。传统企业不进行组织变革，想要创建成真正的学习型企业是不现实的。学习型组织是现代企业制度的产物，组织结构的"扁平化"可以使组织更适于学习和建立开创性思维方式。当前，不少企业的组织结构变革远没有到位，如果仅靠行政命令来创建学习型企业，难以取得理想的结果。

（3）不要照搬照抄。彼得·圣吉的学习型组织理论，被喻为"21世纪的管理圣经"，在美国许多企业得到了成功的应用。但不能把他的思想统统认为是真理。就我国民众而言，物质需求在当下仍是主导性的，经济人的管理方式在相当多的企业中仍是一种最佳的选择。因此，我们必须结

合借鉴学习型组织的先进理论，结合企业自身实际，创建出有中国企业特色的学习型企业。

2. 创建学习型组织、促进基于团队知识管理的措施

（1）领导与管理。在学习型企业中，各级领导人要通过以下 5 个方面为从事学习的个人和团队提供强有力的支持：第一，规范学习行为。企业领导层要提出专门的实施计划，制定企业内部的学习条例，从上至下规范学习行为。第二，建立一种促进学习的体系。在学习过程中，领导人要重新定义企业的核心竞争力，并制定一套评估员工技能和个人发展的体系。第三，鼓励员工提出创新建议。领导层应经常向一线员工征求意见，对于员工的意见和建议及时地给予反馈。第四，保证知识传播和学习渠道的畅通。在学习型组织里，合作和交流是很重要的一个方面。第五，企业资源向从事学习的人员和团队倾斜。

（2）树立新理念。一是树立学习是生存和发展需要的理念。新的环境对企业从业人员素质提出了新的更高的要求，不学习，不掌握新知识和本领，就不具有生存与发展的能力。二是树立终身学习的理念。在知识更新、扩展的速度不断加快的今天，必须不断进行知识更新，坚持终身学习。三是树立学习与工作相结合的理念。把学习引入工作，使学习与工作有机结合，这是学习型组织的本质特征。通过学习来实现工作创新是一个把被动地接受客观知识变为主动地提高内在素质，把学习转化为创造性活动的过程。

（3）建立载体。建设学习型企业必须有实实在在的载体，才能吸引职工广泛参与，要依据学习型企业建设的内涵、目标要求，进行总体设计。建立员工培训体系、创建学习型团队、开展"读书活动"等，都是行之有效的载体。开展全员学习应针对不同岗位、不同对象，确定不同的主题和学习内容。同时，建立学习阵地和网络，为全员多样化学习创造必要的环境和条件，引导员工养成自觉读书的良好习惯，形成浓郁的学习风气。

（4）建立良好的运行机制。要保证这项工作的目标和任务真正落到实处，必须建立协调、灵活、高效的运行机制。一方面制定激励政策，激发员工的学习热情。另一方面，要制定规章制度和营造竞争氛围，造成一定的外部压力，引导员工主动学习，建立健全有利于公平竞争的人才培养和选拔机制。

第 6 章

知识团队的文化建设与激励机制

§6.1 知识管理中的团队文化建设

6.1.1 团队化组织的优势

关于团队，许多学者出于不同研究目的和不同角度给出了多种定义，有多种关于团队的解释。笔者认为，工作团队（Work Team）就是为了实现某一目标而由相互协作的个体组成的正式群体（Formal Group），它是以规范化管理为基础并超越规范化管理的柔性组织形式。它根据团队的结构，可以划分为有监督的团队和自我管理型团队两种类型；根据团队的成员关系，可以划分为职能团队和跨职能团队两种类型；根据团队的期限，可以划分为永久性团队和临时性团队两种类型。当今组织中最常见的四种团队类型是功能团队（如知识管理团队）、自我管理团队、虚拟团队和功能交叉团队。

团队应当是一个具有高度信任的团体，成员间相互支持合作，以每个人本身相辅相成的才能，共同为团体的使命及共同目标而努力，成员之间讲求沟通、意见参与、共同为绩效目标的制定及完成贡献才华。

作为一种流行的柔性组织形式，团队组织对范式化管理的超越表现在：创造相互协作、相互支持、共同奋斗的团队精神（Esprit de Corps）；增加组织的弹性，提高组织的适应能力；允许一般管理人员参与更多的战略管理，优化组织战略的形成机制；能够更充分地利用多元化、个性化的员工队伍；在更大的程度上提高组织的绩效，如图 6-1 所示。

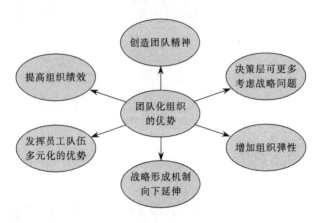

图 6-1　团队化组织的优势

从知识经济的特点来看，知识迅速膨胀，爆炸式增长，推动各项技术跳跃式前进，企业产品结构中有形产品和无形产品（知识和服务）并重，且企业职能向多元化发展，兼有提供产品、获取利润、回报社会和员工再教育等多项职能。知识社会是人类在信息高速公路上快速前进中步入的新境界，是一个体现人的尊严的非格式化的社会，并不是一个虚拟的、被人工智能充斥和统治的机械社会，人凭借知识的富有第一次摆脱自然资源对社会发展的制约，成为人类社会前进路上的主导者，而不再是工业经济时代大机器的奴隶。知识经济时代知识的交叉性、集成化、复合式使人们必须重新和谐地联系起来，个体的知识必须借助群体或组织中他人的知识整合才能实现其价值，所以知识管理将更多地闪烁着人性的光辉。作为一种精神力量，企业文化是无形的，但它一旦武装了知识要素，就会释放强大的物质和精神能量，发掘人的创造性。所以，基于人的全面解放和全面发展和现代知识相匹配的企业文化将是未来企业间竞争的一场决赛，企业在知识管理中必须注重发挥团队的优势。

6.1.2　知识管理对团队文化的需求

团队文化是企业在长期的经营管理实践中形成的、以企业整体价值观为核心的行为规范的总和。团队文化形成于企业的内部环境和外部环境，并随着企业环境的变化而随之发展变化。在以复杂性和动态性为主要环境特点的当今时代，企业知识管理对团队文化具有强烈的直接而持久的需求。

1. 团队文化是知识生产的加能站

知识经济的核心是技术创新和知识创新。知识创新和技术创新一直是拉动经济增长的绝对力量，只不过在传统社会知识和技术尚处于基础性发展阶段，直接向现实生产力转化效果不显著而已，在知识和技术日新月异的今天才显示了不可替代的力量，并成为竞争中优胜劣汰的决定性因素，技术创新和知识演进将是支持企业可持续发展的不竭资源和动力。知识的积累和使用也是需要一定环境作为支持的，事实上这种环境就是团队文化。企业将不仅是知识的使用者，同时也体现出知识创新体系的主导者身份，要更多地进行知识的生产和创新。

团队文化的加能站作用将体现在两个方面：一是形成一种机制、氛围和精神，使企业员工从任务的完成向任务的开发转变，从追求安稳向不怕失败、敢于进取转变，从"打工"意识向奉献精神转变，使员工保持旺盛的斗志和进取心。二是为员工的终身教育、继续深造营造环境支持。企业文化是使员工有兴趣和信心进行终身学习的整合力量的载体，遵循"学习是工作、工作是学习"的新教育模式，团队文化在企业组织战略、经营战略和职能战略的各个层次中发挥催化和润滑作用，成为企业继续前进的强大引擎。

2. 团队文化是知识使用中的粘合剂

管理现代化的根本是人的现代化。人的现代化是企业在知识经济时代生存与发展的基础，知识经济的发展是借助人在知识基础上的合作与创新。我国人力资源过剩，企业对人的角色和职能认识有失偏颇，对人的能力和潜能发挥不够，尤其近年的"打工"就业观使员工仅为自身的经济利益着想，企业也缺少一种尊重人、信任人、鼓舞人的文化氛围，企业目标与个人的内在需求不能和谐地统一起来。尽管技术合作和技术转让是平衡竞争的缓冲剂和调节剂，但飞速发展的知识创新将是打破这种暂时平衡的强大力量，所以在知识管理背景下，企业更应注重团队精神和集体力量的运用。另一方面，高技术工作强度大、危机意识强，所受到的心理冲击往往也更大，不可否认的是人们焦虑、抑郁倾向越来越大。良好的企业文化应该充分考虑到员工的新需求和来自工作的负面冲击，消除或减缓不利环境给员工造成的心理负担。知识管理模式下的团队文化应该是基于人的充分解放和全面发展的、以知识的生产和使用为主要内容的精神文化。

3. 以团队文化带动企业文化的变革

知识管理是对组织知识的管理，这种管理通过使组织能更加智慧地行动，来提高一系列组织绩效指标。知识管理活动本身并不鲜见，许多企业多年来一直在针对改造内部流程和合理配置资源而开展各种活动，如TQM（全面质量管理），专家系统，流程再造，学习型组织，培养核心竞争力，以及战略管理等。他们也采用了人本化的管理方式，如尊重人的价值，重视使用有技能和有经验的员工，宽以待人等。但直到最近，企业才开始真正关注如何更系统、更正式地进行知识管理。在知识管理中，知识是基础因素，成功地运用知识有助于企业提供创造性的产品和服务。从商业的角度讲，知识应是注重实效或者说是务实的，即知识在运用的过程中对经济增长或价值的增值有巨大的贡献能力，正如美国生产力与质量中心主席奥戴尔（Dr. Carla O'Dell）博士所说："知识是富有价值的信息"。[①] 大多数公司已经拥有由各项业务流程、工作作风、专业技能、顾客服务、MIS、文化和规范等方面组成的庞大的知识库，但这些知识都是弥散的，有些几乎不可认知。保守的传统文化造就了落后的、根深蒂固的企业文化，限制了人们传播和与人分享他们自己的知识，以稳固自己的权利基础和生存能力。更为严重的是，有时那些拥有知识并乐于奉献的人，反被他

---

① Carla O'Dell. The Value of Knowledge Management. The Unisys Online Journal for Senior Managers, 1998.

人视为异端，因为他们的出类拔萃有可能危及别人的生存安全。所以在中国，"枪打出头鸟"和"中庸之道"成为长时期左右人们观念和行为的落后文化。如果没有一个有利的机制和科学管理方法，在企业本身中要确定"谁知道什么"是异常困难的。知识管理模式的建立，也将使企业文化发生深刻的变革，虽然企业文化有其沿袭性，但更需要有一个脱胎换骨的变革。知识管理呼唤与之相适应的企业文化。

☛6.1.3　加强有利于知识管理的团队建设

团队文化建设是整个企业组织文化建设的组成部分，它受到企业文化整合的影响，同时它又是企业文化发展的基础。按照文化模式对人的行为的影响程度，团队文化分为强力渗透型、弱力影响型和系统适应型三种类型。强力渗透型团队文化对团队成员的行为方式和价值观的形成具有很强的影响力和感染力，团队成员只有适应这种文化才能在团队中生存；团队的新成员也会被动地接受团队观念和团队运行方式，无论是团队的引导者还是团队的跟随者，均无法改变团队文化趋势。这种团队文化的优点是肯定了团队价值观的至高无上性和团队目标的一致性，但其缺点是，这种文化对个性、个人行为方式具有"侵略性"，往往否定了个人行为方式的多样性和人的个性的发展。强力渗透型团队文化并不总是促进企业经营业绩的提高，有时还可能成为增强企业业绩的障碍因素。

弱力影响型团队文化并不强制要求团队成员无条件服从团队文化趋向，它承认个人行为方式的多样化和个性化，团队文化的影响力较为弱化，团队成员只是在个体融入整体的漫长时期受到团队文化的影响。这种团队文化的优势是并不要求将多数人的价值观念强加于少数人，承认价值观的多样化；其缺点是团队文化的影响力弱化，团队目标的统一性有时候受到冲击。

系统适应性团队文化不是靠强力渗透，也不是靠个体自觉受到影响形成团体整体统一的价值观念，而是靠团队文化的感染力、吸引力影响成员。团队文化的形成既有系统地规范设计，又不刻意强制执行，而是在团队成员合作、协同行动中潜移默化地形成和发展。系统适应性团队文化的特点是：（1）它承认团队成员的个性发展和价值观的多样化，又通过团队文化的影响使团队成员目标保持一致性。（2）团队成员做出不同凡响的贡献，从而也就产生有高度的自我价值感，这种价值感来自对团队文化的认同。（3）团队文化是成员在团队自觉（不是强制）、长期（不是短时间）所信奉的主要价值观，成员能够将自己的价值趋向主动与团队文化趋向保持一致。（4）团队文化的价值观构成团队的员工活力、意见和行为规范，它成为团队保持旺盛活力和创造力的精神财富和知识财富，它包括文化观念、价值观念、企业精神、道德规范、行为准则、历史传统、团队制度、文化环境，其中价值观是团队文化的核心。

从上述三种团队文化形态分析中可以看出，系统适应性团队文化更适应知识型团队。因此，知识团队的文化建设目标就是构建系统适应性团队文化。

§6.2　基于团队组织的知识员工激励与领导

在前面讨论知识共享性时，我们曾提到了知识管理中存在的几对矛盾：知识本身的外部性与知识创新具有高成本性、高风险性以及收益和分配的不确定性之间的矛盾，知识创新过程的长期性和知识使用寿命短期性的矛盾，知识工作者对知识的垄断性和知识本身要求的共享性的矛盾。一般来讲，员工基于上述理由会将自己拥有的专门知识作为向上级讨价还价的本钱，而作为组织的目标，组织则希望员工心甘情愿地将自己的知识贡献出来，供大家共享，从而实现知识的效益，并最终提高企业的竞争力。为了解决上述矛盾，就必须设计一套好的知识管理激励系统，使员工乐于创新知识、共享知识和应用知识。

一个好的基于团队组织的知识员工激励机制至少应该包括知识运行机制、知识明晰机制、知识绩效机制和知识奖惩机制。

6.2.1　建立知识运行机制

知识运行机制主要指促进知识创新、共享与应用高效有序运转的机制。包括：微弱市场信号收集机制、创新失败宽容机制、企业知识分类与标准化制度、企业文档积累与更新制度、知识型项目管理机制、外部知识内化机制、知识宽松交流机制等，下面分别予以阐释。

1. 微弱市场信号收集机制

大多数企业对于微弱市场信号还没有建立起有效的收集机制。现在企业的竞争相当激烈，明显的竞争优势越来越少，更多的是在一些细微的领域竞争。比如，企业都强调在售后服务领域竞争，使出了不少招数，然而有些顾客还是不满意。举例来说，消费者在买了空调之后，厂家一般会派人来安装，安装完毕，消费者会问安装工人空调是怎么用的？然而安装工人通常的解释是"我们只负责安装，如何使用请看使用说明"。这是一些微弱的市场需求信号，但往往被安装工人抹杀了。多数顾客不但需要安装和维修服务，更需要如何使用和保养的知识服务。少数顾客提出需求，如果有一套好的机制，那么很快会反馈到企业经营层和决策层，从而使售后服务的内容向知识服务延伸，使企业的竞争力得到提高。

对于消费者的不满，比如退货、理赔等，一般商家和厂家都会采取息事宁人、家丑不可外扬的态度，而分销商则大多采取报喜不报忧的态度，正因如此，一些代表未来需求和发展方向的微弱市场信号就会消失掉。这对一个企业是很不利的。因为，挑剔的消费者提出的问题正是企业下一步攻关的方向，代表了未来的市场需求，是知识创新、技术创新和市场创新的起点。所以，企业应该建立起微弱市场信号机制，鼓励员工将市场上消费者的不满收集起来，及时反馈给经营决策部门和研发部门。

2. 创新失败宽容机制

创新是有风险的，不可能每一次创新都能成功。创新成功了有奖励甚至是重奖，那么失败了呢？是不闻不问，还是不予理睬，或者予以相应处分？应该讲，大多数企业对于创新失败并没有一个比较好的处理机制。然而，要将创新作为企业竞争力来源的一个重要因素，就必须建立起鼓励创新的激励机制，要建立创新的激励机制，除了有创新成功奖励机制外，还应该建立起创新失败宽容机制。

要建立创新失败宽容机制，就应该对各个岗位和职位予以定级，根据不同的级别确定可以失败的次数、项目数、时间和经费规模。在上述范围内允许失败，超出范围的失败是不受支持的或者是要受到惩罚的。这样，由于在一定范围内的失败可以被宽容，企业员工创新的积极性就会高涨，创新意识就会非常强，显然，创新成果也会随之增多。除了限定宽容的范围之外，创新失败宽容机制还要求失败者将失败的原因进行分析，整理成相应材料，供其他人参考。这样，就将主观上不愿意看到的失败客观上规范起来，纳入有效管理的范围，同时寻找失败原因，为后续的成功奠定基础。

3. 企业知识分类与标准化制度

为了使企业的知识更好地共享和应用，企业应该建立知识分类制度与知识标准化制度。企业知识的分类既要根据岗位、专业分类，更要按照局部知识和全局知识、例常知识和例外知识进行分类。

局部知识指的是在企业的一个班组、一个部门应共享的知识，而全局知识则是指企业所有部门都应该共享的知识。企业应该成为学习型组织，员工应该成为一个终生学习的个体，然而，由于受时间、经费等资源的限制，又必须强调"适时学习"（宋玲，1999）的概念。这样，对于局部知识和全局知识就可以根据不同的层次进行培训或共享。

例常知识指的是经过实践的检验已经很成熟的知识，可以进行编码，进行标准化处理，建成知识库以利于计算机处理的知识。例外知识则是指主要需要人参与，特别是行家里手根据实际情况灵活处理的知识，这部分知识个性化较强，需要进一步完善、成熟并接受实践的考验从而逐渐转变为例常知识。例如很多企业现在推出的电话800服务项目的后台呼叫中的自动处理，就是例常知识与例外知识的结合。消费者（主叫方）可以通过电话的按键选择从例常知识的知识库里找寻自己的答案，而找不到的例外知识则转到相应的技术人员处解决。

将例常知识标准化，既有利于计算机处理和员工共享，还有一点是企业对外发布的信息如果是例常知识的范围，则不论何人、何时、何地都是一致的（除非有其他考虑），而绝对不会出现高级经理和一般经理在就同一个问题（比如企业的定位）接受记者采访时答案不一致或相矛盾的情况。

4. 企业文档积累与更新制度

企业文档积累与更新每个企业都在做，然而大多数企业都没有将其制度化、规范化。只有部分企业出年鉴或年度汇总材料，一般都比较厚，有的还一年比一年厚，这都是由于没有将企业的文档积累与更新形成制度的原因。

建立文档积累制度，就必须有具体的知识管理人员将企业的技术诀窍、最佳实践整理成文字材料，将企业的经营战略和优秀的营销方法与技术整理成材料，予以分类存档，以便供企业员工共享。这一点在分支机构比较多的企业尤为重要，因为一个部门的成功经验和最佳实践整理成规范的文档后，通过有效的知识分发机制可以快速为其他兄弟机构所共享，而避免了由于知识共享不够、信息交流不畅引起的不同分支机构重复开发某项技术、重复摸索某种营销方法造成的资源浪费。

建立文档定期更新制度，就会要求知识管理人员在规定的时间必须重新审视已经存档的文件之间是否有过时的内容、失效的内容、繁杂的内容或互相冲突的内容，这样，就能确保存档文件的有效性、精炼性和一致性。

5. 知识型项目管理机制

知识型项目与传统项目不一样，它更依赖于人的智慧和创新能力，对规定的时间和场地的依赖尚在其次。所以，对于知识型项目，更重要的是强调人本管理和目标管理，而不是过程管理。强调目标管理，就是要求在规定的成本和期限内完成既定的目标，而不必要求在整个过程内要严格遵守企业的规章制度，比如打卡、坐班等等。

对知识型项目的参与人员还要强调柔性管理和弹性管理。因为，项目的目标还有可能随着企业竞争环境的改变而作一些相应调整。比如，别的企业已经实现了该项目的原定目标，那么，项目组就应该能充分学习别的企业的经验或技术，并且将目标调整到高于原定目标的位置上。所以，知识型项目的管理强调人本管理、目标管理、弹性管理和柔性管理。

知识型项目的激励机制不但要考虑即期激励，还要考虑远期激励，并且根据项目风险的增加增大远期激励的比重。这是因为，有些项目的收益目前不一定能显现出来，这时企业往往会低估项目的价值，而项目参与人员一般会高估项目的价值，如果采用远期激励（比如股票期权和远期分红等手段），充分考虑委托人与代理人利益的相容性，则项目实施就会顺利得多。

6. 外部知识内化机制

企业的规模再大，实力再强，也不可能将与企业相关的所有专家和学者集于麾下，即使企业出得起代价，也不是所有的学者和专家愿意为某个企业终生效力，这就对企业提出了一个问题：企业如何将这些外部专家和学者的知识转化为企业内部的知识呢？所以，企业为了使外部知识内部化，就应该建立起相应的外部知识内化机制。

现代企业都感知到决策失误带来的危害，普遍认识到科学决策非常重要。并且，从经济学方面的角度看，将所有的人才集中于企业肯定是不经济的，因而请专家的企业越来越多。不过，大多数企业还没有将其制度化和规范化，一般都是请专家来会诊、来咨询、来评审或鉴定，具有临时性和偶然性。要建立外部知识内化机制，就是要订立长期、中期乃至短期规划，按照计划定期请专家来讲解、培训最新的业务技术、管理技术和经营思想，并且将外部专家所传授的知识加以整理成规范的文档，定期更新，成为企业内部可共享的知识。这样，企业获得外部知识就会既有规划，又能以一次投入，永久使用、全员受益。

7. 知识宽松交流机制

知识运行机制的很重要一点就是要建立知识宽松交流的机制和宽松交流的环境。相比环境而言，机制的建立对于企业来讲更为迫切。比如圆桌会议机制、午餐会议机制、周末企业发展沙龙机制等都是可以具体操作的制度。

有些企业为每个部门每周定一个时间举行圆桌会议，会上自由交流，没有主宾之分，只需要指定的知识管理人员作记录，并加以整理。有些企业特别是高科技企业比较重视午餐时间的开发，午餐时间指定一个专门的人员交流其所拥有的知识和技术，而其他人则边吃午餐边听演讲，待大家吃完后，再给演讲人提些问题，由演讲人或知识管理者加以整理。有的企业定期搞周末企业发展沙龙，既有利于上下级的沟通，又有利于员工们献计献策。还有的企业之间定期搞秘书沙龙、董事长沙龙等等。像这样的只要制度化，并且给定一个宽松的情境，都会取得较好的效果。

☞ 6.2.2　建立知识明晰机制

知识明晰机制就是要将企业知识管理的目标和员工知识成果明晰化。包括：阶段性企业知识管理目标发布制度、员工知识成果申报制度等。

1. 阶段性企业知识管理目标发布制度

企业要进行知识管理，就必须有目标有规划地进行，这样才能整合企业所有员工知识管理方面的资源，引导企业员工朝一个目标和方向前进，这就要求知识管理部门定期发布阶段性企业知识管理的目标，建立阶段性企业知识管理目标发布制度。

以往企业也发布重大攻关项目、技术改造项目和科学研究项目的信息，但这些项目一般都比较重大和正规，对于各部门各车间的知识管理目标注意的并不多，我们所讲的阶段性企业知识管理目标发布制度，不仅要发布上述项目，还要求企业各部门对下一个阶段本部门的知识管理目标予以发布，而这些目标有可能只是小革新小改造。

另一方面，以往企业发布的往往是有关知识创新的课题，而对于知识管理的另外两个目标（知识共享和知识应用）注意不多，因而这里讲的阶段性企业知识管理目标不但包含知识创新目标，还包括知识共享目标和知识应用目标，并且对于大多数不从事或很少从事知识创新的员工来讲，知识共事和知识应用的目标更能发挥作用，也显得更为重要。

2. 员工知识（创新、共享、应用）成果申报制度

为了激励员工，就必须对取得知识成果的员工予以嘉奖，而要嘉奖，首先必须明确每位员工都有哪些知识成果。这样，就要求企业建立员工知识成果的申报制度。

员工的知识成果申报制度与以往每年年终或晋职时的申报成果有两个很大的不同，一是时间的不同，二是内容的不同。时间上的不同是指，员工知识成果申报制度要求企业员工在每个月末都向其主管领导或主管部门申报这一个月来的知识成果，将其作为每月考评的依据之一；内容上的不

同是指，不但要员工申报知识创新成果，还要申报知识共享成果和知识应用成果，要员工汇报一个月来与其他员工交流了多少专有知识，将多少知识应用于生产实践。这样，每个员工都有成果申报，每个员工都能感到知识管理与其相关，从而兴起一个知识创新、知识共享与知识应用的良好氛围。

因为企业知识经济的发育可以用三维坐标来衡量：即知识创新力、知识共享力和知识应用力。三个坐标哪个薄弱都会影响企业的综合竞争力，所以，我们要将上述三方面的成果予以申报。

6.2.3 建立知识绩效机制

知识绩效机制的作用是能对员工申报的知识管理成果进行审查和评定，以确定其业绩和效果。知识绩效机制包括员工知识成果稽核制度、知识成果价值的专家计算机联合评价系统等。

1. 员工知识成果稽核制度

员工申报了知识成果，上级领导和相应知识管理人员应对其进行真实性审查和有效性的评定。这就需要建立员工知识成果稽核制度。该制度要求各级主管人员应定期将员工申报的知识成果予以核实，并评价其价值，填写稽核单，送交知识管理部门予以参考。

2. 知识成果价值的专家——计算机联合评价系统

员工申报的有些知识成果可以用计算机来进行处理，比如市场营销人员收发了多少电子邮件，给哪些重点客户分发了电子邮件，这都可以采用电子邮件管理系统软件来评价员工在知识共享与交流方面的成果。显然，用计算机来辅助知识管理是一个发展趋势。

对于收益不确定或很难衡量的知识成果，则可以采用专家背靠背投票的方法或专家面对面协调的办法予以确定。这些专家，不一定是企业外部的，企业内部精通该知识成果领域的员工都应该算作该具体成果的评审专家。

☞6.2.4 建立知识奖惩机制

知识明晰机制是明确员工的知识成果，知识绩效机制是核实员工的知识成果并评价其价值，知识奖惩机制则将员工的绩效具体化为员工愿意接受的收益，对不能实现企业知识管理目标的员工进行处罚。其中奖励机制包括知识薪酬支付制度、知识股权期权制度、职务晋升制度、知识署名制度和知识培训制度等，惩罚机制有知识老化员工淘汰制度等。

1. 知识薪酬支付制度

知识薪酬支付制度是指将能比较确定其收益的知识成果与员工的即期收益联系起来，通过增发薪水与酬金来激励企业员工。

2. 知识股权期权制度

知识股权期权制度是指将收益比较确定，并且主要在远期实现的知识成果与员工的远期收益联系起来，通过给予股权期权来激励企业员工。

3. 职务晋升制度

职务晋升制度是指对于那些既取得了较大知识成果，又具有较强管理能力，并且对经济利益的刺激不太敏感的员工采用晋级、晋职的方法来激励，以使他们取得更大成果。

4. 知识署名制度

知识署名制度是指对于那些取得了较大知识成果，对经济利益的刺激不太敏感，但对名望非常重视的员工采用知识署名的方法来激励，以使他们取得更大成果。比如可以用员工的名字命名某某工艺、某某营销经验等等。这样既可以让被命名的员工感到深受鼓舞，也可以通过具体的人名将这些成果形象化，使得这些成果更容易推广和共享。

5. 知识培训制度

在知识经济时代，知识已经成为一种重要的资本。知识培训制度就是对那些取得了较大知识成果，对经济利益的刺激不太敏感，但对进一步深造非常重视的员工采用知识培训的方法来激励。其实，员工深造是外部知识内部化的方法之一。并且，这些员工深造后更容易出知识成果，从而形成一个知识成果的良性循环。

6. 知识老化员工淘汰制度

对于不能实现企业知识管理目标的员工应建立起淘汰机制，这样，就能从反面推进企业知识管理目标的实现。比如可以采用年终出考卷的方法，考卷的内容为本行业的新知识和本企业或本部门的知识成果，如果第一年落在倒数 5% 之内予以黄牌警告，第二年落在倒数 5% 之内予以红牌警告，第三年若还落在倒数 5% 之内则予以辞退，这样，既给后进者以机会，又给每个人以压力。

§6.3　创建热情凝聚的知识团队

☛6.3.1　热情凝聚团队的建设目标

伴随着经济全球化的到来以及互联网和电子商务全面进入传统产业，现代企业组织进入了一个环境巨变的时代，或者说是一个迷宫时代。在这样一个时代，以规范化管理为基础，超越规范化管理的团队化组织代表了未来组织变革的趋势。

为了提高工作团队的效率，克服管理规范化过程中可能出现的问题，应当明确以下知识团队建设的具体目标：（1）使团队有清晰的工作目标；（2）确保团队成员具有符合团队任务要求的技能；（3）团队成员之间应当相互信任；（4）使所有团队成员认同团队的使命、目标和价值观；

（5）团队内部有良好的沟通；（6）拥有高超的谈判技能；（7）拥有出色的团队领导；（8）协调好组织内部团队之间的关系；（9）协调好组织与外部利益相关者的关；（10）积极进行补救、补偿、补位。

☛6.3.2 打造热情凝聚团队的特质

通过分析 Gladstein 的团体行为一般模型，Leavitt 及 Jean（1995）提出了"热情凝聚的团队"（Hot Group）的概念，作为成功团队的典范。[①]从名称上看，这就是一个朝气蓬勃、高绩效、成员全心投入的团体，成员不多，面临的是刺激而富挑战性的任务，充满了笑声与互相诘难。具有以下一些特点：

（1）团队的成员专注于他们的任务；

（2）团队的成员感觉到他们能设法独立运作，而非完全受限于组织预定的目标；

（3）团队的结构依任务需求变迁极为快速，规模通常很小；

（4）团队的组成是开放而富有弹性的，只要一群人有相同的兴趣跟共同的价值观，就可以组成一个热情凝聚的团体。跨越组织层级或跨部门的沟通或联结是经常发生的；

（5）团体成员皆具有高度的智力并且正直，彼此交换意见，充分表达己意，常会出现激烈的论战，不轻易达成共识，目的只为求得最佳解决之道；

（6）热情凝聚团体的成员的情感是浓厚的，包括领导者与成员之间能够相互支持，成员沉醉于富于挑战性的任务中，甚至愿意牺牲个人的利益。

HR Magazine 也于 1995 年提出高绩效团队所具备的七项特质：[②]

（1）目标（Purpose）：团队成员对于团队的任务与目标有共同的信念，并且清晰而明确；

（2）授权（Empowerment）：团队成员对于团队克服障碍、实现美景

---

① Jean Lipman-Blumen and Harold J. Leavitt. Hot Groups：Seeding Them，Feeding Them，and Using Them to Ignite Your Organization. Oxford University Press，1999.

② Michael A. Campion. Design work teams to increase productivity and satisfaction-includes related article-Rethinking Teamwork. HR Magazine，1995.

的能力具有信心;

(3) 弹性 (Flexibility):团队成员可根据任务的情境,调整执行与维持任务的功能,每一个人的优点都能经由辨识与协调而充分发挥;

(4) 关系与沟通 (Relationship and Communication):团队成员毫无恐惧的自由表达意见、想法与感受。充满了信任、接纳与共同体的感觉,团队凝聚力极高;

(5) 最佳生产力 (Optimal Productivity):高绩效团队必能产出优异的成果;

(6) 肯定与欣赏 (Recognition and Appreciation):团队的领导者或是组织必须能肯定团队全体及个别成员的贡献,而团队成员则对曾经身为团队一分子并能提供个人贡献的美妙经验满怀感激;

(7) 士气 (Morale):团队成员对于团队的工作充满热诚,每一位成员皆以深为团队的一分子为荣。

第 7 章

企业团队知识管理的信息化

§7.1 知识管理与企业信息化

7.1.1 信息技术在企业知识管理中的作用

1. 为企业的自我知识充实机制提供支持

近年来由于信息技术的飞速发展，Internet 已成为信息传播的重要媒体，Internet 在企业中的广泛应用以及 Extranet 在虚拟企业中的成功实施，使企业能够以最快的方式获取外部信息，并利用先进的信息处理技术对所获得的信息进行综合处理，从而转变成企业内部的知识积累，大大缩短了知识的获取周期，降低了生产成本。

2. 为企业建立不断更新知识的网络

在知识经济时代，把各种信息和知识整合成新判断和新见解是企业通向成功的必由之路，这就要求企业有一个畅通的信息网络，对内能让信息自由共享，对外能连接到类似于美国"知识交易所"（它是由美国许多大企业的 2 000 多个大型数据库组成的知识库）的网络上，随时跟上世界范围内的观念更新和发展。由于局域网、广域网、客户/服务器、ATM（异步传输模式）、数据包交换等非凡信息技术的出现，使这个网络成为了可能。

3. 为虚拟企业的实现提供物质条件

虚拟企业是通过信息网络建立的企业动态联盟。它以信息、工程联网为基础，是一种新的竞争性合作组织，是企业信息化、网络化的结果；它以通信技术和计算机技术的最新成就为依托，通过 Internet 实现企业间优势技术的集中，使企业间的知识资源发挥其最大优势，完成最有竞争力的产品的生产。企业成员之间的信息传递和业务往来主要是通过信息网络完成的，它凝聚了企业的优势竞争资源，从而赢得了经营主动权，增强了应变能力，分散了风险。

4. 为知识生产部门提供决策支持

应用信息技术研制的决策支持系统，如 MIS、EIS、DSS 等，能使知识生产部门及时捕捉企业内外各种数据，迅速了解知识生产的研发方向，确保技术健康，并可据此协调与组织其他部门之间的关系。

☛7.1.2　知识管理与企业信息结构

企业信息结构是企业内部及企业与外部交流信息的方式，企业信息结构是企业组织结构的重要变量。企业信息结构必须与企业组织结构、企业外部环境相适应。

1. 传统的企业组织结构和信息结构

传统的企业组织结构基本是直线制结构，它适应于大工业环境下的细密性专业分工和规模化生产的需要。这种组织结构是等级式的；企业部门按职能划分，具有特定功能；企业决策均由上级部门做出，下级部门无决策权，只能服从和执行；员工的晋升仅取决于对某一种技能掌握的熟练程度。因此它的信息结构的特点就是知识的生产缺乏互动性；强化垂直信息交流，弱化水平部门交流和人际交流。

随着工业经济向知识经济的转型，客户需求和市场都发生了很大变化：人们所需的不再是千篇一律的相同产品，而是具有个性的定制化产品；市场由卖方转向买方，人们的选择范围扩大，需求变化的周期变短；市场参与者越来越多，竞争愈演愈烈，企业依靠物质和能源创造价值的余地越来越小。这些变化使得依附于直线制组织的信息结构表现出越来越多的弊病：等级式传输使信息的可靠性大打折扣，影响决策；信息传输的延迟大，企业的应变能力差；弱人际交流不利于企业员工素质的整体提高，从而影响产品创新。传统直线制组织结构及建立在此基础上的信息结构已经成为企业发展的障碍。

2. 扁平化组织结构和网状信息结构

近年来，以信息产业为代表的高技术产业的兴起不仅使人们认识了知识的力量，而且也为人们提供了一种组织设计的新理念。高技术企业由于投资风险大，产品周期短，创新意识强的特点，要求企业能快速、准确地对市场需求做出反应，所以高技术企业普遍采用了始于硅谷的扁平化组织结构。扁平化组织结构的特点是：组织层次少；部门间地位平等，中心机构的任务是支持和协调各部门顺利完成各项工作；下级部门有处理紧急事件和进行部分决策的权利；鼓励企业内部相互学习和交流；员工的晋升取决于能处理更多工作的能力。但扁平化组织结构并未抛弃直线制组织结构的某些优点：为避免过度分权而引起的混乱，依然保持适度的集权。总之，扁平化组织试图实现集权与分权、单一技能与多种技能、个体工作与团队工作的平衡。因此，适应于扁平化组织的信息结构强调知识互动；具有网状特点，且水平部门交流与人际交流较垂直信息交流更突出。

3. 知识管理与企业信息结构

知识管理是伴随着人本管理理念的确立，信息产业的高速发展而出现的，也可以说是扁平化组织结构的产物。它的主要特点就在于隐性知识的共享性，知识创造的群体性，知识交流的网络化。

日本管理学家青木昌彦在《日本经济中的信息、激励与谈判》① 一书中专门分析了日本企业的信息结构与员工知识的关系。他指出，美国厂商侧重于通过精细的专业化和明确的工种界限来获得效率，而日本厂商则侧重于增强工人班组自己解决具体生产问题的能力，注重在职培训，注重定期在课堂上和研讨班上正式培训挑选出来的工人，使他们的经验、知识和见识系统化。日本公司的成功并不是由于它的制造本领、廉价资本、终身雇佣或论资排辈体制等，而是由于它们在"群体知识创造"上的技能与专长，也就是我们所说的知识管理。可以看出，知识的创造更多地依赖于企业员工经验和知识的交流与分享，水平信息交流和人际交流在知识管理中发挥重要作用。

另外，人与人之间的交流也是获取知识的首要渠道。例如，Roberts在1980年的调查指出：在那些解决技术问题的人们中的交流技术信息的方式，既不是通过正式的基于计算机科学信息或者数据检索系统，也不是通过新闻发布或是技术文摘，而是通过人与人之间的相互交流。② 1998年开展的对 EBRD（European Bank for Construction and Development）首席经济学家办公室长达6个月的行为研究表明，通常知识分享是通过产生最终成果和面对面的会谈而发生的。③

☞7.1.3　基于电子商务战略的知识共享

商务环境的发展变化要求组织从多种不同角度理解获取的信息和知识。与传统管理强调和依靠长期预测不同，在"新"的竞争环境中越来越多的组织开始使用"情景规划"（scenario planning）之类的技术理解竞争格局和市场的演变。但这并不是要完全消除组织的计划，而是利用场景模拟来发现备选方案的局限性，并制定相应的改进措施。组织仍会制定计划，但不会完全依赖这些计划。这种做法在一些新诞生的、基于 Intranet 的公司中更明显，这些公司经常会审查其商业模式，敏锐地观察市场反应

---

① 青木昌彦：《日本经济中的信息、激励与谈判》，商务印书馆出版 1994 年版。

② Jablin, F., Putnam, L., Roberts, K. H., and L. W. Porter (eds.). (1987) Handbook of Organizational Communication. Beverly Hills. CA：Sage. Recipient, 1988. Outstanding Research Publication Award from the Organizational Communication Division of the Speech Communication Association.

③ Babiera. Knowledge Management and the EBRD：designing a Knowledge Management Programme for the Office of the Chief Economist. ASLIB Proceedings, vol. 51, No. 5.

并积极响应。

过去由于信息技术相对比较复杂，使用不太方便，一般集中实施，专人管理。但随着信息化程度的深入，很多企业将一些结构化的办公流程采取"最佳实践"的形式电子化，集成到信息系统中，信息技术的使用呈分散化。这种用静态的计算机系统描述动态商务环境流程的一个重大缺点是使业务处理不太灵活，随着商务环境非连续、跳跃式变化，信息系统往往成为组织进化的障碍。在调查信息技术使用方式的基础上，麦肯锡认为企业信息系统必须从支持事务处理、集成商务逻辑和工作流向支持员工通讯和在线学习的系统转移，这种柔性技术还能支持实践社区（Communities of Practice），由具有类似兴趣和工作背景的员工交流经验和知识，必要时可组织雇员和外界专家组成知识网络指导实践。总之，要充分利用五种类型的知识转移协调配合，构造一种人人参与的分布式工作环境，可报告或监督工作进展，添加或获取知识和帮助，达到准确快捷的知识共享。

同时，借助信息技术将组织的最佳实践电子化有利于组织借助计算机处理日常工作，这在商务环境变化并不剧烈的环境中可得到很好的应用，组织的员工能从知识库中存取知识，保证以最佳的方式处理可预料的环境，这就要在信息系统建设的早期阶段开发最佳实践和相关知识库。但现阶段商务环境的快速变化往往组织要求"做正确的事情，而不一定保证所做事情完全正确"，即在重新评价关键假设的基础上，重点要强调更新现有知识、创造新知识并在商务中应用，需要知识的人从知识库取出后再加上重新理解的过程。在新的环境中从当前已有知识寻求解决方案，尽管组织不同成员对相同信息应用不同处理模型会得出不同结论，但组织的远景规划确保了这些不同的理解向一个方向发展，有利于组织目标的实现。

§7.2　知识管理的信息化平台

7.2.1　知识管理系统的一般模型

为了从技术上实现知识管理，需要从整体到部分来看看知识管理需要哪些功能和技术，这需要从知识管理的核心过程——知识创造、知识转移、知识应用及知识创新出发。简而言之，知识管理系统就是要从技术上提供对知识创造、知识转移、知识应用及知识创新的系统支持，主要表现为以下几点：

（1）具有支持内部和外部信息、知识资源获取的通道；

（2）具有存储知识的知识库；

（3）具有支持获取、提炼、存储、分发及呈现知识的工具；

（4）具有支持知识员工进行知识共享、应用及创新的工具。

从以上几点出发，可以构建知识管理系统的一般过程模型，如图7-1所示：

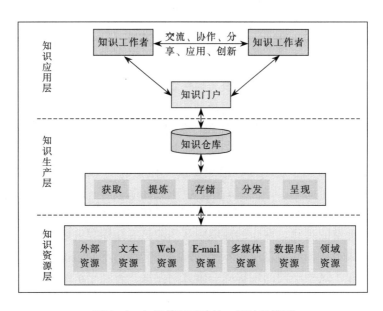

图7-1 知识管理系统的一般过程模型

知识管理系统的一般过程模型包括三个层次，即知识应用层、知识生产层和知识资源层。其中，知识应用层是通过知识员工之间的交流和协作实现知识共享、应用和创新。在这个层次，知识门户提供了知识工作者操作知识的界面，每个知识工作者都可以根据其工作对信息和知识的具体需求，对其门户进行个性化定制。知识生产层则主要从"对象"和"过程"两个角度描述了知识生产的过程，"对象"就表现为知识库存，它是"过程"的产品；而"过程"则具体包括知识获取、提炼、存储、分发、呈现等知识生产过程。知识资源层表示知识的来源，包括企业内部资源和外部资源，从形式上看，则包括文本资源、数据库资源、多媒体资源、Web资源、E-mail 资源及领域资源（比如交易数据、业务信息等）。

相应地，我们可以建立知识管理系统的功能模型，如图 7 – 2 所示：

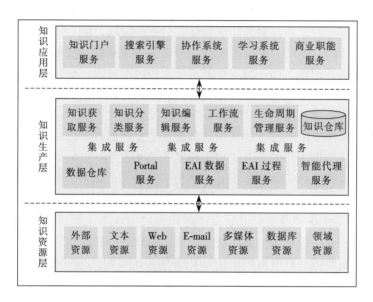

图 7 – 2　知识管理系统的一般功能模型

知识管理系统的功能模型也包括三个层次，即知识应用层、知识生产层和知识资源层。其中：

知识应用层提供的功能主要是为了协助知识工作者进行知识分享、应用以及创新等活动，包括知识门户服务、搜索引擎服务、协作系统服务、学习系统服务以及商业智能服务等。知识门户提供知识工作者个性化界面以获得个性化知识；搜索引擎服务能够提供多种类型的知识搜索方法，帮助知识工作者快速定位知识；协作系统服务则通过提供电子社区、群件、讨论区、电子会议等多种手段，协助知识工作者分享知识；学习系统服务提供网络化的教育方式，使知识工作者可以随时随地获得定制的培训服务；商业智能服务一方面能够帮助知识工作者从信息中挖掘知识；另一方面可以协助知识工作者对已有的知识进行特定的分类、组织而创造出可增值的知识。

知识生产层是知识管理系统的中间层，提供用以知识生产以及知识集成的中间层服务。在知识生产层方面主要有以下几类服务：知识获取服务、知识分类服务、知识编辑服务、工作流服务以及知识生命周期管理服务等。知识获取服务提供知识调查和提炼工具，能够从数据中抽取规则、从文本中提取概念等等；知识编辑服务用以实现各种数据、信息、文档和程序的获取，并提供创建知识的协作工具，如文档和网页制作工具、数据转换工具等等；工作流服务能够保证在合适的时间，向合适的人发送合适的信息和知识，使知识能及时发挥作用；生命周期管理服务能够对知识内容的版本进行控制，如多版本控制、版本跟踪等功能。在知识集成上则有下列关键服务：数据仓库服务、Portal（门户）数据集成服务、EAI（企业应用集成）数据服务、EAI 过程服务以及智能代理服务等等。数据仓库服务能够利用集中和分布的机构，将遍及企业内部和外部的信息资源加以整合，实现处理流程的相互连接和决策信息的交换；Portal 数据集成服务能够将不同来源的信息和知识呈送给统一的入口，提供了便捷的知识访问手段；EAI 数据集成能够使知识管理系统有效地整合来自核心业务应用系统如 ERP 系统中的业务信息；EAI 过程集成则在更大程度上实现了知识管理系统和业务应用系统的集成，使知识管理和业务过程紧密结合；智能代理服务是集成的更高阶段，使知识管理系统成为集成的实时智能系统，用以监控企业各个层次的业务过程，从业务数据中发现关键信息，并根据业务规则进行意外管理。

知识资源层和知识管理系统过程模型中的描述类似，这里不再赘述。

当然，这里给出的只是知识管理系统的一般概念模型，不同的知识管理系统平台会有其自身的特点。但是，不管不同的知识管理系统在解决方案上有何异同，他们提供的功能大都还是从知识资源、知识生产以及知识应用这三个层面展开，只是在提供的功能服务上有所侧重。如 Lotus 知识管理系统有较完善的学习系统（E-Learning）服务，而 Microsoft 知识管理平台则没有该功能，需要集成第三方的服务。

7.2.2　案例：Lotus 知识管理信息化平台

1. Lotus 知识管理观：人、场所、事件

Lotus 将知识管理定义为：系统性利用信息内容和专家技能，提高企

业的创新能力和快速响应能力，提高生产效率和技能素质。其中，"信息内容"指的是存储在信息系统中的知识；"专家技能"指的是存在于员工头脑中的知识和经验。"利用"表示知识已经确实存在，所作的工作是发现和使用这些知识；"系统性"表明知识管理是一个信息系统的综合实施过程，是通过网络和信息技术实现知识利用的流程。

从上述知识管理的定义可看出，Lotus 在知识管理实现的价值上主要强调四个方面，即创新能力、响应能力、生产效率和技能素质。

（1）创新能力：在以技术和服务为特征的商业社会中，创新是保证持久竞争优势的主要源泉。对于许多企业来说，一个很重要的问题就是如何使员工一起跨越时间和地理的限制，交流思想，创新思维。Lotus 的协作技术有助于提高企业的创新能力。

（2）响应能力：当今快速的商业环境会出现很多无法预测的事件。因此，当市场出现机会或危机时，传统的信息管理技术无法解决出现的问题。要有效处理突发事件，最好的方法就是建立专家网络，能快速得到所需要的帮助。Lotus 在这方面能够提供快速响应应用系统，以帮助检测出潜在的趋势，并根据需要调动人力和信息资源对突发事件做出有效反应。它让企业通过确定"谁、什么、何处及何时"诸多要素，迅速协调人和信息资源。

（3）生产效率：知识管理的一项重要工作在于对企业信息有效地加以文档化、分类和传递，使"左手能了解右手在做什么"。Lotus 通过提供知识门户工具，有助于发现和挖掘已创造的企业知识，缩短查找信息时间，避免重复劳动引起的知识浪费，从而提高生产效率。

（4）技能素质：一个公司要保持它的竞争能力就必须提高新员工和现有员工的技术水平。新员工不仅需要学习新的技能，还要懂得"做事情的方法"；现有员工要不断学习新的技术和提高技能，得到"终生教育"。Lotus 的企业培训解决方案可以帮助企业购建网络培训体系，通过 Web 和协作教学促进员工的培训，提高个性化的培训课程。这样企业可以不断提高员工的技能素质，将它作为和业务相结合的一项任务。

为使其知识管理平台满足创新能力、响应能力、技能素质和生产效率这 4 个商业目标，Lotus 提出了"人、场所、事件"的知识管理信息化平台设计思想。"人、场所、事件"的核心在于：能够找到恰当的人，并为他们提供有效交流的场所和访问大量关键信息的工具。可以说，"人、场所、事件"构成了 Lotus 知识管理系统及其技术的基本框架。其中，"人"

是指可以与之交流的个人，如同事、专家、顾客和朋友。在这方面，主要强调支持、寻找和促进交流的技术，如公司黄页、寻人系统和技能目录等。"场所"则代表共享信息的团体。在大多数情况下，团体成员间进行交流的场所既可以是真实的，也可以是虚拟的。后者可以通过创建协助人们进行交流、共享和问答的应用程序来实现。"事件"则包含了一个公司所使用的内容、规定、过程和程序等。Lotus 认为，"事件"是许多知识管理工具和技术的集合，帮助人们用所有能够想到的方法来工作，从搜索、挖掘到可视化和相关联。

2. Lotus 的知识管理应用框架

在 Lotus 的知识管理解决方案框架中，首先对存储在信息系统中的"信息内容"和掌握在人头脑中的"专家技能"提供了应用工具，使企业能够发现和利用这些知识。对于专家技能，Lotus 通过协作技术来实现其应用，DominoR5 的异步协作功能和 Sametime 的实时协作技术一起构成了与专家知识连接的协作机制。对于存储在企业文档、数据库、电子邮件、Web 以及 ERP 等业务系统中的信息，Lotus 通过知识发现工具来挖掘知识。一方面通过 DominoR5 的编目功能，可以把各种类型的信息资源进行分类，建立企业信息地图，以便员工浏览和查找知识；另一方面，Domino Extended Search 和 Domino Search 作为搜索引擎，可以跨各种系统发现所需要的信息。这些知识发现和协作的工具就构成了 Lotus 知识管理系统的基础平台，提供了满足"人、场所、事件"的基础设施。

在此基础上，可以快速实施一些特定的知识管理解决方案，专门解决企业在某个方面的需求，如企业网上培训、文档管理、团队工作室等。企业如果将多个知识管理解决方案综合实施，利用多种基本产品和解决方案相互配合，就可以在整个企业范围内开展知识管理的应用。例如竞争智能、客户管理、供应链管理等。而对于最终用户来说，Lotus 通过浏览器和 Notes R5 为他们提供了界面简单、能及时访问最恰当信息的知识门户。Lotus 知识管理应用框架如图 7-3 所示：

总的来说，Lotus 知识管理应用框架符合"人、场所、事件"的思想，其目的就是使企业找到正确的"人"，将他们聚集在一个共享"场所"内协作，来管理"事件"。从技术角度看，Lotus 所倡导的知识管理正是"人、场所、事件"三类基本产品相互作用的综合结果。

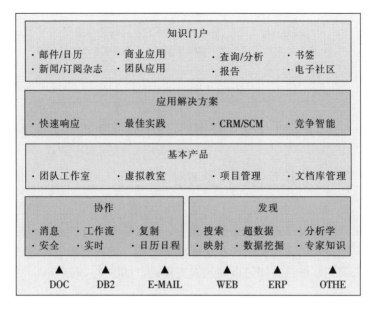

图 7 - 3　Lotus 知识管理应用框架

§7.3　知识管理信息化的规划

知识管理存在的目的并不是知识管理本身，而是要为了有利于企业整体战略目标的贯彻和实现。从这个角度看，如何融知识管理于企业战略之中，将是对知识管理很大的挑战，也是实施知识管理必须考虑的问题。换句话说，知识管理规划必须在公司战略的"背景"下进行。

要全面地思考这个问题，应该从三个角度展开：首先，应该明确知识管理是如何融入企业业务并为其服务的，要建立起基于知识的企业业务模型；其次，应重新思考传统的战略思维模式，塑造一种面向知识的新的战略范式；第三，知识管理应能够创造业务价值，找出知识管理创造价值的核心杠杆点，将能更充分、有效的发挥知识管理的作用。为此，建立知识管理的价值模型如图 7 - 4 所示：

图7-4　基于公司战略的知识管理价值创造模型

☞ 7.3.1　将知识管理融入业务模型

企业本质上可视为诸多业务的集合，它有输入、有输出，也有相应的受众对象。从知识管理视角来看这些业务过程，就是要确定在业务过程中的各个决策和行动点是如何得到知识支撑的，如图7-5所示：

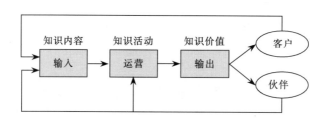

图7-5　知识管理视角的业务流程模型

具体来说，"输入"和知识资源密切相关，由它可以决定"谁"提供知识和提供"什么"知识。而"运营"则是知识的处理过程，生成"输出"给相应的对象，它用来表示企业的关键业务线。"输出"则是企业给外部和内部的相关对象提供的产品或服务。

对于这些业务过程而言，需要考虑的是，知识管理是如何支持和使用这些业务过程的，知识管理是否是一种完成业务的更好方法。根据知识管理的定义，它本质上就是一种"由知识内容，通过知识活动，创造知识价值"的过程，而"输入"、"运营"以及"输出"正对应着知识意义上的"知识内容"、"知识活动"以及"知识价值"，它们之间有着天然的关联性。

☞ 7.3.2 借知识管理实现企业知识转型

知识管理不仅可以支撑业务战略的实现，还可以对业务战略的制定过程提供直接的支持，而后者正是战略性知识管理所要完成的重要任务。

企业战略决策的实质是以"与众不同"来推进企业的发展，从而获取未来的收益。如果说传统产业中企业的战略是以系统化的管理和实施为本意，那么在知识经济时代，战略更多的融合了创新的灵魂。DELL电脑就是靠在销售方面的创新战略将传统的店铺经营抛在了另一个尘世。而创新的基石正是知识，无疑，知识管理对于战略决策具有举足轻重的作用。

对于将知识管理融于企业整体战略决策的过程，主要问题是：为了实现从当前战略向未来战略转移，除了战略家的思维以外，还需要什么样的知识？为了得到这些新知识，需要怎样的知识活动？这一点对于知识经济时代企业的战略决策过程非常重要。传统的战略强调市场定位，这在稳定环境下很有效，但现在的市场竞争态势大不同于以前，混乱本身已经成为一种常态。如何应变市场，如何抓住机会？这时，仅有战略家思维已经不够了，更稳固地依靠只有知识和知识管理。

从知识的角度看，战略决策过程就是一种基于知识的战略性思考，关键是要能够发展出理想的战略性知识，如图7-6所示：

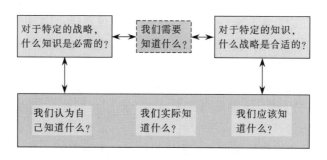

图7-6 基于知识的战略性思考框架

为此，企业需要首先对自身有一个清晰的认识，即要对以下几个问题进行回答：我们认为我们现在知道什么？我们现在实际上知道什么？我们应当知道什么？在进行了这一系列思考后，将形成两个主要结果：我们当前的知识库存究竟如何？我们到底想往哪儿去（战略方向）？

这就引出了两个方面深层次的思考。一是基于目前的知识库存，适合采用什么战略？而这种适合我们的战略可能和自己的预想目标并不一致，这就需要事先对战略假定做出修正。二是在这种给定的战略方向下，我们还需要发展什么知识？

在这个战略性思考过程中，首先需要对企业外部和组织的知识状态及相关趋势进行综合评价，也就是对企业或团队知识进行 SWOT 分析。企业在对外部环境进行评估时，既要考察宏观社会环境的变化，也要对企业微观的竞争环境进行分析。而在进行组织内部状况评估时，需要对企业或团队知识内容、知识实践、知识文化以及知识基础结构等方面进行综合分析。这样，结合外部考察和内部分析，就可以得出企业当前战略性知识资源的 SWOT 结果。对知识评估的关键一点，是要实现组织能力与其市场价值的匹配，确定哪些是其核心能力，而哪些是其非相关能力，只有这样，才能找准企业的战略方向。

☞ 7.3.3 由知识管理创造业务价值

企业存在的目的是要创造业务价值，而实施知识管理也是以实现价值为最终目标的，知识价值不背离于业务价值是保证知识管理实施效果的前提条件。知识管理一方面要能够对组织目标的实现产生积极影响，另一方面则要有效促进企业改善自身的经营模式。也就是说，知识管理应当是企业在现有情形下获得价值增值以及实现企业向未来经营模式转移的双重激励过程。

对知识管理而言，价值的实现是通过形成组织目标、业务过程和知识管理之间的"因素－效果"链来实现的。组织中的业务过程可以由其效率、效果、质量、成本以及净收益等来评价，而知识管理对实现组织目标的推动作用是通过作用于业务过程而形成的。更重要的一点是，通过有效地管理知识而发展出新的知识，某种程度上可以促使企业跳出"旧框框"，废弃人所共知的旧知识，创造他人从未想过的挑战和机会。概括来说，知识管理创造业务价值的过程大都从 4 个方面展开：一是充分利用关于过程的知识以降低成本；二是发挥员工的知识能力而提高效率；三是挖掘关于客户的知识而增加价值；四是应用关于产品的知识实现创新而创造新价值。如表7-1所示：

表7-1　　　　　　　　知识管理创造价值的主要方式

知识应用的类型	创造价值的方式
关于客户的知识	增加价值
关于员工的知识	提高效率
关于过程的知识	降低成本
关于产品的知识	创造新价值

因此，实现"运营优异"、"员工高素质"、"客户忠诚"，以及"产品服务领先"就成为知识管理几种主要的价值取向。

如果分别用一句话对4种价值取向进行阐述，可以形容为：运营优异是"以最低的成本、最高的便利性提供优质的产品和服务"；员工高素质则要"更好的发展和利用人力资源以提高对机会的感知和响应能力"；客户忠诚是要"培育和谐的客户关系以预期和满足客户变化的需求"；产品/服务领先则是"提供让客户满意的最优异的产品和服务"。对应于这4种价值取向，可以建立知识管理的价值模型，如图7-7所示：

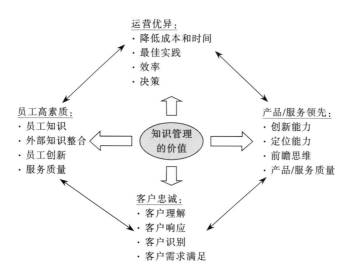

图7-7　知识管理的价值实现模型

该模型表示了知识管理在"运营优异"、"员工高素质"、"客户忠诚"以及"产品/服务领先"等四个方面所发挥的作用：

在"运营优异"方面，主要强调知识管理应能够改善企业以下几个方面的能力，即降低成本和时间的能力、最佳实践应用的能力、提高效率的能力以及提高决策的能力。

在"员工高素质"方面，则要求知识管理可以提高员工知识能力、提高外部知识整合能力、培育员工创新能力、提高服务质量的能力。

在"客户忠诚"方面，主要要求知识管理能够提高企业对客户的理解能力、对客户的响应能力、对客户的识别能力以及对客户柔性需求的满足能力。

在"产品/服务领先"方面，要求知识管理可以提高企业在产品/服务方面的创新能力、定位能力、前瞻性思考能力以及质量改善的能力。

需要说明，上述知识管理价值模型只是一般意义上的概括，并不是适用于所有企业的"万能钥匙"。该模型更重要的目的在于塑造一种从战略、从业务、从价值取向等角度来认识和导入知识管理的思维方式，有效地将知识管理融于企业战略、融于业务过程及业务价值之中。

第三篇

知识型员工管理及绩效评价

第 **8** 章

知识型员工及其工作机理分析

§8.1 知识型员工的工作性质分析

☞ 8.1.1 传统员工的工作性质

自泰勒的科学管理诞生至今 100 年来，甚至自英国发生产业革命和工业社会来临至今 250 年多年来，传统员工的工作性质基本没有发生实质性变化，其基本特征依然符合马克思在《资本论》中所分析的资本指挥劳动的形式：员工为雇主劳动，而雇主通过严密的管理、监督、指挥或协调来保证员工的劳动与资本紧密结合以产生最大化的利润。更一般地，对于传统员工的工作，人们总将任务和责任相连，并根据"组织预期的任务"和"承担这项任务的个体能力与其不足"二者之间的互动来描述"工作"一词。

1. 劳动者与生产工具分离

在传统员工的工作中，员工自身并不拥有生产工具，而仅仅通过自己所拥有的有限技能向企业主提供劳动，而企业主则利用其所拥有的资本购买一定的生产工具吸引员工进入企业为其利润最大化的目标服务。"从事体力工作的员工，没有生产工具，他们常常有许多可贵的经验，但是这些经验只有在他们工作的地方才有价值"。[①] 这种劳动者与生产工具分离的原因在于，传统员工的工作中仅仅需要少量的知识和技能，劳动被看作是简单的"可以从事体力劳动的能力"。[②] 在这种情况下，劳动作为一种生产要素，必须通过企业主拥有的生产工具才能发挥作用。而其作用发挥程度的决定因素——技能，企业只需施以简单的培训就能令员工获得。因此，生产率的提高取决于资本，取决于资本所购买的生产工具的特质性（资本有机构成的提高），而员工技能对生产率的影响则居于次席。显然，在劳动者与生产工具分离的世界里，员工被经济理论界和企业界视为一种成本是一种顺理成章的逻辑（Drucker，1999）。

2. 员工隶属于组织

劳动者与生产工具的分离所导致的结果是：劳动依附于资本，员工隶属于组织。由于传统员工在工作中自身没有生产工具，只有投身于企业中才能够获取产出，这就决定了从一开始，员工与企业在雇佣关系上就处于一种不对称的地位。正是在这个意义上，传统经济学提出了"劳动力同质"的隐含假设，正如亚当·斯密在《国富论》中所说："人们天赋才能的差异实际上并不像我们所感觉的那么大。人们壮年时在不同的职业上表现出来的极不同的才能，在多数场合，与其说是分工的原因，倒不如说是分工的结果。"[③] 在亚当·斯密看来，劳动力在生产率方面存在的差异，是由于分工不同导致的，而非劳动者个人特性的原因造成。劳动者与生产工具的分离以及劳动力的同质性假设，使得企业在传统的雇佣关系中处于主导地位，企业可以从众多的劳动力中自由选择所需要的员工，而员工只有与企业签订长期的工作契约才能获得稳定的收入来源。"每一个工资劳动者进入了一家公司以后，就会把自己看作是这家公司的人，并且把自己归属于公司"。[④]

---

① 彼得·德鲁克：《21 世纪的管理挑战》，上海三联书店 2000 年版，第 192 页。
② 西奥多·W·舒尔茨：《论人力资本投资》，北京经济学院出版社 1990 年版，第 1 页。
③ 亚当·斯密：《国民财富的性质和原因的研究》（上卷），商务印书馆 1994 年版，第 15 页。
④ 彼得·德鲁克：《个人的管理》，上海财经大学出版社 2003 年版，第 4 页。

3. 工作内容具有稳定性

"'旧世界'的一个主要特征就是工作在很长一段时间内是相对稳定的，而且工作的元素对相当多的人来说是普遍的"。① 传统员工的工作大都有一个标准化的操作程序：首先，对技术的变化趋势、消费者的需求和资源可用性进行预期；然后，投入原材料，使其转变为满足顾客需要的商品或服务；最后，采取一定的模式投入市场。这一标准化工作规程是由工业与组织心理学家运用统计过程进行解析而得出来的，其思想来自泰勒的动作研究。泰勒认为，在工作内容稳定的情况下，"劳动没有什么技术可言，劳动只不过是简单和重复的动作"，于是，对工作内容的分解与研究最终形成了人力资源管理中的一份份职位说明书，而且在没有变化的情况下，职位说明书的内容可以在相当长的一段时期内保持稳定。

4. 工作结果可以预期

工作内容的稳定性，加之组织环境变化的范围及幅度有限，使得传统员工的工作结果具有了可预期性。在传统员工的工作说明书中，工作对员工所应具备的知识和技能水平是有明确要求和定义的，工作本身的任务要求也是明晰的，工作中与什么样的人沟通以及向什么样的部门负责这种交流、汇报关系也是确定的。由于组织环境及工作环境的稳定性，在一定的工作期限内，组织对员工能够完成什么样的工作以及完成多少数量的工作是可以合理预期的。因此，对于一项任务目标，员工只要按照职务说明书的要求，付出相应水平的努力，就可以达到组织所预期的绩效标准，而不论这种标准是期限上的、数量上的还是质量上的。其实，目前许多组织中使用的目标管理方法就是建立在这种工作结果（即目标）是可以预期的前提假设基础上的。

5. 组织所需的知识稳定，对员工技能要求也较稳定

在工业社会到来之后的相当长一段时期里，企业的经营环境都较为稳

---

① Daniel R. Ilgen，Elaine D. Pulakos：《变革的绩效评价——员工安置、激励与发展》，中国轻工业出版社 2004 年版，第 6 页。

定：企业的经营范围是确定的、消费趋势是稳定的、技术变化是缓慢的、
竞争对手的行为是可预期的，其结果就是组织生存与发展所需要的相应知
识有限，且变化缓慢。而组织知识的稳定性反映在企业内部就是管理的常
规化，即管理所面对的问题都是程序性的。程序性问题意味着工作有章可
循，员工只要照章运作便可以取得预期的绩效结果。同时，程序性问题也
意味着，工作对员工技能的要求在相当长的时间内是稳定的，这样，只要
经过必要的培训，员工所掌握的技能知识便足以应对其所面临的工作问
题，而无需适时更新。如果工作技能需要更新，即出现了新的工作要求
时，组织只需对员工进行相应培训即可。因此，就传统员工的工作而言，
知识和技能的经常性更新既非工作的要求，也非组织的需要。

6. 工作任务所要求的知识或技能简单

工作内容的稳定性、结果的可预期性及员工技能要求的稳定性共同反
映了一个事实，即传统员工工作中所要求的知识或技能是简单的，每个员
工都可以担负一定的以结果划分的职责并能独立地完成它。事实上，大部
分企业的内部管理长期以来一直基于这样一种思想：公司层面的策略目
标，经过层层分解，变为各职能部门的目标，各职能部门又将其目标分解
到各工作岗位，并最终落实为员工个人的岗位职责及工作重点。这样，只
要每一个员工各负其责，其绩效结果的汇集就能够完成最初的组织目标。
因此，可以说分工与专业化的终极追求就是将一个总任务割裂成独立个体
能够完成的一个个子任务，这样，当问题出现时，就可以追究个体责任。
显然，这种分工与专业化的思想是建立在传统工作中任务能够分解、责任
界限可以清晰界定以及每个个体完成任务所需知识或技能简单，以致子任
务可独立完成这一基础上的。

☛ 8.1.2　知识型员工的工作性质

在 20 世纪的最后 25 年，制造业和服务业发生了巨大变化，它显示出
从工业社会向知识社会的转变、企业经营更具国际化性质以及大量新产业
的迅速崛起，这一变化反映到企业中就是知识、技术、竞争方式都发生了
很大改变，致使人们的工作性质也发生了显著变化。"在过去我们通常会

界定清楚一系列的责任和义务，然后将这些责任义务分配到具体的个人。但是，现在这种情况变得越来越困难，甚至在一些情况下，这种情况将根本不可能再发生。"[1] 换言之，知识经济时代，知识型员工的工作性质已经发生了根本性变化。

1. 知识已成为知识型员工拥有的生产工具

知识经济时代，随着环境的加速变化和市场竞争的激烈化，工作内涵和管理决策的复杂程度空前提高，管理中各个职能部门之间的协调也更趋专业化，组织中有相当一部分工作正在向着更高的知识要求方向发展。对这些工作而言，任务的目标和执行程序并没有清晰的规定，而"任务是什么"则成为工作中要求员工自己去考虑的一个问题。这种情况下，工作更多地依赖于工作者自身所掌握的知识而不是外在的工具或规程，工作中所涉及到的关于信息的摄取、加工、决策及执行的活动，也主要依赖于工作者的能动性和灵活性。于是，是否掌握相应的知识成为能否胜任工作的重要条件。

然而，尽管工作对知识提出了较高的要求，但这些知识并不蕴含在企业所提供的设备资产中，而是由企业的知识型员工所掌握，并且，这些知识大多是具有默会特征的隐性知识，很难为企业所拥有，于是，这些知识就成为知识型员工自身拥有且能随身携带的生产工具。这样，与依附于企业并被视为"成本"的传统员工不同，知识型员工由于拥有知识这种特殊的生产工具而被视为企业有偿使用的"资本"。企业通常根据自身的生产需求，对知识型员工所拥有的知识、技能进行发现、评价和聘用，而知识型员工则在结构性资本（如组织机构、制度规范、组织文化、价值观、财务资产、设备设施等）的作用下，运用自身拥有的知识、技能为企业的价值创造做出相应的贡献。

2. 工作任务开始追逐能够完成它的人

知识经济时代，知识型员工由于"拥有他们自己的生产工具，他们

---

① Daniel R. Ilgen、Elaine D. Pulakos：《变革的绩效评价——员工安置、激励与发展》，中国轻工业出版社 2004 年版，第 1 页。

可以来去自如。组织对知识型员工的需要，也许还没有知识型员工对组织的需要高，但是大多数已经是共生、共存，彼此相互需要的平等关系。"（Drucker，1999）对相当一部分工作而言，只有具备相应知识的知识型员工才能胜任，换言之，知识型员工的劳动具有了异质性并成为稀缺资源，于是，知识型员工拥有了更多的就业选择和工作的自主决定权，这也使得企业更难以通过长期契约来维系一名知识型员工。这种情况下，企业为完成某些工作任务而不得不主动寻找并追逐能够胜任他的人——知识型员工。

3. 共性工作减少

知识经济时代，企业组织面临着技术、经济、文化和商业环境的不断变化，而且这些变化越来越难以预测。环境的变化迫使企业不得不改变传统的官僚化和机械化组织方式，而使其日趋有机化。于是，决策的权利被下放给基层，并允许他们根据实际情况灵活地操纵；工作不再有长期稳定不变的元素，更多的是以任务为中心而不是以流程为主线。而员工所面临的工作任务也发生了根本性变化，共性工作日趋减少，工作任务在不断变化，工作中出现的问题对个人而言也许仅此一次，工作的独特性正日趋增大。

4. 任务结果具有不确定性

工作环境的变化以及工作中知识含量的提高意味着工作者将在工作过程中面对更多的不确定性，而"任务是什么"有时候就是工作者在着手进行工作之前所必须考虑的第一个问题。而且，工作过程也已经不再是工作者所能够独自影响和决定的客体。由于工作的独特性和独创性特征，在完成目标的过程中，工作者还会遇到许多难以预料的障碍因素：顾客需求的变化，新的、具有竞争性的技术突然出现，任务完成所需个体技能的不足，所要求资源的供给瓶颈，甚至工作中合作伙伴的人员关系都有可能影响到最后目标结果的产出。这样，在不确定环境中的工作，已不能完全按照传统的思维模式——设定目标→规定行为→在规定的时间里达到预期的效果——来运作。突如其来的影响因素往往会改变任务完成的时间及效果，甚至对有些工作而言，工作目标都难以在事先确定，而需要在任务执行的过程中逐步明确。这种情况下，组织对工作目标赋予适度的弹性是恰当的。

5. 组织所需的知识具有动态性，对员工技能的要求不断变化

按照英特尔前总裁葛洛夫（Andrew Grove）的观点，"10 倍速的时代已经来临。我们的失败和成功都以 10 倍速的节奏在进行着"。[①] 在快速变化的社会环境中，企业必须用更新的知识来应对不断出现的新问题，正因如此，知识管理才会在近年来的理论研究和管理实践中脱颖而出。所谓"新问题"，往往都是非程序性的，即以往的惯例、思想和方法无所适从，而需要用新的策略运用于实践并经过反复的探索才能最终解决。而含有"新问题"的工作是具有挑战性的，它要求承担责任的员工具有不断更新知识技能的能力，惟如此，才可以在面临非程序问题时提出新的解决策略、方法和手段。因此，员工需要具备与特定工作相关的知识及相应的学习能力，只有这样才能跟得上产品的不断发展和技术的不断进步，而持续不断地更新知识和技能则成为当前组织工作中的一项内在要求。

6. 任务所要求的知识和技能日趋复杂

工作对知识含量要求的提高、共性工作的减少以及任务环境的复杂性充分说明，为完成组织的工作任务而需要的知识和技能较之以往变得更为复杂，也意味着员工作为单独的个体而完成一项任务变得日趋困难。以往为实现工作自动化和模仿大规模生成体系而设计的传统工作结构，由于割裂了员工之间的合作以及对员工的低技术要求而不再有利于现有组织任务的完成，因此，组织结构必须进行相应的调整。就某一项任务而言，每一名员工也许只知道问题的一个方面，只能为问题的解决做出部分贡献。任务中知识和技能的复杂性要求，使得在传统分工与专业化思路指导下被割裂开的员工们必须重新聚集起来，不是以流程为中心，而是围绕着某一特定的任务，共同努力、协同工作以达到组织所期望的绩效目标，这就导致了新的组织形式的出现。

[①]　张兰霞：《新管理理论丛林》，辽宁人民出版社 2001 年版，第 105 页。

§8.2　知识型员工的组织形式分析

通常，知识型员工的工作是在一定的组织环境下进行的，而组织则是"对实现某些特定目的人员的一种系统安排"，[①] 此时，对知识型员工而言，任务特征、个人能力和努力水平只是其绩效影响因素的一部分，而相应的组织形态及其特定要求也是知识型员工绩效的重要影响因素之一。因此，对知识型员工在组织中的存在形态及相应形态下组织的特性进行系统分析就是非常必要的。

☛8 2.1　基于个人基础上的传统组织及其特征

所谓传统组织是指工业时代最具代表性的组织形态，通常被称作"科层组织"或"行政官僚组织"，还被形象地称作"金字塔型组织"。目前，传统组织经过演进已完成了从 U 型到 M 型再到 H 型的转变，但无论是哪种类型的结构，都严格秉承着亚当·斯密关于分工与专业化的思想，[②] 因此，马克思·韦伯（Max Weber）将这些组织类型总称为"官僚行政组织"。[③]

传统组织产生于工业革命时期，主要用于克服企业中的个人独裁、裙带关系、不人道的现象及随意决策等弊端。同时，它的出现也反映了组织对内部秩序、办事准确和工人对公正待遇的要求。因此，马克思·韦伯在总结这种组织类型时认为，理想的官僚行政组织具有形式主义的特点，尽管形式主义本身存在一定的缺陷，但只要形式主义能够避免独裁和专制，就值得在组织中进行推广。"对于官僚体制来说，'可预见的规则'具有真正决定性的意义。"[④] 韦伯最初的这些思想与法约尔的管理十四条原则

---

　　① 斯蒂芬·P·罗宾斯：《管理学》，中国人民大学出版社 1997 年版，第 571 页。
　　② 历史上，把亚当·斯密的分工理论较为完善地运用于企业生产中的是初创时期的福特公司，而在组织管理实践中将其深化者则是通用汽车公司的小艾尔弗利德·P·斯隆和杜邦公司的皮艾尔·杜邦，他们共同开创了事业部组织的先河。
　　③ 马克思·韦伯：《社会组织和经济组织理论》，成都科技大学出版社 1967 年版。
　　④ 马克斯·韦伯：《经济与社会》（上），商务印书馆 1997 年版，第 245 页。

不谋而合，而且在随后的传统组织发展过程中，这些思想都或多或少的被继承了下来。

传统组织的特征可以概括如下：[①]（1）有极明确的等级链；（2）有系统的程序和规定以应付工作中出现的意外情况；（3）专业化的劳动分工；（4）按技术能力提升和选拔人员；（5）人际关系趋于非个人化。可以看出，这些特点只是对传统组织的内部分工、沟通、协调机制作了揭示，对组织的构成基础以及存在形态却揭示不足。考虑到组织内部员工的工作组织形式，传统组织还具有一个显著特征，即以个体为任务构建的基本单位，个体是传统组织的构造基础。

传统组织在构造上呈现出层级化特征，在结构和运行上主要强调两个方面：个人责任和组织程序。[②] 换言之，在严密的分工下，每个人被赋予明确的职责和工作内容；用上下级之间的对应等级关系保证个人影响的最小化，并用等级体系将每个人的工作整合为组织的最终目标。这两个方面的结合，构成了以个人为基础的金字塔体系。在这个体系中，总是首先预设好个人岗位，然后将不同的人员安置其中，它总是根据工作性质的类似性把个人集中在不同的部门中。这样做的原因，除了同类工作之间的关联之外，还有出于组织管理的需要：类似工作在管理上具有类似的特点和要求，为了提高管理工作的效率，便对管理工作进行分工，从而使类似的工作集中于一个部门，由专门的管理者负责。因此，这样的组织结构总是先于个人而存在，并以个体为任务构建的基本单位。组织将任务分解到个人，个人独立完成自己的工作，每个人的工作结果通过组织的流程得到自然整合，这样，组织任务执行过程就告结束。虽然在同一个部门中大家从事的是相同或相似的工作，但工作中人人各司其职，无需过多的沟通与协作，个体任务的简单累加作为一个整体才和另一个部门的任务累加发生协作关系。而较早指出传统组织中该种特征的是美国的管理学家伦西斯·利克特（Rensis Likert），他早在 1961 年便指出：传统企业组织"以'一对一'的上下级关系为特征，各个成员的工作和责任范围严格划分清楚，每个成员以个人身份直接对上级领导负责，大家'自扫门前雪'，井水不犯河水，只有作为第一把手的领导者考虑全盘整体的利益"。[③]

---

① G. W. 本尼斯：《官僚组织的没落》，载石含英：《世界管理经典著作精选》，企业管理出版社 1995 年版，第 176 页。
② 赵春明：《团队管理——基于团队的组织构造》，上海人民出版社 2002 年版，第 24 页。
③ 伦西斯·利克特：《管理的新模式》，载孙耀君：《西方管理学名著提要》，江西人民出版社 1997 年版，第 221 页。

事实上，传统组织将个体作为组织构造的基础，是符合工业时代的管理思想逻辑的。在工业时代，管理和竞争所关注的焦点在于生产率的提高，一切以生产为中心来组织企业的经营和管理。无论是泰勒时期的科学管理还是行为科学理论提出的关注员工情感，其思想核心都是围绕如何提高员工的生产效率。这就导致了传统组织将自身的能力、资源聚集于组织中的一个个部门，并用水平界限（职能之间、部门之间、产品线之间）、垂直界限（内部等级之间）和外部界限（企业与客户、供应商、销售商之间）将企业内部和企业与环境之间明确地区隔开来，进行实体化的运作，[①] 以便能最大限度地发挥组织集中化、标准化、规模化的优势，发挥员工在生产效率上的潜能。这样做的结果必然导致员工仅仅进行固定时空的独立工作和具有固定化的人际关系：固定的"上班族"，明确的时间表，独立进行的工作，以及有限的程序性的人际交往。

然而，传统组织管理思想的逻辑基础目前已经发生了转变，这种转变源自企业环境的变化。美国管理学家哈默（M. Hammer）提出，"3C"因素才是今天企业经营环境的现实，即顾客（Customer）越来越有主动权，过去接受标准产品，现在则提出个性要求；同业之间的竞争（Competition）越来越激烈，竞争方式和种类空前增多，同样的商品在不同地方的竞争条件完全不同，没有一个国家能够抵御来自国外的竞争；科技发展一日千里，顾客需求千变万化，汰旧换新速度加快，企业不仅要变（Change），还要变的巧妙。"3C"的核心思想，其实就是要求企业组织能够最大程度地发挥其员工的积极性与创造性，跟上市场及竞争的需要，努力提高组织的适应能力。

在这种情况下，建立在对整个工作体系进行分解基础上的传统组织显然不能适应这种变化。在传统组织中，每个员工的本职工作都是可以独立的，个人处于组织体系的方格——工业时代的"井田"——之中，他们只能充当那个方寸之中的使用工具。至于工作的整合，那是工作体系内在联系自身的事情，对个人而言，并无关心的必要，因而似乎不存在合作的问题。个体间缺乏足够交流的机会和必要，学习行为主要是个体行为，且学习的内容一开始就是与岗位工作的内容相关联的，与组织适应变革需要的学习内容相背。

---

　　① Novel, M. Tichy & Stratford Sherman, *Control Your Own Destiny or Someone Else Will*, Doubleday Currency: New York, 1993.

显然，考虑到知识型员工的特点和变化了的工作性质，可以得出的结论就是，以个人为基础的传统组织并不是适合知识型员工工作的组织形态。传统组织强调权力集中于组织上层的特点、条块分割的工作形式以及缺乏交流与学习的机制都限制了知识型员工工作特长的发挥，压抑了其创造性使用知识的积极性。

☞ 8.2.2　基于团队基础上的有机组织及其特征

事实上，对以个人为基础的传统组织的质疑几乎自其产生之初就开始了，甚至是官僚组织理论的创立者马克斯·韦伯本人也曾对这种组织形式表示过不满。他指出，理性官僚制作为现代组织形式虽然不可避免，但它确实扼杀了企业家精神，其过度发展有可能损害民主。他甚至认为，早晚总有一天，世界上会充满了齿轮和螺丝式的芸芸众生，不顾一切地沿着官僚化的等级层次阶梯向上爬（朱国云，1995）。

20 世纪 60 年代中期，W. G. 本尼斯在分析了官僚制组织的没落之后，提出了未来组织的构想，认为"临时性"是未来组织的根本特征。他认为，未来的组织在结构上将具有以下五种特征：[①] 第一，临时性，组织将变成适应性极强的，迅速变化的临时系统。第二，围绕着有待解决的各种问题设置机构。第三，解决工作问题要依靠由各方面专业人员组织的集体。第四，组织内部的工作协调有赖于处在各工作集体间交叉重叠部分的人员，他们身兼数职，同时属于两个以上的群体。第五，工作集体的构成是有机的，而不是机械的，谁能解决工作问题谁就发挥领导作用，无论他预定的正式角色是什么。简言之，"具有高度适应性、以解决临时问题为基本目的、由不同专业人员组成的临时系统，加上负责协调、评价和控制的主要专业人员，即构成未来的组织形式"。[②]

其实，早在 1961 年，美国行为科学家伦西斯·利克特就在其出版的《管理的新模式》中提出了以"工作集体为单元的组织结构"。利克特反对传统组织以个人为基础的运作模式，认为最有效发挥人的潜力的管理方式是把所有员工都组织到一个或多个内聚力强、成绩出色、有效运转和相

---

① 沃伦·本尼斯：《组织发展与官职体系的命运》，载孙耀君：《西方管理学名著提要》，江西人民出版社 1997 年版，第 282 页。
② 石含英：《世界管理经典著作精选》，企业管理出版社 1995 年版，第 185 页。

互协作的工作集体里，而不是实行"一对一"的单兵教练、单线联系式领导。他指出，在优秀组织里，其成员并不是只作为单个员工发挥作用，而是作为高效工作集体的一员发挥作用。领导者应当努力在组织内建立起这样的集体，并通过所谓"双重身份成员"把各个工作集体连接起来，形成组织的有机整体。如图 8-1 所示，"双重身份成员"指的是某一工作集体的领导者，同时充当高一级工作集体的成员或下属。每一个工作集体里员工参与管理并相互合作，具有较大的自主权，而上一级工作集体则对他们进行指导、协调和行使较重要的决策。

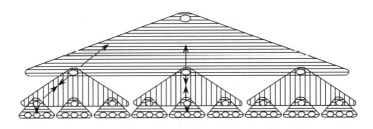

图 8-1 以工作集体为基本单元的组织结构

资料来源：孙耀君：《西方管理学名著提要》，江西人民出版社 1997 年版，第 220 页。

显然，在本尼斯和利克特的理论中已经出现了团队工作组织的雏形。此后，关于团队组织的理论研究日趋增多，而团队工作方式在组织实践中也被越来越广泛的运用。根据美国《培训》杂志于 1996 年所作的调查，几乎四分之三的美国组织（包括学校、医院、政府机关在内）拥有团队，而且这些组织中有一半以上的工人在各个团队中工作（如表 8-1 所示）。

表 8-1　　　　　　　　1996 年美国组织中拥有团队的情况

多少个团队	所有的组织	拥有 10 000 名雇员以上的组织
拥有一个以上团队的百分比	73%	81%
在拥有团队的公司中，雇员参加团队人数的平均百分比	55%	57%
至少拥有一个自我管理团队的组织的百分比	31%	45%
在拥有自我管理团队的组织中，雇员参与人数的平均百分比	36%	32%

资料来源：杰里·约拉姆·温德、赫雷米·迈因：《变革——未来企业》，上海交通大学出版社 1999 年版，第 132 页。

以团队为基础的组织形式是为了适应市场环境和经营方式的变革而产生的，目前，变革与适应变革已成为企业组织所关注的中心。企业的经营视角从企业内部的生产转向企业外部的市场，经营逻辑开始遵循"消费者中心"范式，这就要求企业要用更为灵活的组织形式来响应变革。然而，根据前文的分析，一方面，传统组织因为以个人为基础、各自为战，显然无法满足这方面的要求。而以团队为基础的组织由于超越了传统部门与组织的界限，消除了部门分割，实现了业务流程的效率，则能够较好地响应这一变化，因而为许多组织所采用。另一方面，信息技术的发展也使"消费者中心"运作流程成为可能：第一，信息技术缩短了企业与顾客之间的距离，企业可以用更短的时间、更低的成本了解消费者更个性化的需求；第二，信息技术改进了技术设备和生产能力，从而为满足消费者需求做好了准备；第三，更重要的是，信息技术拓宽了组织内部的沟通渠道，增加了管理幅度，从而为组织向着更有机化的方向发展提供了条件。

基于上述原因，越来越多的组织开始从以个人为基础的传统组织向以团队为基础的有机组织转变。而以团队为基础的有机组织的特点表现在如下方面：（1）团队以任务为导向；（2）团队在自主管理、任务行为上类似于一个独立的组织；（3）团队由多个具有不同能力的成员组成，团队成员在能力方面有互补性；（4）团队的运行建立在充分的信息沟通基础上；（5）团队成员有可能来自于不同的部门，甚至组织之外，从而具有一定的动态性；（6）在共同利益基础上的深度合作，是团队组织运行上的突出特征。

在信息大量涌现、知识日益成为决定性竞争因素的今天，掌握了什么、掌握了多少固然重要，但更重要的是学习与创新能力，因此，员工的首创精神已成为企业竞争力的关键。而员工的学习、创新和能动性是不可监督的，它需要特定的环境来孕育，需要人性化的管理机制来诱发。此时，以团队为基础的有机组织由于更注重人性、合作和灵活性，因而它显然更适合知识型员工的工作。项目导向下的团队合作模式，因其突破了传统组织的部门和组织藩篱，具有"无边界"的资源整合能力以及内部良好的组织氛围和沟通渠道，因此，更能够激发知识型员工最宝贵的能力——创造性。因此，就提高知识型员工的工作绩效而言，笔者认为，应当尽可能多的运用团队这种更为有机的组织形态来管理知识型员工，发挥知识型员工的专长、能动性与创造力，从而为知识型员工的绩效提升提供有力的组织保证。

　　值得说明的是，分析以个人为基础的传统组织的特性并指出其不足，并不意味着在传统组织中就不存在知识型员工，同样，提倡以团队的形态组织和管理知识型员工，也并不否认知识型员工可以以个人形式进行工作。此处探讨传统组织及有机组织的形态及特性，考虑的并不是以惟一标准来衡量孰优孰劣的问题，而是环境适应的问题。机械的或者是有机的，仅是描述组织"连续体"的两种极端模式。一方面，现实中的企业组织结构大多数处于两个极端之间，或处于向有机组织转变的过程中，或是同一组织的不同部门却处于"连续体"的不同部位。另一方面，由于工作特性的要求，某些知识型员工往往也是"独来独往"的，如承担独立任务的财务专家、研发人员、客户经理等。这部分知识型员工不但存在于传统组织形式中，即便在已经有机化了的组织中也是普遍存在的。但是，这部分以个体形式工作的知识型员工的存在，并不意味着对他们可以按照以个人为基础的传统组织的管理特性来管理。事实上，考虑到知识型员工的工作特征、个体特征以及组织适应环境的需要，对这部分知识型员工的绩效管理与团队中存在的知识型员工的绩效管理也会有相似或相同的要求。

§8.3　知识型员工的工作机理分析

　　在知识经济时代，知识型员工所面临的工作环境发生了根本性变化：环境的动态性和不确定性日趋增强，市场竞争日趋激烈，顾客需求的多样性明显，工作任务对知识的要求提高，任务执行中的非程序性及结果的不确定性增大等等，环境的变化使得对知识型员工的工作要求有了显著不同于传统员工的变化。换言之，变化的环境使得知识型员工的工作机理发生了很大变化，组织和工作本身对知识型员工的要求明显提高，而能否满足这些新的要求，则是知识型员工绩效评价和管理的关键所在。因此，在分析知识型员工绩效管理之前，对知识型员工的工作机理进行系统分析是非常必要的。

　　如前分析，知识型员工的工作形式尽管可以以个人的方式进行，但更多的是以团队的形式来组织，因此，知识型员工的工作主要表现在两个方面：个人的工作完成情况和团队合作情况。这样，在工作性质和组织形式发生变化的情况下，知识型员工的工作机理也具有了新的内涵，主要表现在如下方面：具备工作效率之上的效能；保持个人能力之上的合作以及完成任务过程中的知识积累。

☛ 8.3.1　具备工作效率之上的效能

在传统员工的管理中，所考虑的主要问题是如何提高其工作的效率。从泰勒时代的"动作分析"，到后来的"工业工程"和"质量控制"，其基本思想都是如何开发一套强制性的考核和检验方法，迫使员工按照既定的操作规程努力工作以获得预期的产出。换言之，员工的工作任务是明确的、工作方法是已知的、结果是可预期的，员工知道应该做什么及怎样做，惟一需要关心的问题是工作效率，[①] 或者可以精确地说是"如何提高工作效率"。

然而，在知识经济时代，知识型员工仅仅具有知道"如何正确做事"的能力是不够的，他们还必须明白"如何做正确的事"，这就是"效能"。如前分析所示，如今组织中的许多工作具有极大的不确定性，这种不确定性不但来自于工作过程中，甚至来自于工作目标定位时的模糊性。事实上，为了应对环境的急剧变动，企业需要实施许多具有独特性和创新性的工作，这些工作不仅没有成熟的经验可资借鉴，甚至连将会有什么样的结果都无法事先预知，而且，任务环境中各种因素的动态变化还会要求对任务目标进行随时调整，这种情况下，工作任务对执行者个人的能力素质要求较高，而现实中，这些工作往往正是知识型员工所承担和经常面对的。因此，德鲁克认为，"对体力劳动者，我们只讲效率；但是对知识型员工而言，发挥效能则是他们的职责"。[②]

知识型员工不但要知道"做什么"，还要知道"如何做"，这就意味着在很多情况下他们处于一个决策者的位置，"如果知识劳动者因为自己的地位或知识而担负着贡献的责任，而且他们的贡献会实际影响组织完成任务和取得成就的能力，那么现代组织的每一个知识劳动者都是决策者"。[③] 尽管很多情况下知识型员工并没有管理任何下属，但他们需要对

---

　　① 效率，在经济学中就是"以最小的投入获得最大的产出"，在管理学中则是"如何正确的做事"。

　　② 彼得·德鲁克：《个人的管理》，上海财经大学出版社2003年版，第87页。

　　③ 同②，第90页。

开展什么工作以及如何开展工作做出决策。无论是作为组织内部正式成员的知识型员工还是以临时性契约参与到组织的知识性工作中的外部员工，其工作都要向顾客负责，这些顾客可能是团队中的其他成员，企业内部的流程客户，也可能是外部的项目任务需求者。然而，诸如市场调查、产品研发、管理咨询、科学研究之类的工作往往是无形的，顾客自身也常常无法清楚地表述出他们对成果的要求，他们能够隐约地"感觉"到他们有某种需求，但他们不知道该如何满足这种需求，甚至不能完整明确地表达这种需求。在这种情况下，知识型员工的任务首先就是通过他们所拥有的知识和技能将顾客的需求明晰化，进而确定下一步应当如何去满足这一需求。这个过程就是知识型员工的决策过程，而效能则是问题的核心。具有良好效能的知识型员工可以准确地在任务实施之前就透析到顾客需求的实质，而无须要等到任务将完成时才发现那不是顾客所期望的。因此，对知识型员工而言，仅仅拥有相应的知识，知道"如何去做"是不够的，他还必须拥有知道顾客需要什么或者拥有知道"做什么"的能力，也就是具备特定的效能。

美国项目管理专家 J. D. 弗雷姆认为，需求从开始的不确定，到逐步进化出一个清晰的框架，直至最终获得正确理解是具有生命周期特点的，它包括产生、认识、表达、功能化和技术要求化。[①] 在这个过程中，知识型员工对需求的定义往往是最困难的，因为有些问题是很难捉摸的，各种意外的情况都会使需求定义偏离方向，甚至即使意识到任务出现了问题，也可能还不知道问题所在。一般而言，在知识型员工定义顾客需求时，经常会面临如下三种问题：

1. 需求本身就是含糊的

由于知识型员工工作的独特性和创新性，需求自身往往是模糊的。顾客的需求产生时是粗略和含糊的，可能只是一个闪念，它代表着某种新鲜事物，或某种不同的事情，而且想法越独特，不确定性就越强。需求表达过程通常是交互式的，开始只是粗略的设想，在系统性思考和细化之后，需求才逐渐形成并实质化。在这一过程中，用户机构人员的变化、工作预算的变化、技术的变化以及商业环境的变化都有可能使需求更具备动态的

---

① J. D. 弗雷姆：《组织机构中的项目管理》，世界图书出版社 2000 年版，第 111～118 页。

特征。另一方面，用户对其需要只是一种感觉，"我说不清我所需要的是什么，但我见到东西时就会知道"，这种需求默会性的特点也加剧了知识型员工对用户需求揣摩的难度，有时甚至会造成对用户需求的误解，其结果就是工作已经做出，损失无法挽回。

2. 需求定义未完成就已启动工作计划

需求固有的模糊性是知识型员工面临的一个难题，另一个常见的问题是，截断需求的表达过程，导致知识型员工在"应当做什么"明确之前就过早提出了解决方案。通常情况下，当知识型员工在对需求有了一个设想的时候，他们的头脑里就会产生一个满足这个需求的主意，而且常常会在完全理解需求之前，就拿出了一个方案意见。殊不知，需求分析过程需要耐心和充分的自我控制。认识和表述用户需要是一个渐进的过程，重要的是开始时思路要先宽泛一点，在表述需求的过程中，知识型员工会得到越来越多的信息，也会越来越趋于肯定的结论。只有经历了这样一个过程，有了足够的信息，才能去考虑满足需求的方案。

3. 曲解用户的需求[①]

知识型员工常常是来自不同知识领域的专家/专业人士，由于他们的不同偏好、想像，他们常常会修改"非专业的"客户的需求，使其所表述的需求更接近分析人员的想法而不是用户的真实意见，尽管这种修改往往并非有意为之。一般情况下，知识型员工会通过"需求镀金"、"需求过滤"和"包办代替"等方式夸大、忽略和曲解客户的需求。

所谓"需求镀金"，是指知识工作者以其专业技能为荣，他们会根据自己对专业的爱好来推断顾客同样有此爱好、同样认可技术的价值。因此，他们容易推出没有必要的特色产品。"需求镀金"的后果是预算的放大，最终导致团队的失败。

所谓"需求过滤"，是指知识工作者会从自己的专业角度对客户的需求有选择地过滤，由此带来的对客户需求的曲解会导致最终交付物不适

---

① 张体勤、丁荣贵：《关于知识团队特性的研究》，载《人类工效学》，2002 年 9 月第 8 卷第 3 期。

用，甚至不能使用。

所谓"包办代替"，是指作需求分析的人因为具有实践经验和技术能力，能够把一个模糊的需求设想变成可实现的方案，他们容易产生某种家长作风，甚至在客户对他们的建议提出疑义时也置之不理。

以上这些顾客需求定义中所存在的问题大大增加了知识型员工工作的难度，也将效能问题内化到知识型员工的工作要求之中。相对于传统员工而言，知识型员工不但应具有解决问题的能力，同样重要的是，还要有分析和把握问题的能力，即效能。反映在知识型员工的绩效管理中，就是要考虑顾客的满意程度。因为顾客作为知识型员工工作成果的最终使用者，其满意的程度表明了知识型员工效能的发挥水平和质量。

☛8.3.2　保持个人能力之上的合作

对于组织内部的合作问题，自从亚当·斯密提出分工的思想以来，经济学家与管理学家们已经陆续地讨论了 200 余年。但进入知识经济时代后，由于工作性质和组织形式的变化，合作在知识型员工的工作中被赋予了更为重要的地位。

员工拥有专业化的技能，进而才能够产生分工，同样，专业化技能也是合作产生的基础。相对于传统员工而言，知识型员工拥有更为丰富，也更为专业化的技能，因为他们掌握了更多的能够决定其与众不同的财富——知识；同样的，这也意味着，工作性质与工作组织形态对知识型员工的分工以及协同工作的程度也提出了更高的要求。此处，笔者借用杨小凯等人（杨小凯、张永生，2000）建立的新兴古典经济学分工演进模型框架，结合对员工"能力"的剖析，来阐述这一问题。

假设员工像组织一样拥有自己的核心能力，这种能力来源于其所掌握的技能，即知识。根据赫尔伯特·A·西蒙（Herbert A. Simon，1977）的有限理性假设可以推知，员工所掌握知识的宽度（即技能的种类）与深度（即技能的专业化程度）是成反比的。这就意味着，员工核心能力可根据其技能的特点进行划分：具有较多种类但相对较低专业化程度技能的核心能力，笔者称之为功能性能力；反之，则称为结构性能力。功能性能力相对于生产而言，虽然效率偏低，但功能完整，因此可由员工独立完成生产过程。结构性能力则由于其专业化水平影响到了功能完整程度，而只能完成生产过程的某一方面，必须寻求与其他一定数量的结构性能力的有机结合才能组成完整功能来进行生产。功能性能力和结构性能力也可以出现在不同的组织层次（团队或部门）。结构性能力之间的结合产生于两种需要：能力互补的需要和能力扩张的需要。前者涉及不同结构能力之间结合的种类问题；后者涉及不同种类结构能力间结合的数量问题。对于各种能力的划分表示如下：

同样员工数量下的生产能力——C

个体功能性能力——C_F

第 j 种个体结构性能力——C_S^j（j = 1，2，3，…）

第 i 个团队的生产能力——A_i（i = 1，2，3，…）

第 j 种个体结构性能力的个数——K_j（j = 1，2，3，…）

完成某个生产能力 i 的团队个数——H_i（i = 1，2，3，…）

结合杨小凯等提出的新兴古典经济学分工演进模型，根据分工程度的不同，笔者将员工的组织形式分为古典经济下的无需合作、工业经济下的部门合作和知识经济下的团队合作三种极端形式。假设生产系统中有四个员工，分别经过四道工序进行生产（见图 8 - 2）。

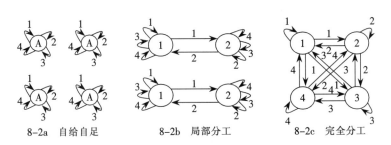

8-2a　自给自足　　　　8-2b　局部分工　　　　8-2c　完全分工

图 8 - 2　分工与合作的演进

资料来源：杨小凯、张永生：《新兴古典经济学和超边际分析》，中国人民大学出版社 2000 年版，第 17 页。

1. 古典经济下的无需合作

在亚当·斯密以前的古典经济中，工场中的员工技能专业化水平低，往往具有较为完整的功能性能力，可独立低效率地进行生产活动。因此，生产过程中四名员工互不往来，无需进行合作。此时的生产能力可以表示为：

$$C = C_F$$

2. 工业经济下的部门合作

工业经济时代，随着商业化水平的提高，竞争促使企业提高生产能力，专业化的生产形式出现。企业对员工进行了分工，敦促其提高技能的专业化水平，因此员工不再具有功能性能力，而代之以结构性能力。分工带来了协作，结构性能力要求通过合作的方式进行生产。但此时环境变化不大，员工工作内容稳定，工作对技能的要求简单，企业大多采用了以部门为中心的员工组织形式，即将具有相同结构性功能的员工组织在一个部门中，而具有不同结构性功能的部门结合在一起，最终共同完成生产任务。如图2-3b所示，员工分属于不同的部门，通过部门进行合作，生产工序减少为1个，但合作仅限于上下游部门之间。此时的生产能力表示为：

$$C = \sum_j \sum K_j C_s^j$$

其中，$\sum_j K_j C_s^j$ 表示具有第 j 种个体结构性能力集合的部门，例如 j = 1 时，$\sum K_1 C_s^1$ 表示为了满足与其他部门结构性能力互补的需要，所要求的具有第 1 种结构性能力的员工人数。这时，每一个部门中员工之所以聚集在一起，完全是为了满足本部门能力扩增的需要。

3. 知识经济下的团队合作

知识经济的到来意味着组织所面临的环境更加动荡，变革随时发生并且无处不在，组织必须以更为灵活的方式适应外部环境的变化以生存和发展。共性工作的减少，工作所需技能的动态化、复杂化，工作过程和工作结果的不确定性等，要求组织必须依赖于员工的灵活性和创造性，充分挖掘员工的主动精神和潜力。同时，工作自身性质的变化也对员工提出了要求：不断更新知识以及通过更好的沟通与合作进行工作。更加动态的竞争现实使得组织必须迅速集中不同技能的员工，通过不同结构性功能间更紧密地合作来快速响应日益严峻的市场。因此，以团队的方式组织更具专业化倾向的知识型员工成为组织的一种趋向。虽然每个员工仍然只从事一项任务，但是员工间的沟通与交流却大大增加了，各种结构性功能在员工层次就以互补为需要结合在一起，目的只有一个——更快更好地完成团队项目。此时的生产能力函数表示是：

$$C = \sum_i H_i A_i \tag{1}$$

$$或 \quad C_{团队} = A_i \tag{2}$$

公式（1）为团队仅具有结构性能力的情况；公式（2）为团队具有功能性能力的情况。其中，$A_i = \sum_j K_j C_S^j$，表示团队的生产能力，例如，若 $j = 1, 2, 3$，当 $K_1 = 3$，$K_2 = 4$，$K_3 = 1$ 时，该团队的生产能力为：$A = 3C_S^1 + 4C_S^2 + 1C_S^3$，即该团队共需要 8 名员工，其中，3 名具有结构性功能 1，4 名具有结构性功能 2，1 名具有结构性功能 3。在此处，之所以 $K_j = 3$，4 和 1，是由于功能扩增的需要，而 $j = 1$，2 和 3 则是功能互补的要求。

通过以上分析可以看出，随着商业环境的变化，组织内部的分工不断演进，员工已经从具有功能性能力的"全才"，转变为仅具有结构性能力的"专才"，而且内外部环境也越来越要求员工按照"能力互补"原则而不是"能力扩增"原则结合在一起。"专门知识不可能产生出任何东西。……每一个组织，无论是企业还是非企业组织，其目的和职能都是一样的，就是将各种不同的专门知识同一项共同任务整合在一起"。[1]因此，团队成为更为常见的组织形式。知识型员工由于其所面临工作性质的复杂性、独特性和创新性，已经不可能仅仅运用某一方面的知识来满足组织的期望，他们必须将不同的经验、技能和不同领域的知识有效结合在一起，共同实现任务目标。正如罗伯特·赖克在《新美国传奇》中所言："从孤单的天才工作者那里几乎不再产生精妙的思想。当代科技对于一个大脑来说已经太复杂了。……诺贝尔奖越来越频繁的授予某个团队，学术论文是由多个研究者著成的。"[2]"能力互补"意味着亲密的合作，通过合作制胜是知识型员工获得良好绩效的基本前提。因此，从这个意义上说，培养、考察、督促知识型员工的合作意识和合作行为应该是知识型员工的绩效管理要着重考虑的问题之一。

事实上，合作并不是知识型员工之间的事情，它也理应发生在知识型员工与传统员工之间。虽然笔者分析了组织中分工与合作演进的三个阶

① 彼得·德鲁克：《个人的管理》，上海财经大学出版社 2003 年版，第 47 页。
② Reich, R. *Tales of a new America*. New York：Time Books，1987，P.126.

段，但那仅仅是极端的情况，更现实的情况是，知识型员工与传统员工常常工作在一起，如手术团队中的医生与护士。而以个人为基础的组织中独立工作的知识型员工则是另外一种情况，如客户代表与后台支持人员。在这里，传统员工分担了大量与知识型员工有关的"非知识性工作"，如文案处理、后勤保障和其他一些琐碎的程序性事务，从而使知识型员工得以"一心一用"地专注于创造性的业务活动。虽然不是直接的，但他们确实促进了知识型员工的生产效率。因此，与相关的传统员工的合作行为、合作水平也在一定程度上影响着知识型员工自身的绩效状况。然而，值得注意的是，"恃才傲物"往往是一部分人的天性，知识型员工经常具有的张扬个性常常使他们忽视了与传统员工合作的重要性，其结果不但使个人业绩受损，也伤害了传统员工的感情，继而使组织绩效无法达到最优水平。毕竟，良好的组织氛围对任何一种员工的工作努力来说都是必需的。从这个意义上讲，合作，无论是与其他知识型员工的合作，还是同传统员工的合作，都应该是知识型员工绩效管理中的一个重点。

☛8.3.3　完成任务过程中的知识积累

生产能力是衡量个人、团体或组织通过中间转化过程把投入（资源）转化为产出（产品或服务）的有效性标尺。对于工业经济时代的传统员工来说，这一转化过程可能表现为多种方式，如体力的、化学的、电力的或其他方式，但其转化却是一维的、单向的，产出只能用于消费或作为其他产出的中间品，而不能重复投入该转化流程本身，也就是说，产出不能作为该流程的投入再次参与生产，其转化过程是不可逆的。这种转化过程可以由图8-3a表示：

图8-3a　传统的生产能力转化过程示意

然而在知识经济时代，知识已经渗透进生产的各个方面，它作为资源之一被投入到生产过程中，并在转化过程中被其他知识加工，最终表现为一种创造性的产出。尤其是对于知识型员工而言，知识的重要性更加明

显，因为知识本身就是产出、就是投入、就是转化过程。换言之，知识产
出是可以重复利用的，知识型员工能运用知识来加工知识并创造出新的知
识。例如，在一个研发团队中，面对一个特殊的技术难题，研发者会运用
从同事那里得来的知识以及自身所掌握的相应知识（作为投入），在自身
原有知识的帮助下，对其进行转化（转化过程），最终寻找出一个更好的
解决方法（新的知识）。事实上，这是一个循环往复的过程，作为产出的
知识如果能够被良好地保存并利用，还可以作为资源或在转化过程再次投
入到新一轮的生产过程当中，从而创造出更多新知识。换言之，在该过程
中，产出可以作为投入进行重复利用，并不断生产出新的成果。此时，生
产能力转化过程如图 8 – 3b 所示。

图 8 – 3b　包含知识资源的生产能力转化过程示意

　　知识经济时代，生产能力转化过程的转变说明了知识具有自我创造的
特点，同时也意味着它对知识型员工的工作提出了新的要求，即在完成任
务的过程中进行相应的知识积累，因为只有前次知识创造活动的成果被积
累下来，才会有新知识作为资源和转化过程的再投入。

1. 组织知识积累是组织生存和发展的客观要求

　　知识是企业核心竞争力的源泉，在激烈的市场竞争中，企业是否拥有
比竞争对手更多且更适合的知识已成为关乎企业存亡的关键。因此，企业
是否能够可持续生存和发展，不仅取决于现有的知识存量、知识结构和知
识运用能力，更取决于其是否具有知识积累能力。然而，由于员工的流失
以及未能对知识型员工的知识进行有效收集，许多企业正面临着严重的知
识损耗问题。研究表明，世界几所著名审计师事务所中，有大约 34% 的
员工不是刚刚进入公司，就是即将离开公司，前者急需知识输入，而后者
则要带着知识离开；根据希普森公司的调查，[①] IT 产业在 1999 年的年平

[①]　该公司位于美国新泽西州的普林斯顿，专门从事人力资源方面的研究。

均工作周转率是25%，这一数据已被美国管理协会2000年中期的工作职位调查所印证；美国《财富》杂志的调查显示，即使在最适宜工作的世界前100家的企业中，商业服务行业的年工作流动率也已高达24%，而出版业为17%，金融、保险和房地产业则达到13%。[①] 由于许多知识仅存在于知识型员工头脑中，因此，知识型员工的流失可能会造成以下后果：

（1）知识真空。当只有个别员工知道工作流程、进度、关系和系统等对一个组织或部门而言是很重要的工作知识，但他们却离开了公司时，知识真空就爆发了。

（2）知识恐慌。如果公司里有人——或者一些文件中——拥有新职员所需的知识，但是除了已离开的员工，没有人知道这些知识是什么或者这些知识在哪里。新员工惟一的选择就是浪费时间寻找知识和信息，而与此同时试用期越来越近，恐慌感随之产生。

（3）知识困惑。当继任员工懂得了一些操作知识，但这些知识由于不完整、不能被理解或组织性太差，而不能有效利用时，知识困惑就出现了。这种危机感与知识恐慌极为相似，不同的只是新员工有了"一些"知识而已，可这些知识对于满足其工作需要而言远远不够。

（4）知识幻想。由于缺乏在操作方面的指导，接任者往往会以错误的假设来指导他们的决策和行动。他们不是以数据、信息和知识作为决策的基础，反而依赖于对知识的幻想和猜测。无根据的工作使他们缺乏信心，然后错误发生、进程停滞，生产力就会受到损害。

事实上，即便知识型员工并未离开组织，当其所拥有的知识未被企业所积累和分享时，也会对企业造成损害，即知识僵化。例如，员工们为应付在环境变化中产生的紧急问题而采取的新手段、新办法和富有想像力的应对方式未被保存而付之东流，或没有被拿出来与其他人分享；公司否定或忽视环境变化的要求，新知识被忽略，原有的知识结构变得不合理；由于缺乏经验的分享，在面对相似问题时，不得不进行大量重复性的劳动，致使知识资源被浪费。这样，最终结果可能就是公司无法持续成长，如图8-4所示。

---

① 汉密尔顿·比兹利等：《持续管理——如何在员工离开时避免知识流失》，电子工业出版社2003年版，第8页。

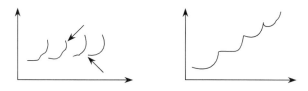

图 8 - 4 知识积累与组织成长

资料来源：布赖恩·L·乔伊纳：《第 4 代管理》，中信出版社 2000 年版，第 228 ~ 229 页。

2. 个体知识积累是知识型员工成长的内在需要

知识经济时代员工流动性的增加反映了一个现实，即企业中临时性员工的大量出现。对此，彼得·德鲁克的解释是，在知识劳动者的个人平均寿命大大延长的同时，用人机构的寿命却实际缩短了——"历史上很少有工商企业能够连续 30 年获得成功"。[1] 其实，德鲁克在解释这一问题时考虑更多的还只是退休人员，但现实中，越来越多的年轻知识型员工开始将自己视为自由职业者，即便他们确实是企业内的长期雇员。因为他们认为，当遇到经济不景气、公司合并或者被收购的时候，自己很可能会被公司突然解雇，在此情况下，积极处理好自己的职业问题，经常更新专业知识就成为他们必备的能力。"新一代的知识工人并不像他们老板认为的那样，把自己看作是公司的一部分，因为他们清楚地知道由于受到公司利益的驱使，随时都有开除他们的可能。"[2] 这也是知识型员工忠于专业甚过忠于企业的原因。

从工作动机的角度来看，知识型员工的工作努力大部分来自于内源性动机，即责任感、成功感、成就感的需求对工作努力有更大的激励作用。显然，如果在每一个工作任务完成后，知识型员工都能感觉到"有所收获"，感觉到通过工作增加了自己的某种技能，那么，无论对他们的成就感、成功感而言，还是对专业知识更新需求而言，都将具有很强的激励作用。因此，工作中的知识积累成为知识型员工成长的内在要求。

知识是靠积累而成的，现在的知识建立在过去的知识之上，企业甚至为了适应激烈竞争的需要，还要求积累下当前看似无用，将来却可能产生

---

[1] 彼得·德鲁克：《个人的管理》，上海财经大学出版社 2003 年版，第 2 页。

[2] 汉密尔顿·比兹利：《持续管理——如何在员工离开时避免知识流失》，电子工业出版社 2003 年版，第 10 页。

优异绩效水平的备用知识。这就意味着，对新知识的学习以及学习成果的积累应当反映在知识型员工的绩效中，即知识型员工的绩效不仅仅是考察过去的成就，还应当含有未来的成分。这样，企业在对知识型员工进行绩效管理时，就会考察他们对企业及个人知识积累的贡献程度。

第 **9** 章

知识型员工绩效的
系统分析及其绩效管理模型

§9.1　绩效的传统观及其缺陷分析

尽管长久以来人们对绩效问题一直非常关注（Austin & Villanova，1999），但对于"绩效是什么"这一基本定义却是仁者见仁、智者见智，还没有达成一致意见（Campbell，Mchenry & Wise，1990）。然而，采用何种视角来定义绩效却有着非常重要的意义，它决定着绩效评价标准的确定、评价指标体系的构建、不同来源的结果的整合以及采用何种手段来进行绩效管理等基本问题，因此，在对知识型员工的绩效进行分析之前，有必要对现有的绩效观进行系统考察和分析。

9.1.1　基于"结果"的绩效观点及其缺陷

历史上，工业与组织心理学家常将绩效视为单维度的概念，[①] 或将绩

---

① 　J. P. Campbell，Mccloy R. A.，S. H. Oppler & Sager C. E. *A Theory of Performance*. in N. Schmitt & W. C. Borman. *Personnel Selection in Organizations*，Josey-Bass，1993，pp. 35 ~ 70.

效等同于任务结果，或将注意的焦点集中在整体绩效（Overall Performance）上，在定义绩效时，要么简单地认为它是可以预计的因变量，要么认为它是工作行为及其结果的效能与价值。[①]

将绩效视为"结果"的典型是 Bernarding 等人（1995）的绩效定义，他们认为，绩效是"在特定的时间内，由特定的工作职能或活动产生的产出记录……一项工作的绩效在总体上相当于某一关键职能或基本工作职能的绩效总和（或平均值）。职能应该与所进行的工作有关，而与执行者的身份无关"。以"产出/结果"作为绩效要求表达的主要方法在英国是很明显的，Gill（1997）和 Long（1986）的实证调查证明了这一点。综合而言，结果导向的绩效定义常用如下术语来表达绩效要求：责任（应负责任）、目标、指标、关键绩效指标（KPI）、任务和关键成果领域。

事实上，以结果为绩效评定和管理对象的方法可以追溯到泰勒时代的工作定额思想。当时，对一线生产工人或体力劳动者来说，其绩效就是"完成所分配的生产任务"，以产出物的数量多寡来计算绩效的优劣是必然的逻辑。随后，德鲁克于 1954 年提出了"目标管理"的思想，[②] 使结果导向的绩效管理从一线的体力劳动者推广到整个组织系统，通过自上而下层层分解组织目标，赋予组织中的每一个成员应负的责任，从而使绩效有标准可依。其后的以 KPI 为核心的综合绩效管理模式，则可以看作是对目标管理思想在绩效设定及管理领域的进一步延伸。

结果导向的绩效定义具有一定的优点，也得到了一些学者认可（Pritchard et al.，1989；Ainsworth & Smith，1993；Harris，1995），其优点主要有：（1）所有把绩效表达为目标、结构、能力等方式的结果可以使雇员清楚地了解到组织对他们的预期；（2）目标系统开发过程中的参与可以使被管理者接受绩效衡量标准；（3）在目标被接受的前提下，困难的、有挑战性的目标可以提高员工的工作兴趣，减少其枯燥感，从而产生更好的绩效；（4）具体的绩效目标可以使"每个人都知道对自己的预期"以及"每个人都知道如何适应全局"，从而有助于避免"活动陷阱"，即不明白工作的目的是什么，增强员工的自我效能感（Self-efficacy）。

尽管如此，该种观点还是一种建立在工业经济工作体系上的绩效管理思想，在知识经济条件下，由于知识型员工的工作方式、能力素质结构、

① Neal Schmitt & David Chan. *Personnel Selection-A theoretical Approach*，Sage Publications，1998.

② 彼得·德鲁克：《管理实践》，上海译文出版社 1999 年版，第 137～155 页。

心理需求等方面发生了很大变化，以"结果"导向的绩效定义便显示出明显的不足之处：

其一，作为个人的员工往往把注意力集中于自己的绩效被评价的那些方面，从而忽略了绩效的其他方面。在这种观点下，绩效管理只注重工作的最终业绩，以工作结果为导向，评价内容主要集中在工作的实际产出，可能忽略了过程，导致过于注重短期利益，而忽视了核心能力的培养和发展。

其二，这种定义尽管可以提供一种客观的反馈，但不能帮助员工理解他们怎样通过一系列的数字描述的结果来改变自己的行为，提高自己今后绩效的方法，即该种定义方式缺乏应有的绩效改进指导作用。

其三，影响产出结果的因素是复杂的，其中相当一部分因素虽然是客观存在的，但却是员工个人无法改变和影响的。当员工以外的其他因素左右着产出结果时，以结果作为评判员工绩效的主要标准显然有失公允。

其四，知识型员工大多以知识型团队的方式进行工作。"绩效就是结果"的理解会与知识型团队的工作方式产生冲突。此时，如果过分强调与自身利益相关的结果，就会破坏团队合作的氛围，造成团队整体绩效的滑坡。

其五，当某一项任务的最终完成是多名知识型员工共同努力的结果，而且在完成任务的过程中，各知识型员工在责任与分工上存在着交叉与驰援时，单纯以结果来考核某一名知识型员工的绩效，就会存在着其贡献难以与其他人的工作明确分离的困境。

其六，对于知识型员工的工作而言，很多情况下结果本身难以预期。有时，知识型员工的任务目标几乎不可能在工作开始前得到清晰明确的、一成不变的定义，而只能在进行中不断调整、修正。正如德鲁克所言，"你的任务是什么？应该是什么？你觉得怎样做才能有所贡献？在你执行任务上有什么障碍应该被排除？这些在过去认为是愚蠢可笑的问题，到了今天，真正需要人力资源工作者、管理者和知识工作者一起好好讨论后，方可做出回答！更多时候，需要知识工作者自己的参与才能确切地界定。"[1]

---

① 彼得·德鲁克：《21 世纪的管理挑战》，上海三联书店 2000 年版，第 188 页。

☞9.1.2 基于"能力"的绩效观点及其缺陷

对员工能力的研究，现在常与胜任力（Competency）联系在一起。以能力为基础的绩效观点，最早也可追溯到泰勒对"科学管理"的研究，有学者将其称为"管理胜任特征运动（Management Competencies Movement）"。① 依据泰勒的观点，人们完全可以按照物理学原理对管理进行科学研究，以揭示应有的工作绩效，他所进行的"时间——动作研究"就是对员工能力特征进行的分析和探索。1973 年，哈佛大学的 McClelland（1973）在研究学生学习的绩效时提出了能力（胜任力）的概念，随后开发出了"工作才能评量方法（Job Competency Assessment Method，简称 JCAM）"，这一评价方法专注于从"高绩效工作者"身上找出导致卓越绩效的关键才能。在管理界逐渐接受了"能力"这一概念之后，有关能力或胜任力的范畴与意义的讨论便逐渐增加，并开始应用到人力资源管理中（Spencer & Spencer，1993）。

然而，在绩效是由能力所影响和决定的观点中，对究竟什么是"能力"或者"胜任力"却存在着不同的看法。一种观点认为，能力是潜在的、持久的个人特征（Personal Attributes）——人是什么，即作为个人潜在特性的能力，目前，美国学者大都持有这一观点。例如，Boyatzis（1982）将能力定义为："某人所具备的某些基本特质，而这些基本特质就是导致或影响某个人在工作上表现出更好、更有效率的工作绩效以及成果的基本关键特征"。Ledford（1995）也认为："将能力定义为个人可验证的特质，包括可能产生绩效所具备的知识、技巧及行为，它包括以下三个概念：（1）个人特质：为个人所独具的特质，包括知识、技巧、行为；（2）可验证的：是表现出来的，可以确认的；（3）产生绩效的可能性：除了现在的绩效之外，也注重未来的绩效"。另一种观点则认为，"能力是个体的相关行为的类别（Clusters of Related Behaviors）——人做什么"，② 即作为行为的能力，目前，英国学者大都持该种观点。例如，

---

① Jorgen Sandberg. Understanding Human Competence at Work：An Interpretative Approach，*Academy of Management Journal*，43（1），2000，pp. 9～25.

② Richard J. Mirabil：Everything You Want to Know about Competency Modeling，*Training & Development*，August，1997，pp. 75.

Knowles（1970）将能力定义为"执行特定功能或工作所包含的必需知识、个人价值、技能及态度"。Mclagan（1980）将能力定义为"足以完成主要工作结果的一连串知识、技术与技能"。

对于员工能力的构成，目前较有影响力的模型是 1993 年 Spencer 等（1993）根据弗洛伊德"冰山原理"提出的"冰山"模型。他们主张，员工的才能可以划分为五种项目与特征：（1）动机（Motives）：指一个人的意向（Thinks About）或者想法（Wants），其最终可能导致行为的发生，因此动机可以驱使个人去达成特定的行动或目标；（2）特质（Traits）：指一个人与生俱来、生理上的特质，以及对一些事情与信息一致的反应；（3）自我概念（Self-concept）：指一个人的态度、价值观、对自己的看法，如自信和自我认同等；（4）知识（Knowledge）：指一个人所具备的某一特别领域的知识，而这些知识是使某人有"能做"某事的能力，而不是"想做"某件事；（5）技能（Skill）：指完成工作的生理或心智的能力，包括分析性思考以及概念性的思考。知识与技能属于较为外显性的，是比较容易看见和被加以改变的，它可以比作露出水面部分的冰山。对企业而言，可以运用培训和发展的方法来获得这些能力，而且较具成本效益；而动机、特质以及自我概念是属于个人较深层次且难以发现的内隐特征，它就像隐藏在水面以下的冰山部分，占据了冰山的较大比例。这些特征不容易运用培训开发的方式获得，虽仍可经由教育训练、心理咨询、经验等方式而改变，但却非常费时且成效不大。根据学者们对于员工能力的描述，现将能力所具备的性质总结在表 9 - 1 中。

根据上述分析，基于能力的绩效观点是一种前馈控制的思想，它通过在员工投入工作之前对员工能力各维度的考评，以选聘合格的员工进入工作岗位的方法来保证员工能够合理地完成工作任务，因此，该种观点的潜在假设是：合格的员工自然会带来合格的绩效。显然，这种方式可以给知识型员工的绩效管理提供一定的借鉴，它为员工最终圆满完成工作任务提供了一定程度的能力保证。同时，基于能力的绩效观点也设立了一种"向前看"的绩效标准，[①] 通过工作前的能力测评可以为员工指明其能力的相对缺陷与不足，并通过事后的评价来考核员工是否在工作期间获得了知识与能力上的提高，从而提供了一种基于反馈的学习机制。

———————

① 理查德·威廉姆斯：《业绩管理》，东北财经大学出版社 2003 年版，第 177 页。

表9－1　　　　　　　　　　员工能力的性质

1. 能力必须具有能被确认出来的行为	一个人有成就导向才能，我们必须能够举出他这种成就动机展现的外在行为。这种行为可能是为自己制定具有挑战性的标准，并努力达成，或是他总是在超越目前的标准。其中，需要包含员工现在与未来的能力确认。
2. 能力必须带来卓越的绩效	员工具有成就导向所展现的行为，譬如一位业务主管为公司开拓市场，带来卓越的成效，这才可称之为能力。否则，则不能称为能力。
3. 不同的企业可能需要不同的能力	每个企业组织所需要的能力可能有所不同。如果一个企业处于竞争极为激烈的环境，强烈的成就动机回馈是极为重要的能力。若是已站稳脚跟，一切运作都在最佳的均衡状态，过强的成就动机就可能破坏其运作平衡，导致绩效衰退。企业的能力模型适于组织所面对的环境相似的，无法被其他企业所沿用。
4. 能力因不同的职位需要不同程度的行为	企业最高主管可能需要极高的理念能力，中层主管可能需要较多的沟通能力，而至于底层主管则需要较强的专业能力。
5. 能力是经过学习而渐渐发展的	能力不一定是与生俱来的，可经过了解、学习以及应用来强化。有研究表明，能力的取得相当费时，通常是被归于员工发展中，渐渐开发出来的。
6. 能力是会改变的	鲍亚茨（Boyatzis，1996）通过直接或间接介入来了解过去27年，超过800个不同的管理人员以及专业人员的工作才能模型，发现每个人的管理才能都在改变，其变化的程度将随着不同的年龄、阶段、生涯层级以及环境等，而有不同的转变。

然而，把能力视为绩效的观点也有其明显的不足之处：

其一，无论是作为个人潜在特性的能力，还是作为行为的能力，其前提假设都是合格的能力带来合格的绩效。然而，按照Holland（1989）的观点，"绩效等于能力乘以动机"，其中，动机提供行为的能量，是行为朝向目标，能力与动机都是工作绩效的燃料，员工缺少任何一项，都会令工作绩效大打折扣。显然，能力至多能够预测一个人有能力做的事情，而不是实际做的事情，能力只是绩效的必要条件，而非充分条件。

其二，就作为个人潜在特性的能力来说，其界定（如知识、技能、能力、动机、信念、价值观、兴趣、态度和自我概念等）似乎包罗了一切内容，这就使人们在使用这一概念时很难有统一的认识，也难以区分和把握；就作为行为的能力来说，又可能与行为绩效的观点相混淆。事实上，根据Cooper和Robertson（1995）的研究，许多胜任特征存在着非行为的本质：行为需要明确界定，并且必须是可以观察到的；但通常使用的很多能力特征既不具体也不能观察到，不能归类为行为。因此，虽然可以从行为表现中识别胜任能力特征，但行为并不是能力特征。

其三，以能力为基础的绩效定义在操作过程中"太专业化"了，其中的相当一部分内容要通过员工心理测评或者素质测评的手段来实现。测评内容的无形化又可能会导致劳资纠纷的发生。

9.1.3　基于"行为"的绩效观点及其缺陷

如前分析，将绩效定义为结果或能力的观点都存在一定缺陷，特别是将绩效与任务完成情况、目标完成情况、结果或产出等同起来的观点，更是受到了许多学者的质疑，因为部分产出或结果往往受非个人控制因素的影响，并不一定是由员工的行为所导致的，而是有其他因素在起作用（Neal & Griffin，1999）；另外，过分强调结果或产出，会使管理者无法及时获得个体活动信息，从而不能很好地对其进行指导与帮助，而且可能会导致短期效益。由此，学者们开始重视员工行为对绩效的影响，而绩效作为"行为"的观点也得到了肯定和重视。

在此方面，Murphy（1990）的定义具有典型性，他指出，"绩效的范围被定义……为一套与组织或组织单位的目标相关的行为，而组织或政治单位则构成了个人工作的环境"。Ilgen 和 Schneider（1991）则将绩效定义为"个人或系统的所作所为"。而 Campbell 等人（1993）认为，"绩效可以被视为……行为的同义词，它是人们实际采取的行动，而且这种行动可以被他人观察到。根据这一定义，绩效应该只包括那些与组织目标有关的，并且是可以根据个人的能力（亦即所作贡献的程度）进行评价（衡量）的行动或行为。……绩效并不是行为的后果或结果，它就是行为本身……绩效包括各种与目标相关的，而且是个人可控制的行动，无论这些行动是认知活动、物理运动、心理运动，还是人际活动，都是如此。"简言之，该定义包含了三个方面的观点：（1）绩效是多维的，并非是单一的绩效测量，而且在大多数情况下，与组织目标有关的工作行为都有多种类型；（2）绩效是行为，是过程，并不必然是行为的结果；（3）绩效行为必须是员工能够控制的。

自 20 世纪 60 年代起，学者们开始研究如何增强绩效评定的有效性问题，试图寻找和描述与职务有关的员工行为，并运用关键时间技术（Critical Incident Technique，CIT）来获得这些行为指标（Smith & L. M. Kendall，1963），进而在 70 年代和 80 年代开发出颇具影响的行为测量方法，如行为锚定等级评价法（BARS）和行为观察量表法（BOS）等。然而，在确定基于行为的绩效定义的内部结构方面，最具影响力的理论却是1993年由美国学者 Borman 和 Motoweidlo 所提出的任务绩效（Task performance）和关系绩效（Contextual performance）概念。①

依据 Borman 和 Motoweidlo 的观点，任务绩效代表着员工从事某些活动的熟练程度，这些活动或者是其本职工作的一部分，或者通过从事某项技术直接贡献于组织的技术核心，或通过提供必要的原材料或服务间接贡献于组织的技术核心。关系绩效本身不是直接的生产和服务活动，即它并不服务于技术核心，而是构成组织的社会、心理背景的行为，它可以促进其中的任务绩效，从而提高整个组织的有效性，例如自愿承担本不属于自己职责范围内的工作，帮助同事，并与之合作完成任务作业活动。他们认为，任务绩效包括两类行为：一是直接将原材料转化成组织所生产的产品或提供的劳务的活动，如在零售店中销售商品，在车间操纵一台机器，在学校任教，在医院执行一项手术等。二是通过补充原材料的供给来服务维持技术核心，分销最终产品以及提供重要的计划、协调、监督、人事等功能，以保证组织有效运行的活动。而关系绩效主要包括：主动承担工作以外的任务活动；为了成功地完成任务，必要时会付出额外的热情与努力；帮助他人并同他人合作；即使在个人不便的情况下也照常遵循组织的规则程序；赞同、支持并捍卫组织的目标等。

后来，Borman，Motoweidlo 和 Schmit（1997）又分析了任务绩效和关系绩效各自的决定因素。他们在将绩效划分为任务绩效和关系绩效两个维度的同时，也划分了能力和个性两个决定绩效的范畴。他们假设，能力虽然对关系绩效产生影响，但是能力能更好地预测任务绩效；虽然个性对任务绩效产生影响，但是个性能更好地预知关系绩效。其中的中间变量包括知识、技能和习惯，并被分为两组，其中，关系习惯、关系技能和关系知识直接影响着关系绩效，而任务习惯、任务技能和任务知识则直接影响着任务绩效（如图9-1所示），② 而这些中介变量则可以作为绩效评价当中的考虑因素。

① W. C. Borman and S. J. Motoweidlo. Expanding the Criterion Domain to Include Elements of Contextual Performance, in N. Schmitt, W. C. Borman. *Personnel Selection in Organizations*, Jossey-Bass, 1993, pp. 71~98.

② S. J. Motoweidlo, W. C. Borman & M. J. Schmit. A Theory of Individual Difference in Task Performance and Contextual Performance, Human Performance, 10（2）, pp. 71~83, 1997.

图9-1 任务绩效和关系绩效的决定模型

资料来源：S. J. Motoweidlo, W. C. Borman & M. J. Schmit. A Theory of Individual Difference in Task Performance and Contextual Performance, Human Performance, 10 (2), 1997.

基于行为的绩效定义，尤其是关系绩效的提出，使人们对绩效的结构有了更加清晰的认识，它丰富了绩效指标的内涵，并对企业的绩效管理实践产生了重要影响。这主要表现在：（1）基于行为的绩效定义能够尽量客观而准确地描述员工在一个既定时期内对组织的贡献，以及在工作中表现出来的高效率行为，从而帮助企业判断应做出何种晋升或工资方面的决策。（2）基于行为的绩效定义能够给员工提供实质性的反馈，为了提高未来的绩效水平，员工需要了解他在过去工作中有哪些低效率的行为，并知道如何去改进。（3）基于行为的绩效定义能够帮助确定培训课程的目标，通过针对性的培训来帮助员工获得组织所期望的行为。（4）以行为为基础的绩效定义考虑了敬业精神、人际促进、同事合作等绩效维度，从而为增进和提高群体及组织的整体绩效打下了基础。

然而，对知识型员工的绩效管理而言，仅将"行为"作为其绩效定义的基础同样存在着一定的缺陷：

其一，按照彼得·德鲁克（Peter Druck，1992）的观点，知识型员工的价值之一在于他们在某一方面比其上司知道的要多，而这导致了在管理知识型员工时存在着"信息不对称"的难题。知识型员工具有的能力、潜力以及对工作的负责程度是否充分发挥等往往难以从其工作的过程或工作的表现中体现出来，人们无法根据知识型员工的具体行为来判断他们对任务绩效的贡献。

其二，尽管存在着一些过程与产出交织在一起而难以分离的工作（如客户服务），但是就知识型员工的大部分工作而言，其工作的结果或产出是明确存在的。在仅以行为作为绩效评价标的的情况下，容易出现为获得较高的绩效得分而做表面文章的现象，而任务完成的时间、成本、质量、数量等方面则难以保证。

其三，许多的情况下，尤其是在对任务绩效的界定中，以行为为基础的绩效定义往往是运用行为一致模型（Behavioral Consistency Models）从众多的员工行为中筛选出工作绩效结果最好的行为来作为绩效行为的指标，其逻辑是过去的行为是将来行为最好的预测源。然而，对于经常面对独特性、创新性任务的知识型员工而言，这样的任务绩效指标确定方法显然失去了存在的意义。

其四，基于行为的绩效定义更多的还是一种"向后看"的绩效管理思维方式，虽然其关系绩效理论的提出对组织及群体的未来绩效有一定的帮助意义，但在其绩效维度的设定中并未涉及员工个体知识的积累和员工对组织知识的贡献，前者对组织核心竞争能力的形成与维持有重要影响，而后者则是知识型员工自身所非常看重的。

其五，尽管基于行为的绩效定义提出的一个重要原因在于，它注意到了员工绩效结果的产生并非完全由员工个人所能决定，但归根结底，这种绩效定义方法仍然是聚焦于员工，而非聚焦于任务。换言之，它虽然系统地考虑到了绩效的产生原因，但这种"系统"并不彻底，这就导致了建立在这种定义之上的绩效管理依然是一种"找过错"的解析式绩效管理思维方式，而不是真正意义上的发现问题、解决问题的系统式绩效管理思想。

§9.2 知识型员工绩效的系统分析

根据前文分析，无论是基于结果、能力还是行为的绩效定义，虽然都具有一定的优点，但仍然存在一定的不足之处。事实上，这些定义都是从一般员工的工作分析出发而得出，并没有考虑动态环境下的知识型员工的工作绩效问题，因此，并不适于知识型员工的绩效管理。鉴于知识型员工的个人特征、工作性质、组织形式、工作环境和工作机理都已发生了显著的变化，有必要对知识型员工的绩效进行系统分析和重新诠释，以利于知识型员工的绩效评价和绩效提升。

☞9.2.1 基于系统原理的知识型员工绩效分析

根据系统论的观点，企业可以被视为一个能够创造产出的转换系统，而知识型员工则是在这一系统中工作的个人，其绩效产出除受个人因素的影响外，还会受到系统因素的影响。因此，可以将系统原理运用于知识型员工的绩效分析，采用系统式思维方法全面考察绩效结果的产生因素，界定绩效的内涵，以便运用更合理的手段改进知识型员工的绩效。

一般而言，企业运作的结果是获得一定的产出，即使这种产出可能不是企业所希望看到的。"万事凡有果，则必有其因"，因此，可以将产出的结果与相应的原因进行联系，对结果做出必要的分析和解释。然而，在此过程中，如果采用的思维方式不同，所做出的解释和得出的结论就不一样。传统的解析化思维模式通常认为，原因与结果之间是一种一一映射关系，问题的产生来自于某一个特定原因。该种思维模式可以用一元函数来表示：$x \in X$，$y \in Y$，$y - f(x)$，其中，若有 x，$x' \in X$，$y \in Y$，且 $x \neq x'$，则 $f(x) \neq f(x')$，也就是说，两个不同的原因必然导致两种不同的结果。运用该种思维解释绩效问题时，通常认为绩效问题产生于任务承担者，因此，对责任的追究往往会超越对问题产生原因的探求。然而，如果用系统思维的方式来考察，问题与原因很可能就不再是一一对应的关系了，同样的一个问题可能是多种原因共同作用的结果，此时，数学表达式变成了多元函数：x，$x' \in X$，$y \in Y$，$y = f(x, x')$。显然，相对于解析式思维方式而言，系统思维的方法能够将问题产生的原因考虑得更为周全，因此，更利于对处于动态环境中的知识型员工绩效的阐释。

事实上，对一个系统而言，问题产生的原因可能不仅仅来自于系统的内部，还可能会来自于系统所处的环境。假设系统为 X，即使 $X = x_1 Y x_2 Y \Lambda Y x_n$，且当 $i \neq j$（i，$j \in \{1, 2, K, n\}$）时，有 $x_i I x_j = \phi$，则 X 的属性：$f(X) = f(x_1, x_2, \Lambda, x_n, Y)$。其中，$Y$ 为环境影响变量。即系统的属性不一定完全由系统的构成元素（x_1，x_2，Λ，x_n）决定，它还与其环境密切相关，系统的产出结果是系统内部的因素以及系统外部的环境因素共同作用的结果。

显然，从系统的角度看，当前组织运作的每一种情况都是组织内部和外部各种不同的因素、力量、事件等相互作用的结果。事实上，不仅组织的产出应当被视为受系统机制的影响，知识型员工的绩效也应当被看作是知识型员工自身及工作于其中的工作环境共同作用的结果。按照巴纳德的观点（Barnard，1938），组织是一个协作系统，这个系统是由许多人组成的。但就个人而言，"人的有机体只有同其他人的有机体相关联才能行使其机能"，即个人只有在一定的相互作用的社会关系下，同其他人协作才能发挥作用。因此，知识型员工工作的环境并非是真空状态，知识型员工也有其生存和发展的环境，知识型员工的行为对其环境有影响，反过来，环境对知识型员工的产出也有反作用。知识型员工所处的环境可以用图9-2来表示。

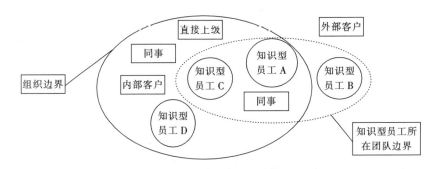

图 9 - 2　知识型员工的工作环境

资料来源：张体勤：《知识团队绩效管理的机理研究》，同济大学博士论文，第 26 页。

从图 9 - 2 可以看出，知识型员工必须面对多个利益相关者（stakeholders），这些利益相关者主要包括：顾客（知识型员工工作成果的需求者，顾客可能是组织内部顾客，如任务的下达者或处于工作流程下游的同事；也可能是组织外部顾客，如项目成果的需求者；如果处于临时雇员的立场上，顾客还有可能是整个组织）、团队负责人与团队中其他知识工作者（以团队形式工作的知识工作者需要和他们在工作中进行密切的协作，并在协作中分享知识与技能）、顶层经理（他们有可能是知识工作者任务的定义者，如创新项目）、职能经理（职能经理为知识型员工的工作提供必要的资源，这些资源包括资金、设备、信息、规范、授权、信任等）、其他同事（其他同事有可能是知识型员工，也有可能是普通员工，他们在必要时与知识型员工进行协作）。显然，知识型员工的绩效产出除了是其自身的能力及努力状况的函数之外，还受到其利益相关者的影响。

事实上，知识型员工的工作价值就在于对利益相关者有所贡献，而其工作过程就是一个为利益相关者生产价值的过程。当然，这种价值不能简单、片面地理解为工作的外在成果。按照系统论的观点，如果知识型员工的工作增加了利益相关者的知识或者增进了其与利益相关者在协作上的能力，那就意味着改善了组织系统单元的个体工作能力或系统内外各子系统之间的相互作用关系，组织的整体能力也会因此而提升，那么，该员工就为系统做出了相应的贡献，创造了价值。因此，运用系统思维的方式来认识知识型员工的绩效时，其内涵和外延都应进行相应的拓展。

综上所述，知识型员工的绩效结果可用式（1）和式（2）表示如下：

$$P = f(X, Y) \tag{1}$$

$$Y = g(Z, H) \tag{2}$$

其中：

P 为知识型员工的绩效；

$X = \{x_1, x_2, \cdots, x_m\}$ 为知识型员工可控因素；

Y 为知识型员工不可控因素，即组织因素；

$Z = \{z_1, z_2, \cdots, z_n\}$ 为组织可控因素；

$H = \{h_1, h_2, \cdots, h_l\}$ 为组织不可控因素。

在式（2）中，对于 H 来说，l 的个数不可预知（这也是赫尔伯特·西蒙提出有限理性思想的基础之一）、Hi（i = 1, 2, K, l）的出现具有偶然性（即它们发生的概率难以预测，任意 y_i 与 y_j（$i \neq j$）之间并非相互独立）。受其影响，$Y = g(Z, H)$ 的出现同样具有了偶然性。由于 X、Y 不可能处于绝对的稳定状态，因此，作为二者共同作用的函数，P 与期望的结果将出现一定的偏差。戴明（Edwards Deming）博士运用统计分析的方法，将这些偏差产生的原因分为两类：一类是在整个过程中都是存在的，单个对偏差仅有较小影响，合起来则对偏差有较大影响的原因，叫共同原因；另一类是并不总在过程中存在，只偶尔出现的，来自于一般过程之外，对总体偏差有或大或小的影响，但比任何单一的共同原因对偏差的影响要大得多的原因，叫特殊原因。由前者引起的偏差我们称为共同因偏差（Common Cause Variation），而由后者引起的偏差则被称为特殊因偏差（Special Cause Variation）。将戴明的理论应用到知识型员工的绩效，则可以将引起知识型员工绩效变异的原因归结为两类：员工特殊因偏差（由知识型员工可控因素引起的偏差）和员工共同因偏差（由知识型员工不可控因素引起的偏差）。而后者又可分为组织特殊因偏差（由组织可控因素引起的）和组织共同因偏差（由组织不可控因素引起的）。

现实中，由于知识型员工的工作往往具有一定的独特性和开创性，其绩效结果的取得常为多种系统影响因子相互作用的结果，这就决定了他们在实现绩效目标的过程中将遇到许多难以预料的障碍因素，而且某些知识性工作，如具有概念意义的研发与创新，其目标本身就难以预先设定。因此，知识型员工绩效的偏差大多呈现为员工共同因偏差，它们是由知识型员工的特点决定的，员工自身难以控制，因此，知识型员工绩效管理的重点应放在解决或减少该类共同因偏差上。

■9.2.2　知识型员工绩效的全新诠释与构成分析

如前分析，在知识经济时代，知识型员工的价值在于他能为员工本人、团队成员、企业及客户做出相应的贡献，即能为系统创造相应的价值。而价值创造，特别是为满足客户需求而进行的价值创造是企业得以生存和发展的根本，也是企业价值和员工价值实现的前提。因此，基于合作、共赢的系统观点，有必要树立"绩效是价值"的观念，并对知识型员工的绩效概念进行重新诠释。

具体而言，知识型员工的绩效是指知识型员工为创造客户、企业（包括其中的团队）以及员工自身的价值并获得报酬而运用其能力来实现特定角色目标的过程。在该定义中，笔者系统综合了绩效的行为、结果和能力的观念，并强调了绩效是价值的三个方面：（1）对客户而言，价值表现在知识型员工能够最大限度地满足其独特的、定制的，甚至是潜在而难以言明的需求；（2）对企业而言，价值是知识型员工在满足客户需要、带来经济价值的同时是否为企业积累了知识，增进了企业内（包括团队）的合作氛围，增强了企业适应外部环境变化的能力；（3）对知识型员工本人而言，价值表现在其是否通过绩效期间的工作为自己积累了知识，是否提高了自身的专业技术能力和沟通协作能力。

根据上述定义，可以从三个维度全面系统地考虑员工的绩效：员工为满足客户需求而取得的工作成果（包括即时的和递延的）；员工对团队合作的贡献及对企业知识积累的贡献；员工个人知识的积累和能力的提高。这样，就突破了传统上仅以企业为出发点来看待绩效的局限性，也克服了工业经济时代企业面对客户及传统员工时的本位主义，同时，还突出了知识型员工、企业（团队）以及客户之间的合作共赢关系，符合系统理论原理，因此，较为符合知识经济时代对知识型员工绩效管理的需求。

当然，基于上述分析，还可以从另一个角度对知识型员工的绩效构成进行阐释：在企业中，知识型员工的价值创造主要通过满足客户的需求来实现，这需要通过一定的项目来进行，并且需要企业中的相应团队来协作完成。这样，知识型员工的绩效将集中于两个方面：在项目中的成果和团队中的贡献，前者包括个人工作成果的获得以及对项目成果的贡献（包括即时的和递延的）；后者则包括个人能力和知识的积累以及对团队的协作贡献（包括合作情况和知识积累）。可以看出，尽管分析的角度不同，对知识型员工绩效的分析结果却是一致的：都是从客户、企业（团队）和员工个人三个维度进行考察和分析，而这将为知识型员工的绩效管理奠定较为科学的理论基础。

§9.3　绩效评价的传统机制及其变迁

对员工的绩效进行科学评价是员工及企业绩效提升的基础和前提，然而，传统的绩效评价在实际的实施过程中却陷入了诸多误区，并导致了由绩效评价向绩效管理的转变（Schneider & Konz，1989；Spangenberg，1994），而深入考察这一转变过程和机理将有利于对知识型员工的绩效管理，避免陷入相应的评价误区。

☛9.3.1　传统绩效评价的运行机理

概言之，传统的绩效评价实际上是建立在期望理论基础上的单向诱导过程（如图 9 - 3 所示），其基本假设为：（1）绩效标准既合理，又可以达到。工作任务的完成必须有员工来负责，以达到可衡量的绩效；（2）问题出在人身上。组织运行中出现了问题而没有达到绩效目标，那一定是执行者个人努力的问题；（3）绩效评价本身就能够改善当事人的绩效。人们会保留最佳实力，只有通过外来的赏罚才足以将其发挥出来，而绩效评价则是确定赏罚的标准；（4）主管就是员工的家长。主管必须也能够激励并严格控制员工。

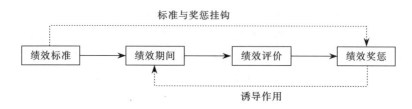

图 9 - 3　传统的绩效评价过程

以上述假设为基础，图 9 - 3 所示的传统绩效评价内容主要表现在如下方面：

1. 以各种不同的方式确定绩效标准

绩效标准可以由评价者及受评价者谈判得出，或由上级直接规定，或采用部分规定、部分谈判的方式得出。而且，对于预期的标准，利用可衡量的尺度详细地加以描述，要完成什么、何时完成、针对哪一特性或指标都有所涉及。

2. 确定的绩效期间

绩效期间一般是确定的，通常以一年、半年、季度或更短的时间为周期。

3. 绩效评价

主要因素有，确定被评价者的单位——个人、团队或部门；确定评价者——上级、同事、客户、下属等，使用某种评价手段进行评价——采用分数记点方式的量表法，或不计分的描述性方法，或者员工之间比较的强制分布法等。例如，强制分布法就要求按照一定比率对员工绩效进行分级，如图 9 - 4 所示。

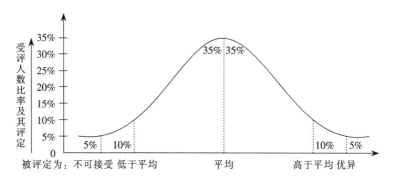

图 9 – 4　绩效评价之强制分布法示例

4. 绩效评价的潜在意图

评价通常是例行公事，或为了给予某种报酬（如加薪、奖金或计件付薪制），也可能是为了其他目的，例如，决定谁能得到升迁机会、谁应该被解雇或享受某种特殊优待（如停车位、带薪假期、奖品等）。

显然，上述的绩效评价是建立在工业经济时代对员工严格控制的基础上的，在很多情况下，员工的上级根据对工作说明书的分析，结合未来一段时间对员工工作效率的预期，制定出一个明确的绩效目标。然后，依据标准，在绩效期间后对员工的工作成果进行评价。但这种评价的目标是人，而不是工作本身，而且该种方法在实践中也并非像人们所期望的那样有效。事实上，这种针对员工的绩效考评如果设计不当，还有可能带来一定的副作用。Deming（1986）研究表明，大多数的考评都不适当地将绩效差异完全归咎于员工个人，而没有考虑考评方法本身的问题，这种行为无疑将导致主管人员错误地处理问题，并影响到员工的士气。Meyer，Kay 和 French（1965）的研究结果也表明，在绩效评价之后的三个月内，员工的绩效不但没有提升，反而一直在减少。另外，实证调查表明，大约有10% 的企业认为绩效评价工作是无效的。[1]

---

① 　John M. Ivancevich：Human Resource Management（seventh edition），机械工业出版社 1998 年版，第 264 页。

☞9.3.2   传统绩效评价的缺陷分析

鉴于实践中所暴露出来的问题，人们开始对传统绩效评价机制进行反思，并纷纷指出其存在的缺陷。

事实上，早在1976年，Levinson 就曾指出，"多数正在运用的绩效评价体系都有许多不足之处，这一点已得到广泛的认可。绩效评价的明显缺点在于：对绩效的判断通常是主观的、凭印象和武断的；不同管理者的评定不能比较；反馈延迟会使员工因好的绩效没有得到及时的认可而产生挫折感，或者为根据自己很久以前的不足做出的判断而恼火"。[①]

Spangengerg（1992）认为，传统的绩效评价是一个相对独立的体系，通常与组织中的其他背景因素相脱离，如组织目标和战略、组织文化、管理者的承诺和支持等，而这些背景因素对于成功地实施绩效评价有着非常重要的作用。正是因为传统绩效评价对于提高员工的满意度和绩效的作用非常有限，对完成组织目标的作用也不大，所以导致了绩效管理的发展。

Pamenter（2000）则认为，应该把传统的绩效评价的目的转移到雇员发展上来，因为传统的绩效评价中存在着严重的不足：由于评价的主观性，评价没有得到很好的执行；许多管理者对员工的评价表面上和私下里是不一致的，表面上的评价分数可能很高，但私下里却想解雇他们；注重评价的过程和形式，不注重评价的价值，对组织和员工的作用不大。更为严重的是，按照马斯洛的需要层次理论，传统的绩效评价违背了人的生理需要、安全需要和尊重的需要。所以应当把绩效评价的重心从评价转移到员工的发展上来，因为关心员工发展能够满足上述三种需要，并且能让员工更好地进行自我实现。

也有学者认为，[②] 由于员工绩效受员工自身无法控制的众多因素的影响，缺乏客观依据的绩效评价结果不仅不会激励员工的工作热情，相反，还可能会极大地伤害员工的积极性，导致员工的抱怨甚至流失。因此，对员工而言，应当废除绩效考核，而代之以适当的激励。

综合而言，笔者认为，传统绩效评价的缺陷主要表现在如下方面，并

---

① Michael Armstrong & Angela Baronl. Performance Management, The Cromwell Press, 1998, P. 41.

② 彼得·斯科尔特斯：《戴明领导手册》，华夏出版社2001年版，第296~371页。

由此导致了传统绩效评价向系统绩效管理的转变。

1. 夸大绩效评价的作用，认为只要开展绩效评价就一定能产生高绩效

从理论上讲，绩效评价确实可以促进员工工作绩效的提高，但绩效评价仅仅是对组织或员工在绩效期间内工作结果的事后评价，缺乏从绩效目标到绩效结果形成过程中的必要反馈与控制。而如果一个绩效形成过程是不可控的，其结果必然是不可靠的，而且绩效评价也无益于组织或员工在该绩效期间内的绩效改善。

2. 认为只要将绩效评价结果与奖惩挂钩就能产生高绩效

在这里，奖惩是实现事后控制的手段，其前提是期望通过员工对惩罚的惧怕以及对其进行利益上的引导以促进其绩效的改善。但实践表明，即便有了利益的引导和事业上的发展机会，员工也没有承担更多责任的表现。

3. 认为绩效的高低完全是员工本人决定的

员工绩效的高低确实与员工的特征、能力和工作行为有直接关系，但也受到激励程度、工作环境、工作条件、任务特性等方面的影响，因此，员工绩效其实是系统作用下的产物。

4. 认为绩效评价的目的是找出好员工和差员工

这一点在强制分布式的绩效评价中表现得尤为明显，然而，绩效评价的根本目的应在于提高组织和员工个人的绩效，而不在于评价谁好谁坏。否则，就违背了绩效评价的初衷，甚至有可能造成员工与管理者的对立。

9.3.3　传统绩效评价用于知识型员工绩效管理时存在的问题

知识经济条件下，传统的绩效评价机制应用于知识型员工的绩效管理时，除存在上述问题外，还存在着其他不足之处，主要表现在如下方面：

1. 将绩效管理视为一个封闭的循环系统，割裂了绩效管理与其环境之间的关系

如前所述，绩效管理的根本目的在于员工个人以及企业群体绩效的持续改进与提高，但传统绩效评价却将绩效的提升局限于狭隘的"绩效管理"过程自身，将员工绩效能力的提高寄希望于个体能力不断完善，从而将绩效管理视为一个封闭的循环系统。事实上，绩效管理应该是一个动态开放的系统，有其特定的环境，这些环境包括了企业文化、领导风格、组织形式以及人力资源管理的其他职能（如图9－5）。员工绩效的提升需要企业整体管理环境系统性的支持，就员工绩效缺陷本身而谈论绩效改进，其结果必然导致在绩效提升过程中遇到企业系统层面上的瓶颈障碍，如领导风格的不适应、激励系统的不协调或企业文化的不支持等。

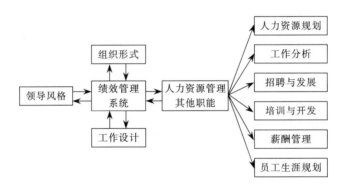

图9－5　绩效管理系统与环境关系

知识型员工是创造性地运用自己所拥有的知识进行工作的群体，其绩效的持续改进一方面是组织绩效改进的原因，另一方面又是组织绩效改进的结果。知识型员工工作能力的发挥需要有充分的组织支持，正如彼得·德鲁克所言，提高组织的绩效"需要态度的改变，不只是个别的知识工作者，而是整个组织都要如此"。[①] 因此，对知识型员工的绩效管理，需要更为系统的眼光，需要将个体的培训和发展与企业的组织形式、管理方式、领导风格、内部文化以及人力资源的其他系统结合起来，而这需要企

---

① 彼得·德鲁克：《21世纪的管理挑战》，上海三联书店2000年版，第203页。

业在多方面做出根本性的变革。

2. 对员工的基本假设存在失误

传统的绩效评价，尤其是以结果为导向的绩效管理，其基本思想是基于斯金纳的强化理论，将员工行为视为一组可用条件加以制约的反应：当员工达到绩效标准时将得到正向的奖励；反之，则遭受忽视或惩罚。这种"胡萝卜加大棒"的思想认为，只要将绩效评价结果与薪酬挂钩就能达到激发员工努力提高工作业绩的目的，这实质是"X 理论"在员工绩效管理中的反映。"X 理论"认为，员工工作的原因来自于外部动机（Extrinsic Motivation），如由工作以外的刺激诱发出来的推动力，或由于物质利益或职务地位的需要而从事工作，或受与他人交往的需要所驱使，或为了避免惩罚的目的，如降薪或解职等。

如前所述，知识型员工区别于普通员工的主要特征在于其拥有的知识资本，该资本在未编码前的所有权属于知识型员工本人，因此使得知识型员工在择业上占有主动性。物质奖励可以是企业吸引知识型员工的外部刺激因子，但并非促使其努力的主导因素；而某些不公正的惩罚，则会导致知识型员工的流失。简言之，以"X 理论"为基础的外部动机并非知识型员工工作的主要动机，内部动机（Intrinsic Motivation）才具有主导作用。如果知识型员工对工作本身感兴趣，工作使他们获得满足，则无须外力的推动。根据布鲁纳的观点，员工内部动机由三种驱动力引起：好奇的内驱力，即求知欲；胜任的内驱力，即求成欲；互惠的内驱力，即和睦共处、协作活动的需要。知识型员工所要求的工作回报是内源性的，包括责任感、成就感、挑战感和竞争感等，也就是说完成有意义的工作是知识型员工高绩效的重要保证。因此，对知识型员工的绩效管理而言，其基本人性假设遵循麦格雷戈的"Y 理论"才更为恰当。

3. 结果导向的评价，忽视了"行为"的价值

实证研究表明，以结果为导向的绩效评价方法目前已成为一种占统治地位的绩效要求表达方法。[①] 但该种方法的实施必须具备两个前提条件：

---

① 理查德·威廉姆斯：《组织绩效管理》，清华大学出版社 2002 年版，第 88 页。

一是所要达到的绩效目标可以被明确定义；二是员工个人的贡献可以与系统的贡献区分开。然而，对知识型员工而言，上述条件难以满足：首先，知识型员工的工作往往具有创造性和独特性，其工作成果中不可预知的成分常常超出了管理者甚至知识型员工本人的预期，在某些情况下，其绩效目标甚至难以在任务进行之前得到清晰的、一成不变的定义，而只能在工作进行中进行不断地调整和修正。这样，由于任务的创新性、风险性及任务环境的不确定性，知识型员工的绩效目标难以在工作之初就体现在绩效契约中。其次，由于任务的复杂性，许多知识性工作所要求的技术、知识常具有复合性特征，单一的知识型员工由于不具备任务所要求的所有知识而无法独自胜任，因此需要由互补性知识的员工进行合作。这种情况下，成果的出现是团队努力的结果，员工个人的贡献很难与系统的贡献，及系统中其他主管和同事尤其是其他团队成员的贡献区分开来。最后，知识型员工的贡献通常不能简单地以结果来衡量，某些情况下，知识型员工工作过程本身的价值可能比工作结果的价值更为巨大，例如，对组织知识的有效积累、组织内部工作氛围的提升或未曾预期到的新创意与新思想等。因此，以结果为导向的绩效评价并不能真实地反映知识型员工的工作贡献。

4. 传统绩效评价是静态性的，其动态特征不足

传统的绩效评价流程采用的是静态封闭式方法，由订立绩效契约开始，经收集绩效信息、评定绩效等级，到开展绩效反馈、提出改进意见为止，从而形成一个完整而封闭的绩效期间。某些情况下，组织为了增强对成果可获得性的控制，在绩效期间内引入里程碑式的管理模式，从而将绩效期间划分为更细致的子期间（见图9-6）。

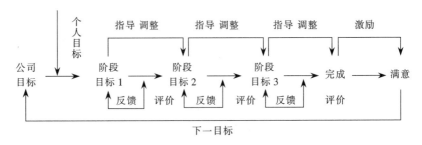

图9-6 里程碑式的绩效管理模式

　　然而，无论是一次性绩效反馈方式还是基于里程碑的多次绩效反馈，整个绩效管理期间都是封闭的，管理方式也是相对静态的。绩效期间的时间界限是由最初的绩效契约明确订立的，在期末对期间绩效成果进行总体的评价与回顾。现实中，对某些知识性工作而言，目标的制定完全有可能是尝试性的，如概念性产品的研发。即便预计到目标应在知识型员工的潜在能力范围之内，对成果获得的可能时间也只是以估计为基础，无法制定一个确定的时间界限。因此，当绩效契约所设定的时间临近时，如果有商业价值的研发创意仍然未能转化为现实的创新产品，则静态封闭式的绩效管理模式对研发项目所采取的措施只能是项目终止，而项目人员面对的可能是原有努力的付诸东流。在此情况下，企业对失败的不能容忍将会打击知识型员工的工作积极性，并可能失去突破技术瓶颈的良好机会。

5. 绩效评价的即期性、回顾性，忽视了"适应性绩效"的考评

　　传统的绩效评价，实际上是关于"做了什么"以及"做的怎样"的评价，评价的焦点在于任务或工作，对员工在工作当中"学到了什么"涉及甚少，因此，传统的绩效评价是即期性的，面向过去的。然而，变化以及对变化的适应能力则应是企业所关心的问题，[1] 这就要求员工尤其是知识型员工必须不断地表现出自己具备从事新工作的学习能力，而企业也应采用全新的方式，将持续学习的能力纳入到绩效的概念和评价中。企业不能只评价一个人的"绝对绩效"，而应将注意力放在应对工作变化的需要上来，即评价员工的"适应性绩效"。

　　事实上，对企业最有价值的通常是知识型员工头脑中掌握的隐性知识，而隐性知识的获得并非通过系统而有组织的培训就可以实现，它往往是在任务完成的过程中，通过"干中学"（learning by doing）的方式获得的。因此，将员工持续学习的能力纳入到绩效考核与管理的框架内对于丰富"组织记忆"、增强组织适应性是十分必要的。

---

　　[1]　Daniel R. Ilgen、Elaine D. Pulakos：《变革的绩效评价——员工安置、激励与发展》，中国轻工业出版社 2004 年版，第 28 页。

9.3.4 从传统绩效评价到系统绩效管理的变迁

正是由于传统的绩效评价存在着上述缺陷，自 20 世纪 70 年代后期，理论界提出了"绩效管理"的概念，此后，传统的绩效评价开始被绩效管理所取代，而绩效管理则逐渐成为了被广泛认可的人力资源管理过程。

事实上，绩效管理是一种提高组织员工的绩效和开发团队、个体的潜能，使组织不断获得成功的管理思想和具有战略意义的、整合性的管理方法。通过绩效管理，可以帮助企业实现其绩效的持续发展；促使企业构建以绩效为导向的企业文化；激发员工，使他们工作更加投入；促使员工开发自身的潜能，提高他们的工作满意感；增强团队凝聚力，改善团队绩效；通过不断的工作沟通和交流，发展员工与管理者之间的建设性的、开放的关系；给员工提供表达自己的工作愿望和期望的机会。①

绩效管理是依据员工和他们的直接主管之间达成的协议所实施的双向式、互动过程，该协议对诸多问题都做出了明确的规定和要求，例如，员工的工作职责，工作绩效如何衡量，员工与主管之间应如何共同努力以维持、完善和提高员工的工作绩效，员工的工作对公司目标实现的影响，找出影响绩效的障碍并排除等。系统的绩效管理与单纯的绩效评价是不同的，绩效评价是事后考核工作的结果，而绩效管理是事前计划、事中管理和事后考核所形成的三位一体的系统。在很大程度上，绩效管理是传统绩效评价的演进和拓展，Lundy 和 Cowling（1996）甚至认为，"绩效管理是评价系统发展史上的一次符合逻辑的进步"。

简言之，绩效评价是绩效管理的核心和基础，绩效考核只是绩效管理过程中的一个重要环节。具体而言，传统绩效评价与系统的绩效管理之间的区别主要表现在以下几个方面：

1. 人性观不同

无论把人作为一种工具还是一种可开发和利用的资源，传统绩效评价

---

① Michael Armstrong & Angela Baronl. Performance Management, The Cromwell Press, 1998, P. 52.

的出发点都是将员工当作实现企业目标的一种手段，考评只是"鞭策"，即通过考评促使员工达到绩效要求，而系统绩效管理的人性观是现代以人为本的人性理念。事实上，当企业利益和员工自身的利益趋于一致时，为了实现自身的价值，员工可以在被信任、授权和激励的条件下自觉地发挥积极性和创造性。

2. 作用不同

绩效评价的作用主要是通过对个人工作绩效的考评，掌握每个员工的工作情况，以便于做出某些人力资源管理决策，如确定绩效工资，确定晋升资格等。系统的绩效管理除了有绩效考评的作用外，其目的是为了有效地推动个人的行为表现，引导企业全体员工从个人开始，进而各个部门或事业部，共同朝着企业整体战略目标迈进。

3. 所涵盖的内容不同

绩效评价只是管理过程中的一个局部环节，并且只在特定的时间进行，强调事后评价。而系统的绩效管理是一个完整的管理过程，并且是持续不断的进行着，伴随着管理的全过程，强调的是事先的沟通和事后的反馈。

4. 输出结果的主要使用目的不同

传统绩效评价的输出结果主要用于薪酬的调整与分配，系统绩效管理中考评结果最重要的用途是用于员工培训与发展的绩效改进计划，即通过绩效管理过程，员工在绩效考评结果中知道并认可自己的成功之处和不足之处，然后在主管人员的帮助下制定出个人发展计划（individual development plan），主管人员认可其计划并承诺提供员工实现计划所需的资源和帮助，并在此基础上帮助员工制定职业生涯发展规划。

5. 侧重点不同

绩效评价侧重于考评过程的执行和考评结果的判断，考评往往以下达命令的方式进行。而绩效管理侧重持续地沟通和反馈，尤其强调双向沟通。在绩效管理过程中，一方面，经理需要信息，需要了解员工工作的进展情况（以便向上级报送信息），需要找出潜在的问题以便尽快地解决，需要掌握年终的绩效反馈信息以便制定更有效的绩效计划，需要掌握怎样才能更好地帮助员工的有关信息。另一方面，员工也需要与绩效有关的信息，如工作的重要程度，提高绩效的方法等。经理和员工在沟通过程中的地位不断变换，既是发送信息者，又是接受信息者，通过交谈、协商等方式达到有效的沟通。

6. 达到的效果不同

传统绩效评价的目的是通过考评得到一个关于员工工作情况和工作效果的结论，以便对员工按照其业绩进行奖励和惩罚，因而评价过程常常使员工感到紧张、焦虑和压抑，易使员工产生反感，同时，因为碍于情面或是害怕受到惩罚，他们不愿意提供真实的信息，因此，绩效考评结果常无法全面客观地反映真实情况。绩效管理的主要目的则是用于员工的绩效改进计划和员工职业生涯规划，这就打消了员工绩效不好就要受惩罚的顾虑，从而客观而公正的填写绩效信息。并且在考评完成以后，还要针对员工的情况对考评结果进行诊断和反馈，帮助员工认识和改进自己，从而真正达到提高和改进绩效的目的。

§9.4 绩效管理的层次结构及知识型员工的绩效管理

目前，理论界对企业中绩效管理的研究视角并不一致，由此涉及到绩效管理的层次结构问题。而处于不同层次上的绩效管理，其关注的重点并不一致，相应的绩效管理内容也不一样。这样，在研究知识型员工的绩效管理时，究竟应该采取何种研究视角，如何理解其绩效管理，就有必要做出相应的分析。

9.4.1　绩效管理的层次结构

在一般意义上，绩效管理被定义为"一个普遍的整合的人力资源战略，以创造一个有关组织的目的、目标和价值观的共享和愿景，帮助每个员工理解和认识到他们在组织中的作用，以管理和提高个体和组织的绩效"。[①] 但这并不意味着对绩效管理的理解是一致的，事实上，理论界往往从不同的层面对绩效管理进行研究，这便涉及到绩效管理的层次结构问题。

1. 宏观的绩效管理视角——组织和流程层面的绩效管理

当从宏观和中观的层面来审视一个组织及其内部的流程时，就能发现绩效的存在，如图9-7和图9-8所示。就组织层面而言（见图9-7），绩效管理被认为是将组织的目标有效地分解到各个业务单元和个人，通过部门和人员绩效目标的监控过程以及对绩效结果的评价，组织可以有效地了解到目标的达成情况，可以发现阻碍目标达成的原因，并加以改进，完成组织竞争力的维护与提升。就流程层面的绩效管理而言（图9-8），它更多地发生在团队单元上。通过对团队运作流程的输入、过程和输出的监控，保证团队产出物的数量、质量、成本、时间等维度最大化地满足流程客户的需要，并对运作结果加以评价，以保证流程运作的持续改进。

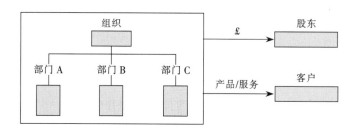

图9-7　组织绩效示意

---

① 奈杰尔·尼科尔森：《布莱克韦尔组织行为学百科辞典》，对外经济贸易大学出版社2003年版，第445页。

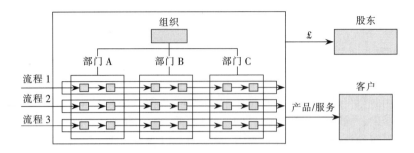

图 9 - 8　流程绩效示意

对于组织绩效管理系统，Rogers（1990）认为，它是团体的系统，具有一个一体化年度管理周期，其中包括：（1）制定共同的政策、资源目标以及相应的方针；（2）在（1）所提供的框架内，明确地建立一整套计划、预算、目标和绩效标准；（3）对各项工作进行定期、系统的检查。

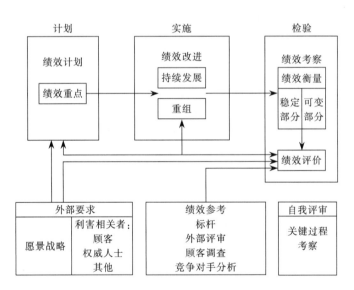

图 9 - 9　布雷德拉普的绩效管理模型

Bredrup（1995）则从更广泛意义上探讨了绩效管理的内容，其绩效管理框架模型包含了组织和流程两个层面。他认为，绩效管理主要包括三个过程：计划、改进和考察，如图 9 - 9 所示。在该模型中，绩效计划包括系统地阐述组织的预期和战略，以及如何定义绩效的活动；而绩效改进则是一个过程，包括为弥补绩效缺口而进行的商业重组、持续改进、基准化和全面质量管理等活动；绩效考察则是对组织或者流程绩效依照绩效标准进行的绩效评价。

组织绩效管理的另一个著名模型是由卡普兰和诺顿（Kaplan & Norton）于 1992 年开发的基于战略实施手段的平衡记分卡模型（BSC），它突破了以上两个模型中多以财务信息和内部指标作为绩效标准的局限，引入了非财务指标以及未来业绩的驱动因素。这些因素包括客户、内部经营过程和学习与成长方面，它们来源于组织的战略，并朝着具体和可衡量的目标努力。最初，BSC 是作为一种战略的考核衡量系统被提出的，但富于革新精神的企业进一步把它作为了管理组织绩效过程的核心框架。这就填补了大量组织绩效管理系统中所存在的空缺，从而获得了一个系统的过程来实施战略和获得与其相关的反馈，使组织能够团结一致，共同实施长期战略。图 9 - 10 显示了基于 BSC 的组织绩效管理系统。

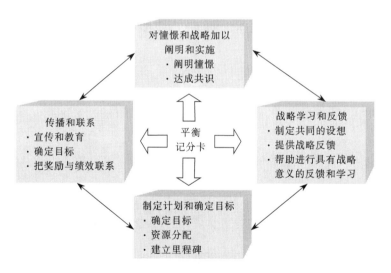

图 9 - 10　应用于战略管理的平衡记分卡

显然，无论是从何种角度提出的组织和流程层面的绩效管理模型，其着眼点都是组织或流程部门（团队）的整体运作，其核心在于决定组织的战略和部门的任务目标，并通过组织结构、技术、经营体系和程序等手段来实施。从动态发展的角度看，组织绩效是相对于企业在生存和发展过程中所要达到的组织目标而言的。企业作为一种在市场环境中生存发展的社会经济组织，自然具有创新学习目标、运作效率目标、市场营销目标和财务盈利目标等多维的目标追求。相应的，组织和流程层面的绩效管理，就是为了从宏观层面上来把握和实现这些多维度的绩效目标。尽管员工个人对组织绩效的实现有相当程度上的影响，但他们并不是组织绩效管理考虑的主要对象。在这里，组织的工作方式、组织结构、竞争策略以及相应的整体人力资源系统才是组织和流程层面绩效管理真正关心的问题。

2. 微观的绩效管理视角——员工个体层面的绩效管理

与组织和流程层面的绩效管理相对应的是员工个体层面的绩效管理，该领域的研究侧重于组织中的单个员工，研究应采取何种措施来提高其绩效水平。具体而言，员工个体层面的绩效管理是一系列以员工为中心的干预活动，在这些活动中，员工通常以被管理者和被评价者的角色而出现，其基本思想遵循的是如图 9 - 11 所示的封闭循环系统。在系统中，通过连续不断的反馈、控制和提升来保证充分开发和利用每个员工的资源，以提高组织的绩效。

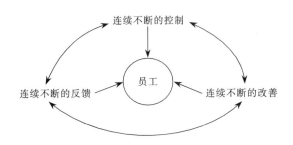

图 9 - 11　员工个体层面绩效管理的基本思想

然而，对于员工绩效管理的要素构成，学者们的观点并不相同。Ainsworth 和 Smith（1993）提出了绩效管理的反馈回路模型，认为绩效管理周期包括了计划、评价和反馈三个阶段，其模型主要强调了绩效管理事后控制的重要性。与其相似，Quinn（1987）也提出了一个三步过程：计划、管理和评价，从而将事中控制引入到绩效管理系统中（如表 9 - 2a 所示）。随后，Heisler 等人（1988）对绩效管理进行了延伸，将绩效评价结果的应用也运用到绩效管理模型中，从而总结出员工绩效管理过程的四要素：指导、加强、控制和奖励（如表 9 - 2b 所示）。Warner（2002）则考虑到了员工未来发展对绩效提升的重要性，在绩效管理中引入了胜任能力概念，并将其作为绩效管理的要素之一，也提出了一个四要素模型，从而将员工绩效管理的事前、事中和事后控制结合为一体。

表 9 – 2a　　　　　　　　　　　　绩效管理的要素

计划	管理	评价
确定绩效指标	监督行为和目标	员工和管理者之间的正式会议
明确工作行为	强化与其行为和目标的实现程度	书面记录
明确绩效衡量的基础 为员工的行为提供指导和初始动力	修正不道德行为 提供控制	关注未来和员工的发展 计划的调整核心目标的建立

表 9 – 2b　　　　　　　　　　　　绩效管理的要素

指导	强化	控制	奖励
关键产品领域 绩效指标 要求的行动	目标设定 对雇员行为的预期	监督 提供反馈 重新行动 发展	评价 加强

资料来源：理查德·威廉姆斯：《组织绩效管理》，清华大学出版社2002年版，第18页。

可以看出，无论是员工绩效管理的三因素模型还是四因素模型，都是将针对员工个体的绩效管理周期性活动视为一个封闭的系统，其管理的重点完全放在了员工的业绩上。这里隐含的前提假设是：组织的"宗旨"和组织的目标已良好地设定并加以说明；组织分部门（部门、流程或经营单位）的目标已经在关键的产品领域内设定；高级管理群体已经确定了组织的竞争优势和价值增值范围；进一步，所有这些已经向所涉及人员传达，并获得了他们的理解。在以上假设的基础上，对员工个体层次的绩效管理设计了一系列针对性的管理活动，以期通过员工自身的努力提高其个人绩效。如图 9 – 11 中所示，员工个体层次绩效管理的各种基本活动都是指向员工的，更多的情况下控制是其思想的基础。这种将员工绩效产生过程与组织氛围相分割的绩效管理理念的深层含义是：在目标已定的情况下，员工个体努力方式和努力程度决定着他们的绩效。但 Storey 和 Sisson（1993）指出，这类绩效管理模型中，雇员绩效管理被赋予了过高的战略重要性，单纯以雇员为对象的绩效管理对提高组织绩效而言是片面的。

9.4.2　绩效管理的综合与知识型员工绩效管理的界定

　　事实上，对于上述提到的绩效管理在宏观层面和微观层面割裂的现象，早已引起了学者们的关注和研究。Incomes Data Services（1992）认为，"绩效管理的核心目标是开发员工的潜力，提高他们的绩效水平，同时把雇员的个人目标与企业战略结合在一起，使公司的绩效得以改善"。Costello（1994）则认为，绩效管理的真正含义应当是"通过将各个员工或管理者的工作与机体的整体使命联系在一起，来强化公司或组织的整体经营目标"。与此相似，Mcafee 和 Champagne（1993）提出了一个更为综合的绩效管理模型，试图通过该模型将宏观的绩效管理与微观的绩效管理结合起来（如图 9 - 12 所示）。

　　他们认为，结合的途径就是组织目标的分解与传递，并通过上下级互动的方式，使这种目标最终为员工所接受。该模型可视为组织与员工层面绩效管理的简单叠加，达到这一叠加效果的简单桥接就是图 9 - 12 中的转化过程——组织目标和标准的传达。

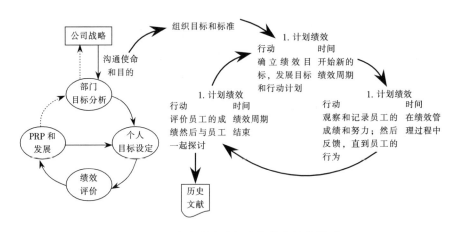

图 9 - 12　麦克菲和查佩奇的综合绩效模型

　　在现实的员工绩效管理中，McAfee 和 Champagne 模型最明显的表现就是近年来流行起来的企业关键绩效指标（KPI-Key Performance Indication）思想。该种绩效管理的基本理念是："对任何企业和员工来说，如果结果满意，那么关键成功因素就是能够保证组织成功实行竞争性绩效的为数不多的几个因素。企业要想发展，就必须实现关键成功因素"。[1] 于是，KPI 便成为企业实现关键成功因素的衡量手段。首先，确定企业的战略目标，并通过头脑风暴法或鱼骨分析法，找出企业的业务重点，即企业级 KPI；然后，各系统的主管对相应系统的 KPI 进行分解，分析绩效驱动因素（技术、组织、人），得到部门级 KPI；接着各系统主管和部门人员共同将 KPI 进一步细分，分解为更细的职位业绩衡量指标——职位 KPI。以 KPI 为核心的绩效管理模式如图 9 – 13 所示。[2]

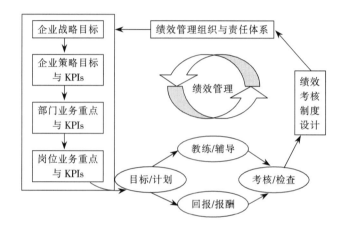

图 9 – 13　以 KPI 为核心的绩效管理模型

资料来源：张建国、徐伟：《绩效体系设计——战略导向的设计方法》，北京工业大学出版社 2003 年版，第 45 页。

上述将宏观与微观层面的绩效管理相结合的方法虽然有一定的道理，并且在企业现实的员工绩效管理操作中收到了一定的成效。但是当以 KPI 思想为代表的综合绩效管理方法应用于知识型员工的绩效管理时，仍存在一定的缺陷，主要表现在：

---

① 安德烈·德瓦尔：《成功实施绩效管理》，电子工业出版社 2003 年版，第 12 页。
② 张建国、徐伟：《绩效体系设计——战略导向的设计方法》，北京工业大学出版社 2003 年版，第 45 页。

1. 关键成功因素的分解自上而下，其中仍内含有目标管理的烙印

虽然，在确定员工个人绩效目标时，以 KPI 为核心的绩效观强调了管理者与雇员的互动，但这种互动是在上层目标既定的情况下进行的，而上层目标最终来源于企业的战略宗旨。实质上，这个过程是一个以战略实现为中心的业务目标管理过程。如前分析，在工作开展之前，某些知识型员工的工作目标是很难确定的，它取决于顾客模糊的需求。对于这样一些工作，只能给出一个大致的任务要求轮廓，却难以定义关键的工作目标。因此，过于清晰的绩效指标有可能只是管理者的愿望，而非顾客的真正所求。

2. 适用于具有固定工作特征的固定工作岗位

多数情况下，员工 KPI 的分析与确定都是建立在工作分析和岗位分析基础上的，因此对于具有固定工作特征的固定工作岗位，KPI 一经分解落实，便可在较长时间内不作较大的改动。但对于知识型员工而言，共性工作的减少意味着其绩效活动的动态性。以完成上级目标为中心，而不是以任务为中心的 KPI 指标体系设计，显然不能适应这种具有动态特征的任务。

3. 绩效管理过程中的反馈要求似乎预示着管理者要远比员工高明

McAfee 和 Champagne 建立的综合绩效模型以及 KPI 模型，在实施过程中都强调要对员工活动及时提供反馈，并加以指导和建议。显然，这类指向员工的反馈活动的潜在含义是管理者要比员工高明。事实上，在领导那些属于专家性质的知识型员工时，在工作任务所要求的专业技术知识方面，管理者常常远不及他的下属，更谈不上如何去指导和建议。

事实上，产生上述缺陷的根本原因在于，这些模型并没有摆脱传统员工层面绩效管理的固有弱点，即假设在既定目标的情况下，员工是决定绩效的惟一力量。模型并没有全面考虑绩效管理中"绩效"的系统含义，

仅将目光聚集于员工，而不是任务，从而割裂了绩效管理与其他人力资源管理手段和其他组织管理方式之间的联系。

现实中，大部分绩效是系统因素共同作用的结果，而非员工个人使然，这对于知识型员工而言，更是如此，因为其所从事的工作知识密集程度高、任务不确定性大、需要广泛支持与合作等。知识型员工的绩效提升既是组织绩效提升的原因，也是组织绩效提升的结果。传统意义上的绩效管理定义，无论是宏观层面的、微观层面的还是综合性的，都仅仅注意到了前一方面，而忽视了后一方面。因此，有必要对知识员工的绩效管理进行更为准确的界定如下：

知识员工的绩效管理是一个员工绩效管理与组织绩效管理互动的过程，在该过程中组织与知识型员工进行充分的互动，一方面组织通过全面而合理的绩效评价维度和恰当的激励措施提升员工的绩效水平，另一方面知识型员工在信任的环境与氛围下通过沟通产生组织改进，并获得组织对其绩效行为的支持，从而使知识型员工为组织创造出最大化的现有和未来基础上的绩效价值。

§9.5　知识型员工绩效管理模型的构建

对知识型员工的绩效管理而言，明确了其绩效的真实含义只是对其进行有效管理的第一步，而科学构建知识型员工的绩效管理模型才是后续工作的保障。

9.5.1　基于传统绩效观的绩效管理模型及其不足

基于传统的绩效观念，很多学者提出了相应的员工绩效管理模型，其中，最具综合性和影响力的模型是由坎贝尔等人（Campbell et al, 1993）于 1993 年提出的。坎贝尔模型主要阐述了两个问题：对绩效决定因素的剖析以及对绩效成分的划分。

坎贝尔等人认为，尽管影响人力绩效的因素有很多，但最终能够影响绩效的关键因素其实只有三个：（1）知道做什么——陈述性知识，也就是事实和事物的知识。（2）知道如何做——程序性知识和技能。（3）想不想做——动机，被定义为选择行为，又包括三个方面：选择是否去做；选择所做的努力程度；选择做这种程度的努力所坚持的时间。对这三个影响因素间相互关系的描述见表 9 - 3。

表 9 - 3　　　　　　　　　　影响工作绩效个体差异的决定因素

直接决定因素		
PG_i[①] =f{描述性知识（DK）×程序性知识（PKS）×动机（M）} 其中：i=1, 2, …, k		
绩效组成	·事实	·认知技能	·执行的选择
	·原则	·心理活动技能	·努力水平的选择
	·目标	·体能	·努力期间的选择
	·自觉	·自我管理技能	
		·人际技能	
间接决定因素[②]		
DK = f[（能力、人格、兴趣），（教育、培训、经验），（能力倾向 - 处理的交互作用）]		
PKS = f[（能力、人格、兴趣），（教育、培训、实践、经验），（能力倾向 - 处理的交互作用）]		
M = f（在动机的研究和理论中约定的自变量）		

　　注：①显然，条件效果的不同，比如设备质量、职员支持程度或工作条件性质的不同，也可以产生绩效差异。但就本绩效模型的目的而言，（从经验上、统计上和判断上）假定这些条件保持不变。
　　②个体差异、学习和动机控制只能通过提高陈述性知识或程序性技巧，或是通过影响上述提到的三个选择（也就是影响动机）来影响绩效。

　　显然，坎贝尔等人认为，员工绩效产生的直接原因是知识、技能和动机的某种函数，这三个决定因素来自于三种完全不同的前提：个体的特性、以往的学习经历以及二者之间的交互作用。换言之，员工所拥有的知识和技能既是人的个体内部因素（他的能力和性格等）的函数，也是他的个体外部因素（如所受到的教育和培训等）的函数。因此，这些前提因素可以被认为对绩效有着间接的影响。同时，坎贝尔等人还指出，人力资源管理可任意使用的干预权力只有在改变了一个或更多的直接决定因素时，它们才能对绩效产生影响，即主张在一般认知能力和人格差异的基础上进行选拔，并实施相应的培训和激励干预。在坎贝尔等人看来，知识、技能以及选择行为并不是绩效本身，员工个体绩效上的任何差异都是由个体在知识、技能和选择行为上的个体差异的联合作用（Joint Function）造成的。因此，对员工绩效的管理如果没有考虑到这三个决定因素中的一个或更多因素所产生的任何影响，都将造成决定性因素的缺失。

　　坎贝尔等人的这种观点暗示了对绩效的管理过程就是对情境的处理过

程，而情境的变化则是处理的结果。一般情况下，有两种情境变化：一种是工作本身的变化，以及由此产生的绩效需求的变化；另一种就是尽管工作需求保持不变，但个体的知识、技能或选择行为发生了改变。例如，像工作重新设计这种干预措施可能就同时包含了上述两种改变，也就是说，在工作重新设计的过程中，任务内容发生改变，对技能的需求也发生改变，而且由于新的任务内容为更多的努力提供了更为实质性的奖励，这种干涉也可能改变选择的行为。

在明确了员工绩效的决定因素的基础上，坎贝尔模型进一步指出了员工绩效的构成成分。坎贝尔对于绩效的定义是建立在行为主义基础上的，他的模型其实包含了这样一个概念，即目前所有工作、职业、职位的绩效都是多维的，而且每一维度都代表了一类相似的行为或动作（如团队成员的角色绩效）。在利用已有文献的基础上，坎贝尔模型归纳出了员工绩效的八个主要要素或组成部分：

1. 细化工作的任务精通程度

这是个体在关键的实质性或技术性任务上的表现，也是一个工作或职位区别于其他的工作或职位的实质内容上的表现，而这就是反映熟练水平的第一个因素。但关键问题是，这个因素是否是每一个工作、职位或劳动力角色的独特规范，或者说，是否存在这样一个可以对多数的工作或职位有一种类似规范的主要专家领域。

2. 非细化工作的任务精通程度

该因素反映了实际上在每个组织（或许并不是所有组织）中，个体都需要完成的那些非特定工作的绩效行为。

3. 书写和口头交流的精通

许多工作都需要个体向接受汇报的人做出正式的、口头或书面的报告，而这些听众可能是一个也可能是多个。对于要从事这种工作的人，不管其主题是否正确只要能够精通书写和演讲，这就是绩效的一个关键成分。在讨论到绩效问题的时候，"沟通不足"经常是对大量困难的一个概括描述。但是，这个因素并不是指知道应该说什么和什么时候说，而是指既定的语言和书面的任务或作业。

4. 所表现出的努力

该因素直接反映了个体在需要的时候能够付出额外的努力，以及在不利条件下能够继续工作。它还反映了个体为所有的工作任务负责的程度，以及在高强度水平下能工作，并且在天冷、潮湿或者夜晚的情况下也能连续工作的情况。

5. 保持个人纪律

这个成分是依据消极的或者是达不到预期目标的行为程度进行划分的，例如可以避免在工作的时候酗酒以及物质滥用，违反法律或规章，缺勤过多等，这也反映了对时间和技能资源的自我管理的精通。

6. 有助于同事以及团队的绩效

该因素代表了个体支持他或她的同事，帮助他们解决工作中的问题，以及表现出一个实际的培训者的行为的程度。它也包括个体如何能通过树立好的榜样来保持团体的直接目标，以及增强其他团体成员的参与，从而促进团体功能的发挥。在领导力和团体动力学的文献中，这个因素下面还包括两个子因素水平，例如，在下一个较低的水平上有两个相互平行的起动结构：对目标达成的支持以及由团体动力学发展来的对团队成员关系的维护。

7. 监督/领导力

在监督成分上的精通包括所有通过面对面的人际交往和影响力而对下属绩效产生直接影响的行为。主管为下属设定目标，传授给下属有效的方法，树立恰当的榜样行为，并且以恰当的方式进行奖励和惩罚。这个因素与上一因素之间的区别就是同事领导力和主管领导力之间的区别。上一个因素和这个因素都可以利用以往的有关领导行为的因素结构或分类的理论和研究进行解释。

8. 管理/实施

第八个因素试图包含那些在管理中与直接监督不同的主要元素，例如，为单位或企业设定清晰明白的目标、对人以及工作中所需资源的组织、对进步的激励、帮助解决在完成目标的过程中遇到的问题或者是帮助克服目标完成过程中的危险、控制支出、获得额外的资源，以及在与其他单位交涉的过程中能够表现出自己。

应该说，坎贝尔的员工绩效管理模型是迄今为止较为成功的一个绩效管理模型。在绩效本身与绩效的决定因素之间的区别，以及绩效直接决定因素与间接决定因素之间的区别方面，坎贝尔等人做出了大量的工作。该模型对绩效影响因素的阐述为以提升员工个体绩效为目标的人力资源具体政策制定提供了理论上的依据，直接决定因素和间接决定因素的划分则为绩效管理过程的情境处理提供了方法论上的指导，同时，它对员工绩效构成的详细分析也为员工绩效的考评实践提供了一个现实的框架。

然而，员工绩效管理的坎贝尔模型并非十全十美，仍然存在着致命的不足之处。

其一，在员工绩效的决定因素方面，虽然模型提出了直接与间接决定因素的划分方法，并进行了系统归纳，但该种划分依然忽略了一些影响员工绩效的关键因素。而且，尽管模型提出绩效管理的过程就是一个情境处理的过程，但还是把员工绩效的决定因素简单化了。模型仍然是站在员工自身的角度上来考虑员工绩效的提升方法，并没有采用更为系统化的方法，跳出员工之外，站在环境的角度上考虑员工绩效产生的原因。

其二，在员工绩效的构成方面，虽然该模型集其他绩效维度分类方法于一身，将员工绩效成分进行了八维度划分，但这种模式似乎太过复杂了（杨杰、方俐洛、凌文铨，2001），而且，"由于缺乏具体的经验测试，这个模型还只是处于推测阶段"（威廉姆斯，2003）。另外，考虑到知识型员工好学敏思的特性以及企业利用知识管理培育核心竞争力的要求，这种绩效分类模式在知识型员工的绩效构成上又有所缺失。

当然，该模型也为探讨知识型员工的绩效管理提供了某些思路，正是通过对该模型的借鉴与改进，笔者提出一个更符合知识型员工特点的绩效管理模型。

🖝9.5.2　知识型员工绩效管理的系统思考

概括而言，传统的员工绩效管理方法（包括坎贝尔模型），都是建立在"比较"基础上的，"比较"通常采用了两种方式：将员工与他人比较以及将员工与自己过去的绩效进行比较。

事实上，无论什么时候，只要有多人或多部门做着相同或相似的工作，企业主管就有比较其绩效的习惯，理由就在于：（1）在员工之间引入竞争机制；（2）鼓励绩效差者向绩效好者学习。然而，为了达到这两个目的，是否必须在业绩优劣间进行比较？竞争机制的引入无疑有利于员工自身潜能的激发，但同时也会导致员工之间对抗情绪的存在。这在基于个人基础上的传统组织中，负面的效应或许并不明显，对由知识型员工基于功能互补需要而组建的合作团队而言，相互竞争所产生的本位主义倾向便有可能诱发知识型员工的个人化行为和短期行为，从而降低组织系统整体的运作效率。而对于鼓励学习的目的而言，其效果则应视情况而定。如果比较绩效是出于促进学习，则其前提是绩效好的员工有值得其他人学习的方面。但现实中有两种可能性需要排除才能保证这个前提条件成立：两者的工作差异表现在能力和个人特质方面，而不是方法方面；以及两人虽然做着相同的工作，但并非处于相同的工作环境中。显然，对于个性强烈而又经常不断面临新挑战的知识型员工而言，这两种可能性往往难以排除。更重要的是，基于相互比较思想上的绩效管理方式，其管理的焦点常在于"奖优罚劣"，而不在于绩效能否"持续提高"。

上述问题的存在，要求管理者必须以系统的思想来处理知识型员工的绩效管理。系统思考的方式能够使管理者不仅观察事件本身，而且能深入到其相互作用的模式以及影响这种模式的潜在的结构中。一旦管理者了解了事件的真正原因，就能够站在更高的角度上做出进一步反应。事实上，"工作体系中的员工绩效是由人们在最优化相互依存的各种因素时的效率决定的，因为那些相互依存的因素最终影响着人们所要创造的绩效"[①]。对于知识型员工的绩效管理而言，除了个体差异、以往的学习经历等个性因素影响着其绩效外，知识型员工所处的工作情境同样也在对其绩效结果

---

① 詹姆士·S·珀皮顿：《员工绩效顾问》，人民邮电出版社2004年版，第40页。

产生着作用。正如 Blumberg 和 Pringle（1982）所言，工具、设备、材料及供应品，工作条件，同事的绩效，领导的绩效，指导，组织政策、规章和程序，信息，时间，报酬，这些因素都在或促进、或抑制着员工的绩效表现。换言之，从系统论的角度看，知识型员工的绩效结果是其自身努力和环境（包括其他同事的支持和影响）共同作用的结果。因此，在对知识型员工的绩效管理进行考察时，应该运用系统的思维进行，以避免片面性错误的发生。

9.5.3 知识型员工绩效管理模型的构建

1. 知识型员工的绩效管理模型

如前分析，按照系统论的观点，员工绩效水平是由员工个人特征和工作环境（包括团队）这两种相互依存的因素共同作用决定的，是个人绩效与团队和环境绩效的函数，完全不同于由个人决定绩效的传统绩效观。当然，对知识型员工进行绩效管理的目的也有别于传统的奖惩观，而更侧重于对专业知识资源进行系统且有目的的运用，以最大化组织能力和提升个人绩效。因此，尽管传统的绩效管理模型具有一定的优点，但显然不适用于知识型员工的绩效管理，而应该重新构建。为此，笔者在前文关于知识型员工绩效分析的基础上，结合知识型员工的特征、工作性质和工作机理，吸取传统绩效管理模型的优点，构建了一个针对知识型员工的绩效管理的全新模型（如图 9－14 所示）。

如图 9－14 所示，知识型员工绩效管理模型的基本思想源自系统理论的"投入——转换——产出"思想，该模型包含了三个主要部分：绩效的前提/影响因素；绩效的决定因素以及绩效产出。其中，绩效的前提/影响因素和决定因素是影响并决定知识型员工绩效产出的因素，而绩效产出则是知识型员工的成果表现。同时，绩效产出中的各构成部分又对绩效的影响和决定因素具有相应的反馈作用，从而使得绩效管理系统具有重复投入和循环能力。

具体而言，同坎贝尔模型一样，知识型员工的绩效管理模型也主要包含两大内容：知识型员工绩效的影响和决定因素以及知识型员工绩效的成分构成。就知识型员工绩效的影响因素而言，根据前文分析，在知识经济

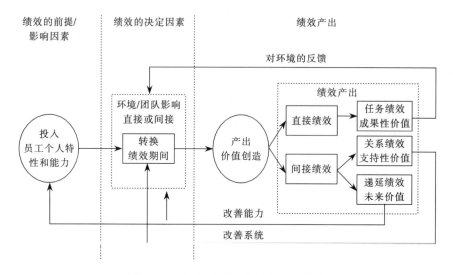

图 9 - 14　知识型员工的绩效管理模型

时代，知识型员工的个性特征和能力特征都明显不同于传统员工，而且，在知识型员工个体之间也存在着差异，表现在工作任务方面就是完成任务的能力及其成果产出不同。换言之，知识型员工所掌握的陈述性知识、程序性知识和技能不同，将直接影响到其任务完成能力并影响到最终的绩效产出。因此，在本模型中，知识型员工的绩效影响因素主要是员工的个性和能力特征。[1]　当然，就知识型员工的绩效管理而言，本模型认为，具备完成相应工作任务的能力是企业选聘该知识型员工的前提条件，因此，它并非绩效管理模型所关注的重点。就知识型员工绩效的决定因素而言，除员工个人运用相应知识能力外，根据前文分析，环境的影响和团队的协作对工作任务的完成具有决定性影响，同样，对组织和团队的贡献也是企业获得价值增值的关键。因此，在对知识型员工绩效的管理中，对这些绩效决定因素应该给予足够的重视。就知识型员工的绩效产出而言，根据前文对知识型员工绩效的定义，应该主要考察其对企业/团队、客户和本人三个方面的价值创造，因此，其构成应该包含工作任务的直接成果（任务绩效）、对企业和团队的贡献成果（关系绩效）以及对个人和企业/团队的知识积累成果（递延绩效）。其中，任务绩效体现的是知识型员工的工

---

① 模型假定，对于同样的工作任务，企业所投入的其他资源是相同的，因此，在投入阶段，各员工间并不存在除个人特性和能力方面的差异。

作任务完成情况，它反映了知识型员工的工作结果对企业、对客户的价值；关系绩效基本等同于 Borman 和 Motoweidlo（1993）提出的"关系绩效"，是指那些可促进任务绩效，从而提高整个组织有效性的自发性行为，如自愿承担本不属于自己职责范围内的工作，协助团队成员，并与之合作完成任务作业活动等；而递延绩效则指员工通过过去一段时期的工作行为所积累的能够提升组织适应能力以及为组织的未来继续做出贡献的能力，例如，员工个人在完成工作任务过程中的知识、经验积累，以及对组织/团队的知识积累贡献等。

可以看出，该模型与坎贝尔绩效管理模型显著不同，且较坎贝尔模型有很大的改善，主要表现在：（1）降低了知识型员工绩效的影响因素在绩效管理模型的比重。将陈述性知识、程序性知识和技能作为知识型员工进入绩效期间的先决条件，由组织的人事选聘工作予以保证，一旦知识型员工进入任务岗位，其绩效期间的决定性影响因素就主要取决于员工的行为及所处的工作情境。这样，就使绩效管理的重心后移，更加关注绩效期间的因素和绩效产出。（2）明确并简化了知识型员工的绩效构成。在坎贝尔模型中，员工绩效的成分被划分为八种维度，这无疑过于繁琐而又对知识型员工的针对性不强，考虑到过去文献对员工绩效的基本观点、组织知识管理的需要以及知识型员工自身的特点，本文采用了一种全新的三维度划分方式，将绩效构成分为任务绩效、关系绩效和递延绩效。（3）使绩效管理过程动态化、全程化和循环化。在坎贝尔模型中，绩效的决定是一个单向的过程，但事实上当组织被视为一个系统时，系统中各要素之间的作用是相互的，因此，本模型中引入了反馈机制以使知识型员工绩效的决定过程能够动态化，从而将绩效管理的事前、事中和事后控制结合在一起。

2. 知识型员工绩效管理的展开

如前分析，知识型员工的绩效管理是一个员工管理与组织绩效管理互动的过程，包括绩效评价和绩效提升两个方面，其中，绩效评价是手段和工具，其目的是在对知识型员工的绩效进行科学、准确评价的基础上，全面提升员工个人与组织的绩效。

尽管绩效评价并非绩效管理的目的，但其在绩效管理中的作用异常重要。因为与传统的一般员工不同，知识型员工并不是在简单、稳定和可预见的环境下从事专门化且明确定义的任务和方法的"工作",其所从事的是知识要求高、结果的不确定性大的工作任务,而且往往是非程序性较强,通常以团队的方式合作进行。这种情况下,其绩效并非仅由个人因素决定,而是个人因素和情境因素(包括团队)的函数。因此,在对知识型员工的绩效进行评价时,必须综合考虑。笔者认为,应该根据上述绩效管理模型从任务绩效、关系绩效和递延绩效三个方面展开系统分析。

在绩效评价的基础上,企业就可以根据知识型员工的绩效实现情况,与员工一起分析其不足之处,并探寻相应的原因,进而采取相应的措施进行改进,已达到绩效提升的目的。根据上述绩效管理模型,除自身因素外,影响知识型员工绩效的还有情境因素,因此,在对知识型员工进行绩效提升时,应该对此加以充分考虑。笔者认为,可以从工作内容、员工情感或精神以及物质激励等方面采取相应的措施。

第 *10* 章

知识型员工的绩效评价机制

在现实生活中，绩效评价的内容往往决定了人们行为的方式，因此，绩效评价一般被视为人力资源管理的敏感地带，也被认为是绩效管理的重点（张体勤，2002）。同样，管理知识型员工所面临的最大的挑战之一也在于如何科学合理地评价他们的价值。然而，传统的绩效评价流程和内容并不适于知识型员工，这样，在对知识型员工进行绩效评价时就应寻求更具动态化特征的管理流程和方法，以获取满意、科学的评价效果。

§10.1 知识型员工的绩效管理流程与绩效契约分析

如前分析，知识型员工的工作结果固然重要，但绩效管理却不能局限于对结果的评价方面，绩效管理的根本目的在于提升组织和员工个人的绩效，并满足利益相关者及知识型员工本人的需要。事实上，结果来自于流程，只有好的流程才能产生好的结果。因此，知识型员工的绩效管理应当是基于工作流程的管理；并在流程运作过程中通过事前、事中和事后的全方位控制，努力排除造成绩效偏差的各种因素，从而提高知识型员工的绩效水平。

☞ 10.1.1　知识型员工的绩效管理流程

"流程"是互动的系统、过程和方法，即运用资源将投入转换为产出的各种条件和因素，它包括三个要素：输入、输出和活动。

对知识型员工的绩效管理而言，选择什么样的管理流程至关重要。美国管理学者 Scholtes（1998）曾以交货过程为例，运用机会流程图探讨了不合理的流程活动对管理所造成的浪费，证明了在一个被复杂化了的流程中，不能带来附加价值的活动将占总活动的 90% 以上。因此，选择恰当的流程对管理工作结果的影响程度是不可忽视的。

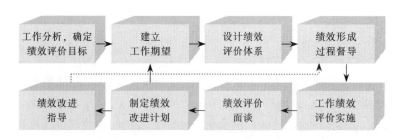

图 10 - 1　传统的绩效管理流程

就传统的绩效管理流程来看，绩效管理本质上是一个围绕员工个体而制定的封闭循环（如图 10 - 1 所示）。这种绩效管理方式是针对一般员工的特点而设计的，该类员工大都从事固定流程上特定内容的工作，其行为的很大部分都已被事先规定和标准化，在提供一些基本培训的前提下，这类工作基本上能被顺利完成，工作绩效主要以数量标准来衡量（如数量、时间、产值、费用）。显然，这一流程设计的基本假设就是：工作内容在一定时期内是稳定不变的；员工与工作岗位是匹配的；工作绩效是可预期的；工作过程是可监督的；主管能够指导任务的完成。

然而，传统绩效管理流程的前提假设对知识型员工而言却并不适用。知识型员工所从事的工作并不是以固定内容为中心的，其行为大都围绕着具体任务或项目而展开。知识型员工所要完成的任务或项目通常是独特的、开拓性的，并且任务的完成需要多方面的协助，任务成果也要同时满足多方面的需求，绩效主要以质量来衡量（如满意度、创新程度、形象等）。在更多的情况下，领导知识型员工的主管们并不具备其下属所拥有的知识和技能，因此，他们除了给下属分配任务、激励下属和控制任务进度等外，并不能给下属的工作给予具体的指导。在这种情况下，知识型员工的绩效管理流程应当表现出与传统员工绩效管理流程不同的要素特点。知识型员工绩效管理流程的输入——输出关系可用图 10 - 2 表示。

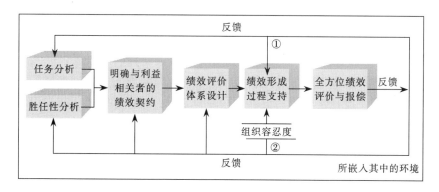

图 10 - 2　知识型员工的绩效管理流程

注：①知识型员工绩效形成过程中得到的事中反馈。
②某些知识性工作条件下，任务原预计完成期限已至，但任务尚未完成时，对是否需要任务延期的反馈。

概括而言，知识型员工的绩效管理流程主要包括了以下几方面的活动：

1. 任务分析

该活动的意义在于明确定义知识型员工的任务。清晰的任务定义是知识型员工取得良好绩效的重要前提，任务的定义将明确团队工作的范围和标准，而这种定义则是建立在对任务需求者，即顾客（内部的或外部的）的准确需求分析基础上的。此时，"效率之外的效能"是对知识型员工提出的一项新的任务要求。一项任务最终的产出不能使用或者说未满足顾客的要求都应当视为一种失败，尽管它是在预定期间和预算经费内完成的。现实中，这种情况并不鲜见。这种情况下，产出也许是由某种自上而下的方式产生的，这反映了高层管理者对用户需求的看法恰好与顾客的实际需求相反；也可能反映了系统设计仅仅是出于知识型员工专家的观点，而实际上却根本不是顾客的真正需要；甚至或许连用户自己也说不清楚真正的需要是什么。在很多情况下，任务分析的不完善会导致知识型员工工作成本的增加。任务分析的内容主要包括以下要素：彼此预期的结果，包括目标与达到目标的时限；达到目标的原则、方针和行为的限度；相互的协作关系及可供知识型员工使用的物力、技术和组织资源；评定绩效的标准与考核期限；以及针对评价结果设定的下一步行动措施和奖惩。

2. 胜任性分析

这是知识型员工绩效管理模型中的前件因素，是有关知识型员工个人特征的分析。胜任性分析的内容包括两个方面：对任务完成所需知识和技能的分析，以及在协作完成任务条件下对知识型员工人格特性的分析。对前者的分析，其主要目的在于根据任务需求的特点不断识别知识型员工的知识、能力，以满足任务完成的需要，其测度的方法可以运用（Spencer，L 和 Spencer，M，1993）在麦克伯（Mcber）能力模型基础上提出的工作能力评价阶段模型。分析后者的原因在于，通常情况下，一项开创性任务的完成需要不同类型的、具有不同知识和专业技能的多名知识型员工组成团队、通力合作才能够完成，这就需要团队成员在个性心理特征上的相互匹配。对知识型员工人格特性的分析可以使用"Thomas-Kilmann 冲突模式测试"、"Myers-Briggs 类型分析法"，或者运用近年来较为流行的"NEO-PI 人格测量问卷"。

值得注意的是，胜任性分析与任务分析在知识型员工绩效管理流程中所处的位次并非是确定的，具体安排要视任务的紧急程度、复杂程度以及知识型员工的岗位特性而定。

3. 明确与利益相关者的绩效契约

任务分析与胜任性分析的自然结果就是知识型员工与其利益相关者之间达成相互的绩效契约。这有些类似于传统绩效管理流程中的绩效期望，所不同的是，知识型员工的绩效契约或期望是多维度、多方向的，同时也是相互的。通过对自身任务要求的明晰过程，知识型员工明确顾客（内部或外部的）、同事、主管、下属以及组织对自己的期望与要求；同时，各利益相关者承诺知识型员工，为其完成任务绩效而提供所需的各种资源与支持；在这一过程当中，知识型员工提出自己在任务完成后所应得到的物质上的和技能上的回报。

4. 绩效评价体系设计

该体系的设计应当全方位的反映各利益相关者以及知识型员工本人对任务完成后所应达到绩效的期望，而指标的设计应以战略相关、顾客相关、无缺陷、无污染、可靠为原则。[①]

5. 绩效形成过程支持

与一般员工不同，拥有独特的专业化技能是知识型员工的一大特性，这就决定了，在绩效的形成过程中，主管往往难以向知识型员工提供具体的工作指导。而主管的责任已退化为组建工作团队、激励员工工作、培养队伍的凝聚力以及对任务进度和需求变更的及时反馈。在此阶段，主管以及组织能影响知识型员工绩效的另一项任务，就是为知识型员工提供技术、资源和心理上的工作环境，为知识型员工绩效进程提供外部的支持与保障。而这也是提升知识型员工绩效的内容之一，因此，此处的绩效评价与绩效提升活动实现了融合，并深嵌于外部组织环境之中。

6. 全方位的绩效评价与报偿

该活动的目的在于对知识型员工的绩效进行评价，并在此基础上对知识型员工给予相应的报偿。绩效评价起始于对任务的分析定义，依据的是各利益相关者之间所达成的绩效契约。这一活动包括了两种类型的评价：任务进程中的评价，目的在于对知识型员工工作绩效的事中控制；任务时限到达时的评价，目的在于对知识型员工整个绩效期间各方面表现的衡量。评价的形式应当是灵活的，视绩效契约而定，且评价的结果最好由利益相关者做出。评价的目的不在于追查责任，而是通过持续的对流程和人员行为的反馈来解决那些影响绩效提高的问题，在统计数据的支持下，识别出那些真正突出的业绩和真正低劣的业绩，寻找减少系统共同因偏差和

---

① 付亚和、许玉林：《绩效考核与绩效管理》，电子工业出版社 2003 年版，第 32～33 页。

特殊因偏差的措施。同时，拥有杰出绩效的员工将受到额外的、符合其价值观回报的奖励；而低劣业绩的产生者也将受到相应的惩罚。

7. 反馈

需要指出的是，在以上绩效管理流程中，反馈应当是无处不在的，它基于系统要素之间互动关系的需要而产生，是知识型员工绩效系统改善的源泉。知识型员工绩效管理流程中的反馈分为两种类型：基于绩效事中控制的反馈，以及基于绩效事后控制的反馈。但应注意，与传统的、相对静态的绩效管理流程不同，知识型员工绩效管理的流程更具动态化的特征。如前分析，知识型员工所从事的往往是具有开创性和挑战意义的工作。在许多情况下，事先拟定的绩效契约中所规定的时限标准未必能够反映任务绩效的真实要求。有时，一个能够为公司带来巨额潜在利润的项目任务没有如期完成，其责任并不是知识型员工个人不努力或力所不及造成的，而在于任务本身的艰巨性、复杂性或者其他系统因素的影响。此时，对知识型员工的工作绩效应当给予客观公正的评价，并对该项任务的时间、成本、收益及任务进行的外部环境等予以重新评判，以决定此任务是否应当继续下去。3M 公司的第 11 条戒律——"你不应该扼杀在开发产品方面的新思想"——正反映了这一问题。任务是否继续下去，除受任务特征和系统因素的影响之外，还取决于组织的特性，即组织的容忍程度（见图 4-2 中注释②）。一个支持创新、对失败持宽容态度的组织更倾向于允许项目进行下去，而一个具有相反特性的组织，则可能命令知识型员工的工作到此为止。虽然不同的组织，其容忍程度各不相同且难以衡量，组织对任务是否延期的态度也要视项目的具体情况而定，但这确实是组织在管理知识型员工，尤其是从事开创性工作的知识型员工绩效过程中，可能会经常遇到的问题。对于这种不同以往的反馈形式，组织应予以注意。

☞10.1.2　知识型员工与利益相关者的绩效契约关系

根据 Freeman（1984）的观点，任何能够影响组织目标的实现或被组织目标的实现所影响的群体或个人都是组织的利益相关者。而知识型员工的绩效契约是知识型员工与其利益相关者相互关联关系作用下的结果，这些利益相关者都对知识型员工的任务过程或结果抱有某种期望，并对知识型员工提供某种资源上的支持，从而影响其绩效表现；而知识型员工的价值则在于产生使这些利益相关者满意的绩效。因此，知识型员工的绩效契约是建立在知识型员工与其利益相关者互惠关系上的契约，它可能是有形的绩效合同，也可能是无形的心理契约。知识型员工与其利益相关者之间建立的绩效契约有以下几种，其相互关系如图 10－3 所示：

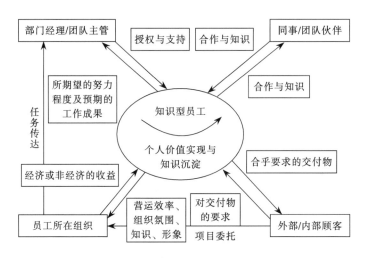

图 10－3　知识型员工与其利益相关者之间的绩效契约关系

1. 知识型员工与部门经理或团队主管

　　二者之间是一种传统的职权驱动下的绩效契约关系，即部门经理或团队主管接受组织所传达的项目或任务后，对该项目或任务进行任务分析，并结合知识型员工的胜任力状况，对任务进行分解，选择合适的任务承担者。在将分解后的任务下达到知识型员工后，对知识型员工的任务完成过程进行充分的授权与支持，目的在于为知识型员工提供任务完成所需的资源以及通过广泛的沟通与协调为知识型员工创设良好的工作环境。作为回报，知识型员工应当在期末的绩效考核或期中的进度监控时，向部门经理或团队主管呈现出应有的努力程度和应有的成果。

2. 知识型员工与顾客

这里的顾客分为两种：组织外部作为最终产出需求者的业主顾客，以及组织内部作为中间产出需求者的流程顾客。在这种绩效契约中，通过交流与沟通，以及知识型员工所拥有的需求分析与挖掘技巧，顾客向知识型员工阐明其对交付物的质量、成本、性能及时间方面的要求；绩效期间结束后，知识型员工则向顾客提供其所期望的交付物。之所以将顾客因素引入知识型员工的绩效管理与评价，是因为知识型员工所从事的知识性工作具有独特性和创造性，往往是应顾客之需而进行的。只有与顾客进行了充分的沟通，才能保证最终的绩效结果符合顾客最初的要求，将顾客引入绩效评价是对知识型员工效能发挥的一个保证。另一种极端的情况是，在有些情况下知识型员工所提供的绩效产出是无形的，如咨询或诊断，这就使得对工作质量的测量必须依赖于客户的感知。

3. 知识型员工与同事或团队伙伴

所面临任务的复杂性以及知识型员工知识的专业性特点，决定了知识型员工经常需要通过与他人合作的方式来达到预定的绩效目标。事实上，知识型员工与其同事或团队伙伴之间可以彼此均视为对方的资源，他们必须要能够承担弥补对方专业技能缺陷的责任，同时作为资源的使用者，也要善于发现和借助对方的专业技能来完成任务。知识型员工之间也存在专业分工，但他们不能局限于完成好自己的专业任务，还应该相互信任、相互协作。这种信任和协作不但保证了任务绩效的进度，同时也是知识型员工之间相互学习的重要方式。协作不但带来了关系的融洽，也带来了各自知识水平的提高。

4. 知识型员工与所在的组织

在任务完成的活动过程中，知识型员工通过与同事或团队伙伴之间的相互合作增进了组织氛围，通过绩效产出的获得提高了组织的运营效率，并因外部客户对成果的满意而提升了组织形象；作为回报，组织向知识型员工提供符合其价值期望的经济或非经济的报偿。值得注意的是，与一般员工不同，出于培养竞争优势或核心竞争能力的需要，组织对知识型员工的绩效期望中，还包括在任务绩效活动中，知识型员工对组织知识的增加与积累。

5. 知识型员工对自身的绩效期望

知识型员工是一个渴望追求自我价值实现的工作群体，因此在其任务绩效的完成过程中，知识型员工会对自身知识和技能所得提出内在的要求。将知识型员工对自我的期望和要求纳入绩效管理体系，并通过绩效考核指标加以显现，不但可以衡量组织知识积累的效率和人力资本的增加程度，也可以提高知识型员工的社会声望和工作自信，作为绩效改进的标志间接实现对知识型员工的激励。

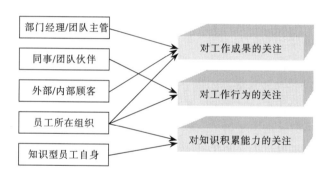

图 10 - 4　各利益相关者对知识型员工心理期望的归类

☞ 10. 1. 3　知识型员工绩效评价的内容构成

通过对上述不同绩效契约的分析可以看出，由于知识型员工的利益相关者在价值观以及绩效产出要求上的不同，他们对知识型员工的心理期望表现也有所不同。换言之，利益相关者对知识型员工的绩效评价标准存在多个维度，而且他们对知识型员工的心理期望是可以归类的（如图 10 - 4 所示）。概括而言，就是对成果的关注、对知识型员工工作行为的关注以及对组织及员工个体知识积累能力的关注。事实上，这一结果与前文中知识型员工的绩效分析结果以及绩效管理模型的分析结果都是一致的。基于此，笔者认为，对知识型员工绩效考核的设计应当围绕利益相关者的心理期望分类以及前文的相关分析而展开，也就是说，可以将知识型员工的绩效评价指标分为：基于可见工作产出的成果性指标、基于组织氛围的行为性指标和基于递延绩效的积累性指标，并将针对这三个方面进行相应分析，以选择科学的指标来提升知识型员工的绩效表现和绩效能力。

§10.2 知识型员工绩效评价的成果性指标分析

作为对员工工作过程的一种控制手段，尽管遭到了诸多的质疑，但对结果的评价仍然是不可或缺的，现实中，"人们经常使用'以产出为基础的衡量标准'和'目标'便不足为奇了"。[①] 事实上，按照组织行为学的观点，"困难的目标比容易的目标能带来更高的个体绩效；具体的目标比没有目标或笼统的目标'尽你最大努力'能带来更高的绩效"。[②] 对于员工而言，目标的设置对于动机、手段、途径的选择和努力程度均有影响。对于目标本身而言，其特点不同，对行为绩效产生的结果也将起到不同的作用。显然，就追求较高程度自我实现的知识型员工而言，完全抛弃对绩效成果的目标考核是不明智的，这会失去一种激励知识型员工提高绩效的有效手段。现实中，基于产出基础上的 KPI 绩效考核方式运用于知识型员工时并非一无是处，问题在于制定知识型员工绩效成果时的量化程度，过于宽松或过于严格的标准和指标都达不到预期的目的。事实上，对知识型员工绩效考核成果倾向化程度与其绩效之间存在着如图 10 - 5 所示的关系。

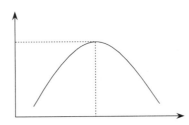

图 10 - 5 绩效考核成果倾向化程度对知识型员工绩效水平的影响

---

① 理查德·威廉姆斯：《业绩管理》，东北财经大学出版社 2003 年版，第 77 页。
② 斯蒂芬·P·罗宾斯：《组织行为学》，中国人民大学出版社 1997 年版，第 152 页。

☛ 10.2.1　知识型员工绩效评价成果性指标的界定原则

知识型员工绩效评价成果性指标设置的成功与否，主要取决于这些绩效指标所考察内容的合理性、贴切性和清晰性。成果性指标的设定应当是以顾客为导向的，在对任务充分分析的基础上，与顾客以及上级主管之间沟通合作的结果。为了保证绩效指标得以恰当设定，笔者认为，成果性绩效指标的选择应当遵循以下几项原则：

其一，指标应当基于任务而非基于常规性的工作。成果性指标应当根据任务性质来建立，指明个人特定的任务要求，目的在于完成顾客需求的某个功能模块。

其二，指标是经过沟通与协商而制定的。主管、顾客和知识型员工都应同意该指标确属公平合理，员工应参与任务分析和指标制定过程，这无论对于项目任务的圆满完成而言，还是知识型员工的目标设置激励而言都是非常重要的。

其三，标准必须是有意义的。个人的工作目标应与部门或团队目标保持一致，知识型员工个人绩效指标的设计应体现为一个从组织目标到部门或团队目标再到个人目标的目标逐步分解过程。个人绩效指标的设计应考虑组织的战略目标、自身所在岗位的主要职责以及内部和外部客户的需求。

其四，绩效指标必须能够影响被考核人，指标设置时应充分考虑其结果如何与个人收益挂钩。

其五，标准是可以改变的。知识型员工的工作具有动态性，在对业绩进行了适当评价之后，可以在任务期间对标准进行适当的调整。也就是说，知识型员工的绩效评价标准可以因新任务的下达、新方法的引进，或因其他工作要素的变动而变动。

其六，绩效指标的表述应当简洁明了，符合"SMART"原则，即Special：绩效指标是准确界定的；Measurable：绩效指标是可测量和评价的；Agreed：绩效指标是双方认可的；Realistic：绩效指标是可达到且富有挑战性的；Timed：绩效指标是明确规定了最后期限和回顾日期的（如表 10 – 1 所示）。

表 10 - 1　　　　　　　　成果性绩效指标设置的 SMART 原则

原则	正确做法	错误做法
具体的	● 切中目标 ● 适度细化 ● 随情景变化	● 抽象的 ● 未经细化 ● 复制其他情景中的指标
可度量的	● 数量化的 ● 行为化的 ● 数据或信息具有可得性	● 主观判断 ● 非行为化描述 ● 数据或信息无从获得
可实现的	● 在付出努力的情况下可实现 ● 在适度的时限内实现	● 过高或过低的目标 ● 期间过长
现实的	● 可证明的 ● 可观察的	● 假设的 ● 不可观察或证明的
有时限的	● 使用时间单位 ● 关注效率	● 不考虑时限性 ● 模糊的时间概念

☞ 10.2.2　知识型员工绩效评价的成果性指标分析

如前所述,选择恰当程度的成果性指标以评价知识型员工的绩效,对提升知识型员工的绩效水平是十分必要的。同样,建立恰当的知识型员工绩效评价成果性指标的维度体系也非常重要,因为它直接影响到知识型员工完成绩效任务的质量、数量、成本、风险和时限。因此,在选择建立成果性指标体系时,必须系统考虑、综合分析。此处,笔者借鉴张体勤(2002)对知识型团队进行绩效评价时所选取的考核指标,将知识型员工绩效评价的成果指标体系划分为:功能、质量型指标;效率型指标;递延型指标和效益型指标四类。对这四类成果性指标的举例如表 10 - 2 所示。

表 10 - 2　　　　　　　　知识型员工成果性指标举例

指标类型	举　　例	证据来源
功能、质量型指标	◇ 产品质量 ◇ 技术性能 ◇ 性价比	◇ 顾客评价 ◇ 同行或同事评价 ◇ 顾客评价
效率型指标	◇ 实际费用与预算的变化 ◇ 里程碑按时完成数 ◇ 是否如期交付 ◇ 单位时间内的意见处理次数或处理单位意见的时间	◇ 上级评价 ◇ 顾客或上级评价 ◇ 顾客评价 ◇ 组织或顾客评价

续表

指标类型	举　　例	证据来源
递延型指标	◇ 顾客满意度 ◇ 体现公司形象 ◇ 创新程度 ◇ 新产品预期成长性	◇ 顾客评价 ◇ 组织评价 ◇ 同行评价 ◇ 组织评价
效益型指标	◇ 新产品销售收入 ◇ 新产品出口创汇额 ◇ 新产品销售收入/产品销售总收入	◇ 组织评价 ◇ 组织评价 ◇ 组织评价

1. 质量、功能型指标

质量、功能型指标用以判断知识型员工最直接的产出成果，即交付物满足顾客（内部的或外部的）要求的程度，其中，交付物是可衡量的、有形的、可证实的产出或结果。知识型员工的顾客主要关心的是交付物在数量、质量和功能上能否满足他们的要求，交付物是应顾客的需求而定义、开发或产生的。因此，对知识型员工成果的质量、功能型指标的确认过程就是一个对顾客的需求进行定义并明确表达的过程。知识型员工对顾客需求定义的过程可采用以下几个阶段：

其一，令提出需求的顾客尽可能清楚地说明他们的需要。通过顾客的眼来看需求是至关重要的，尽管在一开始他们自身对需求的认识也是含糊的。提出需求的顾客由于专业知识的有限性对其需要常常是一种感觉，而不是一个清晰的认识。也正因为顾客缺乏技术分析能力，因此，尽管确定顾客对需求怎么看很重要，但也不能只接受那些表面的认识。

其二，对需求提出一系列的问题。这些问题包括：提出需求的人是如何描述需求的？需求真实吗？我们能满足这个需求吗？需求重要吗？需求满足的关键问题在哪里？满足这个需求以后会不会产生新的需求？还要进一步满足其他需求吗？需求直接涉及到什么人？满足需求对他们有什么影响以及他们的反应会怎样？等等。通过这一系列问题可以使知识型员工从不同角度更全面地理解顾客的需求。

其三，做必要的研究工作，以更准确地理解需求。在某些情况下，为了能清楚地表达需求必须对技术问题进行必要的分析，如果组织或团队缺乏技术力量，可寻求外部咨询专家的帮助。

其四，根据以上三步的结论，尽可能清楚地表述这个需求。此时，对于需求及其内在问题应已有了一个比较清晰的认识，对需求的阐述与开始时的阐述可能已大不相同。

其五，向顾客进行需求阐述，并根据反馈作适当修改。一个经过良好分析后再阐述的需求，还不一定是顾客真正所想像的，而可能是专业人员"代替包办"的结果。在需求的分析过程中，专家型的知识员工常常是为了适应自己的想法而修改需求，而不是满足用户的需要，然而，根据修改的需求所得到的最终产出物对顾客来说有可能是过剩或者不适用的。因此，为减少此类问题的发生，需求阐述者应尽其最大努力确认他们所阐述的需求的确反映了顾客的需要。

当任务或项目的需求被明确定义后，就可以以此为依据将需求转变为功能要求（Functional Requirement），并进一步转变为技术要求。功能要求反映了交付物的特征，可以使用图表来帮助理解，以让顾客知道最终所得到的是什么结果。技术要求根据功能要求产生，是具体分配到知识型员工个体的工作要求，它用来指导知识型员工开展工作并去实现相应的任务结果。对知识型员工功能、质量型指标的量化应当最终落实在功能要求和技术要求上。可以借鉴明确关键绩效指标的方法，运用"关键词"来表述知识型员工所应达到的功能要求和技术要求。

2. 效率型指标

效率型指标指知识型员工为获得其效益性指标所付出的成本，即组织为获得顾客需求的满足而付出的直接代价与知识型员工所产出的价值之间的比例。成本包括两个方面的含义：要素上的消耗和时间上的花费。对知识员工的利益相关者而言，投入与产出是不可分割的，并且转化过程是在一定的时间期限内完成的。知识型员工产出交付物、使其满足顾客的要求，只能是在组织合理的投入范畴和规定的时间框架内才是有效率的。无论是组织还是顾客，对于知识型员工为得到产出而付出的代价都是有一定承受限度的。效率型指标就是为了判断知识型员工以什么代价满足了顾客的需求。相对其他类型的绩效指标，效率型指标较为容易量化，需要注意的是，在该指标的量化过程中，关键在于定义清楚利益相关者为获得各自的满足而付出的直接代价。

3. 递延型指标

知识型员工所从事的工作任务往往是创造性的，其产出也往往具有一定的创新意义。这就意味着在某些情况下，知识型员工所提供的交付物对组织、对顾客的影响是长远的，并且这种影响需要在经过一定时间之后才能够充分的显现出来。知识型员工的工作成果对顾客、对组织作用的生命周期越长，有益的影响越久，其工作越为成功。而递延型指标就是用来衡量知识型员工的交付物对顾客、对组织的这种影响的持久性程度。这是一种面向未来的指标，量化的出发点是要定义清楚什么会对员工利益相关者的发展产生影响。如果绩效衡量仅仅是对即期影响的考核或历史结果的追溯，则对知识型员工的绩效管理而言就太短视了，对知识型员工的评价也是不公正、不全面的。递延型指标是一种个性化指标，它可以不包含在知识型员工的绩效协议中，但是各个利益相关者都可以从这种指标中判断出产出物对其的真正价值，从而可以为未来决策提供参考依据。效益型指标判断交付物对顾客的直接价值，而递延型指标则用以判断这种交付物对顾客或组织未来的价值。

4. 效益型指标

效益型指标指在成果可独立的条件下，知识型员工最终产出成果的价值，即知识型员工满足顾客需求后为组织所创造的效益。在绝大多数情况下，这种指标是通过财务指标或统计计算来进行判断的，如"销售收入是多少？"或"速度如何？"等。效益型指标仍然是一个可选性指标，通常适用于知识型员工个体交付物对组织贡献可独立分解出来的情况。当交付物所产生的效益是多名知识型员工共同作用下的结果时，由于难以将效益贡献分解到个人，笔者并不赞成在知识型员工的绩效考核评价中强行引入对效益贡献的评价，而应将评价的对象由个人转向团队。

§10.3 知识型员工绩效评价的行为性指标分析

Zunker（1998）研究指出，社会、经济结构的变迁使得员工之间的冲突和竞争加剧，这种状况也加重了工作场所的不安全感以及员工之间、员工和管理者之间不断增强的紧张感，并且对工作效率造成直接或间接的影响，使公司的生产成本持续增加。显然，员工工作行为上的表现也是决定企业成功与否的关键因素之一。对企业的知识型员工而言，由于其个性与工作的特殊性，除了业绩表现之外，他们所表现出的主动、创新等超越职务要求的自发性工作行为表现不仅能让企业运作更有效率，而且其积极主动的合作行为能够推动整个团队运作效率的提高。因此，在对知识型员工的绩效进行评价时，建立在"组织公民行为"概念上的行为考核指标也应成为一个重要的考核内容。

☞10.3.1　知识型员工行为评价原因的博弈分析

概言之，对知识型员工的某些行为进行考核的主要目的是弥补成果性指标的一个根本缺陷，即缺乏对绩效期间的事中控制。这种事中控制建立在两个方面：对知识型员工本身努力程度的激励，以及对知识型员工驰援行为的督促。前者是在知识型员工与组织或管理者信息不对称情况下的一种间接监控，而后者则是出于知识型员工团队合作的需要。

1. 知识型员工努力水平的间接监控分析

设法保持员工的最佳工作状态，一直是管理者所追求和从事的工作。在工业经济时代，一般员工的工作努力程度和工作结果之间的存在确定的因果关系，工作结果是可明确度量的，有关员工努力程度的充分信息是可以获得的。因此，管理者和员工之间的非对称信息并不明显，对员工工作的监督成本一般也较低。当员工工作的努力水平可以观测时，管理者就可以通过与员工达成某种强制性契约的方式，来保持员工的最佳努力状态。在知识处于平稳、缓慢增长的时期，该种管理方式可以使管理工作得以维持，而管理者们也可以通过继续学习来保持对员工的绝对控制。

然而，步入知识经济社会后，传统的直接监控的方法已不再适用了。管理者要想继续以往的监控方式，除非他能具备某种条件：或者是尽力让自己掌握所有的新知识；或者是坚持要求下属详尽的解释一切细节，使其足以能够独立的做出决策。但无论哪种方式，都会造成组织快速反应能力和快速运用新知识能力的下降。"管理者们越来越多的发现他们并不真正明白员工们在干什么，他们可能对员工的工作有一个大概的了解，但对于细节，他们却总不得要领。"① 知识型员工所从事的主要是运用知识的脑力劳动，管理者很难完全识别出知识员工所付出的努力水平。因此，企业与它们的知识型员工之间事实上处于一种信息不对称条件下的委托——代理关系。

经济学对于努力水平不可观察条件下个体绩效的控制是通过激励机制来实现的，即绕开传统的绩效管理措施，通过薪酬制度来达到管理目标。然而，对于流动频繁，经常围绕项目任务进行运作的知识型员工而言，激励制度的设计是困难的。事实上，即便是设计良好的薪酬机制，也同样不能避免委托——代理问题的出现。假设 $\pi \in [\pi_1, \pi_2]$ 是知识型员工的产出，$e \in E$ 是知识型员工选择的努力水平，条件概率 $f(\pi \mid e) \in (0, 1)$ 是员工努力水平为 e 时产出为 π 的概率。不妨假设知识型员工的努力水平有高努力 e_H 和低努力 e_L 两种情况。即 $E = (e_H, e_L)$，产出的分布函数满足 $F(\pi \mid e_H) \leqslant F(\pi \mid e_L)$，$\forall \pi \in [\pi_1, \pi_2]$。假设知识型员工的效用函数为 $u = (w, e)$，其中 w 是企业付给知识型员工的工资。知识型员工的效用函数满足 $\frac{\partial u}{\partial w} > 0$，$\frac{\partial^2 u}{\partial w^2} < 0$，并且 $u(w, e_H) < u(w, e_L)$，即在相同的工资下，知识员工选择高努力水平得到的效用小于其选择低努力水平得到的效用。因此，对于知识型员工的绩效管理而言，完全放弃对努力水平的关注并不是一个明智的做法。既然对于有关工作内容的直接观测无法进行或进行的成本很高，那么采取对相关日常工作行为的观测则可视为一种对知识型员工努力水平间接监控的替代性方法。

2. 知识型员工团队合作行为的博弈分析

如前分析，出于"能力互补"的需要，知识型员工通常以团队的方式进行工作。在团队方式下，合作是知识型员工必须具有的一项基本技能。然而，由于知识型员工一般拥有某一方面的特殊技能，可以对其上司、同事和下属产生影响，恃才傲物有时会成为部分知识型员工个性心理上的一个缺点。因此，为了培养知识型员工的团队合作精神，在其绩效考核中引入对合作与驰援的评价将有利于提高团队以及知识型员工自身的绩效，也有利于增进组织的人际关系氛围。

① 弗朗西斯·赫瑞比：《管理知识员工》，机械工业出版社 2000 年版，第 11 页。

事实上，早在 1949 年，Deutsch（1949）就指出，如果人们处于散乱的、互不相干的独立关系，认为双方目标没有关系，各自为战，或认为双方没有共同利益关系，人们就会漠视他人福利，对他人的困难袖手旁观，在职也形如一盘散沙，士气低落，影响生产率。一般而言，处于独立关系的人们往往奉行各行其是的原则；而如果处于竞争关系，认为双方目标背离，利益冲突，他人的成功将阻碍自己的进步，则人们就会封锁信息和资源，甚至相互攻击和破坏，此时，就会引起组织内耗和人际关系紧张，最终导致生产率和创造力的降低。相反，具有合作关系的人们则会互相尊重、共享信息和资源，将他人的进步看成是对自身的促进，并相互交流意见和取长补短，从而促进组织和个人绩效的提升。对此，Driskell 和 Salas（1992）发现，集体导向的成员与自我中心的成员对于绩效的提高程度有完全不同的影响。集体导向的成员比自我中心的成员更易于改善自己的绩效，并促进同事的绩效提高。Cooke 和 Szumal（1994）的研究也证实，在面临同样问题的时候，充满建设性的个人行事风格往往能够非常有效地解决问题，而具有侵略性或消极的个人行事风格往往不能够有效的解决所存在的问题。

在此，笔者将利用博弈分析的方式来证明合作行为对提高知识型员工及其所在团队绩效的影响作用，分析模型是建立在张维迎（1994，1995）用以解释团队最优委托权安排决定因素的模型基础上的。

在张维迎的模型中，假设团队由两名成员组成。(α_1, α_2) 是成员 1 和 2 的努力水平向量，$C(\alpha_i) = \frac{1}{2}\alpha_i^2$，$i = 1, 2$ 是付出努力 α_i 时承担的个人成本，$y = \alpha_1^\alpha \alpha_2^{1-\alpha}$，$0 < \alpha < 1$ 是团队的生产函数，而团队的整体效用函数 $G = \alpha_1^\alpha \alpha_2^{1-\alpha} - \frac{1}{2}\alpha_1^2 - \frac{1}{2}\alpha_2^2$。假设 w_i 是成员 i 得到的固定工资，$0 < \beta < 1$ 和 $1 - \beta$ 分别是成员 1、2 获得团队剩余的比例，成员获得的收益分别为 $u_1(y) = w_1 + \beta(y - w_1 - w_2)$，$u_2(y) = w_2 + (1 - \beta)(y - w_1 - w_2)$，即每个成员的总收入是固定工资和剩余收入的加权平均。

最优委托权安排问题可以表述如下：

$$\max G = \alpha_1^\alpha \alpha_2^{1-\alpha} - \frac{1}{2}\alpha_1^2 - \frac{1}{2}\alpha_2^2$$

$$\text{s. t. } \alpha_1 \in \arg\max_{\alpha_1}\left[(1 - \beta)w_1 + \beta(\alpha_1^\alpha \alpha_2^{1-\alpha} - w_2) - \frac{1}{2}\alpha_1^2\right]$$

$$\alpha_2 \in \arg \max_{\alpha_2} \left[\beta w_2 + (1 - \beta)(\alpha_1^\alpha \alpha_2^{1-\alpha} - w_1) - \frac{1}{2}\alpha_1^2 \right]$$

解得 Nash 均衡为

$$\alpha_1^{NE} = (\beta\alpha)^{\frac{1+\alpha}{2}} \left[(1 - \beta)(1 - \alpha) \right]^{\frac{1-\alpha}{2}}$$

$$\alpha_2^{NE} = (\beta\alpha)^{\frac{\alpha}{2}} \left[(1 - \beta)(1 - \alpha) \right]^{\frac{1-\alpha}{2}}$$

将上述两式分别求导，并令 β 导数为零，得到如下结果：成员 1 的努力 α_1^{NE} 在 $\beta = \frac{1+\alpha}{2}$ 时达到最大，成员 2 的努力 α_2^{NE} 在 $\beta = \frac{\alpha}{2}$ 时达到最大。也就是说，成员的均衡努力是非单调的，使成员均衡努力达到最大的剩余份额 β 随成员 α 相对重要性的上升而上升。

最优分配比例为：

$$\beta_1^* = \frac{(\alpha + \alpha^2) - \sqrt{(\alpha + \alpha^2)(\alpha - 2)(\alpha - 1)}}{2(2\alpha - 1)}$$

团队效用为：

$$G_1 = (\alpha\beta)^\alpha \left[(1 - \alpha)(1 - \beta) \right]^{\frac{1-\alpha}{2}} \left\{ 1 - \frac{1}{2} \left[(1 - \alpha)(1 - \beta) \right]^{\frac{1-\alpha}{2}} - \right.$$

$$\left. \frac{1}{2}\beta\alpha \left[(1 - \alpha)(1 - \beta) \right]^{\frac{1-\alpha}{2}} \right\}$$

该模型说明，最优剩余份额是由团队成员的相对重要性惟一决定，并且，$\frac{\partial \beta_1^*}{\partial \alpha} > 0$ 表明成员最优份额随自己相对重要性的上升而上升。

现在，笔者在模型中引入团队成员之间的相互协作，并假设：

（1）作为团队成员的知识型员工是风险中性的；

（2）员工独立选择各自的努力水平，团队的产出不受外界不确定性因素的影响，是所有成员努力水平的函数；

（3）团队通过成员的共同努力能够产生积极的协同作用，团队的整体产出远大于成员个人产出之和；

（4）企业对成员个人的监督在技术上是不可行的，或成本太高，因此，企业考核的是团队的整体产出。

(α_1, α_2) 仍表示成员 1 和 2 的努力水平向量，并假设成员 1 为成员 2 提供帮助的努力水平为 b。此时，$C(\alpha_2) = \frac{1}{2}\alpha_2^2$ 是成员 2 付出努力时承担的个人成本，$C(\alpha_1, b) = \frac{1}{2}\alpha_1^2 + \frac{1}{2}b^2 + \Delta\alpha_1 b$ 是成员 1 所承担的成本，

它既包括实际付出的成本，如体力劳动、脑力劳动以及闲暇时间等，也包括心理成本，如长期从事同一工作而产生的厌烦等负面情绪。这里，$0 \leqslant \Delta \leqslant 1$ 可以理解为两种努力之间的冲突程度，例如时间的冲突，或由于重复工作产生的厌烦等负面情绪。如果 $\Delta = 0$ 则此时 $\left. \dfrac{\partial C(\alpha_1, b)}{\partial \Delta} \right|_{b=0} = 0$，两种努力不存在冲突，无论成员 1 自己的努力水平为多少，他付出第一单位帮助努力的边际成本为 0，表示成员适当帮助别人并不会额外增加自己的边际成本；如果 $\Delta = 1$，则成员 1 的努力成本函数为 $C(\alpha_1, b) = \dfrac{1}{2}(\alpha_1 + b)^2$，他关心的是本职工作和帮助别人付出的努力总和。在本文中，假设 $\Delta = 0$，因为在一个知识团队中，两种工作的通常具有互补性，并且成员对内种工作有不同偏好，为别人提供帮助不会影响本职工作。显然，成本函数满足：$C' > 0$，$C'' > 0$，即成本函数随是努力水平的递增函数，并且努力的边际成本递增。此时，团队生产函数为 $y = \alpha_1^{\alpha}(\alpha_2 + b)^{1-\alpha}$，满足 $y' > 0$，$y'' < 0$，其中 α 是成员 1 努力水平的产出弹性，即成员 1 努力水平每增加 1%，团队产出将增加 α，可以将其理解为成员在团队中的重要程度，两个成员总的重要程度等于 1。团队的整体效用函数为 $G = \alpha_1^{\alpha}(\alpha_2 + b)^{1-\alpha} - \dfrac{1}{2}\alpha_1^2 - \dfrac{1}{2}\alpha_2^2 - \dfrac{1}{2}b^2$。

团队成员 1 的效用函数为 $u_1 = (1-\beta)w_1 + \beta\left[\alpha_1^{\alpha}(\alpha_2 + b)^{1-\alpha} - w_2\right]$
$$- \frac{1}{2}\alpha_1^2 - \frac{1}{2}b^2,$$

团队成员 2 的效用函数为 $u_2 = \beta w_2 + (1-\beta)\left[\alpha_1^{\alpha}(\alpha_2 + b)^{1-\alpha} - w_1\right]$
$$- \frac{1}{2}\alpha_2^2。$$

则团队的最优委托权安排问题可表述为：$\max G = \alpha_1^{\alpha}(\alpha_2 + b)^{1-\alpha} - \dfrac{1}{2}\alpha_1^2$
$$- \frac{1}{2}\alpha_2^2 - \frac{1}{2}b^2$$

s. t. $(\alpha_1, b) \in \arg\max\limits_{\alpha_1}\left\{(1-\beta)w_1 + \beta\left[\alpha_1^{\alpha}(\alpha_2 + b)^{1-\alpha} - w_2\right] - \dfrac{1}{2}\alpha_1^2\right.$
$$\left. - \frac{1}{2}b^2\right\}$$

$\alpha_2 \in \arg\max\limits_{\alpha_2}\left\{\beta w_2 + (1-\beta)\left[\alpha_1^{\alpha}(\alpha_2 + b)^{1-\alpha} - w_1\right] - \dfrac{1}{2}\alpha_2^2\right\}$

在满足经济人假设的前提下，成员 1 和 2 的目标是分别选择最优的努力向量（α_1，b）和努力水平 α_2 以最大化各自的效用函数，因此，（α_1，b）和 α_2 分别满足 $\frac{\partial u_1}{\partial \alpha_1}=0$，$\frac{\partial u_1}{\partial b}=0$，$\frac{\partial u_1}{\partial \alpha_2}=0$，由此得到个人努力程度与帮助 b 之间的函数关系：

$$\alpha_1=\left[\frac{\alpha}{\beta(1-\alpha)}\right]^{\frac{1}{2}}b,\ \alpha_2=\frac{1-\beta}{\beta}b$$

以上公式表明，成员 2 的努力水平将随着所得到帮助的增大而增大，这可以解释为当别人为自己工作提供帮助时，心情愉快，因而会更努力地工作；而成员 1 的反应函数可以表示为 $\alpha_1=\left[\frac{\alpha}{\beta(1-\alpha)}\right]^{\frac{1}{2}}\frac{\beta}{1-\beta}\alpha_2$，由于看到成员 2 努力水平增加，也会增加自己的努力水平。

解得 Nash 均衡为

$$\alpha_1=(\beta\alpha)^{\frac{1+\alpha}{2}}(1-\alpha)^{\frac{1-\alpha}{2}}$$
$$\alpha_2=(1-\beta)(\beta\alpha)^{\frac{\alpha}{2}}(1-\alpha)^{\frac{1-\alpha}{2}}$$
$$b=\beta(\beta\alpha)^{\frac{\alpha}{2}}(1-\alpha)^{\frac{2-\alpha}{2}}$$

上述结果表明，成员 1 的均衡努力 α_1 和 b 是 β 的单调递增函数，成员 2 的均衡努力非单调，并且当 $\beta=\frac{\alpha}{2+\alpha}$ 时，均衡努力 α_2 达到最大。

把上述 Nash 均衡代入团队效用函数 G，使团队效用最大化的分配比例满足 $1\geqslant\beta\geqslant\frac{\alpha}{2+\alpha}$，此时最优分配比例为：

$$\beta^*=\frac{(3\alpha-2)(\alpha+1)-\sqrt{(2-3\alpha)^2(\alpha+1)^2-8(\alpha+2)\alpha(\alpha+1)(\alpha-1)}}{4(\alpha-1)(\alpha+2)}$$

团队效用为：

$$G_2=(\alpha\beta)^2(1-\alpha)^{1-\alpha}\{1-\frac{1}{2}\alpha\beta-\frac{1}{2}(1-\alpha)[(1-\beta)^2+\beta^2]\}$$

由此可以得出以下结论：首先，β^* 是重要性 α 的增函数，随着重要性的增加，分配比例增加。并且可以证明，这是由于在成员 1 重要性相等的情况下，由于他为别人提供了帮助，随着贡献的增加他得到的分配比例也应该有所增加。其次，b > 0 说明团队成员有积极性为他人提供帮助，并且 $\alpha_1>\alpha_1^{NE}$，$\alpha_2+b>\alpha_2^{NE}$ 说明在允许成员间互相提供帮助的情况下，成

员的 Nash 均衡努力水平要优于只负责指定工作的情况。进一步分析，由
$\frac{\partial b}{\partial \alpha} < 0$，$\frac{\partial b}{\partial \beta} > 0$ 可知，成员提供的帮助随着自身的重要胜的增加而减少，
随着剩余分配比例的增加而增加。

设模型 1 的团队效用为 G_1，模型 2 的团队效用为 G_2，可以证明，
$G_1 < G_2$，这就表明，在团队成员互相提供帮助的情况下，团队效用要大
于没有帮助的情况。

综合上述分析，无论从知识型员工努力水平的间接监控分析，还是从
知识型员工之间团队合作的需要分析，在知识型员工的绩效评价中引入某
些行为因素指标都是十分必要的。笔者认为，由于信息不对称的存在，知
识型员工行为指标体系的建立很难以对其工作内容的分析为基础，这种情
况下，可以使用某些与工作任务有间接联系的指标来实现对知识型员工绩
效的间接考核。基于该种考虑，本文在建立知识型员工的行为型指标时，
引入了与关系绩效十分相近的一种绩效评价思想，这就是运用组织公民行
为理论来考核知识型员工的行为。

➧ 10.3.2　知识型员工行为评价的理论基础——组织公民行为理论

如前分析，在知识经济时代，知识型员工的个性与能力特征、工作性
质、组织形式和工作机理都发生了显著变化，其工作更多的以团队的形式
来进行，而根据上述博弈分析，在团队工作中，合作对个人和团队绩效的
提高具有重要的意义。因此，在对知识型员工进行绩效评价时，有必要引
进员工协作行为因素的评价。在此方面，近年来迅速发展起来的组织公民
行为理论可以提供相应的理论支持。

1. 组织公民行为理论的提出与演进

组织公民行为理论的提出是组织行为学发展的结果。早在 1938 年，
巴纳德就指出："人们在正式组织中进行的是有意识的、有计划的、有目

的的协作"，"人们贡献努力的意愿是协作体系所不可缺少的"。① 此处，他所提出的协作意愿与传统的古典管理理论有很大的差别：古典管理理论假定组织的大多数参与者并不具有合作的倾向和个性，组织只能凭管理所规定和强调的正式结构进行控制。但巴纳德认为，正式结构是组织活动的结果，它只能识别存在于个体或群体内的协作意愿，而不足以预期达到组织目标所必需的全部因素。员工的协作意愿对正式结构而言，是一个关键因素，否则正式结构就成了一个空壳。1966 年 Ketz 和 Kahn 对个体在组织中的行为模式进行了研究，指出个体在组织中的三种行为对组织的生存与发展至关重要：首先，员工加入一个组织并且一直保留在这个组织中；其次，员工能够可靠、有效地完成或者超过组织角色所要求的绩效标准；最后，独创性和自发性地做一些在组织角色要求以外的"分外事"，并且这些分外行为对组织是有益的。Ketz 和 Kahn 认为，"一个完全依靠职务规范规定行为的组织是脆弱的"。② 1967 年，Thompson 提出了组织结构理论，对自觉合作行为的重要性进行了详细阐述，并得到了很多研究者的认同。毫无疑问，每一个组织都应重视员工的自觉合作行为，因为任何组织系统的设计均不能完美无缺，如果仅依靠组织规定的每一位员工的角色内行为，将难以达成组织目标，因而必须同时依赖于员工的合作意愿，即员工的角色外行为，以促进组织目标的实现。正是在上述研究思想的启发下，Organ（1977）及其同事提出了"组织公民行为"（Organizational Citizenship Behavior，OCB）的概念，并得到了广泛的推广和应用。

　　Organ（1977）指出，尽管现有研究的大多数结果都能支持员工工作满意度与组织的绩效之间存在某种相关性，但对于这种相关性的程度即员工工作满意度究竟在多大程度上影响着组织绩效却仍然存在着争论。Organ 认为，争论存在的原因在于研究者们对"绩效"的概念理解与实践中的理解有分歧。实践中，人们在理解"绩效"时使用了一种更为宽泛的含义，它同时也包括了诸如合作、通过非正式途径帮助同事及上司，以及对组织要求的自觉顺从等非生产性的或角色外的维度。因此，Organ 运用社会心理交换理论作为一种中介变量，来解释员工工作满意与绩效之间的相关关系，从而提出了"工作满意→影响因素→绩效"的假设。③ 后来，

---

　　①　C. I. 巴纳德：《经理人员的职能》，中国社会科学出版社 1997 年版，第 4、67 页。

　　②　Katz，D. & Kahn，R.. *The social psychology of organizations*. New York：Wiley & Sons，1966.

　　③　Organ，D. W.. A Reappraisal and Reinterpretation of the Satisfaction-causes-performance Hypothesis，Academic of Management Review，2，1977，pp. 46～53.

Bateman 和 Organ（1983）采用了社会学名词"公民"（Citizenship）作为这种工作满意可能影响绩效的中介变量，并称之为"组织公民行为"。① 1988 年，Organ 又对组织公民行为的含义进行了详细的阐述。他认为，任何组织系统的设计都不可能完美无缺，如果只依靠员工的角色内行为，很难有效地达成组织目标，因此，必须依靠员工的角色外形为来弥补角色职责的不足，促进组织目标的实现。为此，他将组织公民行为定义为："自觉自愿地表现出来的、非直接或明显地不被正式的报酬系统所认可的、能够从整体上提高组织效能的个体行为"。② 这一概念表明了如下观点：（1）这些行为必须是组织成员自觉自愿表现出来的行为；（2）组织公民行为是一种角色外的行为。即是一种未被组织正式规范或工作说明书规定的行为，但却是组织所需要的；（3）组织公民行为不是由正式的奖惩系统来评定的行为。它的完成不会被组织所奖赏，而员工不从事这些行为也不会为组织所惩罚。

事实上，Bateman 和 Organ 在创立组织公民行为这一概念时就指出，有两种因素在影响着工作满意感，从而影响着组织公民行为的发生，即社会交换理论（Social Exchange Theory）和人们广泛具有的、天性的利他行为和亲社会行为（Prosocial and Altruistic Behavior），它们构成了组织公民行为理论的基础。根据社会交换理论，当向组织中的员工提供足够的资源、工作支持以及其他能够产生满意感的机会时，作为交换，他们会表现出自己对工作的热忱和贡献自己的才智。因此，从社会交换理论的角度看，员工的组织公民行为就是一种基于社会交换的意愿性回报活动。对此，Bateman 和 Organ（1983）指出，"在某种程度上，员工的满意感来源于管理者的努力，当这种努力被员工觉察为有意时，员工就会投桃报李，要求自己对管理者的努力有所回报。由于员工缺乏能力或机会表现出更多的工作业绩，所以往往就以其能控制的各种公民行为来回报组织的努力"。另外，利他（Altruism）指的是员工自愿帮助他人的行为，且预期不会得到任何形式的回报。③ 而亲社会行为（Prosocial Behavior）则是更为广泛的概念，包括任何类型的帮助或想要帮助他人的行为，而不管助人

① Bateman T. S. , Organ, D. W. : Job Satisfaction and the Good Soldier: The Relationship between Affect and Employee Citizenship, Academy of Management Journal, 26, 1983, pp. 587～595.
② Organ D. W. : Organizational Citizenship Behavior: The Good Solider Syndrome, Lexington Books, 1988, p. 4.
③ Schroeder, D. A. , Penner, L. A. , Dovidio, J. E. , & Piliavin, J. A. : *The Psychology of Helping and Altruism: Problems and Puzzles*, McGraw-Hill, 1995.

者的动机是什么。Brown（1985）指出，许多这类帮助行为发生的原因可以用情绪状态和积极的心理情感来解释。因此，如果工作满意感反映了组织成员的积极心理状态，那么可以预测的是，组织中的这些满意者将更具有利他和亲社会的倾向，而他们也更有可能发生组织公民行为。[①]

2. 组织公民行为的维度分析

自 Bateman 和 Organ 首次提出组织公民行为概念以来，许多研究者都对其构成维度进行了有益的探讨，这为知识型员工绩效评价中行为指标的建立提供了相应的借鉴。

最早对组织公民行为的内容进行定义和测量的是 Smith，Organ 和 near（1983），他们用半结构化访谈方式搜集项目，然后对管理者施测，并用因子分析抽取出两个维度：利他行为（Altruism）和一般性顺从（Generalized Compliance）。5 年后，Organ 综合了有关研究文献，提出另外三个维度：运动员精神（Sportsmanship）、文明礼貌（Courtesy）和公民美德（Civic Virtue），同时，将原来的一般性顺从维度改为责任意识（Conscientiousness）维度，再加上利他维度，于是，就提出了组织公民行为的五维度体系。其后，Podsakoff 等人（1998）对这五维度中的每一个维度进行了测量，并提出将组织公民行为分成帮助行为、公民美德和运动员精神三个维度，从而使该种分类体系成为组织公民行为研究中影响最广泛的模式。

而 Graham（1991）则从古典政治学和现代政治理论角度阐述了公民行为的三个层面：其一，服从，包括对社会结构和程序的尊重；其二，忠诚，团体利益至上；其三，参与，积极主动参与社会活动并有主人翁精神。并将此模式延伸至组织中员工行为领域，提出了组织公民行为的另外一种分类模式，即公民权责理论（Citizenship Theory）。认为公民权责包含三种主要形式：（1）组织服从：组织服从反映了对合理制度、操作组织架构的规章、工作描述、人员政策的期望性和必要性的适应性如何。服从程度可以从制度和结构、出席的准时情况、工作的完成情况、组织资源的运作情况等方面表现出来。（2）组织忠诚：组织忠诚可以通过对组织领导

---

① Organ D. W. A restatement of the satisfaction-performance hypothesis, Journal of Management, Vol. 14, No. 4, 1988, pp. 547~557.

和整个组织的重视程度加以证明。总的来说，就是超越狭隘的个人、工作组、部门层次上的利益。其行为包括使组织免于陷入危险的防范行为、使组织享有一个好声誉的行为、为了整个组织的利益而与别人合作的行为。（3）组织参与：组织参与涉及在理想道德标准指导下，个人全身心投入组织管理过程中所表现出来的、不断增多的组织事务。在随后的验证性研究中，组织参与又分为社会参与，鼓励参与和职能参与。由此，Graham提出了组织公民行为的四维结构体系：人际互助（Personal Helping）、个人主动力（Individual Initiative）、个人勤奋（Personal Industry）和忠诚支持（Loyal Boosterism）。

值得指出的是，Farh，Earley 和 Lin（1997）于 1997 年以台湾员工为样本对中国社会背景下的组织公民行为进行了研究，并得出了五个维度。其中，利他行为，责任意识和公民美德与西方研究中的维度相同，而另外两个维度：保护组织资源和人际和谐是西方研究文献中没有的，说明它们是台湾特有的。另外，香港中文大学樊景立教授采用归纳法对中国文化背景下员工组织公民行为进行了研究，① 将组织公民行为分为了 11 个维度。其中，与西方文化背景下相似的维度有：主动行为；帮助同事；提建议；参加组织活动和维护组织形象。其他六个维度则是中国特有的：（1）自我教育，通过自学增加个人知识和工作技能。（2）参加社会公益活动。（3）保护和节约组织资源，包括节约组织资源，为帮助组织掌握信息（如钱、信息、社会资源等），防止突发灾害对组织造成的损失。（4）保持环境卫生。（5）人际和谐：员工为促进和维护工作中人际关系和谐而实施的行为。（6）遵守社会规则。

☛ 10.3.3　知识型员工行为绩效评价中引入组织公民行为的意义

在 Organ 的最初定义中，组织公民行为是一种由员工自由裁量的行为，它并没有被组织的正式绩效管理体系和报酬体系直接和明确地认可，但在总体上有利于组织的有效运转。近年来，对这种观念的争议越来越多。首先，研究中发现组织公民行为和职务要求的行为在现实中其实有一

---

① Farh, J. L., Tsui, A. S., Xin, K. R., & Cheng, B. S.. 1997. The influence of relational demography and guanxi: The Chinese case. *Organization Science*, 9, 1997, pp. 471～488.

些交叉重叠的部分，例如，人们较为公认的 Organ（1988）的五维度结构中的尽职行为（Conscientiousness）。其次，角色内行为和角色外行为有时是很难明确地界定或区分的。例如，准时打卡一直被某些学者认为是角色外行为，然而，该行为极有可能是组织所要求的。第三，Organ（1997）也发现，即使是职务行为，大部分也是没有获得直接的报酬，只有很少的一部分职务行为是直接与报酬挂钩的。另外，主管和部属对工作角色范围的知觉也不尽相同，例如，Lam，Hui 和 Law，（1999）就发现，很多主管倾向于将组织公民行为视为是角色内行为的一部分。而在东方文化背景下，则有更多的管理者持此观点。

由于对组织公民行为的范围的认识不同，有些学者就主张应当采取较为宽泛的界定方式。例如，Williams 和 Anderson（1991）认为，组织公民行为应该将组织规范中的角色内行为涵盖进去，并认为应该包括三个维度：角色内行为、朝向个人的人际利他行为和朝向组织的公益行为。Morrison（1994）则用知觉到的工作宽度（Perceived Job Breadth）来说明员工会受到个人所知觉到的工作宽度的干扰，对于哪些工作是属于角色内的工作，哪些又是角色外的工作往往会产生不一致的认识，工作宽度越大的员工，越会倾向于将一些其他的工作视为自己承担的角色内的工作。因此，组织公民行为无论是从理论上，还是从管理实践上，都很难限定在角色外行为的框架之中，从一个更为宽泛的角度理解组织公民行为，已经成为该领域的发展趋势之一。同时，在绩效管理方面出现的其他相关名词，如关系绩效（Contextual Performance）、亲社会行为（Prosocial behavior）、组织自发行为（Organizational Spontaneity）等研究也相继出现，这些概念之间的关系也呈现出相互借鉴、相互融合的发展趋势。正是因为如此，Organ（1997）对自己 1988 年提出的概念重新进行了思考，并将组织公民行为定义为一种"有助于保持和改善那些支持任务绩效完成的社会和心理背景"的行为。

事实上，组织公民行为在组织中所产生的效果有些类似于经济学中所论述的"正外部性"，即"一个经济单位的行为导致了对他人不能得到报酬的利益"。[①] 对于正外部性，经济学所提倡的是政府积极作为，介入对外部性的管理，深入到"无形之手"所不能规范的领域。与此类似，对知识型员工的组织公民行为，也可以借鉴经济学中对外部性的管理方式，

---

① 曼斯菲尔德：《微观经济学》，中国人民大学出版社 1999 年版，第 506 页。

采用将其纳入正式管理制度的方式来激发。显然，这对知识型员工的绩效评价具有重要的意义。

表 10 - 3　　　　　　　　　影响雇员忠诚的因素

低层次的忠诚因素	高层次的忠诚因素	
地理位置	挑战性的工作	客户的尊重
工作节奏与压力	差异化的报酬制度	工作成就感与认同感
工作安全	良好的职业发展	企业管理与文化
福利待遇	良好的人际关系	工作的自主性
薪酬水平	畅通的信息沟通	工作内容的丰富性

资料来源：London，M & Beaity，R.：360 Degree Feedback as a Competitive Advantage，Human Resource Management，1993，32，pp. 72～78.

其一，对知识型员工组织公民行为的管理有助于提高知识型员工的组织忠诚度。对企业而言，知识型员工的忠诚度尤其重要。一方面，企业知识资本的保值、升值主要依赖知识型员工能动性的发挥，而对企业足够的忠诚则是其发挥能动性的决定因素之一；另一方面，企业往往在知识型员工身上进行了较大规模的人力资本投资，由于这种投资的回收周期较长，于是，知识型员工的忠诚度将决定着其投资收益的大小。因此，提高知识型员工的忠诚水平就成为管理知识型员工的切入点之一。据麦肯锡公司的一项调查表明，雇员忠诚常常表现出一定的层次性，即低层次的忠诚（见表4－3）。但知识型员工一般都具有良好的教育背景和独特的价值观，且它们的经济收入水平相对较高，因此，他们所表现出的忠诚因素主要是高层次的。从表4－3可以发现，引起高层次忠诚的因素中，相当一部分都与促成组织公民行为产生因素有一定的相关性，如良好的人际关系、良好的职业发展、企业管理与文化等。由此可见，企业提高培养知识型员工组织公民行为的措施，同时也是提高知识型员工忠诚水平的手段。

其二，将组织公民行为纳入正式的管理制度能够促进团队与组织的绩效。如前分析，企业知识型员工之间常常需要有相互联系、相互协调、相互合作的行为，而这些行为可以减少部门内摩擦、辅助协调工作、帮助员工排除制约绩效的障碍，提高组织整体绩效。在团队研究的理论中，有一类角色称为协调员，他们乐于协调他人的工作与部门之间的活动，他们的介入会使团队绩效有显著提高。从绩效评价的角度来看，这类人的工作任务并不清晰，但其组织公民行为却很突出。组织公民行为理论同时认为，个体绩效已经不单独与个人有关，而与组织有关的因素，如沟通能力、人际能力、领导能力等也应当是绩效评价的重要内容。

其三，组织公民行为有利于建设良好的企业文化。Schein 认为，组织文化可以分为三个基本层次：外显的行为与标志、共同的价值观以及共同的关于组织的基本假设。员工所表现出来的组织公民行为，如对利他行为、一般性顺从、组织认同等都可以认为是组织文化的一个部分。组织公民行为是在工作中的外显行为，包括仪表、言行等内容，而企业在对组织公民行为的管理过程中，可以表现企业的共享价值观与基本假设。

其四，组织公民行为能够充分利用组织各种资源，同时促使"夹缝工作"顺利完成。组织公民行为所包含的爱护公司财物等维度，能够减少稀缺资源的占用，维持组织的正常运行。另一方面，随着内外部环境的变化，组织中也会经常出现"夹缝工作"，即员工所面对的，工作说明书中并未对其进行明确要求的工作。"夹缝"工作是企业规章制度无法完全界定并促成员工完成的，在许多条件下都需要员工的组织公民行为来提高组织的运作效率。

☛ 10.3.4　基于组织公民行为的知识型员工绩效评价的行为性指标分析

由上述分析可知，组织公民行为对员工、团队和企业的绩效具有重要影响，而且可以进行相应的度量和评价，因此，在知识型员工的绩效评价中引入该指标来衡量其行为性绩效就是必要和可行的。当然，组织公民行为的构成维度非常多，究竟应该采纳哪些指标来衡量知识型员工的绩效，目前并没有一致的结论。这种情况下，笔者认为有必要利用实证分析的方式进行研究和分析，即先通过调查问卷获取必要数据，然后利用统计方法进行分析，以便归纳出较为科学的指标体系。

1. 问卷设计与数据来源

本文在广泛参考国内外相关研究成果及调查问卷的基础上，根据知识型员工的特征、工作性质、工作行为，以及企业对知识型员工行为表现的期望，在征求了部分人力资源管理专家和高新技术企业中人力资源主管们的意见后，编制了企业知识型员工绩效调查问卷（其中，关于组织公民行为的项目有 16 条)。① 问卷首先在小范围内进行了预试，结果良好，测试项目通过了信度和效度检验。在此基础上，笔者对问卷作了进一步细化。

本次问卷选择的主要是知识型员工比例较高的科技型企业，共选择了济南、青岛和北京三地的 6 家具有典型代表意义的企业，② 由这些企业中的知识型员工进行问卷回答。本次调查共发放问卷 260 份，回收有效问卷 237 份，回收率达到 91.2%。问卷采用 5 点等级法（1. 很不重要；2. 较不重要；3. 一般；4. 较重要；5. 很重要）来评价所调查的问题。参加问卷调查人员的基本信息统计如下：

表 10 - 4　　　　　　　　知识型员工绩效调查基本信息统计

项目	性别		年　　　龄				学历		工作类型					
	男	女	<23	23~30	31~40	>40	大专	本科以上	中高层管理人员	基层管理人员	技术研发人员	营销人员	办事员	其他
百分比	73	27	3.9	51.3	303	14.5	26.4	73.6	20.8	26.1	22.1	6.2	22.6	2.2

2. 分析方法及其原理

对回收的问卷数据，本文采用因子分析法进行统计分析。因子分析（Factor Analysis）是一种从分析多个原始指标的相关关系入手，找到支配这种相关关系的有限个不可观测的潜在变量，并用这些潜在变量来解释原始指标之间的相关性或协方差关系的多元统计分析方法。具体而言，假设有 n 个样本，观测到 m 个指标 X_1, X_2, Λ, X_m，通过分析各指标 X_1, X_2, Λ, X_m 之间的相关性，就可以找出起支配作用的潜在因素—公因子 F_1, F_2, Λ, $F_q(q \leq m)$，使得这些公因子可以解释各指标之间的相关性。就统计学而言，就是要建立如下的模型（为方便计，假设各 X_i 为标准化数据）：

---

① 问卷的具体内容请参阅附录。
② 选择的 6 家企业分别是：海信集团、鲁能集团、山大地纬公司、山大华天集团、北京博奇科技有限公司和济南研讯科技有限公司。

$$\left\{\begin{array}{l} X_1 = a_{11}F_1 + a_{12}F_2 + \Lambda + a_{1q}F_q + e_1 \\ X_2 = a_{21}F_1 + a_{22}F_2 + \Lambda + a_{2q}F_q + e_2 \\ \quad\quad\quad\quad\quad\vdots \\ X_m = a_{m1}F_1 + a_{m2}F_2 + \Lambda + a_{mq}F_q + e_m \end{array}\right\} \quad\quad (1)$$

在上式中，令

$$X = \left\{\begin{array}{c} X_1 \\ X_2 \\ \vdots \\ X_m \end{array}\right\}, \quad A = \left\{\begin{array}{cccc} a_{11} & a_{12} & \Lambda & a_{1q} \\ a_{21} & a_{22} & \Lambda & a_{2q} \\ \vdots & \vdots & \vdots & \vdots \\ a_{m1} & a_{m2} & \Lambda & a_{mq} \end{array}\right\}, \quad F = \left\{\begin{array}{c} F_1 \\ F_2 \\ \vdots \\ F_q \end{array}\right\}, \quad e = \left\{\begin{array}{c} e_1 \\ e_2 \\ e_3 \\ e_m \end{array}\right\}$$

则公式（1）可写成如下的矩阵形式：$\underset{m \times 1}{X} = \underset{m \times q}{A}\ \underset{q \times 1}{F} + \underset{m \times 1}{e}$ 且有：

（1）各 X_i 的均数为 0，方差为 1（$\overline{X}_i = 0$，$s_i^2 = 1$）；各公因子 F_j 的均数为 0，方差为 1（$F_j = 0$，$S_F^2 = 1$）各特殊因子 e_i 的均数为 0，方差为 σ_i^2。即 $\overline{e}_i = 0$，$S_e^2 = \sigma_i^2$

（2）各公因子之间的相关系数为 0，即 rF_i，$F_j = 0$；各特殊因子之间的相关系数为 0，即 $r_{e_i, e_j} = 0$；各公因子与特殊因子之间的相关系数为 0，即 $r_{F_j, e_i} = 0$。

也就是说，原始指标向量 X 的协方差矩阵 $\sum_X$、公因子向量 F 的协方差矩阵（此时均为相关矩阵）$\sum_F$ 为单位阵；特殊因子向量 e 的协方差矩阵 $\sum_e$ 为对角阵：

$$\sum_X = R_X = I_{m \times m}, \quad \sum_F = R_F = I_{q \times q}, \quad \sum_e = \begin{bmatrix} \sigma_1^2 & & & \\ & \sigma_2^2 & & \\ & & \ddots & \\ & & & \sigma_m^2 \end{bmatrix}$$

这样，求公因子的问题，就是求满足上述条件的 m×q 阶矩 $A_{m \times q}$。

3. 结果与分析

本文采用 SAS9.0 统计学软件对问卷调查的数据进行统计处理。

（1）信度检验。本文采用 Cronbachα 来衡量信度，根据心理测量学的要求，如果信度系数在 0.7 以上，就可以接受。在本问卷调查中，公民组织行为部分的信度分析结果如下：信度系数：Alpha = 0.9343；问卷项目数：N of Items = 16。可以看出，信度系数大于 0.7，因此，测量结果是可信的。

（2）因子分析适用性检验。对因子分析而言，分析能够进行且结果具有实用性的基本前提就是各变量间存在相关性，否则，将无法提取公因子，因此，进行相关性检验就是分析所必需的。目前，用于因子分析检验的通常是 KMO 和 Bartlett 检验。其中，KMO 用于检验变量间的偏相关性是否较小，如果 KMO 统计量在 0.7 以上，则说明变量间的相关性效果较好；而 Bartlett 球形检验则是判断相关阵是否是单位阵。本问卷的分析结果见表 10 – 5。

表 10 – 5　　　　　　　　　　KMO and Bartlett 检验

Kaiser-Meyer-Olkin Measure of Sampling Adequacy		0.925
Bartlett's Test of Sphericity	Approx. Chi-Square	2033.996
	df	120
	Sig.	0

可以看出，Bartlett 检验的结果是拒绝各变量独立的假设，即变量间存在较强的相关性。而 KMO 统计量为 0.925，大于 0.7，也说明变量间具有较强的相关性。因此，利用因子分析法进行数据处理是可行的。

（3）因子分析。本文采用最大似然法来估计因子载荷阵提取公因子，并采用最大方差法旋转公因子。一般而言，如果因子的特征根大于 1，累计贡献率大于 70%，即可认为量表具有良好的结构效度。分析结果如表 10 – 6 和 10 – 7 所示。

表 10 – 6　　　　　　　　　　各因子特征值及方差贡献率

因子	Eigenvalue Cumulative	Difference	Proportion
1	19.0364077	16.5010866	0.8381
	0.8381		
2	2.5353211	1.3941774	0.1116
	0.9498		
3	1.1411437	0.3762263	0.0502
	1.0000		

对问卷调查的因子分析表明，特征根大于 1 的因子有 3 个，总方差累积贡献率为 100%，说明量表具有良好的结构效度。

通过表 10 - 7 可以看出，因子 1 的项目都与知识型员工对公司的忠诚有关，例如，维护公司形象、宣传公司及其产品、购买公司产品、为公司引进人才等，因此可以命名为组织忠诚维度，它包括 8 个子项。因子 2 的项目大多与协作助人等有关，如帮助其他员工等，因此，可以命名为协作助人维度，包括 4 个子项。而因子 3 的项目则主要与员工的主动性有关，如主动解决问题等，因此可以命名为积极主动维度，它主要包括 3 个子项。

表 10 - 7　　　　　　　　　　各因子负荷的情况

项　　目	Factor1	Factor2	Factor3
z1	0.24564	0.61929	0.30463
z2	0.25130	0.75043	0.26896
z3	0.29160	0.52368	0.49447
z4	0.36819	0.59601	0.26940
z5	0.66004	0.33036	0.23287
z6	0.57078	0.31823	0.43687
z7	0.59697	0.32789	0.27557
z8	0.34810	0.44818	0.49854
z9	0.38632	0.24248	0.33643
z10	0.43991	0.30703	0.49270
z11	0.64303	0.19243	0.40018
z12	0.12673	0.38230	0.73803
z13	0.58685	0.08067	0.32419
z14	0.65555	0.34837	0.17859
z15	0.67931	0.39937	0.10193
z16	0.72662	0.16772	0.06820

这样，在对知识型员工的组织行为进行考核时，就可以根据这三个维度及其子项进行。具体而言，就是首先根据知识型员工在各子项上的得分情况，计算出各因子的得分情况，然后，再根据各因子所占的权重计算知识型员工在组织公民行为上的最后得分。

§10.4　知识型员工绩效评价的积累性指标分析

如前分析，知识型员工在任务执行过程中的知识和技能的积累对员工本人和组织都具有一定的必要性，其价值具有一定的递延性，有利于知识型员工和组织未来绩效和竞争能力的提升。而环境的动态性和竞争的激烈性，使得这种积累无论是对知识型员工还是组织都具有了更加鲜明的意义。因此，在对知识型员工进行绩效评价时，有必要将知识积累性指标纳入其中。

☞ 10.4.1　引入知识型员工的积累性指标评价的必要性

弗朗西斯·赫瑞比（Horibe，1999）认为，"在当今世界，充分利用员工的知识是一个主要的成功因素，但是随着知识的发展、分化，仅利用员工现有的知识已显不足，为继续运用知识创造财富，员工们自身必须跟上时代。若不对'知识之井'进行不断的供给，它终将'干涸'"。因此，在竞争日趋激烈的知识经济时代，持续学习对知识型员工和组织都非常重要，持续学习的目的在于知识的积累，并能将积累的知识和技能应用于不断变化的组织环境中，提高员工个体及组织的竞争能力和绩效水平。

对知识型员工而言，知识的积累是一个过程。在知识型员工的整个职业生涯中，他们要通过持续不断的学习来获得知识、技巧和能力，以便能够适应和满足多变的任务要求。这种学习可以使知识型员工将当前的工作做得更好，可以使个体发展新的技能以为将来的工作需求做准备，或者接受弥补性的再培训以抓住组织内部或外部的各种机会。知识型员工的职业生涯符合 Hall（1976）所提出的"普罗蒂厄斯职业"（Protean Career）的基本特性，即其职业生涯不是由组织而是由员工个体所控制的，其特征是根据自我需求和自我定向不断地变化，实现员工对自我选择和自我实现的追求。在不同的公司内，甚至在不同的职业内，知识型员工都可能会有多种职务或工作序列。那些渴求持续学习的人会寻找与他们自己有关的信息，以及那些未来可能会出现的有关职业要求的信息。找到了这些信息就意味着找到了学习的缺口。并且，这些人还愿意投入时间、精力、物力和财力来接受教育，以求能弥补这些缺口并提高他们的绩效。对知识的渴求也会促使知识型员工阅读那些与所需技能有关的书籍，寻找良师益友或者角色榜样，或者实践新的技能和行为，等等。这种自觉学习的责任感意味着他们的学习是有计划的，而且是自主的。这样，经过持续学习与经验总结，将使知识型员工及组织的未来绩效得以不断提升。

就组织而言，知识积累意味着整个组织对学习和通用知识的关注、重视，并通过适当的方式将员工个体所拥有的知识加以共享和沉淀。一方面，组织会提供资源支持员工的持续学习行为，以促进绩效的改善，甚至为满足将来的工作需要做好准备；另一方面，组织为保持其内部知识的连续性，通过建立知识仓库、促进相互交流等知识管理的手段提高知识的规模经济和范围经济效应，并不断保留和更新组织中的内隐知识，提高组织适应外界环境的能力。从这个角度而言，组织也应当自觉地把知识型员工对组织知识的贡献纳入到其绩效管理的维度范围中，以应对将来工作中可能出现的需要。

概言之，无论是从知识型员工个体还是组织意义上而言，知识的积累都应当成为知识型员工绩效管理中需要考核的一个重要方面。笔者认为，对知识型员工知识积累的管理，应首先考虑到知识在组织与个人以及员工个人相互之间转化与沉淀的内部机理，并依据其机理选择恰当的指标体系来实施相应的考核，从而达到知识型员工与组织的双赢。

10.4.2 知识流动与转化机理及知识型员工积累性指标选择

1. 组织中知识的流动与转化机理——SECI 模型分析

日本学者野中郁次郎认为（Nonaka，1995），在一个动态多变的环境中，企业获得竞争优势的能力依赖于企业不断审视组织内外部环境中各种因素的能力，这样做的惟一路径就是专注于企业中个人和企业作为一个整体所创造的知识。换言之，知识创造导致持续创新，持续创新带来竞争优势，企业知识的创造和转化成为企业生存和发展的必要条件，成为企业的市场活动。因此，野中郁次郎认为，组织知识可以通过隐形知识和显性知识的交互而创造，并依据交互的 4 种模式——潜移默化（Socialization）、外部明示（Externalization）、汇总组合（Combination）和内部升华（Internalization）——提出了著名的SECI模型（如图10-6所示）。

模式一，"潜移默化"，这是从隐性知识到隐性知识的过程。通过共享经历、交流经验、讨论想法和见解等社会化的手段，隐性知识得以被交流。

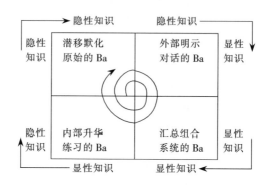

图10-6　SECI模型

模式二，"外部明示"，指隐性知识向显性知识的转化。通过隐喻、类比和模型等方式，将隐性知识用显性的概念和语言表达出来。

模式三，"汇总组合"，指从显性知识到显性知识。它是一个通过各种媒体（文件、会议、电话会谈或电子交流）产生的语言或数字符号，将各种显性知识组合化和系统化的过程。

模式四，"内部升华"，指显性知识到隐性知识的转化。通过"汇总组合"产生的新的显性知识被组织内部员工吸收、消化，并升华为自己的隐性知识。

野中郁次郎还进一步指出，以上四个不同的知识转化模式是一个有机整体，它们都是组织知识创造过程中不可或缺的组成部分。高度个人化的隐性知识必须通过共享化、概念化和系统化，并在整个组织内部进行传播才能被组织内部所有员工吸收和升华。对任何一种知识转化模式的忽视或重视程度不够，都会造成整个组织知识创造过程的局部性和不完整性。

2. 知识型员工积累性指标选择中所应考虑问题

从知识自组织中的分类、分布以及野中郁次郎的SECI模型可以看出，对知识型员工自身及组织知识积累的管理应当从三个方面加以考虑：个人显性知识的增加、个人隐性知识的增加，以及知识型员工对组织显性知识的贡献。至于组织隐性知识的增加问题，由于其太富于默会特征，更多的涉及到组织的管理问题，因此在知识型员工的绩效评价中，本文予以忽略。

其一，知识型员工个人显性知识的积累。这是一个传统的人力资源培训工作所涉及的领域，即由于显性知识是可编码、可表达、可传播的，因此，此类知识可以运用灌输或阅读的方式使知识型员工得以积累和掌握。但需要注意的是，在传统的人员绩效提升的方式中，学习常常被等同于训练或培训。但事实上，培训应当仅仅是传达教学的，是支持学习的手段之一；而学习则应当是将信息转化为知识的内部过程。对于经常处于紧张工作压力之下的知识型员工而言，正式的组织培训只是获取显性知识的方式之一，或许更为常见的形式是采取在线学习或工作中的相互探讨，当然，工作之余的自发"充电"也是一种不错的途径。

其二，知识型员工个人隐性知识的积累。这是一个共同工作、交流思想、共享经历的过程，充分体现了学习的社会性。由于隐性知识的默会特征，在这里组织很难用某种尺度来衡量知识型员工在项目或任务运作当中究竟得到了多少隐性知识。组织所能做到的就是促成隐性知识相互转移的背景或情境。正如 Choo（1998）所言，"隐性知识分布于个人行为经历的各个方面"，隐性知识是"依赖于人类的肢体与它周围环境的相互作用，从中所记录下来的能够感觉到的一些信号"。隐性知识深植于它所处的背景当中，员工只有通过相互之间的关心、爱护、信任和承诺才有可能获得。在这里，对知识型员工隐性知识积累的评价应当采用一种间接的方式，在某种意义上有些类似于行为性指标当中的助人行为，但这类指标应当是更加指向知识型员工的专业领域的，如能够基于共同兴趣与他人就工作中的某一问题进行长时间的合作研究，乐意他人协助自己完成某项工作等。也就是说，在设立有关知识型员工隐性知识积累的指标时，指标并不是指向其个人的，而是促成其与同事之间共享经历的行为。该类指标真正的目的在于培育组织内部知识共享的氛围。

其三，组织显性知识的积累。这是一个涉及到知识型员工是否向组织知识库做出贡献的问题。组织的显性知识更多的以文件、计算机程序和工作手册等文档的形式出现，该类知识的增多意味着能够发挥知识的规模经济和范围经济效应，为组织中的其他成员低成本的共享和再次利用。对该类知识积累的要求意味着，知识型员工，无论是组织的正式成员还是临时雇员，任务项目的完成并不预示着结束。其在任务项目完成过程中所遇到的新问题、所采用的解决方法、从成功或失败项目当中所总结的经验教训等是否被用规范的语言以报告或备忘录的形式进行存档，同样是组织对他们的一项要求。

10.4.3 知识型员工的知识积累性指标分析

如前分析，尽管员工的知识积累对企业和员工自身都具有非常重要的意义，但在以往的员工绩效评价中却很少涉及该项内容，这一方面是因为企业对该项指标的重视程度不够；另一方面也是因为该指标的设计和考核较成果性指标要复杂得多，而且目前并没有成熟的经验可供参考。因此，与组织公民行为指标一样，本文尝试通过调查问卷后的统计分析来寻求相应的指标设计。

1. 问卷的设计、数据来源以及分析方法及其原理

此处所用调查问卷的设计、企业选择、调查实施、分析方法及其原理等，都与上文中组织公民行为分析部分相同，因此不再赘述。

2. 结果与分析

（1）信度检验与因子分析适用性检验。在本问卷调查中，知识型员工的知识积累部分的信度分析结果如下：信度系数：Alpha = 0.9199；问卷项目数：N of Items = 18。可以看出，信度系数大于 0.7，因此，测量结果是可信的。

因子分析检验同样采用 KMO 和 Bartlett 检验，结果如表 10-8 所示。可以看出，Bartlett 检验的结果是拒绝各变量独立的假设，即变量间存在较强的相关性。而 KMO 统计量为 0.916，大于 0.7，也说明变量间具有较强的相关性。因此，利用因子分析法进行数据处理同样是可行的。

表 10-8   **KMO and Bartlett 检验**

Kaiser-Meyer-Olkin Measure of Sampling Adequacy		0.916
Bartlett's Test of Sphericity	Approx. Chi-Square	1 727.627
	df	153
	Sig.	0

（2）因子分析。利用因子分析法对问卷中的 18 个项目进行分析，结果特征根大于 1 的因子有 4 个，总方差累积贡献率为 100%，说明量表的结构效度良好。另外，各因子负荷也都较好，结果如表 10-9 和表 10-10 所示。

表 10-9   **各因子特征值及方差贡献率**

因子	Eigenvalue Cumulative	Difference	Proportion
1	Infty	Infty	
2	10.0572238	8.2021307	0.7638
	0.7638		
3	1.8550931	0.5993466	0.1409
	0.9046		
4	1.2557465	0.7003454	0.0954
	1.0000		

可以看出，因子 1 的项目都与知识型员工的自我学习有关，例如，定期进行工作总结、领悟公司文化、与同事一起钻研、阅读专业期刊等，因此可以命名为自我学习维度，它包括 8 个子项。因子 2 的项目主要与公司培训有关，如公司的内外部培训等，因此，可以命名为公司教育维度，包括 4 个子项。因子 3 的项目则主要与员工的岗位知识学习有关，因此可以命名为专项学习维度，它主要包括 4 个子项。而因子 4 的项目包括两个方面：向同事学习与交流切磋，因此可以命名为交流学习维度。

表 10-10   **各因子负荷的情况**

项　　目	Factor1 Factor4	Factor2	Factor3
y1	0.49441	0.21405	0.03820
	0.18394		
y2	0.40960	0.44822	0.11610
	0.03510		

续表

项　　目	Factor1 Factor4	Factor2	Factor3
y3	0. 37764 0. 49270	0. 10780	0. 17318
y4	0. 13394 0. 06502	0. 65314	0. 36504
y5	0. 16362 0. 21547	0. 66359	0. 25543
y6	0. 26604 0. 11837	0. 60870	0. 04994
y7	0. 26638 0. 93540	0. 18968	0. 13451
y8	0. 26305 0. 03795	0. 42428	0. 36087
y9	0. 37409 0. 21398	0. 27450	0. 46464
y10	0. 17196 0. 09707	0. 24307	0. 66858
y11	0. 30494 0. 10232	0. 30116	0. 67153
y12	0. 45831 0. 24900	0. 01324	0. 47400
y13	0. 61942 0. 23406	0. 14778	0. 23694
y14	0. 62777 0. 15583	0. 26304	0. 24478
y15	0. 62514 0. 17414	0. 23206	0. 24078
y16	0. 64411 0. 13477	0. 24607	0. 31603
y17	0. 54319 0. 12095	0. 31922	0. 31368
y18	0. 57836 0. 29866	0. 21758	0. 37852

　　同样，在对知识型员工的知识积累进行评价时，就可以通过上述四个维度进行，从而准确的判定各知识型员工在各维度上的得分情况，然后通过加权计算得出该方面的总得分情况。

§10.5　知识型员工绩效的综合评价及其实施

如前分析，对知识型员工进行绩效评价，就是为了了解其绩效现状、找出存在的不足并加以改善，进而取得绩效的提升，为此，需要对知识型员工的绩效做出综合评价和衡量。当然，最终的绩效评价结果是否科学准确，不仅取决于评价指标的选择和建立，还受计算方法及评价模式的影响，而这尚需要作进一步的研究与分析。

☛10.5.1　知识型员工绩效综合评价的基本方法

综合前文分析，笔者认为，对知识型员工的绩效评价可以从三个方面展开，即基于可见工作产出的成果性指标、基于组织氛围的行为性指标和基于未来绩效能力的积累性指标。其中，每一个维度指标又包含一系列的子指标，从而形成了知识型员工绩效评价的指标体系。这一体系可以用图10-7表示。

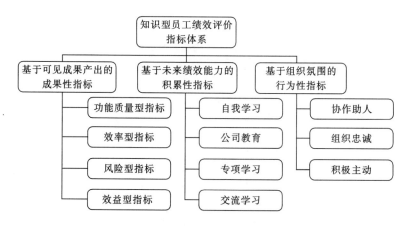

图 10-7　知识型员工绩效评价的指标体系

依据上述指标体系，可以对知识型员工的绩效进行具体计算。基本方法就是,为每一级指标确定相应的权重,在经过层层计算后,最后得出一个具体的结论。其中,较为重要的就是如何确定各指标的权重问题。所谓权重,就是以某种数量形式对比、权衡被评价事物总体中诸因素相对重要程度的量值,它既是决策者的主观评价,又是指标本质属性的客观反映。因此,在评价知识型员工的绩效时,应首先确定该指标体系各层指标的权重。当然,确定权重的方法有很多,如层次分析法(AHP)、专家评价法等,各企业可以选择使用,此处不作具体分析。在确定了权重后,企业就可以根据公式 $P = \sum_{i=1}^{n} a_i D_i$ 对知识型员工的绩效进行具体计算。其中,$\sum_{i=1}^{n} a_i = 1$,$b_i \geq 0$,$i = 1,2,\Lambda,n$。按照上述评价体系,D_i 可以分为三个维度,而每个维度下又可以分为若干子指标,且每个子指标还可以再分解;与此相应,a_i 也包含相同层次,且保持累加权重为 1。

当然,由于不同组织、不同团队中知识型员工的构成情况、工作要求、对不同成果的重视情况等方面存在不同,因此,按照权变管理的思想,对知识型员工绩效评价的侧重点和计算方式就应该不一样。此时,指标的选取和权重的赋予应该依据企业/团队的具体情况以及知识型员工的类型而确定。现实中,对知识型员工进行绩效评价时,仅仅灵活选择指标和权重还不够,因为单纯依据上述公式进行绩效评价时还存在着一些漏洞,导致最终的评价结果达不到预期的目的。现举例说明如下:

表 10-11 某知识型员工绩效指标及其分值表 A

绩效指标		指标得分 (百分计)	各指标权重	
指标大类	指标小类			
成果性 指标	功能/质量型指标	20	25%	50%
	效率型指标	10	15%	
	效益型指标	10	5%	
	递延型指标	10	5%	
行为性 指标	协作助人	300	15%	40%
	组织忠诚	200	15%	
	积极主动	200	10%	
积累性 指标	自我学习	70	2%	10%
	公司教育	90	3%	
	专项学习	80	3%	
	交流学习	90	2%	

假设某被考核的知识型员工是一名从事模块化工作的产品研发人员，他是组织的正式成员并隶属于某一工作团队，但其绩效产出却可以较为方便地加以衡量。其绩效指标的权重分配及各权重得分如表 10 - 11 所示。从表 10 - 11 可以看出，相对于其他各指标，组织对该员工研发工作的功能/质量有更高的要求，因此所分配的权重最高（25%），其次则是效率型指标（15%），即希望该员工能够在规定时限内以较低的成本完成该项任务。然而，从最终的考评结果来看，尽管该员工的成果型指标仅仅完成了预期目标的很少一部分（没有一项指标超过原计划的 30%），但由于该员工的其他各类指标完成得较为出色（其中，协作助人达到了原标准的 300%，组织忠诚和积极主动达到了原标准的 200%），其最终的绩效综合评价分数仍然得到了 110.8 的高分。如果该种情况的出现是由于工作任务过于复杂，同时组织对该知识型员工工作的支持力度不足造成的，那么应该反思的是组织对知识型员工绩效的管理与支持。但是如果任务分析以及胜任性分析已显示该员工有能力完成该任务，并且在员工绩效期间，组织给予了员工充分的工作支持，显然，出现这种出乎意料的考评结果就有可能是员工利用了绩效评价综合计分法的漏洞，通过刻意表现出来的努力获得考绩的顺利通过。

同样地，假设组织考核该知识型员工得到了如表 10 - 12 所示的绩效指标分值。该知识型员工很好的完成了组织较为重视的成果性指标（成果性指标占总比重的一半，各成果性指标均能达到或超过预定计划），同时也很注意对自身知识的积累（评分超过正常水平的 2 倍），虽然其在行为性指标以及帮助组织及他人积累隐性知识方面并未做出积极的成效，其个人综合的绩效评价仍然达到了 92.65 的高分。显然，对于取得如此良好绩效分值的知识型员工，组织似乎应该对其进行奖励或晋升。然而，表 10 - 13 所示的指标得分情况同时也预示着该名员工并不注重与同事的合作，未表现出对组织应有的忠诚。虽然他很注意个人知识、技能的提升，但却不能给组织及他人的未来绩效能力做出任何贡献。仅以绩效指标的得分来给予其奖励有可能给组织中的其他知识型员工树立不良榜样，导致组织内部合作氛围的破坏，并导致组织长期绩效能力的衰竭。

表 10-12   某知识型员工绩效指标及其分值表 B

绩效指标		指标得分（百分计）	各指标权重	
指标大类	指标小类			
成果性指标	功能/质量型指标	200	25%	50%
	效率型指标	150	15%	
	效益型指标	150	5%	
	递延型指标	100	5%	
行为性指标	协作助人	5	15%	40%
	组织忠诚	5	15%	
	积极主动	10	10%	
积累性指标	自我学习	200	2%	10%
	公司教育	5	3%	
	专项学习	20	3%	
	交流学习	20	2%	

　　从上述例子可以清楚地看出，如果不附加一定的使用条件，知识型员工综合绩效评价指标体系在使用中还存在一定的缺陷。仅仅以简单加权平均的方式来处理知识型员工的绩效指标得分，有可能造成偏离预期目的的评价结果。特别是当知识型员工在某几个指标上完成地很好，但未能实现其他目标时，出现偏差的可能性最大，员工的最终绩效得分可能仍然会很高，并达到组织嘉奖的标准。因此，在实际使用该指标体系时，应该根据组织的期望，对知识型员工绩效指标的各个部分附加一定的条件。即根据知识型员工的类型特点和组织的预期目标选择几个关键的指标变量，确定其临界水平（如表 10-13 所示）。如果在绩效期间内，知识型员工在设定临界值的指标方面未能达到要求，即便其他指标表现良好，也应进行特别处理：或者实行"一票否决"制，或者降低预定的奖励水平，或者对达到或超过要求的部分奖励而低于要求的部分惩罚。同时，还应该与员工一起分析出现该种情况的原因，并要求或协助其限期改善，从而确保员工与组织绩效的提升。

表 10-13   某知识型员工绩效指标及其分值表 C

绩效指标		指标得分及临界水平		各指标权重	
指标大类	指标小类	得分（百分计）	临界水平		
成果性指标	功能/质量型指标	20	85	25%	50%
	效率型指标	10	80	15%	
	效益型指标	10	50	5%	
	递延型指标	10	50	5%	

续表

绩效指标		指标得分及临界水平		各指标权重	
指标大类	指标小类	得分（百分计）	临界水平		
行为性 指标	协作助人	300	60	15%	40%
	组织忠诚	200	60	15%	
	积极主动	200	60	10%	
积累性 指标	自我学习	70	50	2%	10%
	公司教育	90	60	3%	
	专项学习	80	60	3%	
	交流学习	75	60	2%	

☞ 10.5.2　知识型员工绩效评价的模式及其实施

绩效评价是企业管理活动，尤其是人力资源管理活动中的一项重要内容。如何对知识型员工的绩效做出客观而公正的评价，以便为企业、知识型员工的发展和其利益相关者需要的满足提供真实的决策信息，是当今人力资源实践领域急需解决的重点问题之一。然而，要提高绩效评价效度，除了需设计科学合理的绩效评价体系之外，评价目标、评价内容、评价对象与评价源的匹配也是非常重要的一个方面（许庆瑞，王勇，陈劲，2002）。

在工业经济时代，很多组织在评价其员工的绩效时，通常都采用上级评价的方法。此时，企业中固定的工作内容和程序性的工作方式，为员工的直接上级观察和评价员工的工作成果提供了便利，因此，这种以员工的直接上级作为考评主体的评价模式是低成本且可行的。然而，在知识经济时代，由于环境的动态性、工作任务的多变性，以及知识型员工的特性、工作方式和工作机理都发生了极大变化，企业中知识型员工与其主管间产生了明显的信息不对称现象，企业/团队主管已很难掌握有关知识型员工绩效的全面信息，此时，仍采用传统的单一评价主体的绩效评价模式，显然难以满足知识型员工和企业/团队对绩效评价的需求。于是，一种新的绩效评价方法——360 度绩效反馈方法便逐渐被企业所认可和采纳。

360 度反馈（360°Feedback）也称全视角考核（Full-circle Appraisal）或多个考评者考核（Multirater assessment），是一种从多个角度获取组织成员行为观察资料的方法，包括上级、下级、自己、同事等，有时甚至包括顾客（外部的和内部的）（Ramano，1994）。据统计，如今约有 20% ~

25%的组织出于开发和学习的目的，或者在某种情况下，出于绩效评价的目的，引入了360度绩效反馈机制（Antonioni & David，1996）。考虑到知识型员工工作的特殊性，为了达到通过评价和反馈来提升其个体和组织绩效的目的，笔者认为，在知识型员工绩效期间及最终的绩效评价中，应该以知识型员工与其利益相关者达成的绩效契约关系为基础引入这种360度绩效反馈的方法。

1. 知识型员工绩效评价中引入360度绩效反馈的原因分析

如前分析，知识型员工在工作过程中往往需要满足多个利益相关者的需要，他们是部门经理/团队主管、同事/团队伙伴、知识型员工所在的组织、顾客（外部或内部的）以及知识型员工自身，而对知识型员工的绩效实施360度反馈则将充分调动和发挥上述各方的积极性，对知识型员工的绩效做出全面、立体式的准确评价，从而达到预期的评价目的。

（1）部门经理/团队主管代表组织的利益对其任务活动进行评价，通过考评，部门经理/团队主管可以获得组织所赋予的指导、控制、激励员工的权利，监控任务计划的进度情况；另一方面，通过及时沟通，了解到知识型员工在绩效期间所需要得到的组织资源与帮助，从而为知识型员工完成共同任务提可能和便利。

（2）同事/团队伙伴提供的360度信息能够使知识型员工更好的意识到自己在团队或群体中是如何发挥作用的，这种合作包括了团队/部门内部的合作和团队/部门间的合作。没有这种信息，考虑到知识型员工的独特个性，团队合作就不太可能发生（Delery & Doty，1996）。同事/团队伙伴评价一方面反映了上级所无法观察到的绩效信息（如隐性知识的积累情况），另一方面可以衡量一团队合作为导向的行为，并将信息反馈给个体，从而加强了尊重合作价值的组织文化。

（3）360度反馈提供了一种机制，通过这种机制，内部的或外部的顾客能够报告他们的需求在多大程度上得到了满足。以其他评价源为中心的评价系统会将知识型员工的注意力从顾客转移到内部领导、下级、同事/团队伙伴，因此不利于激励员工以最大限度地满足顾客的需求而工作。而顾客对知识型员工的评价则可以充分反映"倒置的金字塔"思想，将顾客的利益放到了重要位置，从而保证知识型员工工作的效率和正确方向。

表 10 –14　　　　　利益相关者对知识型员工绩效的评价

绩效指标		利益相关者的评价			
指标大类	指标小类	部门经理/团队主管	同事/团队伙伴	顾客	知识型员工个人
成果性指标	功能/质量型指标	√	√	√	√
	效率型指标	√	√	√	√
	效益型指标	√		√	
	递延型指标	√		√	
行为性指标	协作助人	√	√		√
	组织忠诚	√	√		√
	积极主动	√	√		√
积累性指标	自我学习	√			√
	公司教育	√			√
	专项学习	√	√	√	√
	交流学习	√	√		√

注：本表在实际应用时，应当与知识型员工的类型和企业的具体目标相结合。

（4）知识型员工对自身的考评是与自我管理和充分授权等管理方式相伴而生的，由于员工对自身能力、工作行为和绩效的提升与扩张会有更多的了解和把握，因此，知识型员工的自我考评具有做出准确判断的基础；另一方面，自我考评结果能够被员工积极的接受，从而有利于根据评价结果制定自身的发展计划和努力方向。

总之，基于知识型员工利益相关者基础上的 360 度绩效反馈的具体方式可以如表 10 – 14 所示，当然，企业在具体的评价实践中，可以根据自身的具体情况加以灵活调整。

2. 知识型员工绩效评价中 360 度反馈评价的实施

心理学家和管理研究者苏珊·阿斯福特（Susan Ashford，1991）认为："为了有效地工作，或者简单地讲，为了在组织里生存，经理们必须了解他们所采取的哪些行动是无效的，以便改正它们。他们需要学会准确地了解别人的想法。"在当今的工作环境中，个人必须与越来越多的人员打交道，仅仅依靠从上级那里获得反馈，已经无法形成完整的关于他人如何看待自己的看法，而 360 度反馈则是知识型员工提高自我意识和改进个人绩效的一种手段。知识型员工除了从主管那里获得反馈之外，还能够从同事和顾客那里获得往往是匿名的反馈，并且能够将那些反馈与自我评价进行比较，从而突出自身的盲点，即使被评价者了解到的他人对自己的评价分值比自我评价分值低的领域，而每个评价者群体的平均分值则强调了总体的长处和不足。

当经过一定训练的评价者和被评价的知识型员工在完成相应的绩效调查问卷时，这一反馈过程就开始了。同事/团队伙伴与顾客以匿名的方式完成调查问卷，而部门经理/团队主管在填写调查问卷时无须匿名；然后，汇总评价群体的反馈意见，并以报告的形式提供给被反馈的知识型员工；最后，应当鼓励个人从评价者那里寻求额外的反馈以澄清书面报告里反馈的不足。如果报告确认了盲点或不足之处，同时，被评价者认为反馈资料是有效和有用的，并加以接受，这时知识型员工就会产生更强的自我意识。此外，被评价者的自我感觉和他人对其感觉之间的差异，将会导致被评价者暗中或者明确的设定改进目标。如果组织现有的制度政策（如奖励制度、培训制度等）支持这种变革，自我意识的提高和目标的改进就更容易导致绩效和态度的变化。反馈背后的基本原理是，当个人意识到盲点或不足之处时，知识型员工会受到激励进行改进。因为信息来源于各种不同角度的利益相关者，其内容会更为丰富，并且与个人仅从一位上级主管那里获得的反馈相比，反馈可能会更为准确，因而也更容易被接受。按照这种方式实施，就能完全符合并最终达到知识型员工绩效评价的目的。

第 11 章

知识型员工的绩效提升机制

§11.1　知识型员工绩效提升的原理分析与模型构建

如前分析，依据系统论的观点，组织是一个社会协作系统，而知识型员工则是在这一系统中工作的个人，其绩效表现是系统中各因素综合作用的结果，是知识型员工自身能力、个人努力状况、利益相关者的作用以及其他因素的函数。[①] 因此，在建立知识型员工的绩效提升机制时，除员工本人的因素外，环境因素（包括团队）的作用也不可忽视。然而，由于上述两方面的因素对知识型员工绩效的影响并不一样，作用机理也并不相同，因此，所采取的绩效提升机制就应该有所差异。

就知识型员工而言，其绩效产出的高低很大程度上取决于本人的胜任能力和努力状况。由于知识型员工的工作具有多变性、结果的不确定性、任务执行的非程序性、所需知识的复杂性等特征，对执行者个人的胜任力要求较高。而胜任能力的提升，需要知识型员工具备较强的持续学习的渴望和自觉学习的行为。同时，即使具备了相应的胜任能力，如果知识型员

[①] 关于知识型员工绩效的系统分析，请参阅本文第 3 章的相关分析。

工在执行任务的过程中主动性不强、努力程度不够，或者在团队中不提供相应的协作等，都将导致绩效产出的降低，甚至不能完成相应的工作任务。然而，这方面的改善和提升，需要知识型员工自身做出相应的努力。此时，组织所能采取的机制就是对知识型员工实施相应的激励和诱导，通过外在的诱导激发其内在的渴望与动力，促使其主动做出相应的改善努力，从而获得绩效提升的结果。具体而言，企业可以通过对知识型员工的需求分析，了解员工们不同的需求状况，据此采取相应的激励策略。例如，如果知识型员工对自身知识补充的需求强烈，则企业可以采取对达到预定绩效标准者给予脱产进修、出国培训等方式来获得绩效提升的目的。

就环境因素而言，它对知识型员工绩效产出的影响较为复杂，其影响作用可能是直接的，也可能是间接的，影响力可能较大，也可能很小，其表现方式也多种多样。对此，企业应根据不同的情况，采取相应的环境改善措施，从而直接或间接促进知识型员工绩效的提升。例如，树立良好的企业形象，使知识型员工以在本企业工作为荣，可以促使其为维护企业形象而自觉努力的做好本职工作；改善工作设计、丰富工作内容，可以增加员工对工作的兴趣，甚至以工作为乐，从而达到提升其绩效产出的目的，等等。

另外，依据经济学原理，要达到提升知识型员工绩效的目的，就应满足两个基本原则：员工的个人理性原则和激励相容原则。个人理性原则是指，知识型员工在该组织中做出绩效改善的努力时，其能够获得的效用（如报酬、职位的提升等）必须不低于他在其他企业中做出同等努力时所获得的效用，简言之，就是保证知识型员工能够在本企业工作而不跳槽；而激励相容原则是指，在组织制定的绩效提升激励政策下，知识型员工能积极地做组织希望他做的事情，即其努力的方向与组织的目标基本一致，因此，其工作及其努力是组织所需要并期望的。

按照上述分析，知识型员工的绩效提升应该是一种全新的管理范式，它涉及到组织的方方面面，其基本模型可以简要表示为图 11 - 1。

由图 11 - 1 可以看出，知识型员工的绩效提升策略很多，概括而言，可以从三个方面进行：改善企业的工作环境、改善企业文化以及针对知识型员工个人采取相应的物质或精神激励，其中，每个方面都有很多具体措施，因而企业可以按照自身的具体情况灵活选择使用。但笔者认为，对知识型员工的绩效提升而言，如下三种机制的完善将具有重要意义：工作体系的设计、领导方式的变革和激励体系的设计。因此，本文将主要在这三个方面展开相应的分析。

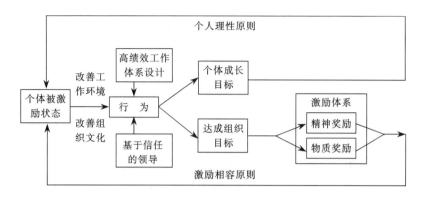

图 11 – 1　知识型员工的绩效提升模型

§11.2　基于绩效提升的知识型员工工作体系设计

知识经济时代，企业面对的环境变化日趋激烈、市场竞争更加残酷、顾客需求日趋个性化，这使得传统上以稳定为主要特点的企业生产组织形式受到了严峻挑战。与此同时，企业中知识型员工比例的增大，以及知识型员工的特征、工作性质和工作机理的显著变化，使得传统的工作设计已不合时宜，由此迫使企业管理者和人力资源专家开始思考如何对工作设计做出相应的变化，以确保知识型员工的绩效能得以不断提升。

☞ 11.2.1　企业员工的工作分类及其性质

尽管企业中员工的工作形式多种多样，但就工作性质而言，可以粗略的将其分为两种类型：生产工作和知识工作。生产工作主要是指那些按照事先确定的标准生产产品，并将产成品运送到目标客户的程序性工作，如零部件的制造、产成品的配送等工作；而知识工作则主要指那些非程序性的对执行者的知识和技能要求较为复杂的工作，如研发、管理等工作。与此相应，这两种类型工作的特点、要求和流程等也存在一定的差别。

对生产工作而言，由于其主要是一些程序性工作，因此，企业的流程设计通常是保证在操作时能够受到控制并保持精确，其目标是实现单位成本的最低化和较高的生产效率。企业对生产工作的管理方式秉承的是科学管理思想，即详细设计操作程序中的每一个环节，以使预期产出最大化。员工的行为是由流程来说明的，因为员工的行为与机器的运转是高度结合的，而且它们的工作是以强制执行的政策、事先培训或专用材料为特征的。员工的工作由企业分配并按企业规定的标准程序执行，标准是惟一重要的东西，标准之外的行为往往会增加额外的成本，从而减少产出价值。

与此不同，知识工作的主要特征是员工拥有自主决定的权力，因为他们面对的经常是灵活而具有挑战性的任务。知识型员工需要拥有并灵活应用适合特定任务的知识，进而通过满足每位客户的特殊需求来创造价值。员工通常自己决定从事什么工作，并决定以什么样的方式进行工作，而不需要企业的特别控制。

生产工作和知识工作的差异根源于因任务对知识的要求不同而导致的员工自由度的差异，这样，依据不同的员工自由度水平选择合理的管理方式将对其绩效的完成效果具有重大影响。对生产工作而言，保证员工绩效水平的普遍方法是促使员工使用确定的方法完成标准化的任务，绩效的期望水平事先已经被设计到任务说明中，并进一步由方法、工具、培训和奖惩政策等来协助完成。如果管理者能够使员工遵循工作设计，要求他们做应该做的事情，那么员工的绩效就能够有保障。但对知识工作而言，提高员工绩效的方法则是确保员工能利用自己的知识和判断力来完成工作。当这些知识型员工利用自己的知识和专长最大程度的解决问题并完成工作任务时，他们就能为组织创造最大的价值。事实上，越是运用高度差异化的知识，知识型员工的工作越能够贴近并满足客户的需要，从而为企业带来更多的收益。当然，这需要知识型员工具有较高程度的自主决策权力。因此，企业在改进知识型员工的绩效时，应该着眼于工作灵活性的改进，以使知识型员工拥有更多的自主决策权。

☛ 11.2.2　工作分类基础上的工作体系

现实中，与生产工作和知识工作这两种类型的工作相对应，企业中存在着两种类型的工作体系设计：针对生产工作的机械式工作体系和针对知识工作的有机式工作体系。这两种工作体系各具特征，互不相同，具体的比较见表 11 - 1。

表 11 - 1　　　　机械的工作体系和有机的工作体系的比较

工作体系特征	机械的工作体系	有机的工作体系
工作安排	专门化、明确定义任务和方法的"工作"	具有宽泛的责任、有弹性、有行动和行为，并有反应的"角色"
合作和控制	督导、约束、标准程序，详细的计划，基于明确的目标、标准上的不断评价，培训	任务相关人员之间的磋商，有弹性的计划、不断变化的目标、客观标准、建立在长期基础上的评价
沟通	自上而下、高层管理者负责与外界的关键联系	来自多方面的、网络状的、与外界有着多层次的联系
督导和领导	缺乏参与的、一对一的、强调对督导者的忠诚、地位和经验决定权威	参与式的、强调任务、团队、组织，专长和知识决定权威
知识来源	本地的、内部的	外部的、职业的、世界的
最适合的情况		
产业	生产和物流	知识和服务
工作性质	制造和递送物品	创造和运用知识
工作流程	例行程序的，容易理解的，事先决定的，标准化的，线形的	非常规的，不易理解的，为每个问题单独设计的，非线性的
工作环境	简单的、稳定的、可预见的、可控制的	复杂的、变化的、不可预见的、适应的
需要的合作	有限的	广泛的
人们需要	安排和例行程序、来自上级的控制、有限的参与	自治权、授权、弹性、有挑战的工作
效率准则强调	效率、标准、可靠的操作、目标最小化、来自高层和外界的控制、限定的时间	创造性、革新和适应、信心、专业发展、工作生活质量

资料来源：Harrison, M. I.：*Diagnosing Organizations*：*Methods*，*Models*，*and Processes*（2nd Ed.），SAGE Publications，1994，P. 90.

机械的工作体系是建立在泰勒理论和法约尔的 14 条管理原则基础上的，它始于工业革命所带来的巨大变革。以机械化大生产为特征的工业革命极大的提高了劳动生产率，也带来了对资本、能源和劳动力需求的迅速增加。而在 19 世纪 80 年代早期，工厂中的大多数工长们并没有给予那些需要高效率完成工作的员工们以足够的热情和帮助。因此，泰勒开始运用他的工作设计的思想来研究工厂中的工作究竟应当如何设计和完成，以进一步提升员工的绩效和组织的效率。他的目标是通过工作的再设计来提高员工的生产率，从而增加他们对于所有者的价值，并使其获得更多的薪水和尊重，最终减少员工和雇主之间的敌对情绪（Weisbord，1987）。泰勒认为，只要在工作中员工能够遵循"最佳时间"的原则，他就能够改进其自身的工作绩效（Wrege & Greenwood，1991）。另外，法约尔对机械式工作体系设计也做出了相应的贡献，他成功地将军事和机械规则中的精华运用于企业的运作管理过程中，编制出了管理的 14 条原则。法约尔认为，企业中的工作人员应当围绕着任务、目标、技能、计划、等级和目的而运转，像机器部件一样的运动，做到程序化、有效、可靠以及可预见。

机械的工作体系往往使用某些固化的方法，其运作的关键特征在于精确限定和标准化了的职权、信息流向和技术工作。传统的工作分析方法和设计方法更为重视工作的机器方面，运用基于机械设计的原则来增加一致性和改进控制。为了维持稳定的产出，没有员工会超出自己职位的规定去工作。应该说，机械的工作体系使用的这类传统技术，在顾客和竞争者稳定的环境中是能够有效发挥其作用的。但是，随着企业外部竞争态势的变化，企业中知识工作所占比重的增加，机械式工作体系应用于知识工作中时越来越显示出极大的局限性。主要表现在：（1）在环境的不确定性增加和工作变化加快时期，表现出了僵化和责任缺失；（2）不鼓励员工自主判断和自我创造，因此无法使组织从中获益；（3）不能满足知识型员工对于知识、财富和成就的内在追求。

于是，从 20 世纪 60 年代开始，越来越多的管理学家开始探讨更为适应于知识工作的工作系统设计，并由此提出，应为知识工作设计更为有机化的工作体系。显然，有机的工作体系更能够适应变化的环境、层出不穷的新技术、不同的客户需求和无法预见的竞争者。为了能够最大限度地利用员工的能力，以便更好的应对这些变化，组织需要将对工作的限制最小化，并让员工了解他们所从事的工作的特定要求。有机的工作体系更为适合经常处于挑战性环境中的知识型员工的工作要求，也更加符合了知识型员工人性方面的需要。概括而言，有机式工作体系的优点主要表现在：（1）它能够给知识型员工以宽松的氛围来快速、果断地处理变化，适应客户的需求；（2）能够令知识型员工以革新和创造性的方式从事非常规的工作，解决复杂问题；（3）能够使知识型员工在挑战性工作面前仍可实现较高的期望；（4）能够给予知识型员工与其他员工或职能部门合作的机会。

☞11.2.3　提升知识型员工绩效的工作体系设计分析

根据前述分析，传统的机械式工作体系并不适于知识型员工的知识工作，因此，为改善知识型员工的绩效，需要对其工作体系进行重新设计。依据系统论的观点，知识型员工的绩效是员工个人和环境因素的函数。因此，要改善知识型员工的绩效，除了应该尽最大限度的挖掘个人潜力外，还必须从满足其发挥工作潜力的环境要求出发，努力营造一种能够始终如一的帮助知识型员工实现最高绩效和生产效率的整体工作环境。这种环境其实就是一个工作体系，它能够帮助员工充分达成绩效和提高能力，并同时使学习和知识积累成为工作的一个副产品。

在传统的机械工作体系中（如表 11 - 2 所示），提升绩效的策略往往采用培训的手段，以增加员工与机器和流程相关的技能，并运用自上而下的等级命令更为严格地控制员工的行为。此时，提升绩效的重点是人，考虑的方式是"错误在谁身上"，并且更多的情况下是"错误在哪个员工身上"。然而，对于拥有大量内隐知识的知识型员工而言，上述基于标准的控制无疑会大大限制其工作和决策的自由性，降低其绩效潜力的发挥水平。同时，统计分析也表明，往往是工作设计本身而不是员工的努力水平在限制着知识型员工的绩效提升。因此，为了使知识型员工真正对组织的效率做出贡献，管理者应当给他们以自由的意志，并努力创造一种更易于工作和支持知识型员工绩效发展的环境，使知识型员工能够自主的发挥自己的潜能，不断地提高绩效水平。也就是说，应该为他们设计一个适宜工作的人性化工作体系，从系统的角度进行外部调整，以组织自省的方式给知识型员工的绩效行为以最大化的支持。

表 11 - 2　机械工作体系和有机工作体系对员工绩效改进的策略

改进策略	机械设计——通过协调人在机械工作中的关系来实现机械绩效最优化	人性化设计——通过协调系统在人的工作中的关系来实现人员绩效最优化
改进重点	人	系统
推动力	命令	提高期望
评价者	督导者	自我评价
对象	根本原因	发生作用的原因

续表

流程	导向、标准化和控制	推动、支持和发展
技能	流程再设计 政策改革 培训 控制和激励	共享经验 挑战新的信息 解释 系统再协调 适应和融合

资料来源：詹姆士·S·珀皮顿：《员工绩效顾问》，人民邮电出版社 2004 年版，第 128 ~ 129 页。

传统的工作系统设计针对的是从事生产和流程工作的员工，在那种情况下员工工作行为的标准和行为方式取决于机器设备和大规模的生产过程。但恰恰相反，对于以知识和服务为基础性工作的知识型员工来说，是员工自身而不是过程和机器决定了生产产品和服务的方法。因此，对知识型员工的工作体系设计而言，员工应当成为优先考虑的对象，工作体系的设计需要适应这些员工，从而使他们能以任何有助于达到期望绩效的方式工作。绩效提升的策略不再需要员工适应标准化的工作设计，而是强调利用共同的使命和核心流程使员工和工作环境保持一致，并赋予员工独立设计个人工作从而实现期望绩效的自由权力。对知识型员工工作体系进行设计的基本思想就是，为员工提供恰当的支持，进而使他们的生产率达到最大化。在知识型员工工作体系设计的过程中，应当注重如下几个方面：

1. 充分的工作弹性以及实现决策权与知识的匹配

哈耶克认为，一个组织的效率取决于决策权威和对于决策很重要的知识之间的配置关系。詹森和麦克林（Jensen & Meckling, 1992）进一步认为，当知识与决策权不匹配时，有两种基本方式来完成知识和决策权的结合：一种是把知识传递给那些具有决策权的人；另一种是把决策权传递给拥有相关知识的人。他们根据知识在转移过程中要付出代价的大小将知识分为专门知识和通用知识。专门知识在组织的代理人间进行转移要付出高昂的代价，而通用知识无须高昂代价即可传播。显然，企业中的知识型员工拥有更多的专门知识，而如果采取第一种结合方式，知识转移的高成本将降低组织的效率。因此，对企业组织而言，要在决策中使用专门知识，就应该将决策权分散化，把决策权传递给拥有相关专门知识的知识型员工，实现知识与决策权的匹配。这就意味着，在对知识型员工工作体系进行设计时，需要给知识型员工一个宽松的工作安排（角色定位、目标、质量、价值等），为员工提供充分的弹性，使他们在情况变化时能及时改变行为以做出有利于绩效提升的恰当反应。

2. 重视工作的任务特性

组织行为学的研究者们创立了一系列工作任务特性理论，试图鉴别出工作内容的特性，确认这些特性是如何组合在一起形成各种职位的，并剖析这些任务特性与员工激励、员工满意度、员工绩效之间是怎样的一种关系。赫兹伯格（Herzberg，1968）的双因素理论和麦克莱兰（McCelland，1966）的三种需要理论实质上就是任务特性理论。赫兹伯格认为，那些能够提供成就机会、认可以及责任的工作，会提高员工的满意度。麦克莱兰论证说，增强个人的责任感、反馈及时、风险适度的工作绩效最高。特纳和劳伦斯（Truner & Lawrence）等提出的必备任务特性理论认为，那些复杂和富有挑战性的工作能够增强员工的满意度并降低其缺勤率。这些理论说明，根据知识型员工的任务特性来设计其工作体系，将有利于其工作绩效的提升。

3. 注重工作流程的分析和综合

由于知识工作是无形的，因此更需要进行分析。在任务分析的基础上，从任务所要达到的最终结果进行逆推，判断完成该项任务需要哪些基本作业。在进行分析的同时，还必须把各项作业综合起来，使这些作业结合成为一个程序。这需要工作设计者运用系统的观点做通盘的考虑，试探着用尽可能多的方式对各项基本作业进行排列组合，判定各种排列方式的优劣，最终将各项基本作业按逻辑的、均衡的、合理的顺序予以排列。例如，管理者与研发人员经过初步的任务分析后认为，要研制出某种新产品需要在 12 项小的领域内有技术上的突破，则这 12 项研究便是基本的作业。在接下来的整合中，他们又发现原来设想的 12 项研究中有 3 项没有必要，但是需要另外的一项研究，结果一共需要 10 项研究。设计者再考虑以下问题：公司希望在什么时候推出新产品？每项研究的难度以及可能花费的时间？各项研究之间存在何种关系？哪项研究需要利用其他研究的成果？在充分考虑这些问题的基础上，对这 10 项研究进行排列组合，并形成最终的工作路线图。

表 11 – 3   以个体为基础和以团队为基础进行工作设计的区别

	传统的以个体为基础的工作设计	以团队为基础的工作设计
决策	通过命令与控制的层次制度管理生产经营过程	给团队授权，团队自主决定其工作目标、工作方法、工作任务的分配等
工作导向	以职能为导向	以顾客为导向
工作任务完成方式	通过良好的分工，从而使每个人能够以最好的表现独立完成一组紧凑的工作任务	团队的成员相互协作，共同完成相互联系的活动
工作责任	个人	团队
工作规范化程度	遵循标准	创新
知识与技能要求	掌握少量的与职位工作相关的知识和技能	要求掌握多种技能，对知识与能力的要求较高，重视团队成员技能的合理组合
沟通方式	自上而下	网络式
奖励策略	个人激励	个人——集体激励
员工甄选	管理者进行挑选	自主双向选择
管理者的责任	监控运行	确定长远目标，确保资源，承担链接和协调者的角色

4. 恰当情况下的团队工作设计

在过去，企业组织喜欢把团队看作是个体作用的补充，主要围绕个体进行工作设计。但是在以知识型员工为主的企业组织中，管理人员应该放弃以个体为组织基本单位的观念，而应以团队为组织的基本构成单元，围绕团队来进行工作体系的设计。表 5 – 3 阐述了以个体为基础和以团队为基础进行工作设计的区别。围绕团队进行工作体系设计可以取得三个方面的好处：（1）为知识型员工提供了参与激励。在团队中，团队成员共同做出决策。其一，知识型员工有做出决策的机会，并实施决策，而后感知到决策发挥的作用，这有助于满足他们责任、成就和自尊的需要；其二，如果知识型员工参与了决策过程，在实施决策时他们更不可能反对该项决策，这就增加了他们对决策的承诺；其三，参与决策能给知识型员工更大的发展空间，这种方式不仅凸显了他们所拥有的智力资本，而且使他们的创造力更具挑战性。（2）满足知识型员工工作自主的需要。团队尤其是自我管理团队（Self-Management Team）的工作形式，彻底改变了传统的依靠管理、控制、指令、命令等刻板的管理方式，使知识型员工的个性和创造性得到了极大的发挥，在顺应人性、尊重人格等方面起到了积极的作用，能激励知识型员工自由、积极地将他们拥有的智力资本贡献给组织。
（3）共享信息、知识，满足知识型员工发展的需要。通过对团队目标而不是个人目标的承诺，每一位团队成员都赢得了对团队各方面工作发表意见的权利，并得到他人的认真对待，成员共同努力以取得团队成功。实现团队目标需要相互的信任，信任和相互依赖关系的增强则促进了成员间的交流与沟通，有利于实现信息共享。成功的团队内部，成员愿意与他人分享知识并向他人学习，置身于这种相互分享与学习的氛围下，员工的技术、决策、人际关系技能都能得到极大的提高，从而有助于满足知识型员工的发展需要，并可以不断提高其绩效水平。

§11.3　基于绩效提升的知识型员工心理契约的缔结

　　知识型员工在企业中的作用日趋重要，并受到了越来越多的关注和重视，被众多组织看作是最宝贵的资产。然而，许多知识型员工的雇佣者和管理者们却没有意识到他们用以管理知识型员工的方式和方法正受到日益严峻的挑战。研究表明，"在 20 世纪 70 年代，67％的员工具有强烈的保持自己职位的倾向，工作十年后才更换工作单位；1980 年后，强烈保持自己职位的百分比已降到 53％。20 世纪 70 年代，更换四次以上工作单位的员工人数仅有 12％，而到了 80 年代，这个比例达到 23％"。[1] 毫无疑问，进入 21 世纪后，这种趋势变得更加明显和增强了。于是，传统上雇员努力工作和忠诚就能换来长期工作保障和职业发展约定的做法，开始变得不再有效，由此所引发的雇员满意度和忠诚度降低、工作绩效下降、敌对行为增加、核心员工流失频繁等态度和行为问题严重困扰着企业的管理者。对拥有独特技能和知识的知识型员工而言，情况更趋严重。他们的工作难以被强迫或监督，因此，必须将他们当做"伙伴"来管理，视为"义工"来看待，[2] 而传统的基于商业契约基础上的管理方式已难以收到

---

① Anthony Carnevale, "Preface", in Stephen J. Rose: Declining Job Security and the Professionalization of Opportunity, National Commission for Employment Policy, 1995, iii.
② 彼得·圣吉：《第五项修炼》，三联书店出版社 2000 年版。

预期效果。因此，与知识型员工缔结心理契约，通过满足知识型员工价值观需求的方式来实现对知识型员工的内在激励，就成为提升知识型员工绩效的有效手段。

11.3.1 心理契约的涵义及维度

1. 心理契约的涵义

最早使用"心理契约"这一术语的是 Argyris，他在 1960 年所著的《理解组织行为》一书中，用"心理契约"来刻画下属与主管之间的一种关系。① 这种关系表现为，如果主管采取一种积极的领导方式，雇员就会产生乐观的表现；如果主管保证和尊重雇员的非正式文化规范（如让雇员有自主权，确保雇员有足够的工资，有稳定的工作等），雇员就会有较少的抱怨，而维持高的生产。Argyris 用心理契约这一术语来描述这种关系，但并没有对这一术语加以界定。1962 年，Levinson 等人注意到了这一概念，并将其看作是一种没有成文的契约。② Levinson 等人将心理契约描述为雇主与雇员关系中组织与雇员事先约定好的、没说出来的各自对对方所怀有的各种期望的总和。其中，有些期望比较明确，如工资；而有些期望则比较模糊，仅仅是间接的解释，例如长期的晋升前景。Kotter（1973）认为，心理契约是存在于个体与其组织之间的一种内隐契约，它将双方关系中一方希望付出的代价以及从另一方得到的回报具体化。而Schein 将心理契约定义为时刻存在于组织成员之间的一系列未书面化的期望。并将心理契约划分为个体和组织两个层次，进而强调，虽然心理契约是未明确书面化的东西，但在组织中却是行为的重要决定因素。③

显然，早期的研究者认为，心理契约是存在于雇佣双方之间的一种未书面化的契约、内隐契约或者期望。然而，对于契约双方"究竟谁是主观理解的主体"却都没有明确说明，而是内在的认为，存在着雇员个人和组织两个主体，即心理契约是雇员和组织双方对交换关系的主观理解。

① Argyris C. : *Understanding Organizational Behavior*, Tavistock Publications, 1960.
② Levinson H, Price C. R. , Munden K. J. , et al. : *Men, Management and Mental Health*, Harvard University Press, 1962.
③ Schein E. H. : *Organizational Psychology* (3rd ed), Englewood Cliffs, Prentice-Hall, 1980.

但这种观点会导致心理契约内容的非惟一性，因为两个主体对同一契约会产生理解上的分歧，这就给心理契约的概念化和后续应用带来很多困难。因此，Rousseau（1990）不同意把心理契约定位在组织上的观点，她认为组织是抽象的，它作为契约关系的一方只是提供了创造心理契约的环境，并不能反过来与其成员形成心理契约。在此基础上，她提出了一个范围较窄的定义："心理契约"就是雇员个人以雇佣关系为背景，以许诺、信任和知觉为基础而形成的关于双方责任的各种信念。她还认为，组织本身不具有心理契约，它在心理契约中的作用是为知觉提供背景。① 与 Rousseau 等人对心理契约定义的简化处理不同，Herriot 等人（1997）仍然把心理契约定位在个体和组织两个层次上。他们认为，"心理契约"是雇佣关系中的双方即组织和个人，在雇佣关系中彼此对对方应提供的各种责任的知觉。这种知觉或来自对正式协议的感知，或隐藏于各种期望之中。

综上所述，心理契约存在着广义和狭义两种解释。广义的心理契约是雇佣双方基于各种形式的（书面的、口头的、组织制度和组织惯例约定的）承诺对交换关系中彼此义务的主观理解；狭义的心理契约是雇员出于对组织政策、实践和文化的理解和各级组织代理人做出的各种承诺的感知而产生的，对其与组织之间的，并不一定被组织各级代理人所意识到的相互义务的一系列信念。目前，基于狭义心理契约基础上的研究较多，而且很多属于应用研究。

2. 心理契约的维度

学者们在就心理契约概念进行研究的同时，也对其内容展开了广泛的研究。目的是对心理契约的内容及因素进行归纳和提取，以得出更具普遍性的心理契约结构。

Rousseau 和 Parks（1993）认为，虽然心理契约存在很大的个体性和特异性，但基本上可分为两大类：交易型心理契约（Transactional Contract）和关系型心理契约（Relational Contract）。前者反映的是雇员以加班、职责外工作为代价，换取组织提供的高额报酬、绩效奖励、培训和职业发展，是以经济交换为基础的契约关系；后者反映的则是雇员以长期工

---

① Rousseau D. M.：New Hire Perspective of Their Employer's Obligations：A Study of Psychological Contracts，*Journal of Organizational Behavior*，1990，11：389~400.

作、忠诚和愿意接受内部工作调整为代价，以换取组织提供的长期工作保障，是以社会情感交换为基础的契约关系。交易契约与关系契约的特点如表 11 - 4 所示。

表 11 - 4　　　　　交易契约与关系契约的特点对比

交易契约	关系契约
1. 现时的金钱交易	1. 有经济交易，也有情感投入
2. 基本激励因素为具体的经济条件	2. 相互依赖和相互吸引的程度高，涉及个人、家庭生活等宽泛的条件
3. 个人对工作的有限投入	3. 相当多的雇员投入（如针对公司需要的技能，长期的职业发展）和雇主投入（如广泛的培训）
4. 封闭的时间模式，如季节性雇佣	4. 开放的关系模式和时间模式
5. 只对非常具体的条件予以承诺	5. 有成文的，也有不成文的契约条款（一些条款是超过契约时限的）
6. 没有灵活性，如要改变，需对契约进行协商	6. 在契约期限内动态地、主动地进行改变
7. 运用现有的技能、没有发展	7. 全面的人事关系（如成长、发展等）
8. 对条件有清晰的界定，他人也能理解	8. 主观的、内隐的条件约定，他人较难理解

资料来源：Rousseau D. M. , Tijoriwala S A. ：What's A Good Reason to Change? Motivated Reasoning and Social Accounts in Promoting Organizational Change, *Journal of Applied Psychology*, 1999, 84（4），pp. 191～217.

Kichul 和 Lester（2001，2002）通过对以往心理契约雇主责任的分析发现，所有的心理契约内容都涉及两个基本的允诺：一是与工作完成有关的；一是与工作性质有关的。由此，他们提出了心理契约的另外两种维度划分方法，即将心理契约分为外在契约（Extrinsic Contract）和内在契约（Intrinsic Contract）。外在契约涉及雇主所做的与员工工作完成有关的允诺，如灵活的工作时间、安全的工作环境、有竞争力的工资和奖金等。内在契约则涉及雇主所做的与员工工作性质有关的承诺，如工作的自我选择、自主决策、自我控制、从事挑战性的工作、提供组织支持、参与决策、有发展机会等[1][2]。

---

[1] Kickul, J. , Lester, S. W. : Broken Promises：Equity Sensitivity as A Moderator between Psychological Contract Breach and Employee Attitudes and Behavior, *Journal of Business and Psychology*, 2001, 16：191～217.

[2] Kickul, J. , Lester, S. W. , Finkl, J. : Promise Breaking during Radical Organizational Change：Do Justice Interventions Make A Difference, *Journal of Organizational Behavior*, 2001, 23：469～488.

当然，也有学者主张心理契约应当是多维的。Shapiro 和 Kessler（2000）用因素分析方法对英国 703 名经理和 6 953 名普通职员的雇主责任进行分析，得到了三个因素。① 第 1 个因素称为"交易责任"（Transactional Obligations），包含与相同行业员工有相同的报酬、相同的福利、报酬与责任挂钩，随着生活水平的提高增加工资等与经济物质利益有关的组织责任。第 2 个因素称为"培训责任"（Training Obligations），包含必要的工作培训，新知识、新技能培训和组织支持等与员工知识和能力增长有关的责任。第 3 个因素称为"关系责任"（Relational Obligations），包含长期工作保障和良好职业前景等与员工个人前途有关的责任。而 Porter 和 Pearce 等人（1998）从理念上把公司吸引员工的条件，即公司承诺对员工承担的责任分为"绩效回报"、"职业成长机会"和"对员工承诺"3 个维度。"绩效回报"包含公然的赏识和绩效奖励。"职业成长机会"为提供有意义、有兴趣和具有挑战性的工作，提供发展机会，工作自主、负责。"对员工承诺"为至少一年的工作保障，效率好就增加工资，参与决策，决策中考虑员工利益等。

☛11.3.2　心理契约在知识型员工绩效提升中的作用

根据 Schein（1980）的观点，尽管心理契约是内隐的，但它却是组织行为的一个重要决定因素。Shore 等人（1998）也认为，心理契约在组织中的作用有三个方面：一是可以减少雇佣双方的不安全感，因为正式协议不可能涉及雇佣关系的方方面面，而心理契约可以填补正式协议留下的空白；二是可以规范雇员的行为，雇员以组织对自己所负的责任来衡量自己对待组织的每一行为，以其作为调节自己行为的标准；三是可使雇员对发生在组织中的事件产生情感性反应。Baker（1985）也指出，心理契约在员工愿望（如角色、社会、经济等）与其绩效表现之间起着重要的调节作用。研究表明，心理契约与高水平的知觉化组织支持、职业期望和情感承诺及低水平的离职意向有关，② 对工作满意、离职意向和组织政策有显

① Shapiro, J. C. , Kessler, L. Consequences of the Psychological Contract for the Employment Relationship：A Large Scale Survey, *Journal of Management Studies*, 2000, 17：903～930.

② Shore, L. M. , Barksdale, K. Examining Degree of Balance and Level of Obligation in the Employment Relationship：A Social Exchange Approach, *Journal of Organizational Behavior*, 1998, 19：731～744.

著影响。① 雇佣双方心理契约的一致性越高，雇员对组织的满意感越大。② 因此，在对组织效果的预测上，心理契约较组织承诺有更高的解释力。③

对组织中个性化强、创新能力强的知识型员工而言，心理契约在提升知识型员工绩效中所起的作用主要体现在以下几个方面：

其一，对于知识型员工而言，心理契约的无形规约能促使员工不断以心理期望来审视自己与组织的发展，促使知识型员工在动态环境变化中不断调整自己的行为，以保持与组织的良好关系，将个人职业生涯发展与组织的发展紧密地联结在一起，从而提高对组织的忠诚度。这样，就会使知识型员工能自觉增加对工作的投入，不断改善其工作绩效。

其二，心理契约可以使知识型员工实现个人自主能动性的开发，避免企业与员工个人之间由于"信息不对称"而带来的沟通障碍与工作效率低下，充分发挥知识型员工的工作积极性与能动性，提高知识型员工的工作效率和绩效产出。

其三，心理契约可使知识型员工心理上具有期望，拥有努力的方向与目标，激发知识型员工的工作积极性，从而改善其绩效水平。例如，当知识型员工认为他已被组织许诺将有较高的薪水、提升机会、职业培训和丰富化的工作等的时候，就会为组织发展贡献自己的技能与忠诚，作为一种对组织的回报，同时也是一种与组织的平等交换。

其四，心理契约的构建对于管理者来讲，也可以减少管理成本、丰富管理手段、提高管理效率，以无形的契约方式来留住知识型员工，开发知识型员工潜能，实现员工和企业绩效的不断提高。

当然，心理契约的缔结与形成要受到许多因素的影响。Dunahee 和 Wangler（1974）认为，心理契约的产生和维持主要受三个因素的影响：（1）雇佣前的谈判。即雇佣前对交换关系的谈判是形成心理契约的基础。（2）工作中对心理契约的再定义。即员工与主管在工作中的沟通是契约清晰化或重新理解的重要方式。（3）保持契约的公平和动态平衡。当组织或者个体的任何一方主观感觉到契约不公平时，就往往会单方面做出某

---

① Larwood, L., Wright, T. A., Derochers, S., et al. Extending Latent Role and Psychological Contract Theories to Predict Intent to Turnover and Politics in Business Organizations, *Group & Organization Management*, 1998, 23 (2), pp. 100 ~ 123.

② Porter, L. W., Pearce, J. L., Tripoli, A. M., et al. Differential Perceptions of Employers' Inducements: Implications for Psychological Contracts, *Journal of Organizational Behavior*, 1998, 19: 769 ~ 782.

③ Millward, L. J., Hopkins, L. J. Psychological Contracts, Organizational and Job Commitment, *Journal of Applied Social Psychology*, 1998, 28 (16), pp. 1530 ~ 1556.

些行为以促使契约的"收支"平衡,从而寻求契约"纠正环路"来保持自己的公平感。当不能调整或者调整过程太快时,就会有一方拒绝契约。

Turnley 和 Feldman (1999) 认为,雇员发展主要以三种形式构成其心理契约的期望。一是组织代理人向他们做出的具体承诺;二是他们对组织文化和日常实践的感知;三是他们对组织运行的特殊(经常是理想化的)期望。

Rousseau (1998) 认为,心理契约主要建立在雇员对组织状态个人感知的基础上,因此,她所提出的心理契约构建模型是以个体对环境与社会信息心理加工过程为核心的(如图 11 - 2 所示)。相比之下,Guest (1998) 则更重视组织与个人之间的互惠联系,强调各背景因素的重要影响力(见图 11 - 3 所示)。

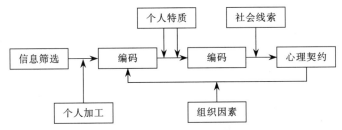

图 11 - 2　Rousseau 的心理契约构建模型

资料来源:Rousseau, D. M. and Tijoriwala, S. A. Assessing Psychological Contracts: Issues, Alternatives and Measures, *Journal of Organizational Behavior*, 1998, 19: 679～695.

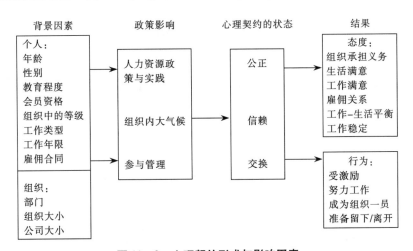

图 11 - 3　心理契约形成与影响因素

资料来源:Guest, D. On Meaning, Metaphor and the Psychological Contract: A Response to Rousseau, *Journal of Organizational Behavior*, 1998, 19: 673～677.

☛ 11.3.3　知识型员工绩效提升中的心理契约构建

尽管许多学者从不同的角度揭示了心理契约的建立过程及其影响因素，但值得注意的是，既然心理契约的缔结和形成是一个构建的过程，它自然不会是僵化、固定和一成不变的，其内容必将随着时间、境况和形式的变化而不断改变。进入 20 世纪 90 年代后，一系列工作环境的改变促使员工心态、期待、社会态度均出现了波动，而雇佣双方的心理契约也随之经历着深刻的变革（Herriot，1992）。尤其是知识型员工在组织中的大量涌现，使得组织过去的心理契约中非常重要的内容正在逐渐消失或占据次要地位。同时，一些新的适应知识型员工特点的内容，如对灵活性、公平性、变革创新、不断尝试的要求，在心理契约中占据的权重越来越大。[①]Millward 和 Brewerton（2000）认为，当代工作关系已不是传统的员工忠诚、遵从和信用，以换取工作保障、晋升发展、培训机会、组织支持。21世纪的心理契约正向着如下方面转变：员工接受长时间的工作、更多的责任、更广泛的技能、更大的压力、更模糊的角色要求，组织向员工提供高额报酬、继续奖励或者仅仅提供一个具有挑战性的职位。Hiltrop（1995）对心理契约过去与现在的特征进行了总结和概括，如表 11-5 所示。

表 11-5　　　　　　　　　　心理契约构成的变化

特点	过去构成	当前构成
关注的焦点	工作安全性，连续性，对组织忠诚	相互交换的可能性，未来雇佣的可能性
形式	结构化的，可预测的，稳定的	无固定结构的，灵活的，可广泛协商的
建构基础	传统，公平性，社会评判	市场导向，能力与技能，附加价值（增殖）的可能性
雇主责任	工作连续，工作安全，培训，职业发展前景	对于附加价值的公正奖励
雇员职责	忠诚，全勤，服从权威，令人满意的工作绩效	创业精神，技术革新，锐意变革，不断尝试，优异的工作绩效

① Howard, A. *The Changing Nature of Work*, Jossy-Bass, 1995；Herriot, P. and Pemberton, C.: Contracting Careers, *Human Relations*, 1996, 49：757~790.

特点	过去构成	当前构成
契约关系	正规化，大多数通过工会或中介代理机构	认为双方服务的交换（内部及外部）是个人责任
职业生涯管理	组织职责，通过人事部门的输入来规划和促进职业生涯的内螺旋发展	个人职责，通过个人的再培训和再学习而形成职业生涯的外螺旋发展

资料来源：Hiltrop, J. M. The Changing Psychological Contract：The Human Resource Challenge of the 1990s, *European Management Journal*, 1995, 13：286～294.

鉴于员工心理契约缔结过程的影响因素以及当前心理契约内容上的变化，笔者认为，在为提升知识型员工的绩效而构建企业与知识型员工间的心理契约时，需要做好以下几个方面的工作。

其一，建立以人为本的激励机制。从激励的本质来看，组织激励主要是满足知识型员工的心理需要。心理契约是双方的，对知识型员工的认可和相应回报是组织管理者对其他知识型员工兑现承诺的证明。管理者应改变过去认为自己是企业主体的观念，承认知识型员工在企业中的主体地位，将知识型员工当做企业的合作伙伴，而不是纯粹的被雇佣者。例如，让知识型员工与企业经营者一同参与企业决策过程，从而使他们从心理上感受到企业的认可与尊重；在报酬方面，除了工资收入外，作为合作伙伴关系的知识型员工还需要参与企业剩余价值的索取和分配，具体可以采取员工持股或股票期权的激励方式，使员工自身利益与企业长远利益相一致。在工作时间的安排方面，实行灵活机动的弹性工作时间，可以在一定程度上满足知识型员工的自主权的心理要求。总之，管理者只有改变观念，树立"以人为本"的管理理念，建立符合现代知识型员工特点的激励机制，才能从根本上建立组织与知识型员工之间的心理契约。

其二，塑造有价值的"愿景"。为知识型员工描绘出组织与个人发展的愿景，实际上就是确立了组织与个人的前进方向与奋斗目标。知识型员工拥有组织所需的专业技能，思维活跃，自主性强，因此，对知识型员工的管理，不可能按照泰勒式的作业标准来要求，因为知识型员工知道自己该如何做好自己专业领域内的工作。当然，由于知识型员工容易过分专注于专业而忽视了其工作的任务导向，导致其完成任务的责任心不足。此时，就需要主管指引方向、确定明确的任务目标、价值观和绩效标准。知识型员工的管理，侧重点在于做对的事情，而不在于把事情做正确。对知识型员工而言，有意义的目标必须符合两个要求：一是符合他们的价值观，二是具有挑战性。依据心理学的研究，人的决策几乎都会受到其情绪的影响。因此，任务目标对知识型员工而言是否有意义，首先取决于它与知识型员工的价值观是否吻合。有效的管理者应该明白，激励机制对雇员的作用仅能维持其达成短期的目标，而共同的愿景目标却是一种使"人们能够归属于一项重要的任务、事业或使命的内心渴望"。① 如果用反复强调组织宗旨的方法取而代之，让知识型员工理解他们贡献的价值并引起共鸣，那么知识型员工将为其自身的努力感到自豪，并愿意为组织做出更多的贡献。挑战性目标对知识型员工的作用是不言而喻的，因为它意味着对知识型员工知识和专业技能的重视。Scholtes（1998）将目标的挑战性与激励的关系描述为：当挑战与员工的能力和技能成比例时，将起到激励的效果；当挑战性超过员工能力时，他们会感到焦虑；当员工感受不到目标的挑战时，他们会产生消极的无聊感（见图 11 - 4）。

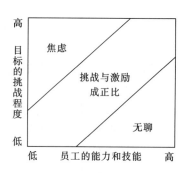

图 11 - 4　目标对员工的影响

资料来源：彼得·斯科尔特斯：《戴明领导手册》，华夏出版社 2001 年版，第 80 页。

　　其三，营造充满信任与亲密感的环境氛围。心理学家 Gaodren F. Shea 指出，信任是"组织生命中产生奇迹的因素——一种减少摩擦的润滑油，是把不同部件组合到一起的联结剂，有利于行动的催化剂。它对工作的作用是无法替代的。"② 组织中的相互信任、支持、尊重、相依和合作的环境和氛围对于组织与知识型员工的心理契约的构建是非常重要的。氛围在很大程度上受人际关系的影响，对知识型员工而言，由于个性较强、专业不同等原因，人际关系最大的挑战就是如何达成相互之间的信任。如图

① 彼得·圣吉：《第五项修炼》，三联书店出版社 2000 年版，第 308 页。
② 比尔·盖茨：《未来时速——数字神经系统与商务新思想》，北京大学出版社 1999 年版。

11 - 5 所示，人们要得到信任，需要在信任感上汇合。主管只有相信知识型员工有能力胜任而又关心他，知识型员工才会对主管产生信任感。只有能力或只有关怀，都不能产生信任，而要两者兼备才行。

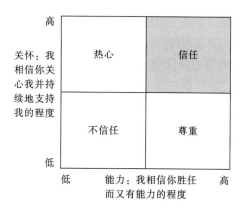

图 11 - 5　信任的产生

要确保知识型员工能够得到这种信任，必须做好四件事情：容忍个性，以善问来领导，建立保证相互支持的内部契约机制，以及确保有足够的信息沟通。①

"外行领导内行"是在管理知识型员工时主管们经常遇到的问题，因此，就需要领导者在面对知识型员工时建立和培养自己的权威。组织中的权威可以来源于五个方面：正常权威，由组织正式职位提供的权威；"钱袋"权威，由于具有资金运用权而自然获得的权力；官僚权威，通过官僚手段获得的对机构的控制权力；技术权威，出于专业技术人员对技术水平高的人的尊重；感召力权威，以人格力量使他人服从的权威。值得注意的是，知识性员工的管理者必须充分认可员工的专业特长、知识和技能，避免走靠官僚权威和正常权威获得控制力的老路。另一方面，即使靠知识拥有量超过下属而获得权威的方式也不可取，因为这种方式不仅难以奏效，而且得不偿失。一般来说，知识型员工的管理者应当树立或培养至少两种权威，或者更多。②

---

① 张体勤、沈荣芳：《兑现承诺与价值观回报是对知识员工的最好激励——关于建立知识团队心理契约的思考》，载《工业与工程管理》2002 年第 2 期。

② J. D. 弗雷姆：《组织机构中的项目管理》，世界图书出版社 2000 年版，第 39 页。

与管理普通员工的方式不同，知识型员工的管理者的真正价值不在于比下属更知道如何做事，而在于他能够提出正确的问题，帮助大家说明团队及各人的根本任务。对于知识型员工的管理者来说，最关键的莫过于有能力确定首要任务，最糟糕的莫过于为时过晚的发现决策未来的程序有致命的缺陷。知识型员工的管理者应当是教练而不是导演，是教育家而不是命令者，是试验者而不是控制者。知识型员工的管理者应当运用善问的方式来领导，并运用系统思维的方式通过持续的改进来帮助知识型员工达到绩效的提升。

§11.4　知识型员工绩效提升中的激励体系分析

一般而言，员工行为是激励与约束下的产物。就传统的绩效管理观点来看，重点往往在于对员工行为过程的控制，而以利益刺激作为辅助的诱导因素，这就忽视了行为动机的内在诱因。笔者认为，从系统的角度来看待知识型员工绩效的提升途径，激励作为外部环境对员工行为的一种重要因素，也应当被纳入其绩效管理的体系当中。而且，对知识型员工的激励，应当视其行为动机来源，探寻影响其努力程度的关键因素，以便有的放矢地采取相应的激励策略。

☞ 11.4.1　员工行为动机的来源

心理学家认为，基于工作模式的激励因子至少来自于三个构成工作情境的主要方面，即员工的个人特质，包括其兴趣、内在需要、事业发展导向，以及一些个人特征；工作本身，即工作活动就是员工的兴趣所在，员工之所以努力工作，就是因为此项工作正是他所乐意从事的；工作环境因素，即员工的动机并非由于工作本身，而是工作环境或其他诸如薪酬、人际关系、名望和声誉等工作活动之外的组织条件。心理学家倾向于将工作动机分为内在动机和外在动机，或者将活动分为与活动自身有关的动机和与周围环境有关的动机，其中，起主导作用的动机称为主导性动机，处于从属地位的动机称为从属动机。由于不同员工的主从动机不同，因而会形成不同的动机体系。当然，人们的行为并非受单个动机的驱使，而是由整个动机系统所推动。因此，任何一项单独的激励因素或者某一项激励因素的缺失，都会造成知识型员工绩效努力程度的削弱。

工作的内在动机（Intrinsic Motivation）是指人对工作本身感兴趣，工作使人们获得满足，而无须外力的推动。布鲁纳（J. S. Bruner）指出，人的内在动机由 3 种内驱力引起：（1）好奇的内驱力，也就是在一种求知欲作用下的驱动；（2）胜任力的内驱力，即由好胜心理促成的求成欲望；（3）互惠的内驱力，即和睦相处、协调活动的需要。工作的内部动机是自内部产生的，换言之，内部动机将个体与工作或任务本身联系起来。内部动机要求获取的是内源性回报，内源性回报包括责任感、成就感、成功感和挑战感等。这些内源性回报是通过个体的内在体验获得的，它们使任务或目标更具吸引力，即完成有意义的工作总是与内在动机相联系的。显然，从马斯洛的需要层次理论观点来看，知识型员工与传统的体力劳动者相比，"工作已不仅仅是挣钱的手段，他们从工作中所要求的东西已经远远超过了薪水，他们已经悄悄爬上了马斯洛需求金字塔的顶层，有了更多的尊重、成就和自我发展的需要"（Danniel，1981）。在知识型员工的激励过程中，考虑其内在动机的影响将具有特殊的重要意义。

工作的外在动机（Extrinsic Motivation）不是由对工作本身产生兴趣而激发的动力，而是由工作以外的刺激诱发出来的推动力。人可能因物质利益或物质地位的需要而从事工作，可能受与他人交往的需要所驱使，外部动机同时也包括避免惩罚的驱动力，例如避免解雇、降职或降薪等。这种状态是工作以外的条件在工作动机中的体现，并不是对工作本身发生兴趣。外部动机对于他人而言是可以观察到的，也是由他人或机构进行分配的。对于组织而言，要吸引优秀的知识型员工进入组织并留住他们，外部激励因素是必须加以考虑的。外部激励也经常用于鼓励员工达到更高的绩效水平或新的目标。但是外部激励因素并不能完全解释员工所做出的每一项努力。

11.4.2　知识型员工激励的研究成果回顾

在知识型员工的绩效提升机制中，激励因素探寻是其中一项重要内容，即哪些因素能够有效地满足员工的个人需要，从而更好地激励知识型员工努力工作。当然，此处所说的激励因素也可以称作员工的需求因素，即员工需要得到满足的各项因素。在这方面，实施定量研究可以得到很多有价值的研究结论。近年来，随着知识经济的兴起，专门针对知识型员工激励因素的有关研究日趋增多，这其中以美国知识管理专家玛汉·坦姆仆（Tampoe，1996）所做的工作最具权威和代表性，后续的很多研究都是在该研究的基础上进行。我国在此方面的研究起步较晚，而且很多研究都是在国外各项研究基础上进行的，但也得出了一些有意义的理论观点。

1. 坦姆仆的知识型员工激励四因素

坦姆仆认为，可对知识工作者激励产生明显影响的因素主要包括以下几个方面：（1）工作自主，即建立一种工作环境，其间知识工作者能够在既定的战略方向和自我考评指标框架下，完成交给他们的任务；（2）业务成就，即完成的工作业绩达到一种足以自豪的水准和质量水平，这是一个与组织目标相关联的因素；（3）个体成长，即存在使知识工作者能够不断发挥潜能，满足其对知识、事业、个体完善追求的机会；（4）金钱财富，即获得一份与自己贡献相称的报酬，并使知识工作者能够分享到自己所创造的财富。

为了确定这4个激励因素的重要性程度，坦姆仆还对75名知识工作者进行了问卷调查，调查结果如表11-6所示：

表11-6　　　　　　　　知识工作者激励因素的调查

激励因素	百分比（%）	偏好选择
个体成长	33.74	显著成长
工作自主	50.51	在一定制度下自由工作
业务成就	28.69	非常高
金钱财富	7.07	以工资和津贴作为个人努力的回报

资料来源：查尔斯·M·萨维奇：《第五代管理》，珠海出版社1998年版，第163页。

2. 安盛咨询公司的知识型员工激励五因素

经过三年的合作研究，安盛咨询与澳大利亚管理研究所分析了澳大利亚、美国和日本多个行业的858名员工（其中包括160名知识型员工）

后，列出了知识型员工的激励因素，其中名列前 5 位的因素分别是：报酬、工作性质、提升、与同事关系、影响决策（张望军、彭剑峰，2001）。

3. 岑格海姆和斯格斯特提出的 4 个重要的人才激励因素

岑格海姆和斯格斯特（Zingheim & Schuster，2001）在其研究中提出，企业要赢得未来人才战争需要关注的 4 个重要的人才激励因素，即：（1）诱人的公司发展前景，公司发展的美好前景能够牢牢地吸引员工，让他们感觉到在这里能够得到他们所需要的一切；（2）个人成长机会，公司提供良好的培训体系和职业发展体系能够让员工得到不断的提高和成长；（3）良好的工作环境，愉快的工作氛围和良好的团队合作能够让员工不断体会到工作中的快乐；（4）全面的薪酬策略，包括有竞争力的薪资、多元化的福利计划、额外的奖励制度和工作得到的认可和嘉奖。

4. 张望军、彭剑锋的中国知识型员工激励五因素

中国人民大学的张望军、彭剑锋（2001）在对 150 名研发人员和 150 名销售人员、服务人员进行问卷调查的基础上，比较、分析得出了 5 种影响中国知识员工激励效果的因素。其排序为：工资报酬与奖励（31.88%）、个人的成长与发展（23.91%）、有挑战性的工作（10.145%）、公司的前途（7.975%）以及有保障和稳定的工作（6.52%）。

5. 文魁与吴冬梅对中国知识型员工激励的需求因素与满意因素的对比研究

文魁与吴冬梅（2003）参考坦姆仆的知识工作者激励模型，并根据中国国情加入了人际关系这一因素，对北京市的软件企业和生物制药企业的知识型员工进行了问卷调查，通过比较员工对这五种激励因素的需求重要程度和实际满足程度，来反映现有中国知识型员工激励机制上的不足。其比较结果如表 11-7 所示：

表 11 – 7   五种激励因素需求度与满意度排序

位次	五因素需求度	五因素满意度
1	个体成长	业务成就
2	业务成就	工作自主
3	金钱财富	个体成长
4	工作自主	人际关系
5	人际关系	金钱财富

资料来源：文魁、吴冬梅：《异质型人才的异常激励——北京市高科技企业人才激励机制调研报告》，载《管理世界》2003 年第 10 期。

11.4.3 知识型员工绩效提升中的激励因素实证分析

如上分析，近年来知识型员工绩效改善的激励问题已引起了各界的高度关注，然而，由于知识型员工所具有的独特特征，传统的激励方式大多并不适于他们，因而达不到预期的激励效果。而国内的相关研究也主要是以坦姆仆的研究为基础，其适用性存有疑问。因此，探寻适合知识型员工的激励因素，以便采取针对性的激励措施就成为急需解决的问题。为此，本文通过实证分析的方式对此进行初步研究，以期对此做出有益贡献。

1. 问卷设计、数据来源以及分析方法及其原理

此处所用调查问卷的设计、企业选择、调查实施、分析方法及其原理等，都与前文中实证分析部分相同，此处不再赘述。需要说明的是，为判定知识型员工认为重要的激励因素（理想）与实际产生激励效果的因素（现实）是否存在显著差别，本问卷在调查时将这两种因素进行了区别分列，并要求分别回答。

2. 结果与分析

（1）激励因素部分。

A. 信度检验与因子分析适用性检验

在本问卷调查中，知识型员工绩效提升的激励因素部分的信度分析结果如下：信度系数：Alpha = 0.9499；问卷项目数：N of Items = 27。可以看出，信度系数大于 0.7，因此，测量结果是可信的。

表 11 −8   KMO and Bartlett 检验

Kaiser-Meyer-Olkin Measure of Sampling Adequacy		0.934
Bartlett's Test of Sphericity	Approx. Chi-Square	3 338.757
	df	351
	Sig.	0

因子分析检验同样采用 KMO 和 Bartlett 检验，结果如表 11 −8 所示。可以看出，Bartlett 检验的结果是拒绝各变量独立的假设，即变量间存在较强的相关性。而 KMO 统计量为 0.934，大于 0.7，也说明变量间具有较强的相关性。因此，利用因子分析法进行数据处理同样是可行的。

B. 因子分析

利用因子分析法对问卷中有关激励的 27 个项目进行分析，结果中，特征根大于 1 的因子有 7 个（本文实际使用 4 个），总方差累积贡献率为 100%，说明量表的结构效度良好。另外，各因子负荷也都较好，结果如表 11 −9 和表 11 −10 所示。

表 11 −9   各因子特征值及方差贡献率

因子	Eigenvalue Cumulative	Difference	Proportion	
1	69.3975193	52.1904577	0.7255	0.7255
2	17.2070616	14.2623745	0.1799	0.9054
3	2.9446871	1.1216948	0.0308	0.9362
4	1.8229923	0.1994817	0.0191	0.9552
5	1.6235106	0.1943593	0.0170	0.9722
6	1.4291513	0.1996350	0.0149	0.9871
7	1.2295163	0.4634143	0.0129	1.0000

表 11 −10   各因子负荷的情况

项目	Factor1 Factor7	Factor2	Factor3	Factor4	Factor5	Factor6
h1	0.59446 −0.20087	0.18182	−0.01550	0.09784	0.14711	0.34483
h2	0.19869 0.02749	0.01157	0.12816	0.21314	0.12363	0.44935
h3	0.67200 0.13080	0.05433	0.14614	0.10915	0.12335	0.16469

续表

项目	Factor1 Factor7	Factor2	Factor3	Factor4	Factor5	Factor6
h4	0.36330 0.19029	0.27352	0.17255	0.19740	0.18387	0.27484
h5	0.39881 0.08339	0.19383	0.06995	0.40695	0.24378	0.26089
h6	0.45702 0.20024	0.39028	0.19991	0.07330	0.31350	0.16659
h7	0.62823 0.15763	0.39859	0.15396	0.14849	0.21652	0.10336
h8	0.26405 0.07727	0.36889	0.26309	0.20264	0.14977	0.42246
h9	0.30670 0.11929	0.48829	0.23201	0.06939	0.16671	0.60226
h10	0.54171 0.20376	0.49451	0.13596	0.16069	0.07694	0.13554
h11	0.47261 0.06161	0.17024	0.28661	0.18096	0.03811	0.15140
h12	0.54409 0.01762	0.41851	0.09233	0.11930	0.26915	0.05493
h13	0.26687 0.10666	0.29221	0.20943	0.21091	0.57892	0.31470
h14	0.26286 0.02221	0.29636	0.15316	0.25614	0.57468	0.17132
h15	0.19459 0.22886	0.41569	0.25388	0.27801	0.39716	0.11600
h16	0.26484 0.05509	0.52904	0.21382	0.18485	0.16406	0.22711
h17	0.26943 0.09838	0.61584	0.20198	0.16959	0.09563	0.14452
h18	0.25380 0.02935	0.65975	0.15964	0.22063	0.27043	0.02197
h19	0.30613 0.52258	0.36617	0.19626	0.32074	0.22571	0.14064
h20	0.28802 0.22321	0.27403	0.38562	0.25462	0.24018	0.07499
h21	0.11354 0.22651	0.27433	0.62236	0.19861	0.23941	0.12307
h22	0.16267 −0.18564	0.17103	0.91886	0.13680	0.15951	0.05994
h23	0.14230 0.21860	0.16303	0.66118	0.18220	−0.01732	0.25280

项目	Factor1 Factor7	Factor2	Factor3	Factor4	Factor5	Factor6
h24	0. 44713 0. 01961	0. 30830	0. 13340	0. 47667	- 0. 02955	0. 05038
h25	0. 15859 0. 09603	0. 11563	0. 23595	0. 71154	0. 20215	0. 13563
h26	0. 11467 0. 07915	0. 34797	0. 21578	0. 68166	0. 17526	0. 23651
h27	0. 08359 0. 05242	0. 48662	0. 31061	0. 33200	0. 21687	0. 16388

可以看出，因子 1 的项目都与知识型员工的收入与成就有关，例如，年薪收入、福利计划、成就感、领导对其业绩的认可等，因此可以命名为成就与收入维度，它包括 8 个子项。因子 2 的项目主要与员工的成长与发展有关，如施展个人才能的空间、绩效提升情况等，因此，可以命名为成长与发展维度，包括 7 个子项。而因子 3 的项目则主要与员工的自主程度有关，因此可以命名为工作自主维度，它主要包括 2 个子项。而因子 4 的项目主要和员工参与决策和管理有关，因此，可以命名为尊重和参与维度。

（2）激励因素的满足效果部分。

A. 信度检验与因子分析适用性检验

在本问卷调查中，知识型员工绩效提升中激励因素的满足效果部分的信度分析结果如下：信度系数：Alpha = 0. 9613；问卷项目数：N of Items = 27。可以看出，信度系数大于 0. 7，因此，测量结果是可信的。

因子分析检验同样采用 KMO 和 Bartlett 检验，结果如表 11 - 11 所示。可以看出，Bartlett 检验的结果是拒绝各变量独立的假设，即变量间存在较强的相关性。而 KMO 统计量为 0. 948，大于 0. 7，也说明变量间具有较强的相关性。因此，利用因子分析法进行数据处理同样是可行的。

B. 因子分析

通过对知识型员工绩效提升的激励效果因素进行分析，可以得出与激励因素基本类似的结论。具体结果见表 11 - 12 和表 11 - 13。具体而言，其 4 个主要因子分别为：因子 1 可以命名为成就与发展维度，包括 8 个子项；因子 2 可以命名为福利收入维度，包括 4 个子项；因子 3 可以命名为工作自主维度，包括 3 个子项；而因子 4 则可以命名为尊重参与维度，包括 4 个子项。

表 11 –11 　　　　　　　　　　**KMO and Bartlett 检验**

Kaiser-Meyer-Olkin Measure of Sampling Adequacy		0. 948
Bartlett's Test of Sphericity	Approx. Chi-Square	3 867. 216
	df	351
	Sig.	0

表 11 –12 　　　　　　　　　　**各因子特征值及方差贡献率**

因子	Eigenvalue Cumulative	Difference	Proportion
1	43. 2827534 0. 7237	38. 3412213	0. 7237
2	4. 9415321 0. 8064	1. 8744298	0. 0826
3	3. 0671024 0. 8576	0. 4108216	0. 0513
4	2. 6562808 0. 9021	0. 4455978	0. 0444
5	2. 2106829 0. 9390	0. 1595762	0. 0370
6	2. 0511067 0. 9733	0. 4555070	0. 0343
7	1. 5955997 1. 0000	0. 7698804	0. 0267

表 11 –13 　　　　　　　　　　**各因子负荷的情况**

项目	Factor1 Factor7	Factor2	Factor3	Factor4	Factor5	Factor6
j1	0. 17330 0. 07681	0. 62069	0. 06392	0. 16956	0. 16330	0. 20643
j2	0. 17511 0. 02050	0. 74141	0. 22262	0. 19258	– 0. 02304	0. 14102
j3	0. 14961 0. 15902	0. 68120	0. 21959	0. 05597	0. 21790	0. 08198
j4	0. 39439 0. 33854	0. 46641	0. 26476	0. 16966	0. 17560	0. 15718
j5	0. 33611 0. 34966	0. 42041	0. 08986	0. 35471	0. 16395	0. 25007
j6	0. 22566 0. 73939	0. 21442	0. 18856	0. 20203	0. 26274	0. 18878
j7	0. 25793	0. 39217	0. 26006	0. 19105	0. 22073	0. 39658

项目	Factor1 Factor7	Factor2	Factor3	Factor4	Factor5	Factor6
j8	0.25671 0.23934 0.10784	0.24844	0.13832	0.33699	0.15203	0.71428
j9	0.31229 0.17509	0.28519	0.31641	0.22775	0.06718	0.57271
j10	0.44938 0.16040	0.22296	0.25866	0.22776	0.14469	0.41028
j11	0.43785 0.15342	0.23726	0.28531	0.15166	0.13165	0.09930
j12	0.70202 0.29298	0.25586	0.13414	0.26820	0.17971	0.13724
j13	0.67141 0.00345	0.15322	0.16076	0.23372	0.22700	0.23510
j14	0.66953 0.14649	0.17389	0.25796	0.22199	0.16709	0.13567
j15	0.41679 0.01712	0.13415	0.34843	0.32957	0.27121	0.16326
j16	0.48565 0.11395	0.26214	0.28666	0.22719	0.20294	0.29040
j17	0.45652 0.09207	0.22058	0.36006	0.25686	0.27016	0.24580
j18	0.28733 0.17783	0.14730	0.15626	0.15343	0.83133	0.05973
j19	0.24298 0.16073	0.20663	0.27058	0.25183	0.46574	0.11193
j20	0.19010 0.10940	0.17955	0.39726	0.21464	0.54311	0.29642
j21	0.26692 0.19807	0.18981	0.65774	0.15094	0.23755	0.18766
j22	0.23351 0.02316	0.26398	0.68430	0.27516	0.22616	0.13557
j23	0.26767 0.14747	0.22480	0.62652	0.31525	0.12091	0.15308
j24	0.25396 0.07890	0.15128	0.14885	0.69320	0.16790	0.18050
j25	0.28166 0.16542	0.23761	0.36298	0.51172	0.11820	0.23853
j26	0.32956 0.11918	0.23470	0.32641	0.63104	0.20359	0.17489
j27	0.22368 0.18757	0.15712	0.27649	0.56109	0.14985	0.23441

（3）激励因素的应用。

通过上述分析可以看出，对知识型员工的绩效提升而言，激励因素与激励效果满足因素的因子基本保持一致，仅仅是前两个因素的重要性稍有不同。这一结论对知识型员工绩效提升的激励机制实施无疑是非常有利的，因为根据上述结论，只要激励机制设计合理，则将会对知识型员工产生非常良好的激励效果，从而为其绩效的改善奠定良好的基础。

附录：知识型员工绩效调查问卷

尊敬的女士/先生：

非常感谢您花费宝贵时间填写这份问卷！

知识型员工的绩效管理是企业管理及研究中的重要课题，也直接关系到组织及知识型员工的长远发展，为深入了解影响知识型员工绩效的相关因素，特进行本次调查。请根据您本人及所在企业的实际情况，按照问卷各部分的要求进行如实填写。

本调查仅用于学术研究，决不会用于任何其他用途，敬请放心，也敬盼您能提供翔实的信息。

再次感谢您的合作！

山东大学管理学院知识型员工研究课题组
二〇〇五年十二月

个人基本信息（请在相应的选项上画√）

您的性别：①男　　②女

您的年龄：①22 岁以下；②23 ~ 30 岁；③31 ~ 40 岁；④41 ~ 50 岁；
⑤51 ~ 60 岁

您的最高学历：（1）大专；（2）学士；（3）硕士研究生；（4）博士
研究生

您参加工作的时间：①0 ~ 3；②3 ~ 5 年；③5 ~ 10 年；④10 ~ 20 年；
⑤20 年以上

您所在单位的性质：①民营企业；②国有企业；③股份制企业；④机
关事业单位；⑤合资或外商独资企业

您所在行业的性质：①生产性；②服务性；③IT 行业；④咨询、投资、销售；⑤其他＿＿＿＿＿＿＿＿（请您填写）

您的工作类型：①高层管理人员；②中层管理人员；③基层管理人员；④软件设计人员；⑤技术研发人员；⑥一般办公室职员；⑦营销人员；⑧其他＿＿＿＿＿＿＿＿（请您填写）

一、学习行为方面（请根据实际情况在相应的□内打√）

1. 贵公司中学习气氛的浓厚程度：
　　□极浓　　□较浓　　□一般　　□较差　　□差

2. 贵公司是否有相关的政策和措施来鼓励员工自我学习：
　　□有　　　□没有　　□不清楚

3. 贵公司是否有相关的培训规划和管理制度：
　　□有　　　□没有　　□不清楚

4. （a）贵公司是否对您进行经常性的专业知识及技能培训，您感觉这些培训是否适合您的要求：
　　□经常而且适合　　　□经常但效果一般　　　□经常但不适合
　　□偶尔但很适合　　　□偶尔且效果一般　　　□偶尔且不适合
　　□几乎没有

（b）贵公司是否对您进行经常性的职业素质培训，您感觉这些培训是否适合您的要求：
　　□经常而且适合　　　□经常但效果一般　　　□经常但不适合
　　□偶尔但很适合　　　□偶尔且效果一般　　　□偶尔且不适合
　　□几乎没有

（c）在您的与工作相关的学习当中，贵公司人力资源部门所扮演的角色为：
　　□统筹安排者　　　□发动者　　　□伙伴
　　□赞助者　　　　　□没有扮演任何角色

5. 贵公司是否经常进行员工培训需求方面的调查和了解：
　　□经常进行　　　□偶尔进行　　　□从来不进行

6. 贵公司是否对公司所组织培训的效果进行调查和了解：
　　□进行　　　　　□偶尔进行　　　□从来不进行

7. 在提供培训的项目方面，贵公司是否先进行调查了解，然后根据员工的需要做出相应的培训安排：

  □总是调查后再安排 □偶尔调查后再安排 □从来不调查

8. 贵公司是否向您提供在线学习的资源：

  □提供 □不提供 □不清楚

9. 您认为您工作中所需的知识更新速度：

  □很慢 □较慢 □较快 □很快 □特别快

10. 您在工作之余通过自学考取相关专业证书或以参加学历教育的方式进行自我"充电"时，贵公司是否会向您提供相应的学习费用补助：

  □提供 □提供一部分 □不提供

11. 您每周专门用于学习的时间：

  □1 小时以下 □1 ~ 3 小时 □3 ~ 5 小时

  □5 ~ 8 小时 □8 小时以上

12. 您认为您现有工作知识的积累主要依靠：

  □工作前的正规学历教育 □公司各种有组织的培训

  □工作中的经验积累 □工作中的自我学习

13. 在一年为单位的时间跨度内，您工作角色转变（即工作内容、职责、性质等的变化，包括岗位轮换引起的工作变化和岗位职责变化造成的工作角色的变化）的频繁程度：

  □基本没变化 □1 次 □2 次

  □3 次 □4 次及以上

14. 岗位变化后，公司是否提供相关的转岗培训：

  □提供 □不提供

15. 岗位变化而公司没有提供相关的转岗培训，当您提出相应的培训要求时，贵公司是否能够提供相应的培训：

  □提供 □不提供

二、知识积累方式及影响方面（每题有 5 个选择：1. 很不重要；2. 较不重要；3. 一般；4. 较重要；5. 很重要。请在相应的数字等级上画√）

1. 个人在工作之余阅读有关的专业期刊和书籍 …… 1 2 3 4 5

2. 工作之余通过自学考取相关专业证书或以参加学历教育的方式进行自我"充电" …………… 1 2 3 4 5

3. 同经验丰富的同事一起工作 ………………… 1 2 3 4 5

4. 通过公司的在线学习网络进行学习 ………… 1 2 3 4 5

5. 公司提供的内部培训 …………………………… 1 2 3 4 5

6. 公司资助参加的外部培训 ………………………… 1 2 3 4 5

7. 与同事之间进行的专业交流与切磋 …………… 1 2 3 4 5

8. 通过公司员工手册或操作手册获取相应的职位知识

   …………………………………………………… 1 2 3 4 5

9. 您认为以往运作实践中保留下来的文件，如项目报告、

   工作总结、客户拜访记录等，对于您了解岗位所需知

   识的重要性 ……………………………………… 1 2 3 4 5

10. 与共同兴趣者组成的非正式学习网络 ………… 1 2 3 4 5

11. 在指导别人中学习 ……………………………… 1 2 3 4 5

12. 就某问题，与同事在一起进行长时间的共同钻研

    …………………………………………………… 1 2 3 4 5

13. 您认为同事与您保持良好合作关系，对于您向他学

    习其所拥有的知识的重要性程度 ……………… 1 2 3 4 5

14. 探求工作意义、对自身的深入理解等，并形成详细

    的工作总结和下一步的学习计划 ……………… 1 2 3 4 5

15. 个人定期自觉地进行工作总结，不断丰富个人工作

    经验 ……………………………………………… 1 2 3 4 5

16. 工作中直接领导或周围同事的无私指导 ……… 1 2 3 4 5

17. 善于领悟组织文化，并用于指导个人工作 …… 1 2 3 4 5

18. 善于在本职工作中借鉴生活或其他行业中的方法或

    技巧 ……………………………………………… 1 2 3 4 5

三、组织公民行为方面（每题有 5 个选择：1. 很不重要；2. 较不重
要；3. 一般；4. 较重要；5. 很重要。请在相应的数字等级上画√）

1. 愿意协助解决同事之间的误会和纠纷，以维护人际

   和谐

   …………………………………………………… 1 2 3 4 5

2. 自觉自愿地无私帮助新员工 …………………… 1 2 3 4 5

3. 在没有监督的情况下，仍能认真负责地工作 …… 1 2 3 4 5

4. 主动提出对企业发展有利的合理化建议 ……… 1 2 3 4 5

5. 义务宣传和介绍公司产品 ……………………… 1 2 3 4 5

6. 维护公司的公众形象 …………………………… 1 2 3 4 5

7. 主动承担本岗位工作职责以外的任务和责任 …… 1 2 3 4 5

8. 乐于帮助同事解决工作上遇到的问题 ⋯⋯⋯⋯ 1　2　3　4　5

9. 经常主动参加行业性工作会议 ⋯⋯⋯⋯⋯ 1　2　3　4　5

10. 在任何紧急状态下（如事故、火灾、水灾等），员
工都会像保护自己的家庭财产那样去保护公司的
财产 ⋯⋯⋯⋯⋯⋯⋯⋯⋯⋯⋯⋯⋯⋯⋯ 1　2　3　4　5

11. 自觉参加企业组织的公益活动 ⋯⋯⋯⋯⋯ 1　2　3　4　5

12. 主动解决工作中遇到的问题 ⋯⋯⋯⋯⋯⋯ 1　2　3　4　5

13. 主动要求加班，或自觉通过加班的方式完成紧急任务
⋯⋯⋯⋯⋯⋯⋯⋯⋯⋯⋯⋯⋯⋯⋯⋯⋯ 1　2　3　4　5

14. 主动邀请所接触的优秀人才加盟本公司 ⋯ 1　2　3　4　5

15. 主动向公司人力资源部门推荐优秀人才 ⋯ 1　2　3　4　5

16. 优先购买本公司的产品或服务 ⋯⋯⋯⋯⋯ 1　2　3　4　5

四、激励因素方面（每题有 5 个选择：1. 很不重要；2. 较不重要；3. 一般；4. 较重要；5. 很重要。请在相应的数字等级上画√）

1. 年薪收入 ⋯⋯⋯⋯⋯⋯⋯⋯⋯⋯⋯⋯⋯⋯ 1　2　3　4　5

2. 公司的股票、期权等收入 ⋯⋯⋯⋯⋯⋯⋯ 1　2　3　4　5

3. 多元化的福利计划（举例：养老保险等） ⋯⋯ 1　2　3　4　5

4. 工作性质与本人兴趣的相符性 ⋯⋯⋯⋯⋯ 1　2　3　4　5

5. 公司为员工提供系统的培训体系 ⋯⋯⋯⋯ 1　2　3　4　5

6. 公司的发展前景 ⋯⋯⋯⋯⋯⋯⋯⋯⋯⋯⋯ 1　2　3　4　5

7. 个人业务能力的提升 ⋯⋯⋯⋯⋯⋯⋯⋯⋯ 1　2　3　4　5

8. 行政领域职业发展路径（行政职务晋升） ⋯⋯ 1　2　3　4　5

9. 技术领域职业发展路径（公司内部专业职称晋升）
⋯⋯⋯⋯⋯⋯⋯⋯⋯⋯⋯⋯⋯⋯⋯⋯⋯ 1　2　3　4　5

10. 工作能够给员工个人带来较高的成就感 ⋯⋯ 1　2　3　4　5

11. 工作稳定而有保障 ⋯⋯⋯⋯⋯⋯⋯⋯⋯⋯ 1　2　3　4　5

12. 个人工作业绩能够得到公司领导的认可 ⋯ 1　2　3　4　5

13. 工作业绩能够得到同事的认可 ⋯⋯⋯⋯⋯ 1　2　3　4　5

14. 能够及时得到自身工作绩效情况的反馈 ⋯ 1　2　3　4　5

15. 员工个人对自身绩效的认可程度 ⋯⋯⋯⋯ 1　2　3　4　5

16. 能够及时获得提升自身绩效的建议与指导 ⋯ 1　2　3　4　5

17. 能够充分施展个人才能的工作环境与工作条件
⋯⋯⋯⋯⋯⋯⋯⋯⋯⋯⋯⋯⋯⋯⋯⋯⋯ 1　2　3　4　5

18. 工作胜任度 ………………………………………… 1　2　3　4　5

19. 适度的工作挑战性 ………………………………… 1　2　3　4　5

20. 自主决定完成任务的方式方法 …………………… 1　2　3　4　5

21. 自主决定工作进度 ………………………………… 1　2　3　4　5

22. 自主决定工作时间 ………………………………… 1　2　3　4　5

23. 自主选择合作伙伴 ………………………………… 1　2　3　4　5

24. 企业领导素质高、能力强，能够给员工以充分的支持

　　………………………………………………………… 1　2　3　4　5

25. 参与企业的决策与管理 …………………………… 1　2　3　4　5

26. 了解企业的战略目标及自身工作对组织目标的重要性

　　………………………………………………………… 1　2　3　4　5

27. 所提合理化建议被采纳 …………………… 1　2　3　4　5

五、各激励因素的满足效果方面（对以上激励因素的满足效果，请您根据自身的体会选择被满足程度大小，并在相应的数字等级上画√。其中，各选择项对应的分值为：1. 很不满意；2. 较不满意；3. 一般；4. 较满意；5. 很满意）

1. 年薪收入 …………………………………………… 1　2　3　4　5

2. 公司的股票、期权等收入 ………………………… 1　2　3　4　5

3. 多元化的福利计划（举例：医疗、养老保险等）

　　………………………………………………………… 1　2　3　4　5

4. 工作性质与本人兴趣的相符性 …………………… 1　2　3　4　5

5. 公司为员工提供系统的培训体系 ………………… 1　2　3　4　5

6. 公司的发展前景 …………………………………… 1　2　3　4　5

7. 个人业务能力的提升 ……………………………… 1　2　3　4　5

8. 行政领域职业发展路径（行政职务晋升）……… 1　2　3　4　5

9. 技术领域职业发展路径（公司内部专业职称晋升）

　　………………………………………………………… 1　2　3　4　5

10. 工作能够给员工个人带来较高的成就感 ……… 1　2　3　4　5

11. 工作稳定而有保障 ………………………………… 1　2　3　4　5

12. 个人工作业绩能够得到公司领导的认可 ……… 1　2　3　4　5

13. 工作业绩能够得到同事的认可 ………………… 1　2　3　4　5

14. 能够及时得到自身工作绩效情况的反馈 ……… 1　2　3　4　5

15. 员工个人对自身绩效的认可程度 ……… 1　2　3　4　5

16. 能够及时获得提升自身绩效的建议与指导 ········· 1　2　3　4　5

17. 能够充分施展个人才能的工作环境与工作条件

　　 ··· 1　2　3　4　5

18. 工作胜任度 ·· 1　2　3　4　5

19. 适度的工作挑战性 ······································ 1　2　3　4　5

20. 自主决定完成任务的方式方法 ······················ 1　2　3　4　5

21. 自主决定工作进度 ······································ 1　2　3　4　5

22. 自主决定工作时间 ······································ 1　2　3　4　5

23. 自主选择合作伙伴 ······································ 1　2　3　4　5

24. 企业领导素质高、能力强，能够给员工以充分的支持

　　 ··· 1　2　3　4　5

25. 参与企业的决策与管理 ································· 1　2　3　4　5

26. 了解企业的战略目标及自身工作对组织目标的重要性

　　 ··· 1　2　3　4　5

27. 所提合理化建议被采纳 ······························· 1　2　3　4　5

　　如果您认为还有其他重要因素影响员工绩效，请您在下面列出，并按以上"12345"的重要性分级标出其重要程度：

第四篇

创新组织中的知识管理

第 *12* 章

基于供应链的知识管理

§12.1　供应链与知识管理

➤ 12.1.1　供应链与知识

供应链可以说是一系列相关企业及个人的集合，因此供应链同样拥有知识，具体可分为两类：

1. 供应链成员特有的知识

供应链中的每一个节点成员可以为整条供应链提供自己的知识。首先，供应商拥有的知识。供应商在最新的技术发展、不同原材料及零部件的性能、成本等方面拥有最专业的知识，这些知识对生产商具有重要的影响，因为这直接决定最终产品的成本、质量及性能等。其次，生产商拥有的知识，主要指对产品本身的性能、质量、安全性等方面的知识，这些知识对供应链其他成员也会产生重要影响。如果中间商对产品知识有充分的了解，就能够采取最恰当的销售方式，同时可以清楚地向消费者展示、讲解产品，有利于产品的促销活动。消费者了解一定的产品知识，可以做到明明白白消费，增强对产品的信赖，提升对产品的品牌忠诚度。再次，中间商拥有的知识。中间商连接生产与消费，是大多数供应链不可缺少的环节（完全直销除外）。中间商特别是零售商，与消费者近距离接触，可以及时掌握市场信息，了解消费需求动向；而且在售卖现场就可以即时获取消费者对产品的评价以及潜在的需求，这些知识无论对中间商还是对生产商及供应商都有极为重要的价值，但很多中间商未能将这些知识与生产商及供应商分享，甚至有的中间商自身也没有将这些知识加以有效利用。任何产品，其最终消费者最有发言权，特别是对产品令人满意之处及存在哪些不足，而且有些消费者或许是产品相关领域的专家，他们完全可以对产品提出专业化的改进意见，这些知识是每一个生产企业都渴望获取的宝贵资源。因此，最终顾客作为供应链不可或缺的组成部分，是供应链其他成员获取有价值知识的源泉。

2. 供应链中各节点可以通用的知识

随着供应链集成化程度的提高，各节点企业在管理方式、企业理念方面有越来越多的交流与沟通，许多先进的管理模式、管理手段本身即需要供应链上下游的协作配合才能真正发挥作用。知识专业分工日益精细化，供应链成员在知识方面的相容性成为供应链高效率运作的基本要求，成员的知识水平要具有协调性与互补性，一旦供应链中存在成员在知识方面不能达到其他成员的要求，其所提供的产品或服务就不能满足其他成员的需要，进而影响最终产品或服务的质量与性能。这种知识类似于供应链中的连接性知识，它可能贯穿于整个供应链，也可能存在于有限的几个成员之间，但它并不完全归属于某个成员，所以称之为供应链通用知识。

此外，市场环境不断变幻，知识飞速发展，供应链内部的知识也要不断充实、更新，任何供应链都不能把目光仅仅局限于供应链范围，而忽视与外部的知识交流。对于外部知识资源，如宏观的经济政策、行业法规等，微观方面，如其他与之竞争供应链的知识，这些知识每个成员都应积极去获取，并充实到供应链中，为供应链所有成员共享，并尽可能创造最大价值。但这些外部相关知识最后还会以成员知识来体现，所以本文不将其作为研究的重点，在后面的阐述中也不再单独列出。整个供应链知识的范畴如图 12 – 1 所示,最外圈是通用知识,其应用范围最广,中间为节点成员知识,最内圈是个人知识。节点成员包括企业(企业也是由员工组成),还包括个人如消费者,此时节点成员知识是一系列消费者知识(个人知识)的集合。

图 12 – 1　供应链知识范畴

12. 1. 2　供应链中知识管理的必要性

1. 应对供应链的不确定性

供应链的不确定性主要源自以下两方面:一是信息不对称引起供应链的不确定。供应链中的各成员由于信息不对称会面临一系列的不确定因素:顾客提交订单的时间和数量的不确定;供货商在供货的提前期、供货数量及质量方面的不确定;货物运输在运输时间、运输地点及货物安全性等方面的不确定。二是牛鞭效应引起的不确定。在以顾客为中心的供应链中,每个成员在决策时都是利用来自直接下游企业的需求信息进行预测并向上游企业订货,每个企业都面临着前趋和后继间的订货问题。然而这些需求信息在沿着供应链自下而上(顾客→分销商→制造商→供应商)传递过程中会逐级放大,这种现象被称为供应链中的牛鞭效应(Bullwhip Effect)。当下游需求发生微小变化时,传递到最上游供应商的需求变动可能被放大了很多倍。牛鞭效应会造成低质量的客户服务、低效运输、货物短缺或积压以及错误的需求预测等现象。

不确定性造成整个供应链的低效率,影响到所有结点企业的市场业绩,要想改变这一状况,单纯依靠供应链中的信息管理是无法解决问题的,因为即使信息相同,不同成员从中提取的知识也是各异的,因此必须在供应链成员间建立知识管理系统，供应链成员之间不仅实现信息的共享，而且实现知识的共享，进一步提高供应链的集成水平。

2. 提升供应链竞争力

越来越多的企业认识到知识正成为重要的竞争资源，企业间业绩的悬殊正是源于知识的不对称和由此导致的企业能力的差异。任何一个企业所拥有的知识总是有限的，要想获取更多的知识，并通过对知识的利用获得更多利润，就必须进行广泛合作，供应链就是一种重要的合作方式。而随着市场竞争日益演变为供应链之间的竞争，供应链作为一个市场竞争主体，必须要具备一定的竞争力，这种竞争力最终来源于对知识资源的拥有与使用，如何使供应链中的知识得到充分的利用，发挥出最大价值，对供应链知识资源进行有效管理是必然选择。

12.1.3 供应链中知识管理的可行性

1. 合作组织间的知识转移

早在 1977 年，Teece 就提出了知识转移的思想，但最初对知识转移的研究往往局限于组织内部，对组织间知识转移的研究较少。随着信息技术、网络技术的发展，组织间关系日益复杂化，知识也越来越突破了单个组织的界限，从而使得知识的组织间转移日益普遍。按照交易费用理论的观点，企业竞争力的源泉来自于对交易的有效管理，其关注交易成本的最小化，对于知识这种特殊资产，通过企业间缔结合约，可以减少交易的不确定因素，降低知识的交易成本。企业知识理论的观点认为，企业竞争优势的真正来源并不是来自于技术诀窍中的有形要素知识，而且来自于能够使得这种优势得以利用的知识支持结构或相互补充的组织能力，市场的失效并不是由于机会主义行为的问题，而是企业利用其知识方面的较高能力和其他企业在有效地获得和一体化这种特定知识方面的能力限制，其关注的不仅仅是成本最小化，而且要使投资的价值最大化，即以最大化企业价值的方式来开发和利用企业的能力。因此，企业通过合作对于知识资源的最大化利用也是实现知识投资价值最大化的途径，即对企业能力的进一步开发。所以从上述分析可以得出较为一致的结论,即通过企业间合作可以实现知识组织间的有效转移。现实中越来越多的企业通过合作的方式,谋求以最小的成本获取最大的知识收益。

2. 供应链中企业间利益连带关系

在纷繁复杂的企业合作关系网络中,基于供应链的合作是更为特殊的一种合作关系。与其他类型的组织间关系相比,供应链成员之间具有利益连带关系。供应链中每一个成员在最终产品的价值实现过程中都有所贡献,对于每一条特定的供应链而言,缺少哪一个环节都会影响到整条供应链价值的实现,如果任何一方做出有损其他成员的行为,最终都会被供应链淘汰。

3. 供应链中成员知识具有互补性

供应链中各成员都有其核心知识和优势知识,一些知识对其拥有者而言,是价值不高的非核心知识,但对供应链的其他成员来说却是具有极高价值的核心知识。如果将这些异质而又互补的知识资源集中起来,进行有效管理,对于每一个成员都是一个丰富的知识宝库,都可以从中获取收益。因此,在供应链中进行知识管理比在其他类型的组织间关系中进行知识管理的风险与成本要低得多。

12.1.4 供应链中知识管理的层级

1. 节点企业的知识管理

供应链中的每个节点企业作为一个相对独立的主体对企业内外部知识资源进行有效管理,以实现企业竞争力的最大提升。企业在实行知识管理时,会尽可能地调集一切可用资源,其中不仅包括企业自身已有知识,企业内部潜在知识以及企业从供应链中获取的知识,甚至还通过与竞争对手开展合作来获取知识。这些都是单个企业知识管理的内容,对此现有文献已论述较多,本文不做进一步探讨。此外有人提出企业内部的采购、生产、库存、运输、销售等各部门在生产运作流程中彼此处于上游或下游环节，实际构成了内部供应链，海尔集团在企业内实施了业务流程再造，推行内部市场链运作，给企业带了极大效益。但本文不涉及企业内部供应链，而是站在整个供应链的角度，关注供应链中的企业如何充分利用供应链知识资源，提升供应链的整体竞争力。

2. 供应链层级的知识管理

随着企业间竞争与合作形式的多样化，企业间关系日益复杂，形成了纵横交织的价值网络，供应链只是企业实现最终价值的众多链条之一。现实中一个企业也往往不只属于一条供应链，它可能同时与多条供应链中的上下游厂商合作，即处于多条供应链的交点。毕竟在当前飞速发展的时代，任何企业都无法确保一直处于优胜者的地位甚至保证长久存活下去，企业必定要从众多上下游企业中选择最佳合作伙伴，因此对于某个特定企业而言，它可能更关注自身利益而不太关注某条供应链的整体利益，但对于一条供应链来讲，其价值的实现需要链上所有企业能跨越企业边界、立足于整个供应链层面来考虑，这便是供应链层级的知识管理（如图 12－2 所示）。

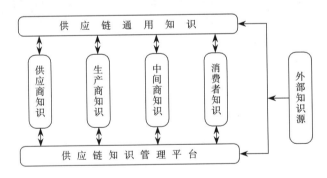

图 12－2　供应链层级的知识管理

本章的后续部分主要立足于某条特定的供应链，探讨如何构建供应链知识管理平台，通过供应链中的知识发现、知识共享、知识学习，进而实现供应链知识的创新，提升供应链的整体竞争力。

☞ 12. 1. 5　供应链知识管理的特点

供应链是企业间的一种合作模式，它超出了单个企业的规模局限，是一系列关联企业的集合体，因此供应链知识管理不同于单个企业的知识管理，它是凌驾于单个企业范围之上的一种更为复杂的知识管理。本文认为供应链知识管理就是在供应链所有成员中实现知识的有效共享与创新，进而提升整个供应链竞争力的过程。

1. 供应链知识管理的主导者

任何行动都有一个主导者，供应链知识管理中一般为供应链中的核心企业。

通过对供应链中每个企业所处竞争地位的不同可以分为核心企业与非核心企业。评判标准可以依据以下几方面：（1）它是否是这条供应链中关键资源的控制者，这种关键资源可能是自然资源，也可能是客户资源、技术资源、信息资源或资金资源等。（2）它对资源的占有程度，这种占有程度既可以是占有的数量、规模，也包括占有资源的可替代性和可模仿性。（3）成员之间的供求关系，供求关系的不平衡往往造成供应链企业间的谈判能力的迥异，这直接决定了企业在整个供应链中地位。核心企业可以是核心生产商，也可能是大型的分销商，或者是关键原料、部件的供应商，它往往控制了供应链中的核心资源，拥有对其他成员企业的较强的话语权，可以发动其他成员与其进行积极配合，推动整个供应链的协同运作。

供应链中的核心企业在整个供应链中处于强势地位，一般具有较高的管理水平、竞争意识，此外具有较好的信息技术及敏锐的市场洞察力。为了自身战略发展的需要，面对竞争供应链的市场压力，必须提升整个供应链的竞争力，充分挖掘供应链知识资源的潜在价值，因此会积极出面，争取其他成员的协作，整合整个供应链中的知识资源，推动供应链知识管理的有效实施。当然，供应链中其他节点成员也是知识管理的参与者与实施主体，没有他们的配合，单靠核心企业是不可能也是毫无意义的。

2. 供应链知识管理的复杂性

（1）从成员间竞合关系角度来看。供应链中的企业因一定的供求关系而连接在一起，为实现产品价值最大化，使最终顾客满意，形成特殊的合作联盟。但每个企业又都是相对独立的利益主体，相互间又存在着竞争关系，因此供应链不同环节的企业在目标利益上存在一定冲突。特别是在交易合同的谈判过程中及最终利益分配问题上，每个成员都希望获取更多的利润价值，在总价值没有改变的前提下，必然意味着相互的利益争夺，为增强在竞争中的话语权及控制权，各方会尽力保留对相关优势资源的控制，特别是有价值的知识资源，这给供应链知识管理带来困难。

（2）从各成员内部环境差异来看。实行供应链层知识管理需在成员之间构建共同遵循的统一平台，使知识能够按既定标准自由流动，实现知识价值的充分共享，而不同的企业拥有各异的企业文化、不同的工作流程，以及遵循不同的工作标准，每个成员都希望其他成员与自己一致，而不愿自己做出改变，毕竟变革不是一件容易的事，怎样去协调各种差异，是供应链知识管理必须解决的难题。

（3）从供应链的动态性角度来看。市场竞争中任何合作关系都不是永恒的，对于供应链合作伙伴来讲，随着市场环境的变化，供应链中随时有成员退出，也不断有新的成员加入，供应链合作关系也呈现动态性，这增加了供应链知识管理的难度。

§12.2　基于供应链的知识管理模型

在供应链中每个成员都拥有丰富的知识，这些纷繁复杂的知识是否全部纳入供应链知识管理的范畴呢？如何对这些原本属于不同市场主体的、广为分散的知识进行管理？我们认为应以提升供应链核心竞争力为目标，实施供应链知识管理，通过供应链中的知识共享，促进知识创新，进而推动供应链核心竞争力的创新。

➤ 12.2.1　供应链核心竞争力与供应链知识管理

当前的竞争已演变为供应链之间的竞争，如何在竞争中取得优势地位，成为每条供应链关注的焦点。供应链中的每个企业都在积极培育自己的核心竞争力，将主要的精力、资源投入放在自己具备核心竞争力的环节，并力争在核心领域做到最强、最好，而将生产运作的其他环节交给供应链其他成员去完成，各自发挥自己的优势，以最少的资源投入、最低的成本创造最大的价值，实现强强合作、达到共赢，这也正是越来越多的企业实行外包的原因所在。如何才能把各个独具专长的企业凝聚在一起，使得每个企业在实现自身价值最大化的基础上，达到供应链价值的最大化，提高供应链整体的市场竞争力，本文认为必须培育供应链的核心竞争力。

供应链核心竞争力是整个供应链所具有的独特的、不易被模仿的、差异化的综合能力，它使得每条供应链与众不同，它不是成员核心竞争力的简单加总，而是将各企业核心竞争力进行充分整合，通过优势互补形成的更强大的核心竞争力。在供应链中一般都有一个核心企业，它在供应链核心竞争力的培育与提升方面发挥着重要而不可替代的作用，负责协调供应链上下游间的关系，使供应链所有成员能密切配合，共同为满足顾客需求而尽最大努力，可以说是整个供应链运作的轴心。但供应链核心竞争力并不等同于核心企业的核心竞争力，核心企业竞争力只是其中的重要构成部分，它还有赖于其他成员核心竞争力的辅助与协作。如美国最受尊敬的十大公司之一的戴尔公司，它利用一切先进的通信方法来和顾客保持联系，在最短的时间内对顾客需求做出回应，并迅速与供应商及装配商展开协作，以最高的效率将顾客需要的产品送到顾客手中。在戴尔供应链中，戴尔公司发挥着核心作用，它倾听顾客意见的直销模式是整个供应链运转的推动力，但整个供应链要形成对顾客的快速反应能力，离不开供应商快速的低成本配件供应、快递公司的密切合作，因此基于直销模式的低成本配件供应与装配运作能力，是戴尔供应链独有的，其他供应链在短期内不可模仿的核心竞争力。

普拉哈拉德和哈默尔认为，"核心竞争力是组织中的积累性学识，特别是关于如何协调不同的生产技能和有机结合多种技术流派的学识"。①巴顿把核心竞争力定义为识辨并提供竞争优势的知识集合，包括员工的知识和技能、有形的技术系统、管理系统、价值观和规范四方面的内容。可见，核心竞争力归根到底来源于知识，并且以知识的形式表现出来，要培育供应链核心竞争力，离不开供应链知识管理。在供应链中，知识特别是成员企业的互补性知识是形成供应链核心竞争力的基础，通过知识共享、知识创新，对供应链成员的优势知识资源进行有效整合，形成供应链核心知识，实现供应链知识价值的最大化，这是塑造供应链核心竞争力的必然选择。供应链知识管理可以提升供应链中知识利用效率，随着知识的更新换代，不断推动供应链核心竞争力的更新。如何对供应链中的知识进行有效管理，每个企业成员都围绕着各自的企业目标进行知识管理显然是不现实的，必须使所有成员能围绕着一个共同目标努力，因此，我们认为以提升供应链核心竞争力为目标来实施供应链知识管理，不失为一种好的选择。在此框架下，供应链核心竞争力与供应链知识管理互相促进，互相推动，实现供应链知识与供应链核心竞争力的共同创新。

☞12.2.2 供应链集成知识管理

集成，是指把部分组合成一个整体，李宝山和刘志伟认为："集成是指某一系统或某一系统的核心把若干部分、要素联结在一起，使之成为一个统一整体的过程，集成的原动力是新的统一形成之前某种先在的系统或系统核心的统摄、凝聚作用。"② 从管理的角度来说，集成是一种创造性的融合过程，只有当构成某个系统的要素经过优化，选择搭配，相互之间以最佳方式组合在一起，形成一个由适宜要素组成的、优势互补的有机体，才能被称为集成。集成的本质是一种竞争性的互补关系，即各种要素通过竞争冲突，不断寻找、选择自身的最优势特点，在此基础上进行互补匹配。集成是含有人的创造性思维在内的动态过程，它能够成倍地提升整体的效果，有利于优胜劣汰，有助于实现动态平衡。

供应链涉及多个企业，包括供应商、生产厂家、分销商、零售商等，

① 哈默尔、普拉哈拉德：《与竞争者合作——然后胜利》，载《哈佛商业评论》1989 年第 1 期。
② 李宝山、刘志伟：《集成管理——高科技时代的管理创新》，中国人民大学出版社 1998 年版。

供应链集成就是把这些在一条供应链上的所有环节都联结起来并进行优化，其实质在于企业与其相关企业形成融汇贯通的网络整体，对市场进行快速反应。目前对于供应链集成管理已得到普遍认同，因为这不仅改变了过去仅仅在供应链中将费用从一个环节转移到另一个环节的做法，而且优化了整个供应链的执行，给最终客户提供了最优的价值。优化供应链管理系统的功能，使供应链的各链节、各功能实现最佳配合与协调，共同保证供应链目标的实现是集成供应链管理系统研究与应用的基本目标。企业在形成集成化管理模式的过程中，一般要经历职能集成、内部供应链集成和外部供应链集成等三个阶段。在供应链管理的职能集成阶段，主要集中于处理企业内部物流，企业围绕核心职能对物流实施集成化管理，对组织实行业务流程重组，实现企业职能部门的优化集成。内部供应链集成主要实现企业直接控制领域的集成，实现企业内部供应链与外部供应链中的供应商和用户管理部分的集成，形成内部集成化管理。外部供应链集成是实现集成化供应链管理的关键阶段，它将企业内部供应链与外部供应链和用户集成起来，形成一个集成的供应网络。目前供应链集成管理主要局限于物流、信息的集成管理，而在供应链知识管理过程中也应贯彻集成的原则。供应链中的知识分散在各个角落，与供应链的运作流程相脱节，同时不同的企业在实施知识管理时往往采用不同的管理系统，造成知识接口的衔接困难，导致知识的低利用效率。要进行供应链知识管理必须将所有供应链中企业的知识管理系统都整合起来，对供应链各环节知识管理进行集成，使每个企业知识管理无缝对接，各个不同知识管理部门以最有效的方式融合为一体，实现整个供应链集成知识管理。

☛ 12.2.3　基于供应链的集成知识管理模型

经上述分析，我们提出以核心竞争力为目标的供应链集成知识管理模型，如图 12-3 所示：供应链知识管理好比建一座房屋，核心竞争力是屋脊，意味着供应链知识管理的最高目标。供应链的组织环境是房屋的顶棚，决定着知识管理的运行效果。知识发现、知识共享与知识创新是支撑房屋的柱子，构成供应链知识管理的主要过程。而它们彼此之间并非相互分离的过程，这里只是为了研究方便做这一划分，知识在各环节中流动，使其构成一个连续的流程。当然每一环节都是基于供应链这一组织系统，这不同于单个企业的知识管理过程。房子的基座是供应链集成技术系统，是整个供应链知识管理的必备条件。另外，核心竞争力在此既指供应链核心竞争力，也包含成员企业核心竞争力，因为每个成员参与知识管理的过程中会考虑自己的核心竞争力，在实现各自核心能力提高的基础之上达到供应链整体核心竞争力的提升。下面将详细探讨如何构建这一管理体系。

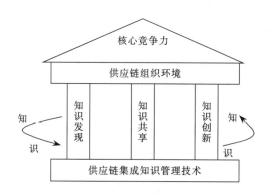

图 12-3 供应链集成知识管理模型

§12.3 基于供应链的知识管理体系的构建

☛12.3.1 供应链集成知识管理的技术基础

集成供应链的支持技术很多，包括：ID 代码、条码、POS 扫描、电子数据交换 EDI、条码应用识别符、网络通信技术等，知识资源的共享需要的是有效运行的层次简单、结构扁平、开放快速的信息沟通与知识传递网络，在供应链中实施知识管理必须具备一定的技术系统，这是供应链知识管理的基础。

1. 构建供应链信息网络系统

供应链信息技术系统包括的内容很多，最根本的是要在所有成员间构筑信息网络系统，实现成员间的信息沟通。据调查显示，目前互联网已成为最重要的知识资源渠道，占到了近 71.1% 的比例。[①] 过去传统的方法是采用 EDI 实现供应链中各组织信息沟通与共享，但 EDI 通常运行于增值网络上，运行成本高昂，不是一般小公司所能承受的，并且 EDI 消息标准复杂、结构僵化，不像目前流行的可扩展置标语言 XML（Extensible Markup Language），消息具有自描述的特点，这就进一步增加了开发难度。现在新兴的 Web 服务技术，为供应链信息网络提供了一种简洁的、低成本的解决方案，Web 服务是一种部署在 Web 上的组件或对象，它对外暴露一组接口（即一组方法），其他用户（它们本身也可以是 Web 服务）可以通过通用的 Internet 协议（如 http）在 Internet 上远程调用这些方法，并获取返回值。[②] 这样，供应链上的各实体可以开发出各种 Web 服务供其他实体调用，调用者可以通过被调用者的 Web 方法的返回值获取所需信息，从而实现供应链信息沟通与共享。基于 Web 的供应链信息系统的信息处理在服务器端，客户端只需运行统一的浏览器软件，并且供应链节点各企业都能很方便地实时共享信息。基于 Web 的企业信息系统（IS）采用 Browser/Server（浏览器/服务器）结构，浏览器部分包括库存管理、运输管理、订单管理、物料管理、生产规划和销售管理。这些部分通过浏览供应链信息网上的实时动态信息，向 Web 服务器提出数据录入、查询、修改、删除、统计等请求，Web 服务器在获得这些请求后，将它们交给后端的公共网关接口 CGI（Common Gate Interface）程序来对数据进行处理。该 CGI 接口负责对数据库的连接、读写、访问和控制，然后数据库又将结果通过 CGI 程序送回给 Web 服务器，最后再由 Web 服务器将该访问结果以动态网页形式发送到用户的浏览器中。基于 Internet/Intranet 的信息网络接口代理将供应链中的其他节点企业连接起来。企业内网的浏览器就能成功地访问其他节点企业的信息系统（如图 12-4 所示）。其他节点企业，即供应商、供应商的供应商、用户、用户的用户的信息系统也采用基于 Web 的体系结构。这种系统结构将能满足供应链信息网上实时动态信息输入、输出、查询的要求，成功地做到异构兼容。

[①] 数据来源：www.DAOchina.com.
[②] 秦天保、白庆华：《基于 Web 服务的信息沟通与共享》，载《计算机工程》2003 年第 12 期。

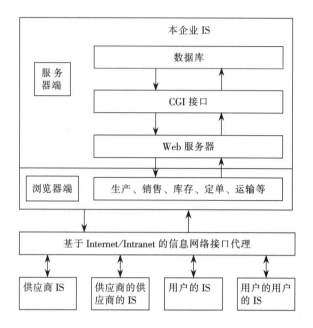

图 12-4 供应链信息网络系统

资料来源：龚道国：《基于 Web 的供应链信息系统》，载《物流技术与应用》2000 年第 1 期。

2. 建立供应链知识库

据调查，实施知识管理的机构中，63% 的机构已经或计划建立局域网或互联网知识库和知识交流平台，34.6% 的机构把为知识库提供个人才智纳入工作绩效考核。[①] 知识库是知识管理系统的核心，它按照一定的知识表示方法，如基于规则的知识表示、基于逻辑的知识表示、基于语义网络的知识表示等，集中存放关于供应链内部各企业的共享知识和与其有关的外部环境知识。其中包括供应链通用知识，特别是涉及整个供应链的核心竞争力的知识，如丰田供应链中丰田公司推行的 JIT（准时制）等，即为这类知识。此外，还包括不涉及各成员核心竞争力、但对其他成员有重要价值互补型知识。供应链知识库不同于普通数据库，是在普通数据库的基础上，有针对性、目的性地从中抽取知识点，按一定的知识体系进行排序和分析而组织起来的数据库，是有特色的、专业化的，是面向用户的知识服务系统。

---

① 数据来源：www. DAOchina. com.

（1）供应链知识库的构建。供应链知识库应具有一个由概念及其语义关系形成的知识体系结构，供应链知识体系的构建是知识库乃至整个知识管理系统的基础与核心，这一知识体系可以基于供应链的流程结构来构建，将原材料供应商到生产商、销售商直至最终顾客拥有的知识有机组合，形成供应链共享知识库。在供应链中由于知识的多维、立体结构，故而知识体系结构应呈现为立体概念图，概念图包括节点、连线、层级三个基本要素。节点表示概念，连线表示两个概念之间的语义关系。层级有两个含义：一是指同一层面中的层级结构，即同一知识领域中的概念依据其概括性水平不同而分层排布，概括性最强、最一般的概念处于图的最上层，从属的放在其下；二是指不同层面的层级结构，即不同知识领域的概念图就某一概念实现超链接。构建任一领域知识的基石就是概念及其关系，概念和关系的数目是相对有限的，而它们构成的知识是无限的。立体概念图实际上是一种基于语义的层次网络图，它的构建应从供应链所涉及的不同知识领域入手，先构建每一个知识领域的概念图，再通过相关概念将不同的知识领域链接起来。具体构建可分为以下几步：

第一，用分类树的方法建立概念之间的层级关系。分类树中上层概念是其所有子概念共同属性的概括。子概念则从不同角度对其父概念加以细分化。同一父概念的所有子概念之间形成平等关系。第二，在分类树的基础上添加横向关系，把独立的各个树联系起来，形成一个语义网络图。横向关系包括概念之间所有不属于分类中上下级关系的相关映射，横向关系的定义可以都是二元关系，对于复杂的多元关系可以以二元为基础，通过推理和运算得到。第三，确定不同知识领域的相关概念，进行链接。这也是实现起来最为困难的一步，因为知识间的关系是错综复杂的，很难通过链接充分地揭示出来。如丰田生产方式这一知识体系，从纵向来看，最高层为丰田生产方式，具体可分为很多方面：准时制、全面质量管理、并行工程等，每个方面又包含许多概念，将这些概念依层级排列；然后构建每方面知识领域的知识体系，找出概念间的联系。从横向网络来看，对于每一知识领域，供应链不同环节的各成员所涉及知识范围不同，如供应商应掌握哪些知识、零售商应掌握哪些知识等。而各环节知识又是紧密相连的，因此最后将各层级知识运用超链接组合，形成知识网络。

（2）知识库具有动态性及用户可控性。知识时刻在发展变化，供应链知识库也要不断更新，使新知识不断流入，过时的陈旧知识不断被淘汰，从而保持知识库时刻充满活力，促使人们提高对其利用效率，发挥它的最大价值。知识库的最终目标是满足用户的知识需求，但预先构建的知识库体系结构难以应对知识本身及用户需求的不断变化，因此知识库应给予用户一定的参与空间，为他们提供工具以根据其自身需要来创建和编辑知识体系结构。当然要保证知识库的权威性，需要供应链知识库管理者赋予用户一定的参与资格，只有具备相应资质条件的用户可参与创建编辑。

3. 绘制供应链知识地图

知识地图是通过可视化地描述组织知识资源及其载体，展示它们之间的相互联系，创造知识共享的环境以促进知识管理，引导人们进行有效的学习。知识地图所描绘的对象主要包括：（1）人，它指专家、项目组或实践团体；（2）显性或编码化的知识，如专利、所学课程、数据库或类似的应用等；（3）过程或方法，包括解决问题的过程或方法、组织的业务流程图和组织结构图等。这三种对象通常所描述或指向的知识分别为隐性知识、显性知识和隐藏知识。在知识地图中一般使用抽象的符号或图像来表示这些对象。

作为供应链知识管理的工具，供应链知识地图将供应链成员共同享有的知识资源及载体加以描述，从严格意义上讲，这不再是单一的知识地图，而是一个知识地图集（如图 12 - 5 所示）。在供应链中，知识资源数量远远超过一个企业所拥有的数量，对于如此丰富的知识，要想清楚地描绘他们并不容易，因此，可以通过分类绘制再综合的方式。根据功能将供应链知识地图分为供应链知识专家地图、知识资产地图、知识结构地图、知识应用地图和知识开发地图。① 知识专家地图用于描述整个供应链或某个领域、部门所拥有的专家，并提供各专家的详细信息及与其交流的环境，主要回答"在哪里能找到拥有我需要的知识的人或能为我的问题提供解决办法的人"；知识资产地图用于描述"我们拥有多少知识资产"；知识结构地图用于描述"运作一个项目需要什么样的技能，它们之间的关系怎样，通过什么过程才能获得每种技能"；知识应用地图表明在供应链的某一阶段或某一具体的商业环境中应用到哪些知识；知识开发地图描述开发某种能力所必需的阶段，可以作为可视化的学习或开发的导引图，为组织学习提

---

① Eppler M J. Making knowledge visible through Intranet knowledge map: concept, elements, cases [A]. Proceedings of the 34th Hawaii International Conference on System Sciences [C]. USA, 2001.

供共同的目标。分别绘制以上各种知识地图，绘制知识地图有很多工具可供选择，比如 Microsoft Visio、IBM KnowledgeX 等，数据库采用 Access、MSSOL Server 等，以及提供浏览界面的 CGI 脚本，对于复杂过程还需要其他技术的支持，比如人工智能和神经元网络等。然后，通过 Internet 技术连接并整合上述各类知识地图，建立每个知识地图与其他知识地图间的联系。

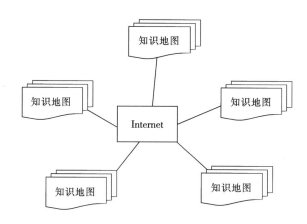

图 12 – 5　供应链知识地图集

供应链知识地图集实现了以下功能：（1）指向的可能是知识的位置，也可能是知识，这样就直接或间接地表示了供应链中的知识以及知识、知识载体、各成员间的相互关系；（2）描述了供应链中的智力资本，有利于智力资本的培育和评估；（3）使供应链成员清楚地了解各自角色和任务；（4）各成员在权限范围内可以访问和使用知识地图集中的知识；（5）为项目运作提供了有效的指导，如知识结构地图；（6）为供应链成员提供了学习路径，如知识开发地图。

上述几方面工作完成后，供应链具备了实施集成知识管理的良好技术平台，如何在这一基础上进行集成知识管理呢？

☞ 12.3.2　供应链集成知识管理过程

1. 供应链知识发现

在供应链中，成员之间存在着密切的市场关联，每一个企业既是下游企业的供应商，同时又是上游企业的用户。作为供应商负责提供适合市场需求的产品，并承担为用户服务的责任；作为用户要为供应商提供需求信息，并向供应商提出产品改进意见。因此每个成员企业都面向各自用户来实施知识发现，相互间构成了知识发现的链条，供应链知识发现即是各成员知识发现的集成。

传统的知识发现，即基于数据库的知识挖掘（KDD）是从大量数据中提取出可信、新颖、潜在有效、能被人们理解的模式的高级处理过程，可信是指通过 KDD 从当前数据所发现的模式必须有一定的正确程度；新颖是指经过 KDD 提取出的模式必须是以前所不知道的或未注意到的，是用户并没有期望得到的新的规则；潜在有用性是指发现的知识对于用户的决策等行为能够提供支持；可理解性是指将数据库中提取的隐含模式和知识以容易被人理解的形式表现出来，从而帮助人们更好地了解数据库中所包含的信息。KDD 系统在其根本运行机制上存在着一些固有的缺陷，如挖掘过程的盲目性，导致系统时空开销大，效率低；挖掘结果的重复、杂乱、无新颖性等，导致后续处理任务繁重等。这些根本机理上的固有缺陷不是靠改进挖掘算法所能够解决的。KDD 系统只有在已有的背景知识、领域知识、专家经验、用户兴趣和需求等的指导、启发和制约下，把数据库和知识库紧密结合起来，才能够得到质的完善和提高。知识库和传统数据库的最大区别在于它不但包含了大量的简单事实，而且也包含了规则和过程型知识，因而可以用来进行推理。每个成员企业都应基于数据库和知识库进行知识发现。一个完整的知识发现过程如图 12 - 6 所示：先将数据

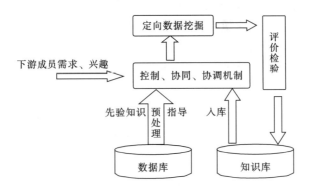

图 12 - 6　知识发现过程

本图参考：白石磊、毛雪岷、王儒敬、熊范纶：《基于数据库和知识库的知识发现研究综述》，载《广西师范大学学报》（自然科学版），2003 年第 3 期。

库中的数据进行预处理，结合用户需求与兴趣以及现有知识库中先验知识的启发指导，借助一定的协调控制机制来控制数据挖掘的进程，使企业能不断发现有价值的知识，并充实到知识库中。

　　但作为供应链中的一员，每个企业不能仅仅局限于单个企业的知识发现，还应与其他成员进行交流，实现集成化知识发现。如图 12-7 所示，消费者是供应链知识发现的源泉，他们提供外在的及潜在的需求信息，零售商从中进行数据收集及挖掘，发现新知识，如对某种产品的新的功能需求或改进意见等。零售商可以据此向分销商提出自己的需求，如增加对某种商品的进货，减少另一种商品的进货等，分销商又可以从中发现新知识，进一步向生产商反馈，生产商获得反馈信息后调整生产运作计划，会对供应商提出新的需求，以此类推，供应链各环节的知识发现活动紧密联系起来，集成为一个链条。消费者作为供应链的一环还可以直接将个人的需求知识存入供应链知识库，其他环节也将发现的知识存入供应链知识库，知识库不断得到充实、更新。此外，各环节在知识发现过程中除了基于企业内部知识库，还应借助于供应链知识库，它为所有成员提供了更为丰富的知识资源，某个成员容易取得的非核心知识，可能是其他成员亟须却难以获取的有价值知识，通过供应链知识库进行知识发现集成，可以减少企业在知识发现中的投入，避免企业的重复劳动，提高知识使用效率。反过来，各成员企业通过供应链知识库，搜寻知识库中知识节点的间断与空缺，使相关人员获得启发，产生创建意向，又可以促进企业新的知识发现，进而使供应链知识库的知识体系得到进一步完善。因此基于供应链知识库的集成知识发现使整个供应链所有成员的知识发现活动形成了一个不断演进的良性循环。

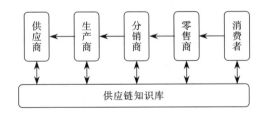

图 12-7　基于供应链知识库的知识发现集成

（注：单向箭头表示需求信息，双向箭头表示知识）

2. 供应链知识共享

知识的发现类似于知识的一个生产过程，但作为一种资源，只有被充分利用才能实现它的价值，而知识共享可以说是知识价值的实现过程。传统的组织内部知识共享是指员工互相交流彼此的知识，使知识由个人经验扩散到组织层面。这样在组织内部，员工可以通过查询组织知识获得解决问题的方法和工具。反过来，员工好的方法和工具通过反馈系统可以扩充到组织知识里，让更多的员工来使用它，从而提高组织的效率。供应链知识共享，则是指供应链成员间相互交流彼此的知识，使知识在供应链中得到传播、扩散，在更大的范围中得到充分的利用。

（1）共享内容。根据前文中对供应链知识范畴的划分，分为供应链外部相关知识、供应链通用知识、成员特有知识，不同类型的知识的共享程度是不同的，共享程度最高的是第一类知识，通用知识次之，共享程度最低的是成员特有知识。

供应链外部知识主要是与整个供应链发展密切相关的宏观政策、行业法规，以及与其竞争的其他供应链的知识等。这些知识在供应链中应得到完全共享，因为无论对供应链中任何成员来讲，都是利害攸关的，并且这些知识对所有供应链成员的利益关系是一致的，即成员间不存在对知识占有的冲突。因此，这类知识的共享也是最容易的，只需通过供应链知识库或供应链信息网络就可以实现，对供应链外部成员禁止的，这不是研究的重点。

供应链通用知识可以看作是整个供应链的核心知识，它是在供应链所有成员长期合作关系中逐渐形成的供应链特有的知识，是核心企业核心竞争力与供应链其他成员核心竞争力融合的结果。在其形成过程中，核心企业往往是发起者与主导者，它将整个供应链运作中的最佳经验、技能进行总结归纳，在本企业内部充分推广的基础上，再向其他成员推广，进而在整个供应链中得以共享，因此这类知识的共享，更确切的讲是核心企业向其他成员的知识传输。通用知识可能包括显性知识也可能包括隐性知识，对于显性通用知识的共享相对容易，隐性通用知识则更困难一些，但无论哪种通用知识，在供应链中对所有成员都是有价值的，都应在供应链所有成员中进行充分共享。

成员特有知识是由供应链成员自身的特殊地位所决定的，在某些知识获取上具有其他成员根本无法相比的优越性，也正因为此，决定了这类知识具有一定的独占性。此外这类知识，对不同的成员会导致利益关系的冲突，在供应链成员合作关系中往往成为谈判的筹码，凭借此，某一方有可能会在最后的利益分配中获得更大的份额，而另一方的利益会相对减少。当然，此类知识并非对所有成员都有价值，可能只在部分成员中共享，共享程度低但也最复杂。各成员须明确共享知识的内容，一般企业的核心知识是不共享的，主要是非核心知识，即对本企业价值不大，但对其他成员有价值的知识。

（2）知识传播模式。知识共享必须使知识从一个组织传递到多个组织，即首先要使知识流动起来，知识根据知识的流动方式不同，可分为如下两种知识传播模式：

第一，知识逐层传递模式。即知识从知识源逐层向供应链的其他成员传播。供应链合作伙伴通过自身建立的知识系统，把从其他企业传递过来的知识存放在自己的数据库中，然后再传递给其他相关企业，最后实现知识在供应链中的共享，基本模式如图 12－8 所示，A、B 分别代表供应链中不同层级的成员。这种模式需要企业构建共同的知识管理平台，同时要求各企业必须遵守统一的商业操作模式（标准），采用标准的知识编码形式。传递可以采取直链式传递也可以是网络式传递，即在纵向传递基础上，同一层的成员之间可以相互交流，为了促进更好的学习，相关成员间跨层的沟通都是允许的。但这种模式对知识在传递过程中的一致性与准确性要求较高，须保证整个供应链获取完全相同的知识；此外，知识的传播成本高，知识的交流还是以两个节点为基本单位，要求各成员有较强的协作精神，方能达到良好效果。因此这种模式适用于较为关系紧密的供应链，并且共享的知识具备通用性，如供应链通用知识，较多采用这种模式。

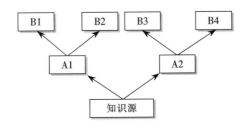

图 12－8　知识逐层传递模式

这种模式的典型代表是丰田汽车公司，丰田公司通过提供培训或人员交流形式把其关键的共享知识（如丰田生产系统）转移给其第一层供应商，后者通过供应商联盟或学习小组来吸收这些知识；接着，第一层供应商把自己接受的信息和知识传播给第二层供应商；随后，第二层供应商把自己接受的知识传播给第三层供应商；如此不断进行下去，丰田公司的知识便通过供应商网络有效地传播给每一个供应链成员。当然在传播过程中，根据企业所处的不同层级，传播的具体形式会在做出适当的调整和修正后被复制，以便能够适应本地条件。每一层成员间可以组成自愿学习小组相互交流，促进知识的学习效果。这样，构建了供应链纵向与横向交织的知识共享网络，使"丰田主义"得以在整个供应链中实施，大大增强了丰田供应链的市场竞争力。①

第二，知识中心模式。即知识以知识源为中心向供应链其他成员流动。知识从知识源向知识接受方分别传递，知识接收者之间基本没有联络，并且不同的接收者接受的知识内容不具有必然的相同性，如图12-9所示，A、B、C、D、E代表不同的供应链成员，它们不一定处在同一层级，除了与共同的知识源联系以外，相互间基本没有知识交流，知识源可以是核心企业，也可以是供应链中其他成员。这一模式需要供应链中的节点与知识源建立高速的沟通渠道，这个通道保证各节点与知识源的实时互通，实现知识在整个供应链上的实时共享。此外，传递渠道简洁，知识从知识源直接流向接受者，没有中间环节，知识传递过程中不会产生偏差，精确度较高。这种模式实际是特定知识相关方之间的共享，如核心企业对供应商、分销商进行培训，对消费者开展产品知识讲座等，因此成员特有知识的共享较多采用这一模式。沃尔玛在其供应链中与供应商之间的知识共享就采用了这一模式，目前与沃尔玛合作的企业已达3 500多家。沃尔玛公司通过其庞大的数据库，积累了大量与顾客消费相关的各种数据，包括过去65周不同单品、不同店铺、不同时期的销售数据，除此之外，还包括现时点不同店铺、不同单品的在库数据、配送中心内的数据、在途运输数据、退货数据以及商品补货所需要的数据等。沃尔玛对所有这些信息都按照不同的标准进行趋势分析、库存分析和顾客分析，并用Excel表格形式进行计算，形成具有重要价值的知识，然后将这些知识以标准化的格

---

① 本案例参考：乔治·旺·科鲁夫著，北乔译：《知识创新——价值的源泉》，经济管理出版社2003年版。

式存入 CFAR（Collaborative Forecast And Replenishment）服务器，合作企业也设有 CFAR 服务器，并与沃尔玛 CFAR 服务器通过 Internet 连接，这样通过网络沃尔玛便将对商品预测的有关知识传输给所有的供应商，与此同时供应商也对沃尔玛进行相关知识的反馈。[①] 沃尔玛与不同的成员共享的知识是不同的，每个成员与沃尔玛的知识共享都是一对一进行的，知识在传递过程中没有损耗，保证了知识的完整与精确，实现了有效的共享。

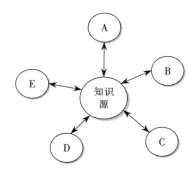

图 12-9　知识中心模式

（3）知识学习。由于知识具有情景性特征，有学者称知识是不能被输入的，但这并不意味着知识无法共享，恰恰相反，这更突出了知识共享的难度及其意义所在。事实上，知识共享的实现一方面有赖于知识的传播，另一方面还要借助于知识的学习，任何知识的获取离不开知识提供者与接受方的共同努力，只有通过学习才能真正享有知识。学习主要取决于知识接受者的吸收能力，即接纳新知识的能力。认知科学和行为科学的研究证明，存储在记忆中的事物、概念、模式越多，新知识越容易获得，而且也更容易将其运用在新的方面。一些心理学家认为，已有的知识能够增强学习的能力，因为记忆——知识的存量是通过相互联系的学习得以发展的，即这些相关知识是通过与原有概念的联系而被记录到记忆之中的。在某种程度上可以说原有的知识决定了学习新知识的能力。一个组织的吸收能力有赖于组织各成员的吸收能力，但并不是其成员吸收能力的简单加总，它还依赖于该组织与外部环境的接口，也依赖于组织内各部门或部门之间对知识的转化。因此知识的学习不仅受原有知识的影响，更重要的是

① 宋华:《现代物流与供应链管理案例》，经济管理出版社 2001 年版。

对知识的利用，供应链中各成员知识的学习就是将传播过来的知识投入使用的过程，任何知识只有在实践中才能被掌握。每个成员将获得的知识与企业的具体实践相结合，知识经过了组织的消化吸收，真正转变为自己的知识。例如，在通信产业，拥有通信标准的企业对通信标准的创新被通信设备制造商和电信运营商获取，同设备制造商和电信运营商对这些知识的应用往往是密不可分的。而企业获得消费者的需求知识后，只有将其与企业的产品生产实践相结合，才会转化为对企业有用的知识，实现知识的共享。

供应链知识学习是一个复杂的过程，不仅包括企业成员的组织学习、还有团队学习及个人学习。个人学习是最常见也是最简单的形式，组织学习是一个系统化、持续的集体学习过程，是个人学习的集成，团队学习在供应链中是更为重要的学习形式，这里的团队可以是组织内部的团队，也可以是跨组织的团队。供应商与生产商、顾客等组成跨组织的团队，就某个问题组成临时学习小组，共同分享知识，在最短的时间内提出解决方案，越来越受到企业的青睐。在 HP 曾经做过一个调查，透过一种社交网络分析，观察整个参与开发项目的人员之间的互动关系，发现一项新产品（比如说是喷墨式打印机）的成功，只有 20% 左右的参与者是 HP 员工，而超过 80% 参与开发项目的人却不在 HP 的组织内。[①] 今天组织或公司若要顺利完成他的目标，除了组织内的成员参与已经不够了，必须要让组织外而且是占多数的相关供货商及客户，参与到公司目标达成的活动之中。而在戴尔公司和思科公司全球供应商和顾客群网络中，则通过将其供应商和顾客群转变为公司社区成员，在其他公司处理订单和发票的同时，运用相同的 EDI 连接与这些公司交换有用的信息和知识。

供应链中成员的知识学习既有主动学习也有被动学习。主动学习指成员借助供应链知识资源向知识的拥有者提出知识需求，主动去获取知识，并将知识用于实践。如企业主动与消费者沟通，了解市场知识，以更好的开发适应市场需要的产品；主动了解供应商的技术知识，以在产品生产制造过程中更早采用先进的技术等。供应链中的核心企业，由于它在供应链中的特殊地位及发挥的重要作用，往往采用主动学习方式，当然不排除其他成员也存在主动学习。被动学习是成员在核心企业或其他成员主动将知

---

① 本案例来自刘兆岩：建立大中华区学习型组织网络——在学习型组织行动研讨会上的讲话稿。

识传播给自己时，被动的接受知识，在其他成员的推动下进行学习。如供应商被动接受生产商的生产知识培训，销售商被动接受产品生产者的产品知识培训等，这在我国很多与知名跨国公司协作的企业中较为常见，主要是因为我国企业在某些知识水平上，达不到跨国企业对供应链知识协作性的要求。

在激烈的市场竞争中，任何企业要获得发展都需要不断的学习，并且要主动学习，而企业的成长离不开它的顾客、分销商和供应商的支持与配合，因此企业不能仅仅满足于适应顾客、分销商及供应商的需要，还必须与他们一起成长，一起学习。企业一方面不断从市场上获取新知识，开发研制出新的产品；另一方面又将新的产品知识传播给消费者及其供应商，所以供应链中的学习既是一种成员间的相互学习，更是一种互相推动、循环上升的共同学习。

☛ 12.3.3　知识创新

知识创新是指创造并拥有新知识的过程，知识的广泛传播是知识创新的基础，知识创新是供应链知识管理所要实现的直接目标。有数据表明有50%以上的创新来自于企业与供应商及消费者的接口，由此可见基于供应链的知识创新的价值。

在市场竞争中，越来越多的企业认识到，任何创新只有被市场所认可接受，才是成功的创新，否则只能停留在实验室，不能为企业带来任何利润，更无法为消费者创造价值。而基于供应链的知识创新，充分利用供应链知识资源，使新知识更贴近市场，更容易转化为实际价值。此外，任何知识创新都需要巨大投入，基于供应链的知识创新，通过供应链资源共享，集成了供应链中所有的相关知识，汇集上下游不同领域的专家，使创新所需知识资源能在最短时间内集中在同一时空领域，形成任何一个企业所不具备的强大实力。这不但降低了创新成本，避免了供应链不同企业的重复投入，而且由于供应链中的知识合作，大大降低了创新风险。如海尔公司的众多创新产品，都来自于销售人员获取的消费者需求知识，通过对顾客知识的把握，在最短的时间内实现产品功能的匹配。海尔公司还与供应商合作进行产品技术的突破，以最快的速度将新产品推向市场。

对于知识创新的过程，基于默会知识及明晰知识的分类方法，野中郁次郎提出了知识转化的 SECI 模型，在此模型中他指出在默会知识与明晰知识之间，知识共有四种转化方式：从默会知识到默会知识；从默会知识到明晰知识；从明晰知识到明晰知识；从明晰知识到默会知识。这是知识创新的一般过程，在供应链知识创新的过程，更重要的是通用知识与特有知识的相互转化，这是供应链知识管理的优势所在。一方面，成员接受组织外部知识，包括其他成员的特有知识与通用知识，经过学习实践，转化为新的特有知识，而在此过程中通用知识也得到了深化。新的特有知识又在供应链知识共享过程中传递给其他成员，推动其他成员知识的创新。所有成员知识相互作用，会进一步推动通用知识的创新，使特有知识转化为通用知识，形成知识创新的循环。如图 12 - 10 所示：

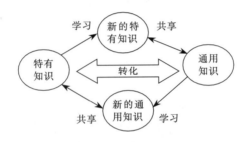

图 12 - 10 供应链知识创新过程中的知识相互转化

每一种知识自转化的过程是一个学习的过程，而相互转化则是完整的知识共享过程，因为这中间还包括知识的传递过程。在知识的每次转化过程中，都伴随着内外知识之间的交流碰撞，碰撞中会产生新知识的火花，这种新知识的火花单纯在企业内部是无法产生的。如在我国蓬勃发展的企业集群中，往往有较多的知识创新成果，很重要的一方面原因是，在很多集群内集中了产业链中上下游的众多企业。企业间的劳动分工细化、专业化程度高，每个企业只做最擅长的生产环节，企业与企业在竞争基础上的分工协作，与上下游企业间的密切交流，使知识资源在供应链中快速传播，充分共享，得到最有效的利用，同时激发各环节的创新，从而保持整个集群的创新活力。当然，除此之外，集群还有地域、文化等方面的优势，但从企业的角度来看，把供应链上的相关环节集聚在一个地区，为企业合作及知识的交流提供了极大便利，为供应链知识创新创造了有利条件。可以预见，随着产品知识含量的增加以及集群品牌意识的提高，集群内企业间的知识共享与知识创新会显示出越来越重要的价值。

☞ 12.3.4　知识创新与核心竞争力创新

当企业经过多年的积累逐渐形成其独特的核心能力时，会有意无意地排斥其他方面的能力，形成核心刚性。所谓核心刚性，是指阻碍核心能力作为企业持续竞争优势源泉的惯性系统。[①] 供应链的核心能力形成之后也会使供应链中的企业固守于自己的优势，而对外界环境变化所带来的挑战反应迟钝，要打破核心刚性，必须进行核心竞争力的创新。

核心竞争力来源于知识，因此知识创新可以推动核心能力的创新，维娜·艾利也认为，知识创新意味着更新企业的核心能力，更新不仅仅包括创造新知识，也包括摒弃旧知识。核心竞争力发展由于其特定的路径依赖性呈现出典型的"S"曲线规律（如图 12 - 11 所示）。当核心能力在较低水平（即图中的 S1）时，随着时间的推移、环境及资源获得难易程度的变化，核心能力最终将达到极限水平 L1。此时，企业原有的核心能力将不再为企业提供持续的"能力租金"。企业要想继续保持它的竞争优势，唯有通过知识创新，使原有的核心能力得到更新、升级，或者形成新的核心能力，达到较高的水平（图 12 - 9 的 S2，其极限水平为 L2）。在供应链知识创新过程中，特有知识与通用知识相互转化，不仅使成员企业的核心能力得到提升，更推动了供应链核心竞争力的创新。特有知识的创新带来成员核心能力的创新，而特有知识与通用知识的共同创新则推动了供应链核心竞争力的跨越。

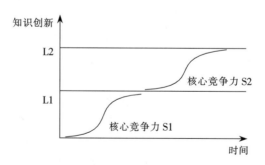

图 12 - 11　知识创新推动核心竞争力创新

---

① Dorothy Leonard-Barton. Core Capabilities and Core Rigidities. A Paradox in Managing New Product Development［J］. Strategic Management Journal, 1992（13）：111～125.

以上是供应链集成知识管理的主要过程，但在实施过程中，还需要供应链所有成员在组织方面提供支持，即使供应链内部形成良好的组织环境，这既包括软环境（如组织文化），也包括硬环境（如组织结构），因此供应链内部需实施相应的组织支持策略。

§12.4　供应链知识管理的组织支持策略

1. 构建供应链战略联盟

越来越多的企业认识到，供应链中上下游之间的关系已从交易性关系演变为相互依存性关系，因此贸易双方从买主与卖主转变为合作伙伴。现实中许多行业都在向缩减供应商数目趋势发展，因为他们意识到要进一步加强合作，必须进行有效的关系管理，而这只能够建立在有限的供应商和客户基础上。在供应链中实施知识管理是进行合作的一个重要途径与方式，知识作为竞争性资源，在转移传播过程中，难免存在外溢现象，对于企业而言应尽可能减少知识的外溢风险，这需要供应链成员间建立相对稳固的合作关系。所以，在供应链中构建供应链战略联盟不失为一种良好选择，这也是供应链知识管理的有效组织保证。

供应链战略联盟伙伴关系是一种有计划的长期合作关系，它需要企业在较长时间合作的基础上逐渐演变而形成。企业依据一定的评判标准对潜在合作伙伴进行评价，从中找出符合标准的，经过双方的谈判，订立合作协议，达成战略联盟。而结成战略联盟也并非意味着供应链伙伴是一成不变的，企业对合作伙伴要定期评价，如果达不到标准，应该结束这种合作关系，重新选择新的联盟伙伴。对合作伙伴的评价标准有很多，这应基于合作企业及供应链的核心竞争力进行选择。通过对潜在合作企业的核心竞争力做出鉴定，选出具有较强的核心竞争力，并且与本企业核心竞争力存在互补关系的企业，以及有助于加强供应链核心竞争能力的企业，如果他们在与本企业交易过程中建立了信任，并且有长期的合作意愿，就可以建立供应链战略联盟。当然也有特例，有时战略联盟也可能在根本不存在合作意愿，甚至完全敌对的交易伙伴中形成，如沃尔玛公司与宝洁公司，就从过去的对立转为双方的合作。沃尔玛的创始人山姆·沃尔顿亲自参与了与宝洁公司高级副总裁的会谈，结成了战略合作伙伴关系，实现从"赢输"向"双赢"模式的转变，这时企业首脑在联盟中发挥了重要推动作用。

当然联盟的形成不仅需要企业高层管理者直接的沟通交流，还需要很多其他工作的配合。例如双方要建立信任机制、约束激励机制等。其中信任尤为重要，这需要合作方开诚布公，表明合作的诚意，并在合作条款中对各方的责任义务做出明确规定。此外，合作各方应就相应的激励约束机制达成共识，如合作中的利益如何分配，各方受到哪些约束等。信任的建立还与合作企业的声誉有关，一般声誉好的、业绩优秀的企业更容易赢得信赖。总之供应链中战略联盟伙伴关系的建立，使合作各方的关系更为紧密，提高了合作的积极性，有利于知识共享及创新。

2. 供应链流程再造

流程是创造价值的基本方法，这些流程包括新产品开发、订单履行、供应商管理和客户管理。知识管理的价值绝非体现在口号与宣传，而应切切实实与企业业务流程融为一体，为了实现供应链集成知识管理，从上游供应商到下游客户的流程应该进行流程再造，使供应链知识管理嵌入到整个供应链的业务流程中，与供应链运作紧密结合在一起，真正落到实处。供应链流程再造不仅要求跨职能流程管理的内部调整，而且要求与上、下游伙伴之间结盟的公司流程的重整。

（1）跨边界流程的重新配置。流程应该被看作不同组织之间共同作业的一种链式行为，在供应链中不同企业流程相互关联，彼此可能存在交叉与重叠，但是每个成员都有自己的核心业务及核心能力，企业应明确自身的强势与弱势，如果流程活动中某部分的业务优势不属于本公司，那么这部分业务就应该从公司的业务中重构出去。反之，如果公司拥有某个方面的竞争优势，原来那些不由公司承担的业务也可以改为由本公司承担。IBM 公司曾经大规模地进行过上下游公司之间的业务重新分配。IBM 甚至接手了某些客户以前必须自己做的事情。从 IBM 购买设备的大公司为了使计算机系统标准化，通常要求员工采购同样的计算机。但由于客户对计算机领域的不熟悉，许多人会犯各种不同的错误，在公司客户订购中，IBM 经常可以看到订单出现 50% 以上的错误。客户订单发现问题后，IBM 必须改正这些错误，这需要耗费大量的时间和精力。现在 IBM 已经接管为客户审查订单的任务，客户只需提供给 IBM 一个完整的概念描述，IBM 就会给客户员工提出可供参考的型号，而这种型号常常是独一无二的。由于节约了处理订单混乱所花的时间，IBM 和客户均能获益。①

（2）跨边界流程合作。应链中业务流程在上下游之间是前后相继的，企图合并企业与多个供应商或客户之间的流程是不切实际的，但供应链中不同成员间应实现流程的合作。传统的买方和供应商之间仅有一个接触点，买方的采购部门与卖方的销售部门的联系，但这无法满足双方知识集成的需要，必须在经营的所有核心流程的各个环节有多个接触点。因此，供应商的物流人员必须与客户的物流人员一起工作，供方的销售和营销必须与需方的销售和营销形成团队等。此外，这些买方/供应商团队应当是跨职能和涉及多种学科的。表现为从只在一点连接的两个三角（销售和卖方），到在两个合伙人内部相应的人员和流程之间有多个点的连接模式的转变（如图 12 - 12 所示）。ESI（产品设计的供应商早期介入）可以使供应商和客户成为一个整合的流程团队的一部分（如现在的汽车行业），开发出满足客户和消费者需求的创新产品——为整合的供应链的成员带来更多利润。此外，VMI（供应商代管库存）及后来出现的 CMI（共同管理库存），均强调供应商与客户在库存这一环节的整合，实现知识共享，以共同规划适当的存货水平，最大限度降低库存成本，为供应链创造更多价值。

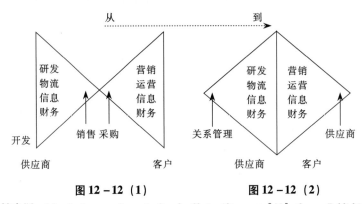

图 12 - 12 （1）　　　　　图 12 - 12 （2）

资料来源：John L. Gattorna. Strategic Supply Chain Alignment ［M］. Gower Publishing Limited. UK, 1998.

---

① 这一案例参考 Michal Hammer. The super efficient company ［J］. Harvard Business Review, 2001（9）.

（3）分散流程的集中。供应链中每个企业都有多个上游供应商及下游分销商，各自分别与企业进行交易，而过多的分散流程加大了流程处理的业务数量和复杂程度，造成知识共享与预测的困难。集中这些流程可以避免这些问题，尤其是如果这些分散的流程涉及的是采购流程时，集中采购流程会大大降低采购成本，提高市场响应速度。惠普公司的供应链的上游供应商中有很多小塑料合成商，他们分别向巨大的树脂供应商购买原料，其采购流程是分散的，由此带来的运作成本和效率的问题最终传递给了惠普公司，在惠普公司着手集成了这些采购流程后，由于提供给树脂供应商一个集成的订单而使价格下降了25%，订单履行周期和缺货现象都有了很好的改善。而树脂供应商由于不再需要应付大批小客户而得以简化和保证了运作，大大增强了需求的可预测性，降低了运作成本。

（4）流程再造的实现。要实现整个供应链流程的再造，需要供应链所有成员的积极参与及相互协作，供应链可以组成相应的以核心企业为主导的战略委员会，对整个流程再造进行战略规划与指导。此外也可以委托第四方物流来提供再造方案。第四方物流最早是由安德森咨询公司提出的，它是一个供应链的集成商，对公司内部和具有互补性的服务供应商所拥有的不同资源、能力和技术进行整合和管理，提供一整套供应链解决方案。它实际上是一种虚拟物流，依靠业内最优秀的第三方物流供应商、技术供应商、管理咨询顾问和其他增值服务商，整合社会资源，为用户提供独特的和广泛的供应链解决方案。第四方物流可以行使供应链再造功能，对特定供应链进行变革，消除供应链中冗余环节，改进低效环节，为客户开发和提供供应链解决方案，整合整个供应链。第四方物流才刚刚兴起，我国真正提供第四方物流服务的公司还很少，香港利丰集团旗下的英和国际物流公司是其中运作较成熟的第四方物流公司。其业务定位为"先进的供应链管理"，即为客户指挥和协调其供应链，并提供一系列"虚拟物流"服务及信息技术支持，是客户供应链中的管理核心。英和物流不仅为客户处理物流中实物的运送，还担当一个专业顾问的角色，利用自己的一套供应链流程评估方法——"供应链优化评估"评估客户供应链，找出其弱点并做出合适的建议，进行供应链的重组，提升供应链的整体竞争力。

3. 培育供应链文化

组织文化是一个组织所具有的共同的价值判断准则、文化理念、历史传统、道德观念和生活信念等，这种价值和行为准则或许看不见、摸不着，但却隐含在组织成员的思维意识中，为所有成员认可。它将组织内部的各种力量统一于共同的指导思想和经营哲学之中，汇集到一个共同的方向，激励员工共同努力完成组织的共同目标。

组织文化对员工起着潜移默化的作用，为人们提供行为导向、行为激励以及行为协调，知识管理需要在组织成员间广泛分享知识并创造知识，而这离不开组织文化的支持。优秀的组织文化可以统一成员的价值观，增强凝聚力，使员工能够自发主动地创造、分享和传播知识。此外，也为员工提供了一种积极向上的工作学习氛围，实际上就为知识管理的实行创造了有利的大环境。许多知名的公司由于内部积极倡导开放、共享的企业文化，极大地推动了企业知识管理活动，为企业的知识创新做出巨大贡献。在这些公司中，与他人分享知识被认为是光荣的、并且受鼓励的，因为你分享的知识越多，意味着对公司所做的贡献会越多。如 3M 公司文化突出表现为鼓励创新的企业精神。① 公司的核心的价值观：坚持不懈，从失败中学习，好奇心，耐心，事必躬亲的管理风格，个人主观能动性，合作小组，发挥好主意的威力。英雄：公司的创新英雄向员工们证明，在 3M 宣传新思想、开创新产业是完全可能取得成功的，而如果你成功了，你就会得到承认和奖励。自由：员工不仅可以自由表达自己的观点，而且能得到公司的鼓励和支持。坚韧：当管理人员对一个主意或计划说"不"时，员工就明白他们的真正意思，那就是，从现在看来，公司还不能接受这个主意。回去看看能不能找到一个可以让人接受的方法。正是秉承这一创新的企业文化才使得 3M 公司保持了旺盛的创新活力，真正成为一个以知识创新为生存依托的公司。

因此，对于每个企业来讲，良好的企业文化是开展知识管理的前提，企业必须积极培育有利于知识管理的企业文化。但是企业文化是在企业长期发展过程中逐步形成和完善的，由于各个企业的历史传统和社会环境不同、行业特点不同、技术设备和生产经营状况不同、人员组织结构和员工素质不同，以及它们所处的社会文化背景不同，因而各个企业所形成的企业文化模式也不尽相同。

在供应链中，由于众多上下游企业的企业制度不同、规模不同、所在地域不同，决定了供应链是一个包含多重文化的系统整体，他们在经营思

① 本案例摘引自 www. kmcenter. org.

想、价值观念、工作风格、管理方式等方面都会形成一定程度的差异，如果处理不当，这些不同文化之间便会造成冲突和抵触，给整个供应链的管理带来困难，不利于合作。供应链知识管理要在供应链范围内实现知识共享与创新，离不开供应链的大环境，尤其是供应链内协同的企业文化环境，不同的企业只有对彼此的价值观念相互接受与认可，才可能相互合作，进行知识的交流，因此供应链应该培育统一的、有特色的供应链文化。

将供应链中企业的各种文化进行系统整合，通过进行有效的跨文化沟通，增强他们之间的亲和度，消除供应链中各种文化的摩擦及由此产生的系统内耗，提炼出共同的文化因子，形成供应链文化。这种文化是在上下游企业认知程度一致、合作双赢思想的高度统一基础上建立共同的价值观念，它将不同的供应链成员凝聚在一起，为实现供应链的价值目标而努力。有学者将合作企业相互之间的文化比作大陆板块，它们也进行着漂移碰撞，相互渗透融合，最后达到一定的和谐同步，形成供应链企业文化平台。在文化碰撞过程中，力量强大的一方会占优势，可能会使力量较弱的一方屈从它的文化，这不存在公平与否的问题，关键是合作各方达成一致认同。反映在现实中就是核心企业的文化往往在供应链文化中占主导，如海尔供应链中海尔文化的强大影响力，联想供应链中供应商对联想文化的熟悉程度不亚于联想自己的员工。[1] 当然，较弱的企业文化也会对供应链文化的形成产生影响，只不过作用相对较小。

供应链文化有利于在供应链成员间建立信任，促进知识的传播与学习，进而推动供应链知识创新。而供应链文化的形成过程本身又是一个成员间相互学习借鉴的过程，通过彼此学习，对共同认可的优秀文化在供应链中传播、扩散，增进合作效率，为供应链中的知识合作提供持久的动力源泉。如丰田供应链中，对丰田企业文化的认同，相互形成了极好的默契与协同，致使成员企业的员工，无论他来自供应链哪一层级，在语言和表达方式上都具有惊人的相似，这无疑为企业间的知识共享带来极大便利。

§12.5 基于供应链的知识管理的绩效评估

基于供应链知识管理是一项长期而复杂的工作，需要巨大的投入，对

---

[1] 邱昭良：《学习型组织新思维》，机械工业出版社2003年版。

于企业来讲，有投入就要考虑收益，因此知识管理的实施效果如何，最终需要一个评估机制来进行检测。

☞12.5.1 基于供应链的知识管理绩效评估的内涵

基于供应链的知识管理绩效评价，从广义上讲应包括两个层面，一是供应链中各成员组织内部的知识管理绩效；二是供应链层级的知识管理绩效，与前文一致，笔者在此主要探讨供应链层级的知识管理绩效。供应链知识管理绩效评价指围绕一定目标，对供应链整体运营状况以及各环节之间营运关系等所进行的分析评价，当然严格意义上的绩效评价应包括事前、事中和事后三方面，但限于篇幅，本文在此只研究事后评价。

供应链知识管理的绩效评价，应服从于供应链知识管理的目标，不同供应链具有不同的知识管理系统及相应的目标体系。本章提出的基于供应链的集成知识管理以提升供应链核心竞争力作为最终目标，因此，其绩效评价也应围绕这一目标来进行，对知识管理活动在提升供应链核心竞争力方面的绩效做出科学评估。

☞12.5.2 供应链知识管理绩效评价指标

科学的绩效评价离不开合理有效的评价指标，供应链知识管理以提升供应链核心竞争力为目标，其评价指标必须能够反映核心竞争力的水平。不同的供应链具有不同的核心竞争力，这一核心竞争力的形成与塑造是供应链所有成员协同努力的结果。但无论何种核心竞争力，最终都以价值形式来体现，而这种价值可从两方面来做出评价，一是从最终顾客角度，即知识管理为最终顾客带来的可感知价值；二是从供应链中的企业角度，即供应链知识管理为企业自身创造的价值。因此，供应链知识管理绩效评价指标分为以下两类：顾客价值评价指标（可称作 A 类指标），供应链价值评价指标（可称作 B 类指标）。

1. 最终顾客价值评价指标

最终顾客价值是供应链知识管理绩效的外部体现，而顾客满意度是衡量顾客价值的最佳指标，所谓顾客满意度，是指顾客需求得到满足的程度。对于顾客满意度可以从很多方面进行具体的评价，不同的企业会采用不同的指标，但供应链中的最终顾客惟一关心的是供应链能否在正确的时间，把正确的产品（或服务）以正确的数量送到他们手中。因此，影响顾客满意的因素归根结底来自于供应链提供的产品及服务的质量、数量与效率。在对此进行评价时既可以采用定性指标也可以采用定量指标。

定性指标主要是指通过对顾客进行调查的方式来测量，这种方式获得的大多是顾客做出的主观评价，如对产品的品牌认知、对企业形象的评价、对企业产品的信赖度等，在此基础上借助统计分析工具得出测算结果。除此之外，还可以采用定量指标，如产品性能价格比，准时订单交货率，定制化产品产量比例，顾客报修退货比率，顾客意见及时回复比率等。产品性能价格比反映了产品功能与顾客付出的价格相比，是否达到了顾客的期望水平，这一比率越高，顾客越满意。准时订单交货率与顾客意见及时回复比率体现了供应链的效率，比率高则会使顾客满意。定制化产品产量比例，反映了供应链个性化生产的柔性，在一定程度上体现了供应链对顾客需求知识的管理水平。顾客报修退货比率则是一负面指标，比率高则反映顾客满意度低。计算这些指标的数据可通过供应链中相关数据库来获取。

2. 供应链价值评价指标

供应链价值反映了供应链内部创造的价值，具体可由两类指标来评价：一为经济效益指标；二为创新能力指标。

（1）经济效益指标。供应链知识管理中投入的资本能否带来切实的利润，是企业最为关心的，因此，经济效益指标在反映供应链知识管理绩效方面具有更直接的说服力。具体可采用以下常用指标：利润增长率，投资收益率，可比产品成本降低率等。利润增长率是实施知识管理前后的利润增长比例，投资收益率是供应链总利润与平均占用资本的比值，可比产品成本降低率反映知识管理前后的同类产品成本的降低比率，这些比率越高，绩效越好。

（2）创新能力指标。供应链知识管理的重要意义在于产生新知识，提高供应链的整体创新能力，因此，从战略角度评价其绩效，供应链创新能力指标更具有说服力。具体可采用以下指标：第一，智力资本增长比率，指实施知识管理前后供应链总资产中无形资产和人力资源价值所占比例的增加值。供应链拥有的专利权、专有技术商誉等无形资产和某些领域的专家或高水平的管理人员以及高素质的员工在总资产中所占比例的高低直接影响着企业长远竞争力。第二，新产品（服务）销售增长比率，是指提供新产品（服务）所获的收入占总收入的百分比。它反映了企业的产品（服务）研发能力和市场开拓能力。第三，新产品（服务）开发周期指标，它等于从立项开发研制一项新产品或提供一项新服务至达到预定标准、可以投入市场为止所需要的时间。该时间的长短不仅取决于资金投入，更依赖于知识资源的综合利用效率等，一定程度上反映了供应链知识共享与知识创新能力。

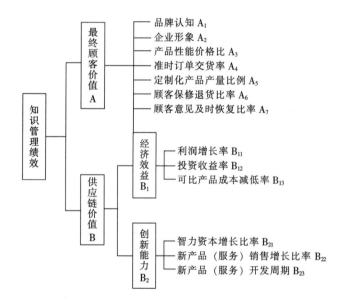

图 12－13　绩效评价指标体系

当然，绩效评价指标应科学全面地反映供应链知识管理绩效，供应链需设立相应组织机构，由各环节的专家共同做出最后选择。最后可得到不同层次指标形成的指标体系，如图 12－13 所示，不同的供应链还可以根据其产品特点或行业特征选取相应指标。

☛12.5.3　知识管理绩效评价值的计算

1. 定指标权重

指标权重的确定采用层次分析法（Analytic Hierarchy Process 简称 AHP 法），这是一种定性与定量相结合的方法，主要有以下几个步骤：[①] 建立判断矩阵，请有关专家填写；次序一致性检验，对判断者的思维是否矛盾进行检验；采用算术平均法进行层次单排序；一致性检验；综合专家意见，最后得到各层指标的权重排序向量。如对顾客价值评价最后确定其各自的指标权重：$[x1，x2，x3，x4，x5，x6，x7]$（$\sum\limits_{i=1}^{7} xi = 1$），具体计算过程可以通过 AHP 软件实现。

2. 计算绩效评价值

对于定量指标，只需运用相关数据进行计算即可得其数值。而定性指标，首先要将其指标值划分等级，对每一等级赋予相应数值。如对顾客价值评价中的定性指标值分为四个等级：优、良、中、差，优 = 90 分，良 = 80 分，中 = 70 分，差 = 60 分，根据对该指标的评价结果求平均分即为该指标分值，为了与定量指标得分统一，还可以将其转化为百分数，由此可得到指标值集合 $[a1，a2，a3，a4，a5，a6，a7]$。然后运用加权评分法求顾客价值的评价值 $A = \sum\limits_{i=1}^{7} ai * xi$。同样方法可求得其他指标的评价值，当然在对供应链价值进行评价时，其指标值的计算要从最末层开始，先求下层指标，然后计算上层指标。由此可得到供应链知识管理绩效的最终评价结果。为进一步减少偏差，在计算过程中还可以根据需要借助其他的数学工具。

经过以上评估，对供应链知识管理的绩效有了比较科学的衡量，从而找出现实与期望目标间的差距，进一步改善知识管理的实践。当然，由于

[①]　杜胜利：《企业经营业绩评价》，经济科学出版社 1999 年版。

知识本身转化为生产力需要一定的时间，所以供应链知识管理的绩效可能需要一个相对较长的时期才能反映出来。除了事后评估外，企业还可以进行管理过程中的事中及事前评估，不断提高绩效评估水平，使其发挥积极的促进作用。

第 *13* 章

虚拟企业的知识管理

§13.1 虚拟企业及其知识转移

☞13.1.1 虚拟企业概述

1. 虚拟企业的概念与特征

"虚拟企业"一词最早出现在肯尼思·普瑞斯 1991 年向美国国会提交的一份报告中。[①] Willian Davidow 和 Michael·S·Malone 在 1992 年给出了虚拟企业的定义:"虚拟企业是由一些独立的厂商、顾客、甚至同行的竞争对手,通过信息技术联成的临时网络组织,以达到共享技术、分摊费用以及满足市场需求的目的。它既没有中央办公室,也没有正式的组织图,更不像传统企业那样具有多层次的组织结构。"1993 年,美国《商业周刊》在封面上做了一幅虚拟组织的广告,宣传虚拟企业,此举将虚拟企业的理论研究推向了高潮。

---

① 肯尼思·普瑞斯:《21 世纪的生产企业研究:工业决定未来》,载《华盛顿邮报》1991年 4 月 21 日。

国内也有许多学者开始了对虚拟企业的研究，并给出了其不同的定义："虚拟企业是一些典型的'头脑型企业'，即把'四肢'分离，只留下'大脑'"（张承耀，1997）。"虚拟公司是知识经济时代的一种典型产物，知识经济是一种高智能性经济，虚拟公司也是一种高智能性经济……，虚拟公司并非只是一种商业精英，把它作为一种社会生存和时代生活来看，它已形成了一种新的划时代性精英文化，知识经济构建的新时代文明，已经和正在全方位地改变人们的既有生存和生活，工作和学习，这将在道德、情感、法律和风俗等方面给人类带来长期而综合的革新"。①"虚拟公司是指在信息社会中，企业在开发、生产、销售新产品时，通过信息网络在世界范围内形成的最佳合作伙伴组成的临时集团。当开发某个项目时，技术能力、生产能力、销售能力最强的企业主动组合到一起，共同开发和生产。项目结束之后，联合体立即解散"（陈梦根，1997）。

尽管对虚拟企业这一概念的提法有多种，但目前比较一致的看法是：虚拟企业是一些独立的厂商、顾客、甚至竞争对手，以商业机遇中的项目、产品或服务为中心，充分利用各自的核心能力，广泛利用以 Internet 为核心的信息技术，以合作协议、外包、特许经营或许可、甚至成立合资企业的方式所构建的以赢利为目的的动态的、网络型的经济组织。

在美国、日本等发达国家，虚拟企业已成为高度发达的信息技术与企业追求创新的结合体。虚拟企业将被预测成为网络时代的骄子。它有着极为独特的特征，如表 13-1 所示。

表 13-1　　　　　　　　　　　虚拟企业的特征

序　号	特　征	内　容
1	人力虚拟化	能够迅速地通过信息网络从外部调集和解散相应的人力
2	运作弹性化	资源
3	信息网络化	迅速扩大规模，获取效益或者自行解体，以减轻或缓解生产经营风险
4	组织结构动态化	通过因特网（Internet）、电子数据交换（EDI）、企业内部
5	作业并行分布式	网 Intranet、局域网（Extranet）等网络实现了与其他企业的信息共享，使各组织形成了平等与合作的互利关系

此外，虚拟企业的辉煌也归功于其别具一格的优点，如表 13-2 所示。

① 黄野：《虚拟公司》，广东经济出版社 1999 年版。

表 13-2　　　　　　　　　　　　虚拟企业的优点

序　号	优　点	内　容
1	适应性强	可以组织各种规模的生产
2	重构性好	可以适应不断变化的市场需求
3	反应速度快	虚拟企业的组织扁平化，反应速度快
4	竞争力强	通过企业间的合作可集中全球范围内的资料和技术，以增强企业的竞争力
5	费用低、风险低	可以降低风险，降低费用
6	进入市场快	便于进入新市场，避开市场壁垒

2. 虚拟企业的运作模式

（1）虚拟生产。虚拟生产是虚拟经营的最初形式，它以外包加工为特点。如波音，顶尖的飞机制造公司，却只生产座舱和翼尖；戴尔，全球最大的计算机供应商，却不生产任何主要部件。

（2）企业共生。当几家企业有着共同的需要，出于对技术保密或成本的考虑不愿外包的部分，共同出资建立专业化的厂家来生产，并共同分享利益，负担成本。

（3）人员虚拟。人员虚拟指的是企业借助外部的智力资源与自身的智力资源相结合以弥补自身智力智源不足的一种管理模式。如乐凯公司聘请麦肯锡、罗兰·贝格咨询公司的管理专家为其作战略规划、管理咨询。

（4）功能虚拟。功能虚拟指的是企业借助于外部的具有优势的某一方面功能资源与自身资源相结合，以弥补自身的某一方面功能不足的一种管理方法。其形式包括虚拟营销、虚拟储运、虚拟广告设计、虚拟结算、虚拟制造等。如微软、康柏、松下、爱立信等著名厂商进入中国市场都是采用虚拟营销的方式来实现的；全球最大的互联网设备提供商思科系统公司则成功地采用了虚拟结算和虚拟制造系统，使其具有强大的竞争力。

（5）策略联盟。它是指几家公司拥有不同的关键资源，而彼此的市场有某一程度的区隔，为了彼此的利益，发挥策略竞争优势。如微软公司和英特尔公司组成的 Wintel 联盟是计算机业软、硬件组合的最具垄断策略性的联盟；为了与欧洲空中客车竞争，美国波音与日本三菱、富士和川琦重工结成国际虚拟企业，共同出资 40 亿美元，开发波音 777 客机等。

（6）品牌虚拟。它是指以商品和服务品牌资源为核心，而虚拟生产等部分职能而组建的虚拟企业。如天津一品科技公司在没有厂房、没有自己的销售网络的情况下，却利用品牌这一利器，虚拟运作，短短两年时间内便使"背背佳"做到了年销售额近 3 亿元的业绩，名列矫姿产品市场全国第一，"背背佳"也成为全国知名品牌；深圳意丹奴服饰有限公司既不是制造商，也不是批发商，更不是零售商，它只是品牌商，它的工作就是塑造品牌、维护品牌。它通过形象策划、物流系统、训练中心和信息工作四项品牌管理支柱很快地整合了制造商、加盟商，仅用了两年多时间便使 200 万元的公司资产发展到 2 亿元。

§13.2　虚拟企业中的知识类型与获取方式

☞ 13.2.1　隐性知识与显性知识

未来学家阿尔文·托夫勒早在 1990 年就指出，知识是企业最高质竞争力的源泉，也是未来权力转移的关键所在。[①] 帕维特（Pavitt）、纳尔森（Nelson）和格兰特（Grant）等人提出的企业知识理论的核心观念也认为企业价值最主要的来源是知识。1958 年，普兰妮（Polanyi）首次提出了显性知识和隐性知识的概念，被认为是对知识认识的重大突破。目前，按照 OECD 的《知识经济》（Knowledge-Based Economy）分类方法，知识可以分为四种类型：事实知识（Know-what）、原理知识（Know-why）、技能知识（Know-how）和人为知识（Know-who）。前两类知识可称为显性知识（Explict Knowledge），后两类知识可称为隐性知识（Tact Knowl-edge）。[②] 显性知识容易编码，可以通过正式的语言明确地表达和传递，而隐性知识是建立在组织或个人经验基础上并涉及多种无形因素的知识，是难以公式化和明晰化的。隐性知识可分为两类：一类是技术方面的隐性知识，包括那些非正式的、难以表达的技能、技巧和诀窍；另一类是认识方面的隐性知识，包括心智模式、信念和价值观，这些认识方面的隐性知识反映了组织或个人对现实的看法和对未来远景的预测。按照隐性知识的拥有者层次来说，隐性知识又可分为个人拥有、群体拥有和组织拥有三个

---

①　上海社会科学院知识与信息课题组：《组织学习与知识创新》，上海人民出版社 2001 年版。

②　Kogut, B And U Zander（1992）．"Knowledge of the firm, combinative capabilities and the republication of technology" Organization Science, 3（2）pp. 383～397.

层次（详见表13-3）。另外，相对于显性知识可以通过一定的文字材料快速转移和转让，隐性知识是一种积累性知识，是企业在长期的发展过程中，在各种经验和技能基础上经过长期的沉淀和积累形成的。

表13-3 　　　　　　　　　　隐性知识的分类和构成

分类 ＼ 层次	个体拥有	群体拥有	组织拥有
技能类隐性知识	个人掌握的技能、技巧、手艺、诀窍、经验等	全体所掌握的技艺和操作过程等	企业组织层次掌握的技巧、诀窍和经验等
认识类隐性知识	个人的直觉、灵感、悟性、信念、价值观、洞察力和心智模式等	群体成员的默契和协作能力等	企业文化、惯例、价值体系和共同愿望等

按照哈默（Gary Hamel）和普拉哈拉德（C. K. Prahalad）关于核心竞争力的观点，企业核心能力的培育更多地是依靠隐性知识的积累。由于隐性知识很难在组织之间进行传递，对于企业而言，隐性知识的一部分就成了各组织所特有的东西，与显性知识相比，隐性知识因具有更高的不可模仿性而具有更高的战略价值，它可以使企业获得长久的能力与技术，获得更多的竞争优势来源。日本学者野中郁次郎（Nanaka）和山内（1995）利用他们对日本和美国公司的比较研究，指出日本公司的成功是因为日本公司更重视模糊的、非正式的知识和工作经验，以及以亲身体验、直觉和直接交流为基础的非正式的知识创新过程。他们认为这种知识对每个公司来说都是独一无二的，竞争者很难模仿。因此，它赋予公司所有的专利价值。

☛13.2.2　知识的获取方式

企业创立和保持持久竞争优势的关键之一，不仅在于该企业所拥有知识存量的多少，而且在于该企业获取企业所需知识的连续性和速度。在市场经济条件下，企业获取知识的主要途径可概括分为两个来源和三种方式。两个来源是外部来源和内部来源，三种方式是企业通过自我发展、市场购买和联盟获取的。这两个来源和三种方式的成本和效益是大不相同的，可进行简要的分析和比较。如表13-4所示。

表 13 - 4   企业获取知识的简要分析

优缺点 \ 方式	企业自主开发相关知识	企业自主开发相关知识	企业通过虚拟企业获取相关知识
主要优点	掌握相关知识的产权；可形成较完善的知识链；培育自主开发新知识的潜能	所需时间少，见效快；无须增加更多的相关设备和人员	易于开发新知识和转移隐性知识；建立解决问题和开发新知识的潜能
主要缺点	成本较高（较多的人力和物力）；所需时间多	所需费用较多；很难获取更多的相关的知识；隐性知识转移较难	自身的知识可能外溢

企业获取知识、培育核心能力，既可以在企业内部（从现有的知识中）开发新能力，也可以从外部获取新知识。不论企业通过何种来源、以何种方式获取知识，学习都是至关重要的。一些创新文献中关于学习的分类见表 13 - 5。

表 13 - 5   学习的类型及其要点

学习类型	发生地点	创新要点
边干边学	企业内部	生产活动
搜索学习	主要在企业内部	主要涉及与研发相关的商业目的
科学学习	企业内部和外部	吸收新的科学技术知识
边使用边学习	企业内部	产品使用与输出
知识外溢学习	企业外部	吸收外部知识，模仿竞争对手实践

由此看来，学习类型是不相同的，一定的类型只有在一定的情况下才是最适用的。概括来说，企业获取新知识的学习方法可分为三种：被动学习、主动学习和互动学习。前两种学习方法很容易获取显性知识，而互动学习则是获取隐性知识的最佳途径。正如德鲁克（P. F. Durcker）所言："隐性知识，如某种技能，是不可用语言来解释的，它只能被演示证明是存在的，学习这种技能的惟一方法是领悟和练习。"[①]

此外，隐性知识和显性知识在企业的实践中相互作用和相互转换，在不断的转换过程中使显性知识和隐性知识的质和量都得到发展，进而实现创新。日本国际企业战略学院研究生院教授野中郁次郎（Ikujiro Nonnaka）等学者基于这种知识转换理论，提出了著名的 SECI 模型。他指出知

[①] 彼得·F·德鲁克等著，杨开峰译：《知识管理》，中国人民大学出版社 & 哈佛商学院出版社 1999 年版。

识转换有四种模式：（1）社会化（Socialization）是指从隐性知识到隐性知识的过程；（2）外在化（Externalization）是指从隐性知识到显性知识的过程；（3）组合化（Combination）是指从显性知识到显性知识的过程；（4）内在化（Internalization）是指从显性知识到隐性知识的过程。他提出了多层次知识创新模式，在此模式中，知识创新平台是不可缺少的。[①] 正如虚拟企业的研究者（Halnel，Piorre Dussauge，Bernard Garotte 等）所指出的，虚拟企业正为组织学习和创新提供了一个理想的发挥类似功能的平台，虚拟企业使参盟的公司有机会接触联盟及其他伙伴的知识，不仅为企业获取显性知识，更为企业获取隐性知识提供了条件和可能。

§13.3　虚拟企业中知识转移的理论解释

☞13.3.1　经济学的解释

企业获取新知识、企业培育核心能力为何要选择联盟的形式呢？经济学知识对这一问题提供了部分答案。经济学重点关注的是市场交换活动，以致我们把经济学称为市场经济学。如斯密认为交换是人的天性；马歇尔创立了需求供给理论；由科斯所开创的交易成本经济学，更是把经济分析的层次向前推进了一步，把两个经济主体之间的交易作为经济分析的基本单位。

对虚拟企业中知识转移的经济学解释也是从市场着眼的。市场可以传播某些信息，如价格就反映了产品的稀缺程度，给企业的投资提供了信号。现实当中也存在专门的知识产品市场，如专利技术市场、管理咨询市场。不过，知识产品市场较多地存在失灵现象。对许多隐性知识而言，也许市场根本就不存在。知识产品市场失灵的原因是多方面的：

1. 知识在某种程度上具有公共产品特征

知识在转让使用权的同时并不转让所有权，某些知识的使用也不具备

[①] 林汉川、魏中奇：《中小企业存在与发展》，上海财经大学出版社 2001 年版。

排他性。企业生产知识需要消耗资源，如为了获得专利技术和技术诀窍，企业必须进行研究开发投资。为了实现利润最大化目标，企业知识多潜藏于组织内部，具有明显的商业性，其多采取某种内部化经营形式，因知识在组织内部不会花费多少成本。

2. 知识产品的交易成本极高

企业生产知识需要消耗资源，如为了获得专利技术和技术诀窍，企业必须进行研究开发投资，因而企业为保护其知识产权，将会采取种种措施以防知识的"外溢"。

3. 知识产品难以用市场价格机制进行交易

由于信息不对称、机会主义行为和不确定性的存在，也使知识产品难以用市场价格机制进行交易。为克服知识产品市场失灵现象，常通过建立联盟促使企业知识进行"内部化"。因此，从经济学的成本收益出发，学习型虚拟企业是企业之间进行知识交易以及获取新知识的一种最佳制度安排。它目标明确，组织形式灵活，在隐性知识中可有效地节约交易费用。另外，随着社会、经济的发展，消费者或者用户会不断地产生出新的需求，因此对企业来讲新的市场机会不断涌现，开发新产品抢先占领市场就成为企业创造知识的原动力。在一个企业自身不能创造知识或不够经济时，学习型虚拟企业就成为企业所要选择的策略。

☛13.3.2 组织学习理论的解释

事实上，知识是一个复杂学习过程的结果，虚拟企业是组织学习的一种重要方式。企业知识是一种组织知识，这类知识主要包括技术、管理知识和组织常规程序（Organizational Routines），属于隐性知识范畴。企业的疆界对隐性知识的移动有重大的约束作用。企业学习型虚拟企业强调的是通过合作学习从其他机构获取隐性知识，或者和其他机构合作创造隐性知识。

1. 知识的复杂程度决定其合作的关系

当被交流的知识比较复杂，或者被包含在一系列复杂的技术或组织框架中，最有效的方式可能就是"干中学"和"干中教"，需要的知识的复杂程度是决定合伙人合作关系的关键因素。为了能够高效地运用所学的知识，就必须针对内部及外部事件，不断地对其进行调整。除非在操作环境中，一般情况下，无论多熟练的工作人员，可能难以准确地描述出工作的技巧。因此，联盟企业是最合适的知识交流的工具，只有在联盟企业中，"干中学"和"干中教"才成为可能。另外，企业合作中的日常接触是获得复杂背景知识的最好途径，这是从手册或远距离观察所无法学到的。在能够量化说明联盟成功的研究成果背后，隐藏着一系列个人与专业上的交流，它对合作双方技能培养与发挥具有巨大的促进作用。

2. 虚拟企业有助于企业隐性知识的转移

企业隐性知识贯穿于企业的日常事务、工艺流程、设备系统、资讯流程、决策方式等综合性的环节和过程中。某些知识具有极高的商业价值，但这种知识在业主的控制下不能自由，也就是通常所指的隐性知识是存在于个人、团体的特殊关系中，也存在于特别的规范制度、资讯流程及决策方式中。另外，隐性知识具有它的整体性，工人没有图纸不能制作，工程师有了图纸但还应知道生产操作的方法。知识是存在于个人、特殊社会环境，以及某种协作关系中。由于工作上所需要的知识太多，个人不可能完全掌握这些知识，群体中的个人各自只能拥有部分知识，然后将全体聚集在一起形成整体知识。个人只有通过相互配合才能完成工作。由于无法用可见的指标加以衡量，对企业间知识的和人力资本的积累这一重要过程常常受到忽视。个人的技艺相对容易传授给其他人，但是一个群体的整体技术却很难把技术传授给另一个群体，单方面的知识学习不足以完全掌握对方企业所潜藏的知识和能力。因而必须通过建立学习型虚拟企业，通过双方进行密切的协作才能有效地实行隐性知识的传递。

福特公司与马自达公司长达 13 年的联盟说明了这种知识微妙而又重要的作用。马自达公司向福持公司传授精益生产的知识，同时福特公司又向马自达公司传授有关设计、财务和国际市场营销方面的诀窍。因而在相互的联盟合作中使每辆福特轿车在一定程度上体现了马自达技术的优势，而马自达轿车中也带有福特轿车的特色。①

📌 13.3.3　虚拟企业中知识转移的基本要素

知识转移的分析框架通过对知识、知识转移过程的理论性描述，Vito Albino 等人（1998）进一步归纳出包括四部分的知识转移的四要素：转移主体、转移意境、转移内容、转移媒介。

（1）转移主体（Actors）知识转移主体可以是个人也可以是组织，由于组织是个人的社会集合体，组织中的个人的信用、交流和知识发展构成了组织间的知识转移。

（2）转移情境（Context）从组织层面看，对知识转移的组织意境可以分为两类：组织内意境和组织外意境。

（3）转移内容（Content）知识转移的过程是与基于知识的任务的转移相连的，当与转移知识的相关能力被接受者消化吸收时，知识转移就成功了。可以把转移知识的内容分成两个不同的类型：工具性内容和文化性内容。

（4）转移媒介（Media）媒介指的是用于转移数据和信息的任何一种方法。从结构的观点看，它有两个特征因素：编码和通道。编码是信息交换的代表，通道是编码交换的形式。因而媒介的特征取决于编码和通道的结合。可以从两方面来衡量媒介的效度：广度和深度。两者越好，可以减少转移的不确定性和模糊性，保证知识转移在数量和质量上的高水平。

从整个框架可以看出，知识转移依赖于转移主体、转移意境、转移内容和转移媒介。这四部分相互作用，共同促进知识的转移。当知识转移的双方有共同的知识、经验、感受，有良好的转移背景，转移的内容显性化程度高，模糊性小，同时有丰富宽敞的转移媒介时，知识转移的效率就非常高。

---

① 史占中：《企业战略联盟》，上海财经大学出版社 2001 年版。

➡ 13.3.4　虚拟企业中知识转移的一般模式

从本质上说，知识转移能够进行，是因为高技术企业之间存在着知识差距，供方和需方的需求—资源关系相吻合，提供了转移的外部条件，而一个高技术企业依据其产品的生命周期制定不同的知识联盟战略，是为了谋取最大的利润。因此，只要存在知识梯度和动力机制，以及适当的外部条件，知识转移就可能发生，且可以在国家、部门、地区、行业、企业等不同层面上进行。并且，它是从知识转移源向潜在使用者转移的过程。知识转移始于初始知识转移源，随着转移过程的进行，知识逐渐被潜在使用者采用，新的使用者变为潜在的知识供给者，可将其视为知识转移源的一个分子。由于各种知识的特性不同，不同知识转移的过程也不尽相同，同种知识也可以有不同的转移方式。

1. 知识引进模式

知识引进是指高技术企业为实现一定的目标，对某种知识进行选择、研究，对引进项目和引进方式的可行性进行分析，然后导入选择的技术，并组织有关力量对导入的知识进行消化、改进和创新的统一过程。就其内容来说，包括某种产品的研究开发、设计制造技能和原理、相应的组织管理理念三个层次；就技术引进方式来讲，包括进口设备、专家咨询、技术许可、使用设计和合作经营等。另外，在知识引进的过程中，由于引进的目标不同，选择的原则和标准不同，引进的方式不同，引进的条件与环境不同，引进知识的消化吸收程度不同，从而导致知识引进的不同后果呈现出初级形态、中级形态和高级形态三种不同的层次。任何使用者在不同的经济发展阶段，均可以找到适于这个发展阶段所需要的知识引进状态。随着社会经济技术的不断发展，知识引进的层次必须逐步提高，以适应经济发展的要求，同时，知识引进层次的升级对经济的发展也起到重要的推动作用。知识引进层次的升级路线是从初级到中级，再从中级到高级。若违背上述规律，知识引进就难以发挥其应有的作用，或者即使发挥一定的作用，也可能与所付出的代价不相适应。

2. 中心企业向外围企业扩散模式

现代经济的发展机制是知识与技术创新推动中心企业，中心企业通过创新扩散到外围企业，以及外围企业成长为新的中心企业，再继续扩散的不断发展的过程。同时，根据外围企业的不同特征，可将其分为三类：（1）系列化外围企业。由于中心企业为了获取丰厚的利润，必然会采取知识转移，最典型的就是批量生产技术，从而使零配件的外协比例不断扩大，委托加工任务不断增加，这样，必然会吸引一些外围企业来承包配件加工任务，于是，中心企业通过零件业务的发包，把许多承包的中心企业纳入自己的生产经营轨道，这种和中心企业组成一个金字塔形系列化生产体系的外围企业，被称为系列化外围企业；（2）独立的外围企业。它是一种非系列化的外围企业，难以与中心企业形成系列化体系，主要是适于小规模的消费品生产企业；（3）希望企业。即那些有希望成为中心企业的外围企业，它是由系列化外围企业和独立的外围企业成长起来的。中心企业的知识与技术创新的创新源。知识转移的过程，就是中心企业引导外围企业发展的过程。

§13.4 虚拟企业知识转移的层次与过程

13.4.1 虚拟企业知识转移的层次分析

1. 个体学习

为完成特定的任务，虚拟企业一般需要雇用一定数量的专家，这些专家可能来自虚拟企业的成员企业，也可能来自虚拟企业外部的其他组织或是社会劳动力市场。这些专家有可能都愿意单独工作，但是，为了完成虚拟企业的目标，他们必须在一定程度上进行合作。在合作过程中，他们可以学习到许许多多的知识，如怎样在虚拟组织中工作等方面的知识、自身领域中的理论知识或是应用知识，甚至是自身领域之外的知识。

2. 虚拟企业成员企业内部的知识转移

这可以解决虚拟企业成员企业内部或某部分合作任务中的知识传播或学习的问题。它与一般的实体企业内部的知识传播是相同的。

3. 虚拟企业合作伙伴之间的知识转移

一方面，虚拟企业是基于合作的，没有了合作与协调虚拟企业就成为一盘散沙。通过合作与交流，各个合作伙伴可以相互传递合作中所必需的知识。另一方面，虚拟企业是基于市场机遇的，一旦市场机遇存在的条件消失，虚拟企业便解散，虚拟企业的员工也随着虚拟企业的解散而离开，并将在虚拟合作中获得的经验和专业技能，带回到他们原来所属的公司或组织。

4. 虚拟企业之间的知识转移

这是知识转移的最高层次。它可以以两种形式来实现。其一是，顺序的虚拟企业间知识转移，这种方式是将前一个虚拟企业中的经验和知识应用到后续的虚拟企业中，这是不同时期的不同虚拟企业的知识转移问题。其二是，平行的虚拟企业间的知识传递，在这种方式中，虚拟企业之间可以共享知识和经验。

☛13.4.2　虚拟企业中知识转移的一般过程分析

1. 从联盟整体角度分析知识转移过程

Iris Berdrow 和 Henry W. Lane（2003）在分析合资企业的知识管理时将合资企业内的知识流动划分成知识转移、知识转化和知识收获三个过程。①

---

① Iris Berdrow, Henry W. Lane. "International joint ventures: creating value through successful knowledge management", Journal of World Business 38（2003）15～30.

Gupta（2003）也认为合资企业中存在着母公司之间、母公司向合资企业以及合资企业向母公司的知识转移等几个流动过程。本章对他们的研究进行了整合与补充，将其扩展到其他联盟形式中，分析了虚拟企业中知识流动的一般过程。

虚拟企业中存在三种不同但相互联系的知识流动过程：转移过程（Transfer）：现有知识在联盟企业之间的流动，以及从联盟企业到联盟的转移；① 转换过程（Transformation）：虚拟企业内部独立的知识转换和创造活动；收获（Harvesting）：转换后的和新创造的知识从联盟向各联盟伙伴的转移。这几种知识流动过程如图 13 - 1 所示：②

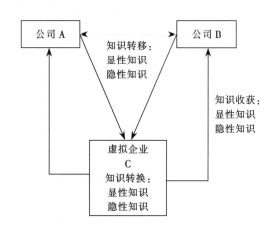

图 13 - 1 虚拟企业中的知识流动

注：知识转移的路径通常是 A - B，B - A，A - C 和 C - A；
　　知识收获的路径通常是 C - A，C - B。

资料来源：Iris Berdrow，Henry W. Lane. International Joint Ventures：Creating value Through Successful Knowledge Management. Journal of World Business38（2003）15～30.

（1）转移过程（Transfer）。转移过程是各联盟伙伴内已有的知识在联盟伙伴与联盟之间的移植。包括从联盟伙伴到联盟的转移和联盟伙伴之间的转移。这种移植可以通过技术购买、技术互换、联合开发、联合生产等活动中的观察和模仿实现。从根本上说，知识的转移就是接受伙伴的做

---

① 此处的联盟指的是联盟本身，对于股权式联盟来说即为合资企业，对于其他没有以实体形式存在的联盟，可以理解为一个虚拟的联合各个联盟伙伴的"实体"——各种契约关系。

② 为了简化分析，图中只画出了两个企业之间结成的联盟，本研究假设分析结论可推广到伙伴联盟。

法，把它整合到自己的系统中或者改变自己的资源来模仿它，但此时对这种做法的方式和原因并没有完全理解。模仿能够部分地使企业理解潜在的默会知识，但在这一过程中转移和获得的主要还是显性知识。此时的风险是默会知识可能没被发现或者被错误理解。如果这种情况发生，则只存在简单的模仿行为，当问题出现时，就很难纠正。[①]

在转移过程，联盟提供了有形资源和知识转移的机会。转移的知识有两种：显性知识和默会知识，但默会知识的转移是少量的。"显性知识的转移——蓝图、规格单、价目表和产品样本等——是很容易的，但为了保证默会的'诀窍'的转移，还有必要转移那些使用这些硬件的人员"（Killing，1983）。这一阶段所转移的也包括拥有知识的个人，通过初步的相互作用，人员流动和战略结合（Strategic Linkage），一些隐性的默会知识也被转移了（Inkpen，1996），但转移的程度和数量比较有限。

这个过程中的确是发生了显性和隐性知识的转移，如果能够为其提供良好的支持，则这种转移是很有价值的。在这一过程中，需要认真对待联盟环境中的学习行为，因为这是实现知识转移的渠道。

（2）转换过程（Transformation）。转换过程是指对共享知识的整合、应用和平衡以及通过联合活动来创造新的知识。在这个过程中，联盟伙伴对投入的不同知识和能力资源在联盟内部进行整合，为实现联盟的目的进行知识的转换和创新。

在这一过程中，两种因素促动了知识的转换或创新。首先，能力的互补和增强提高了转换和创新的可能性。Quinn 把这称为"交叉职能的意外收获"（Cross—Functional Seredinty），并指出"不同职能领域的高技能人员之间的相互作用常常会产生意想不到的新见解和解决方法"（Quinn，1992）。其次，联盟的目的，比如开发新的技术或产品等，激励着联盟伙伴融合各自的能力实现转换和创新。Iris Berdrow 和 Henry Wane 认为，一旦现有知识受到新的事件的挑战，知识的转换就可能发生。[②] 这些挑战迫使联盟伙伴对现有知识重新评价以解决问题，在这一过程中，联盟各方都学习到了一些新的东西。拥有的知识与需要解决的问题之间的差异越大，

---

① 当一个成员非常好以至于过好地理解和学习对方的技术时，又存在另外一种风险：它可能把这种技术复制过来用于其他用途，因此侵犯对方的专利或版权。这种潜在竞争行为是 Buckley 和 Casson（1988）在他们对相互克制问题的讨论中提出来的。

② 例如，当住房和培训机会比自我发展和认知得到更多的关注时，我们原本关于如何制定有效的报酬体系的想法就受到了挑战。或者，一项有效的车间布置可能会受到空间和成本的现实以及建筑材料是否能获得等情况的挑战。

学习的潜力就越大。

在转换过程中，仍然有显性知识的学习，但更多的是默会知识和诀窍的学习。这是因为，在联盟伙伴联合各自的知识和能力进行知识转换和更新的过程中，彼此之间的相互作用和合作更加紧密，个人之间和组织之间的交流和沟通进一步加强，联盟伙伴之间需要联合起来共同解决一些问题。这样，"干中学"和"研究中学"等行为得以开展。双方（各方）对彼此嵌藏在管理流程中的行为惯例逐渐了解并开始结合自己的能力学习和转换。所以，这一过程中包含了许多默会知识的传递，以及新知识的产生。

（3）收获过程（Harvesting）。获过程是知识从联盟流回成员企业并应用到它的其他内部活动或外部联盟活动中。收获能力的大小取决于成员企业的学习、吸收和融合能力。这一过程转移的仍然是显性和默会两种知识。通过这个过程，联盟伙伴获得了新的知识和能力，增强了自身能力。

在这一过程中，联盟伙伴自身的学习和吸收能力非常重要。拥有较强的学习能力的企业能够将在联盟中学到的知识转化成自己的能力，而不善于学习的企业则从联盟中得到得较少。

2. 联盟企业自身的角度分析知识转移过程

韩国学者 Kim（2001）在分析韩国国家竞争力时，指出其技术能力在40 多年内的快速发展源于对先进国家技术能力的学习，并指出这种学习过程经历了三个阶段：模仿与复制阶段、结合阶段与创新阶段。受 Kim 的启发，从国家、行业类比到企业，从技术能力类比到其他能力，一个企业从外部吸收、学习各种能力的过程大致也可分为模仿、结合与创新三个阶段。基于此，图 13 - 2 来反映了虚拟企业中的单个企业从联盟中吸收、学习各种能力的过程。

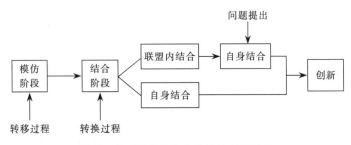

图 13 - 2　联盟内单个企业的学习过程

（1）模仿阶段。这一阶段与联盟中的知识转移过程对应。联盟企业转移各自的独特知识，同时在转移过程中开始接受和复制、模仿对方的知识。企业可以通过技术购买、技术互换、联合开发、联合生产等活动对对方的产品、技术及管理流程进行观察、复制和模仿，获得显性和默会知识。在这一阶段，企业的学习、吸收能力非常重要。

（2）结合阶段。这一阶段与联盟中的转换过程对应，即将伙伴的知识与自身的知识结合起来加以应用和进一步创新。但对于单个企业来说，这种结合有两条路径：一是先在联盟内（比如合资企业）结合，即上述转换过程，然后把转换后的知识和能力通过收获过程再与企业自身相结合；与此同时，联盟企业还会将联盟伙伴的知识直接在自身内部结合，比如可将从联盟伙伴那里模仿到的知识用于联盟业务范围之外的其他业务。[①] 在联盟内部的结合主要产生共有利益（Common Benefits），而在企业自身内部的结合可能主要产生私有利益（Personal Benefits），这两种利益的存在是联盟企业之间既合作又竞争的原因。有关两种利益将在第二节中详细解释。

在这一阶段，企业对知识和能力的理解更加深刻，是企业自身能力增强的关键阶段。在这种结合过程中，企业对联盟伙伴知识的吸收、结合与转换能力非常关键，建立有效的企业内部知识传播体系能够促进知识的结合。

（3）创新阶段。企业从外部获取知识和技能的最终途径必然是达到自主创新阶段。无论是先在联盟内部结合再流回企业自身，还是直接将联盟伙伴知识与自身知识相结合，企业通过联盟学习的最终目的是为了提高自身的创新能力，因此，两条路径最后又在创新阶段汇合。

对联盟中的知识转移过程以及单个企业在联盟中的知识学习过程的分析是探讨企业通过组织间学习发展动态能力的基础，能否对联盟中的学习过程进行有效管理，决定着企业能否从联盟中学习到足够的知识，增强自身的能力。

日本企业一直享有善于学习的声誉。麦肯锡对日本 170 家失败的合资企业做研究表明，破产清算的占 26%，67% 的企业将西方股本售于日本伙伴，只有 7% 的企业由国外伙伴购买。分析发现，在这些合作企业中，

[①]　这种结合也很常见，比如企业可以将从联盟伙伴那里得来市场知识用于联盟以外的其他产品。

西方企业往往是以提供技术换取进入日本市场的销售渠道，它们的目的是获取短期回报，而日本企业则努力吸收合作伙伴的技术能力。随着时间的推移，西方企业仍然依赖日本企业的销售渠道，而日本企业则通过模仿西方企业，逐渐建立起自己的技术，并进一步创造出新的技能，然后用获得的知识独占日本市场，甚至渗透到西方市场。随着平衡的破坏，联盟企业最终解体。显然，这种利益分配不均的结果，在很大程度上是日本和西方企业在学习能力上的差异造成的。那么，是什么因素影响了联盟中的知识转移并导致了联盟企业的不同学习效果呢？

§13.5 影响虚拟企业中知识转移的因素

虚拟企业内的知识转移是联盟企业学习对方的知识和能力，增强自身能力的基础和过程。但这种知识转移受到许多因素的影响，这些因素促进或阻碍了知识的流动和共享，进而影响了企业通过联盟发展动态能力的结果。Hamel，Prahalad 和 Doz（1990）曾经分析了学习意图、知识保护和学习能力三个因素。本文将从知识的可获得性、联盟伙伴的学习能力和联盟的界面管理三个方面对此做出分析。

☞ 13.5.1 知识的可获得性

知识的可获得性受知识本身的特性、联盟伙伴对知识的保护程度、联盟伙伴之间的信任程度等因素的影响。

1. 知识本身的特性

知识的传递依赖于知识是否易于移植、理解和吸收。知识本身具有一定的模糊性。被转移的知识有两种：显性知识和默会知识。显性知识的模糊性较低，比较容易转移，默会知识则因较高的模糊性而不易转移。然而，默会的知识往往能带来更持久的优势，是知识转移的重点。知识的模糊性表现在以下几个方面：

（1）默会性：隐性知识的默会属性是指它是高度个人化的，根深蒂固于某些行动模式和惯例中，不易交流与共享。默会的知识无法通过正式的、系统的语言来描述和表达，它是知识产生模糊性的最显著的前提，是造成学习上的困难和失败的原因之一。

（2）独特性：特殊性是指企业的知识是企业专有的（Firm-Specific），它依赖于一定的背景和组织环境。独特性为组织间的学习制造了模糊性，同时制造了模仿壁垒。

（3）复杂性：指知识具有相互关联和相互协同性，比如一项特定的复杂技能可能需要许多部门和人员的共同协作，这样的知识整体不易被理解和模仿，削弱了知识的可转移性。

2. 联盟伙伴对知识的保护程度

企业参与联盟，每一方都必须提供一些独特的东西，比如技术能力、制造能力、分销渠道以及管理模式，等等，以使联盟能够给双方创造较联盟外部公司更为有利的条件。但同时，各个企业又都会尽力防止自己的知识和能力尤其是核心的能力泄露出去，因此加以保护。这是一个有趣的两难问题，联盟企业既想从他人那里获取更多的知识，又不想把自己的知识转移给他人。联盟伙伴对知识保护的程度越高，伙伴越不愿意将知识转移给对方，知识的可获得性就越小，伙伴之间的学习效果就越差。

一方面，联盟伙伴对知识的保护程度与其在该企业中所处的地位有关。当知识是联盟伙伴的核心知识、核心能力来源时，它的转移会导致企业竞争优势的丧失，则联盟伙伴对它的保护程度将越高；反之，当知识属于非核心知识，它的转让不会威胁联盟伙伴的竞争力时，对它的保护程度不高，通过学习获得的可能性比较大。另一方面，知识的互补与协同效应也影响对知识的保护。当这种知识和能力的共享能够给各方带来的利益大于披露的成本时，知识的可获得性就比较高。

3. 联盟伙伴之间的信任

这一点其实与对知识的保护程度紧密相联。企业一方面可以通过联盟吸收和学习其他合作者的重要信息和能力，一方面也增加了失去自己的核心能力而无法得到补偿的风险。于是，企业面临的挑战是，设法在"努力学习"与"尽力保护"之间寻求平衡，信任关系则是这种平衡的基础。如果双方互不信任，联盟伙伴怀疑对方在获取知识后，出现机会主义行为的可能性加大，为了保护自身利益不受损害，对知识的保护程度就越高，伙伴获得知识的可能性就越小。当联盟伙伴之间具有高度的信任时，双方都相信能够从对方那里学到有用的东西，同时又能保护自己的核心能力，此时出现机会主义行为的可能性就比较小，伙伴保护知识的程度就越小，知识的可获得性就越高。

联盟伙伴之间的信任与联盟的历史有关。一般地，联盟经历的时间越长，彼此了解越多，信任感可能越强。因此联盟持续期的延长会提高联盟伙伴之间的信任程度和知识的可获得性。

☛ 13.5.2 联盟企业的学习意图和吸收能力

1. 学习意图 (Intent to Learn)

企业结成联盟的"学习意图"（Intent to Learn）（Hamel，1991）的强弱是企业学习能力的前提。这一因素的提出是基于对美国企业联盟趋势的观察。许多学者发现，在美国企业与国外伙伴（主要是日本伙伴）的联盟中，其技术能力受到了削弱（Reich 和 Mankin，1986）。大量案例研究也证明了美日企业联盟中能力转移的不平衡性。Hamel，Prahalad 和 Doz的研究发现，日本企业加入联盟的战略意图往往是学习别人的长处，而美国企业的主要目的则是降低成本和进入市场。日本企业通过与伙伴的联盟变得越来越强大，而美国企业失去得则比得到得更多。[①]

"日本企业总是花费巨大的精力去努力学习"（Hamel，Prahalad 和Doz，1989）。一位美国高级经理在评论他的公司与日本公司的合作时讲道："我们的分销能力和它们的制造技术之间配合得很好，对我们来讲这真是一个令人愉快的合作关系。"而来自该公司的日方合作伙伴主管则告诉他的雇员："这很糟，我只希望自己拥有这些技术，合作只是次佳选择。但如果四年后我们不知道如何去做那些合作伙伴知道如何做的内容，

---

① Hamel, G. (1991), "Competition for competence and alliances", Strategic Management Journal, Summer Special Issue, 12, 83~103.

我会感到更糟。我们必须消化吸收它们的技术。"[①] 可见学习意图的确是影响知识转移的重要因素。学习意图越强，能够学到的知识越多；而不注重学习的企业，则难以学到很多知识。

这里同样存在一个关于竞争与合作的两难问题。如果双方都试图将他人的能力内部化，互不信任与冲突将破坏联盟，威胁合作的存续性。Kuanna，Gulati 和 Nohria（1998）[②] 引入共有利益（Common Benefits）与私有利益（Private Benefits）的概念有利于分析这一问题。联盟参与者可获得两种不同的利益：私有利益和共有利益。私有利益指联盟中一个企业单方面把联盟中获得的知识用于不属于联盟行为的领域而获得的个人利益。[③] 共有利益指联盟内所有成员参与的，由联盟共同行为或相关行为产生的，增进了每个成员的利益。[④]

不同的利益对成员的知识投资的激励不同，对私有利益的追求激励企业比竞争对手更快地学习，从而引发学习竞赛（Learning Race）。对共有利益的追求激励成员合作，以分享共同的利益。纯私有利益的联盟中可能出现恶性的学习竞赛，而纯共有利益的联盟中则不会存在学习竞赛。现实中的联盟是私有利益与共有利益并存的，因此，企业在获取私有利益后，并不会立即退出联盟，这是因为该企业抱有对可观的共有利益的期望。所以，可观的共有利益的存在是防止企业进行恶性的学习竞赛的关键。

因此，既要树立强烈的学习意图，又不至于产生恶性学习竞赛的一个平衡就是：虽然各方学习目标不一致，但联盟伙伴战略目标要保持一致性，那就是双方均认同能从对方学到一些有用的东西，能够通过联盟获得更多的共有利益。

---

①　Gary Hamel, C. K. Prahalad and Yves Doz（1989），"Collaborate With Your Competitors and Win"，Harvard Business Review, January/February.

②　Tarun Khnna, Ranjay Gulati and Nitin Hohria，"The Dynamics of Learning Alliances：Competition, Cooperation, and Relative Scope"，Strategic Management Journal, Vol 19, 193～210（1998）.

③　私有利益由两个因素决定：企业的业务与联盟业务的相关范围（relative scope），相关范围越大，私有利益越小；企业将学到的知识转化为现实生产力的能力，转化能力越强，私有利益越大。

④　值得注意的是，每个企业获得的共有利益并不相等，这取决于各参与方的讨价还价能力。

2. 吸收能力（Absorptive capacity）

Cohen 和 Levinthal（1990）指出，一个企业成功地开发利用来自组织外部的技术能力或知识的一个必要条件，是企业内部吸收这些知识的能力，称为"吸收能力"。他们认为，正是企业内部的这种领悟（学习）能力及与之相关的消化（开发）能力使得企业具有了认识和利用来自周围环境知识的能力。吸收能力有两个重要部分：先备知识（Prior Knowledge）与努力强度（Intensity of Effort）。①

（1）先备知识。企业的吸收能力是企业内部的长期投资和知识积累的过程，其开发具有路径依赖性（Path-Dependent）。因此，企业的先备知识在学习中是一个重要平台，因为现有的知识影响了在未来增加新知识的学习过程。先备知识中若有一部分与新知识相关，就能促进新知识的吸收。所以，一个企业在联盟中的吸收能力取决于它本身拥有的相关知识与能力，企业本身拥有的知识与联盟中转移的知识越相关，知识的转移效果就越明显。

（2）努力程度。努力程度指的是组织成员对于在企业内部应用吸收的能力所投入的能量。假如没有进行内化（Internalize）的努力，只有企业接触外部相关知识是不够的。Zahara 和 George（2002）更加注重吸收后的开发和利用，又将吸收能力分为四个能力来探讨，分别为：获得、消化、转换与应用能力。联盟中的知识转移过程也包括模仿、结合与创新三个阶段，并非常强调知识吸收以后的结合与创新。Hamel（1990）等指出，从联盟中获得的知识，只有在组织中得到传播才有价值。因此，企业对转移的知识的消化、转换和应用能力也影响企业在联盟中的学习效果。

总之，企业的吸收能力越高，对外界环境的经营掌握能力越强，亦即越有机会将竞争对手或相关的知识吸收转化为企业自己的知识。

一些学者的实证研究证明了这个结论，比如 David C. Mowery, Joanne E. Oxley 和 Brian S. Silverman（1996）② 对来自"合作协议与技术指标"（CATI）数据库的一些成立于1985～1986年间的双边联盟进行了研究，

① Cohen. W. M. and D. A. Levinthal（1990），"Absorptive capacity：A new Perspective on learning andinnovation"，Administrative Science Quarterly，35，128～152.

② David C. Mowery、Joanne E. Oxley and Brian S. Silverman，"Strategic alliances and inter-firm knowledge transfer"，Strategic Management Journal. Vol. 17（Winter Special Issue），77～91（1996）.

以交叉专利引用率标准①验证了吸收能力越强，从联盟中获取的知识越多的结论。

📌 13.5.3 联盟界面管理

1. 联盟的结构选择

Kogut（1988）指出，不同的联盟结构对组织间知识和能力的转移具有影响，股权式的合资企业是组织间默会知识转移的最有效手段："其他形式的转移，比如通过许可等，效果比较不明显，这是因为需要转移的知识是嵌于组织结构中的（Organizationally Embedded）"。② 由此得出以下结论：在 Lorange&Roos（1993）的"市场——内部层级结构"坐标上，越接近内部层级结构一端，越能促进知识转移，越接近市场一端，知识转移越不明显。

这样的结论似乎显而易见。前面关于知识和能力的默会性以及市场—联盟—层级结构决策的大量论述已经说明，内部层级结构是知识转移的最佳方式。合资企业最接近内部层级结构形式，具有"半内部化"的特征。比如通过股权的投入约束了双方的机会主义行为；通过相对比较紧密的相互交流和作用，如管理人员的交流、一线员工的相互切磋、各种技能的培训等等，更容易理解和模仿嵌入在组织流程中的默会知识。随着联盟结构逐渐接近于市场形式，这种"内部化"的特征越来越弱，知识的交流可能就会越来越不易实现。

然而，这个结论并不意味着基于学习目的的虚拟企业的首选结构就是合资企业。实际上，合资企业在具有结构上的学习优势的同时，也有较高的风险。而且，促进学习的关键不是联盟的结构形式，而是这种结构形式保证之下的联盟成员的投入与参与。随着虚拟企业的发展，许多相对比较松散的联盟形式比如相互持股、联合开发协议、制造商－供应商网络等，

---

① 专利交叉引用率（企业1，企业2）＝企业1引用企业2的专利数/企业2的所有专利数。美国专利与商标局在授予一项专利时，会引用所有与新专利相关的已有专利的名单。交叉引用率是衡量企业2在企业1的外部技术"池"（Pool）中的重要性的一个标准。这个标准的增加意味着企业1从企业2获取的技术能力增加的程度，也即联盟中知识转移的程度。

② Kogut, B.（2000），"The network as knowledge：Generative rules and the emergence of structure"，Strategic Management Journal，Special Issue，21. 405～425.

通过加强参与各方的联系和参与，也实现了较强的学习效应。比如空中客车公司与波音公司联手共同开发新型客机协议，中国移动公司与沃达丰公司之间的合作联盟以及日本丰田汽车与其供应商建立的知识共享体系等。这些联盟都没有紧密的股权关系，但通过建立各种成功的组织学习惯例，都实现了有效的知识转移。随着环境变化对企业灵活性和反应能力的要求，以及企业对低成本、低风险的追求，越来越多的企业偏向于采用松散的联盟形式。Bartlett 和 Ghoshal（1995）曾经强调联盟要尽可能见解灵活，并指出最好是以相对简单的形式、有限的合作范围开始；之后再随着双方各自的合作动机、能力和期望的相互了解、信任，逐步扩大合作领域。

2. 对界面的管理

如上所述，决定知识转移的不是联盟形式本身，而是联盟伙伴对联盟的投入和参与，以及在联盟中的交流、沟通与接触机会。对这一点的讨论又引入了另外一个因素，即参与企业对联盟中的交流界面的管理效率高低，这也是影响知识流动重要因素。

界面管理的主要任务是管理知识流，一方面使所有学到的东西得到充分利用；另一方面保证关键知识不被泄露。已有的研究指出那些能够开展有效的学习的企业已经形成了一系列惯例，这些惯例使他们能够系统、有效地开发、储存和应用新知识（Nelson 和 Winter，1982；Levitt 和 March，1988；Cohen 和 Levinthal，1990；Nonaka，1994）。良好的学习惯例不仅有助于联盟内的知识转移以及联盟企业自身能力的发展，而且它本身就是企业从事虚拟企业管理的一种动态能力。一些企业设立专门的界面管理人、固定的界面管理惯例，有的甚至设置专门的虚拟企业管理部门来对知识流动进行管理和协调。这些机制的运行效率对知识的流动与获取有着重要影响。

☞13.5.4　情境对知识转移的影响

知识的转移，意味着某种特定知识，从其自身的情境转移到新的情境。新的情境可能与特定知识匹配，也可能与特定知识不匹配。一般来说，组织单元都处于由前面描述的五个情境维度中，不同的情境导致了组织单元在识别、发展和使用知识的能力的差异。如果两个组织单元具有某些相似的情境维度，那么他们的情境范围将会出现一定的重叠。如果情境维度的相似程度越高，则他们的情境范围的重叠程度也就越高。当要转移的知识处于源单元和接受单元的情境范围的重叠区域时，则可以取得知识转移的成功，即转移过程的多变故性程度较低。[1] 而当转移的知识处于源单元的知识包内，但处于接受单元的情境范围之外，这就需要作很大程度的调整，包括接受单元的情境范围和转移知识的本身都需要做出改变，使得转移的知识能纳入接受单元的情境范围内，从而提高知识转移的成功性。毫无疑问，转移的知识总是处于源单元的知识包内，根据双方情境的特性，可对其做出区分。当转移的知识处于双方的情境范围的重叠区内时进行的知识转移，称为相似性转移；而当转移的知识处于双方情境范围的重叠区外时进行的知识转移，称为适应性转移。如图13-3所示。

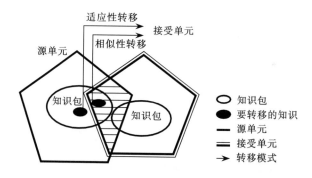

图13-3　知识转移的两种情景

资料来源：Gupta, A·K·&V·Govindarajan·1991. Knowledge flows and the structure of control within multinational corporations. The Academy of Management Review, 16：768~792.

相似性转移模式中转移的知识处于接受单元的情境范围内，而适应性转移模式中转移的知识处于接受单元的情境范围外，与接受单元的情境不匹配。而转移知识与情境的不匹配，要求在知识转移过程中，不仅源单元需要对转移的知识本身做出调整，而且接受单元也要做出相应的调整，以使转移的知识适应新的情境。因此，本模型认为相似性转移模式的多变故

① Szulanski, G·1996·Exploring internal stickiness：Impediments to the transfer of best practice within the firm. Strategic Management Journal, 17 Special Issue：27~43.

性要低于适应性转移模式的多变故性，也就是意味着适应性转移模式将会比相似性转移模式出现更多的变故，如耗费更多的成本和时间，且不能达到预期的目的，也就是说，相似性转移模式比适应性转移模式所付出的代价低，比较容易成功。

§13.6 虚拟企业知识转移的收益

企业的核心能力不仅包括创造新知识的能力、在企业内部传递新知识的能力以及将有价值的知识商品化的能力，而且还包括他们通过虚拟企业获得新知识的能力并将有价值的知识转让出去的能力。对于虚拟企业知识转移的双方而言，组织知识的互相作用，双方之间的知识和信息的交流与沟通是有利于提高双方竞争力的。

☞13.6.1 虚拟企业知识转让方的收益

对于虚拟企业知识的转让方而言，向外传递知识的收益主要体现在以下两方面。一方面，通过将知识扩散、应用到其他地区和国家的市场，增加市场份额，提高投资收益率；另一方面，通过与当地企业及组织的知识联盟，获得进入当地市场的技术与知识，从而使产品真正具有竞争力，同时丰富自己的知识体系与经验，将自己发展成真正的全球公司，如图13－4。

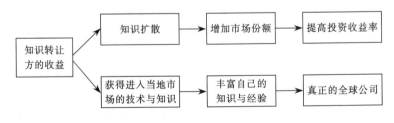

图13－4　知识转让方的收益

通讯领域的世界著名跨国公司，如摩托罗拉、诺基亚、爱立信、西门子等等通过与中国企业的知识联盟，已经积累了相当丰富的中国市场的运作经验，这样的专门知识对于这些著名企业的全球经营无疑是有深远意义的。中国市场的巨大潜力以及它们对中国市场的成功开拓，在给它们带来丰厚利润回报的同时，也使它们知识资本的迅速增值。这些企业在中国市场上人力资源的管理与开发、营销网络的建立与拓展顾客忠诚的发展等等，构成了它们进一步开发全球市场有竞争力产品的坚实基础。一般而言，较早进入中国市场的著名跨国公司在知识与技术扩散方面都取得了较好的业绩。1996 年，摩托罗拉公司在中国移动通讯设备和寻呼机市场的份额达到 70% 以上。

目前，随着中国国内市场的不断发展，国内研究与开发人才的市场意识和开发能力不断提高，随着全球性专业技术人才的相对短缺与价格上扬，中国质优价廉的研发人才与研发潜在优势正被跨国公司看好。在华跨国公司的技术与知识转让的程度不断提高，其转让收益则有更为强劲的上扬态势。IBM 中国研究中心在 IBM 总部研究中心 50 年的研究成果上，开发具有中国特色的产品，研制普通话中文语音识别系统，成为世界中文语音系统开发领域的佼佼者。中国惠普则利用美国的技术和设备，建立自己的研发中心，仅一年就完成了数字示波器的整机开发与研制工作，产品已被美国海军订购 2 000 台，接着又完成电视视角器的研究开发工作。[①] 这些技术与知识转让的成功激励更多的跨国公司提高对中国公司的知识转让程度。

☛ 13.6.2　虚拟企业知识转移中知识接受方的收益

对于知识接受方而言，可以通过虚拟企业获得知识与技术，并与企业原有的知识相整合，使自己原有的专门知识优势有所增强，巩固其经营优势及快速形成自己的新专业知识，为进入某一新领域做好准备。随着产品开发与研究投资的日益上涨，开发与研究所涉及的领域越来越多，所需要的专门知识范围也日益广泛，仅仅依靠组织内部的原有知识库已远远不能满足企业快速应对市场的需要。因此，有效吸收并利用其他组织的知识与经验，是知识企业的基本竞争策略和发展战略，如图 13-5。

---

① 北京长城企业战略研究所：《在华跨国公司 R&D 投资》，载《经济学消息报》1998 年 7 月 17 日，第 2 版。

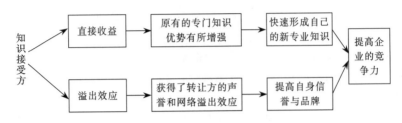

图 13 – 5　知识接受方的收益

中国企业通过与国外跨国公司虚拟企业，企业技术开发能力和知识扩展能力可以得到快速提高，如首都钢铁公司与日本电气株式会社（NEC）知识联盟建立首钢日电电子有限公司（SGNEC），使首都钢铁公司迅速在大规模集成电路的设计与生产领域建立起自己的能力，也使首钢获得了向高技术领域拓展的平台。1996 年日本电气株式会社成为控股方以后，日本电气株式会社的技术与知识扩散，使首钢日电电子有限公司得到更大的技术发展机会。①

事实上，除了技术和知识转让带给接受方的直接收益，知识接受方还可以获得"溢出效应"。② 例如，中国企业通过与国外跨国公司虚拟企业，在获得所需知识和技术的同时，接受方还获得了转让方的声誉溢出和网络资源溢出等诸种溢出效应。通过与名声显赫的知识组织和企业的合作，知识接受方可以提高其自身信誉与品牌。这种现象在企业界日益频繁。已跻身世界家电制造业先进行列的中国海尔集团公司，最初的品牌形象源于德国家电制造商的声誉溢出，今天其产品在欧洲市场，特别是德国市场的成功仍与这种声誉溢出和营销网络溢出效应有关。

网络方面的溢出效应可能更为隐性，但也更为持久。作为知识转让方，都有在一定专业领域的网络。这一网络中既包括知识网络，也包括人力资源网络，还包括知识资本、人力资本和社会资本，有相当强的拓展性和极高的利用价值。

虚拟企业的层次越高，转让方的层次越高，其信誉越好，那么通过与这样的伙伴以技术知识转让的方式联盟，显然是可以获得各个层面的网络溢出效应的。这种网络资源的作用之所以如此强大，除了可以利用传递机

---

① Winners and Losers, Multination Companies in China, Copyright 1997 by The Economist Intelligence Unit.

② K. Arrow, "Economic Implications or Learning by doing", Review of Economic studies, 1962, 29: 155 ~ 173.

制，与那些已经和伙伴发生各种互动作用的组织与个人进一步发生知识互动与传递，发生个人之间的直接互动外，很重要的一点是信号的传递性。也就是说，合作伙伴的信誉以及与其合作这一信号向第三者显示本组织（企业）自身的信息，使第三者在信息不对称和不完全的情况下，根据接受方与转让方之间的知识联盟以及它对转让方一的信号判断，来判断是否信任接受方。如果一家中国企业与众多的一流跨国公司知识联盟，如英特尔、微软、戴尔国际商业机器公司等，那么即便供应商、客户不一定知晓该企业，却可以通过它的合作伙伴以及它与合作伙伴的知识联盟来确认并信任这家企业。

对于网络的这种作用，国外的管理学家、社会学家都给予了充分的重视。有些研究者，将社会网络称之为"社会资本"。[1]

实际上，知识在企业间或组织间的传递与转让必然构成组织间的知识网络（Knowledge Networks）。这一知识网络是每一参与其中的企业与组织共同拥有的资源。而这一资源对每一企业的作用则取决于每一企业或组织对这一知识网络的利用能力。微软与中国诸多企业之间，所共同构建的是一个没有边界的知识网络，这一网络对各自的贡献取决于每一组织对网络的认识及其利用能力，依赖于每一不同层级的组织在网络中的地位及其控制网络的能力。

但不管怎样，组织间的知识互动活动对于双方或多方而言，都是一种非零和博弈，是一种双赢博弈（Win-Win Game）或多赢博弈。

Kought 和 Zander（1993）[2] 提出了在企业经营中，更多地寻求组织之间的知识联盟，以提高组织绩效，是企业经营战略的改变。这是由于市场环境的变化，企业核心的经营资源是知识，而知识的价值实现在于有效利用，包括整合别人的知识转化为新知识并将这种新知识向外有效扩散。无论是将原有知识进一步开发、转化为有价值的新知识，还是将已有知识在其老化、失效前快速扩散，企业的最终目标是保证企业自己利用发挥经营优势快于竞争对手模仿的速度，或者更简洁地说，便是比你的竞争对手更加领先。

随着技术复杂化程度的不断提高，技术与产品开发成本与风险均在不

---

① R. Culati&H. singh, "Architecture of Cooperation: Managing Coordination Costs and Appropriation Concerns in Strategic Alliances", Administrative Science Quarterly, 1997.

② B. Kought&U. Zander, "Knowledge of the Firm and the Evolutionary Theory of the Multinational Corporation", Journal of International Business Studies, 1993. Fourth Quarter: 629~645.

断攀升，在某些领域中已经不太可能由某一家公司或组织单独完成最具有市场竞争力的某一产品或技术的开发与研制工作。随着高技术市场路径依赖效应日益明显，企业的技术更新速度又在不断加快，技术开发的时效性已越来越成为影响企业生死存亡的一个因素，而企业在有限的时间、空间范围内可获得的资源，特别是顶尖的专业人才又是如此匮乏与稀缺，因此，他们不得不寻求各种各样的知识联盟。在这样的背景下，竞争走向死亡，[①] 而代之以联盟。这种战略思想的转变，实质上也就是企业与企业之间认知模式与经营方略的改变，从过去的你死我活、你多我少的零和博弈战略思想已逐步转变为非零和的合作博弈。企业之间通过对双方均具有约束力的协议，来协调各自的利益，从而保证双方利益的共同实现。当然，在非合作博弈中保证自己所谓最大收益和最优决策的认知框架也被集体理性、共有利益所代替，后者强调的是利益均沾与共享，实际上也是双赢策略。这种合作博弈中，强调的是双方利益的协同发展，双方效率的共同提高。

§13.7　虚拟企业知识转移中的核心能力保护

☛ 13.7.1　核心能力的概念及分类

在战略管理中最流行的核心能力的定义是由普拉哈拉德和哈默（Prahalad, C. K and Hamel, G.）提出的，即核心能力是"组织中的积累性学识，特别是关心如何协调不同生产技能和有机结合多种技术流派的学识"。也有人把核心能力称作核心专长，认为核心专长是对各种技术学习的心得和各个组织知识的总和。我们认为，这两种提法在实质上是一样的，以下将不对此加以区分。核心能力是一组技能和技术的集合体，而非单个分散的技能或技术。例如，世界著名运动用品公司—耐克公司的核心能力是由后勤管理、质量、设计、产品开发、运动员的信赖、销售以及广告等一系列专长组成。核心能力被理论界认为是竞争优势之源。在虚拟生产方式下，

---

① J. F. Moore, The Death of Competition, New York：Harper Collins, 1996.

它更是各单元组织加盟虚拟企业的"通行证",是组织在一定时期内赖以存在和发展的决定性力量,也是保持竞争优势的关键所在。根据核心能力的表现不同,可以将其分为:知识能力(如英特尔公司的计算机微处理研制技术)、制造能力(如格兰仕的生产加工能力)、管理运营能力(如麦当劳的特许经营管理能力)以及客户关系能力(如麦肯锡的咨询服务能力)。

☞ 13.7.2 企业核心能力在知识转移过程中存在的风险

虚拟企业在本质上是要发挥各成员单位所长,通过对各单元组织核心能力的整合,来实现靠任何个体无法达到的目标。在实际操作过程中,尽管减少了用于各单元组织间的交易成本,但由于虚拟企业不是法律意义上完整的经济实体,处于其间的各成员单位存在着背景、目标和预期的不同,使得核心能力的安全得不到有效保障,最终导致联盟失败。

根据英国《星期日独立报》1994 年 10 月 31 日报道:英国、美国、法国和加拿大等 4 国科学家前不久正当接近发现一种乳腺癌致病基因的重要关头,因迫于争先的巨大压力而中止了已经持续了 3 年的合作研究。3 年前,当加州大学伯克利分校的一位科学家提出乳腺癌基因可能存在于人体第 17 条染色体的某个位置上时,上述 4 国的科学家小组签订了一个合作协议,同意共享研究资源。此后,他们定期交流信息,并首先确认了一批可以排除的位置。但是,最后当他们确认乳腺癌基因所在的位置越来越近的时候,他们的合作关系却破裂了。对此,剑桥大学的一位科学家直言不讳地道出了个中的原因:"现在大家都保持沉默,因为我们谁也不想把信息告诉别人。尽管在理想的情况下,我们应该相互交流而不是封锁信息。但是,评价我们工作好坏的依据是看我们发表了什么,如果我们总是落在后头,那是非常不利的。"[①] 采用一个简单的博弈模型,来说明核心能力在整合过程中存在的问题。假设虚拟企业中存在两个单元组织 A 和 B,在合作过程中,A 和 B 都得贡献出自己的核心能力(比如是专有技术),两种核心能力各为虚拟企业带来 5 个单位的收益,如双方彼此交换各自的核心能力,则能为企业带来 10 个单位的利益:如一方贡献自己的核心能力,而另一方保密,则贡献方失去 3 个单位的利益,保密方获得 7

---

① 王建安:《企业作为一种知识产权保护系统》,载《科研管理》2002 年第 3 期。

个单位的利益（有获取成本 1 个单位）；如双方都保密，则企业可获得 6 个单位的利益（有内耗损失成本 4 个单位），如图 13 – 6 所示：

表 13 – 6 　　　　　　　　　　虚拟企业合作博弈模型

B \ A	保密	贡献
保密	3，3	2，7
贡献	7，2	5，5

由以上分析可以看出：在参与虚拟企业的合作过程中，由于成员单位对核心能力的处理方式不同，一方面引起了自身核心能力损益的变化，另一方面，也使得虚拟企业的运行有了成败之分。虚拟企业的风险主要表现如下：

1. 合作者的机会主义行为

机会主义的假设认为由于人们的有限理性，使得交易者可以利用信息不对称环境或某种有利的讨价还价的地位欺诈对方，并且这种牟取私利的动机是强烈的，行为是复杂的。其具体表现有隐瞒和扭曲信息，躲避或不能履行承诺或义务，窃取合作企业的技术和挖走关键人物，拖延付款和提供不合格的产品。

2. 缺乏信任

对于一个成功的虚拟企业来说，其内部成员间的相互信任通常被视为必要的前提。同时，虚拟企业的失败大多也被归结为联盟内部缺乏相互信任。这是因为企业之间的合作关系实际上基于一种对未来行为的承诺，而这种承诺既可以是公开的，也可以是隐含的。只有彼此间充满信任，各方信守承诺，才能使这种承诺成为可靠的计划并最终得以实施。

3. 组织文化的冲突

各个公司在特定的文化背景下，经过长期的经营实践，形成了自己独特的企业文化或自己的管理模式。不同的文化背景可能引起联盟双方的冲突，从而引起双方在具体的经营管理活动中不一致。虚拟企业双方必须充分意识到这种文化差异，忽视这种文化差异或错误地评价这种文化差异都会引起无休止的纠纷，甚至导致联盟的解体。

4. 学习能力不足

合作的过程也是联盟成员相互学习的过程。事实上，学习对方的资源是许多联盟成员组建虚拟企业的一个重要原因。合作者不仅注重通过联盟获得对方的有价值资源，而且注重在联盟形成的过程中保护自己的有价值的资源。我们知道，资源的互补性是构建虚拟企业的一个重要考量。随着联盟的发展，联盟成员不断学习对方的有价值资源，从而引起双方互补性的降低以及竞争性的升高，并最终削弱联盟的稳定性。更具风险的是造成本方核心竞争力的流失。因此，组织的学习能力是保护合作竞争中的优势以及控制学习过程的关键。

5. 分配的不平衡

合作的前提条件是公平的分配机制。公平指的是与收入相称的赢利，即收入越多，赢利越多。因此，公平的需要对合作者之间的关系产生重大的影响。依据公平的动机理论，感受遇到不公平待遇的人将会设法恢复公平。同样，一个遇见了不公平的赢利模式的合作企业有可能希望他或者他的合作伙伴在将来表现出不协调的行为。如果一个合作者感觉其他的合作者从联盟中获取了比自己多得多的利益，他可能减少对自己的约束，甚至不顾自己的利益。联盟中的合作者在评估他们的关系时，更多地看重公平而不是效率。此外，由于双方投入资源比例的不平衡，造成了收益分配的难度。对资源丰富的一方而言，容易忽视联盟的协作，而资源稀缺的一方则可能过分依赖对方的资源。

☞13.7.3　企业核心能力的保护机制

所谓虚拟企业核心能力的保护机制，是指虚拟企业合作伙伴之间采用什么样的方法或形式，来控制并避免核心能力的丧失。该机制是一种主动的、预防性的制度设计和安排，是企业合作的前提和基础。

如前所述，核心能力是单一组织加入虚拟企业的"通行证"，所以，核心能力的保护问题将贯穿联盟企业的整个生命周期。根据保护措施的效力及侧重点的不同，将核心能力的保护措施分为法律保护、道德保护、创新保护和契约保护。

1. 法律保护

法律保护是指通过采用法律手段来约束和规范对方行为的方法，如专利、合同、协议书等。一方面，法律所具有的强制性使得法律保护成为最有力的保护手段；另一方面，虚拟企业本身所具有的暂时性，以及各成员单位受市场利益所驱动的特点，也使得采用法律保护成为必须。法律保护的对象是以知识和技术为主的核心能力，主要应用在短期合作的虚拟企业中。成员组织凭借法律保护，既可以通过在专利期内（或合同，协议规定范围内）使用核心能力获利，亦可以通过转让核心能力的使用权获利。目前，我国已制定了《商标法》、《反不正当竞争法》、《专利法》等一系列法规，使企业可以采用法律手段对有关技术进行保护。

耐克（Nike）公司是较早采用虚拟生产方式经营的企业。它将大部分的生产任务委托墨西哥、韩国和中国福建等国家和地区的厂商来完成，自己仅保留了一家生产运动鞋关键组件的工厂。这家工厂运用耐克的专利技术——空气动力系统，来完成这一组件的生产。外界认为耐克的核心能力在于其设计、更新、开发、销售以及品牌经营上，其实，从本质上讲，是耐克的专利技术——空气动力系统在支撑着其生存和发展，善于模仿的亚洲人在受法律保护的专利技术面前，也只能望而却步。[1]

2. 道德保护

产生道德危机的根源在于信息不对称。由于在虚拟企业中，单元组织对自身核心能力所负责的工作，较其合作伙伴来说具有信息优势，所以，在合作过程中，出于私利，具有信息优势的组织往往会把最终利益分配朝有利于自己的方向引导，由此引发道德问题。

---

[1]　菲奥纳·查尔内斯加等著，何瑛等译：《虚拟企业管理》，2002 年版。

　　在虚拟企业中，合作伙伴之间必须建立相互的忠诚和信任。从博弈论的经典案例——囚徒困境中，我们可以得出结论：个体的理性选择往往会破坏集体理性。虚拟企业中的单元组织，如果仅从自己的利益出发，将会大大损害虚拟企业整体的利益，甚至导致联盟失败。

　　于2002年7月闹得沸沸扬扬的百事灌装四大诸侯抗命事件引起了多方关注。《亚洲华尔街日报》在报道百事争端时称"中国去年11月份入世，催生了一个跨国公司投身中国市场的新浪潮"，但是"在中国投资仍然是件风险之事"。是中国的投资环境引发此次双方之争，还是其他原因所致？更为详实的调查表明，正是由于不同投资主体之间的市场利益之争，最终令百事可乐与四川百事失和，并进而诉诸仲裁。百事公司在进入中国市场后，为迅速扩大市场份额，先后建立了14件灌装厂。这14家灌装厂分为两大阵营：一部分是由百事控股的10家"听话"的灌装厂；另外四家（上海、南京、武汉、四川）由于所占股份较少，百事无法发号施令。百事公司与各灌装厂原本是鱼水关系（百事通过出售给各灌装厂浓缩液来获利），后来，百事之所以漠视各灌装厂的利润表现，甚至不惜亏损，其真实意图有二：一是扩大浓缩液销量，小害不伤大利；二是亏损之后中方无力补亏，可借机完成控股。由于合作方的道德问题，合作过程中产生的危机最终只能交由斯德哥尔摩商会做出仲裁。①

　　由于道德问题往往是由参与方的素质引起，所以，这类风险比较难以防范。但令人欣慰的是，一方面，社会舆论监督力量正在逐步加强；另一方面，网络已经使整个世界联系在一起，这为信用市场的形成提供了有力的技术支撑。由于有了社会信用体系，可以预见，在不久的将来，违背商业道德的企业将无法在市场中立足。

3. 创新保护

　　核心能力的创新保护是指通过对核心能力的改造、升级，来达到避免其丧失的目的。创新包括技术创新和制度创新。技术创新是一种以市场为导向，将科技潜力转化为技术和经济优势的创新活动，是科技与经济的有机融合。国内外已有的大量实践证明：知识经济时代需要技术创新，技术创新也是保护核心能力最积极、最有效的手段。制度创新被认为是继劳动

---

①　庞瑞锋：《百事僵局升级》，载《南方周末》2002年8月29日，第二版。

力、资本、技术之后，第四个驱动经济增长的主导力量，随着知识经济时代的到来，尤其是我国正经历着体制改革的今天，制度创新将会是一支促使企业变成"快鱼"的兴奋剂。

（1）技术创新。技术创新是每个企业生存发展的惟一出路，是企业创新的核心。它是指某项产品从设想、研究、开发、工程化、商业化以及销售一系列技术活动的总和。随着知识经济时代的到来，信息技术、计算机技术、网络技术的飞速发展，完全改变了人们的时空观念，并影响了人们的生活方式。Internet 为企业提供了新的信息交流渠道，加快了信息传递的速度，将整个国际市场合为一体。企业要想在日益激烈的市场竞争中立于不败之地，成为市场的领先者，首先必须是技术的创新者，进而成为产品的创新者。持续的技术创新可以造就企业的持续发展。在当代，高明的企业家，已经把关心技术比关心市场当作更高层次的，更具有远见的竞争行为。例如四川长虹集团 90 年代以后，数字技术硕果累累，并在新产品中陆续使用。四川长虹集团在技术上做到"生产一代，研制一代，储蓄一代"。我们不能总做学生，我们要创新，要做先生。① 在世界微处理器市场占据 90% 市场份额的 INTEL 公司，其长期的产品策略是开发一代、研制一代、生产一代。凭借着其领先的核心技术（微处理器研制技术），INTEL 在与诸如 DELL、IBM 等计算机厂商的合作中，始终保持着价格谈判优势。

（2）制度创新。随着高科技的迅速发展，市场竞争日趋激烈，为了适应新形势的发展，企业必将淘汰一批人员。而企业的制度创新主要是对原有的企业组织制度进行彻底再造，同时对企业和员工在知识方面提出了更高的要求，即构建起"学习型企业"。可以预见在知识经济时代真正具有竞争力和生命力的企业，一定是能为员工提供良好培训条件和学习环境的"学习型企业"，"学习型企业"的诞生是企业组织制度的一项创新和革命。

知识产权工业价值将近 1 000 亿美元。在过去的两年中，知识产权的官司此起彼伏，最近趋于平静。通过法律手段来保护核心能力的做法，一方面会导致大量的费用，另一方面也不利于技术的提高；而通过道德来保护核心能力，在信用机制尚未形成的今天又显得软弱无力。像 IBM、通用以及生物制药领域的巨头们，逐渐明白了保护核心能力的真理。

---

① 李润珍：《知识经济与企业创新》，载《机械管理开发》1999 年第 2 期。

4. 契约保护

契约保护是指用契约来规范虚拟企业参与方的行为。虚拟企业是一种临时性的组织，他的联结也要用契约。但是虚拟企业不是我们所讲的完整意义上的"组织"，它既不是企业也不是市场，而是介于市场与企业间的一种"中间组织"。中间组织理论是西方经济学的新流派——交易费用经济学所提出的一个重要学说，日本著名学者今井贤一认为，在市场关系与组织关系之间，兼具二者特征的东西，就是中间组织。企业可通过虚拟企业形成一种中间组织关系，处于这种"中间组织"中的企业，它们的关系在形式上保留着许多交易的关系特征，但与那种组织内部关系类似的关系也融在了它们的关系中，这种"中间组织"关系可以说是既非组织外部关系，又非组织内部关系的第三种企业关系。我们可以用交易费用理论和委托代理理论来分析虚拟企业的契约管理特征。

当某一企业（盟主企业）发现某一市场机遇时，但同时又发现自己不具备迎合和把握该市场机会的完全能力，则它开始考虑采用虚拟企业的运作模式，并积极组建联盟。虚拟企业是基于契约基础上建立起来的，盟主企业要与各个盟员企业签订合作契约人，这样就形成了一个基于契约网的运行模式。因此，契约管理就成了动态联盟中的核心因素。这种契约应具有很大的灵活性并且是动态变化的，所以又称为动态契约或动态合同。

（1）动态合同的特点。第一，动态合同在内容上应提供许多灵活性选择的条款，合作条款应视合同方工作情况和市场变化而定。第二，动态合同应不采取或不鼓励一次性合同的做法，而是采用"序列合同"的形式，即只有在完成上一合同条款的基础上，才可以执行下一合同。第三，动态合同应在虚拟企业不同的层次、不同的工作阶段采取不同的合同形式，以有效规避风险。

（2）动态合同的内容。第一，检查机制。虚拟企业作为一种以市场利益为驱动的、暂时性组织结构，是一种松散型的组织形式。由于信息不对称情况的存在，盟员企业在利益的驱动下可能会做出一些败德行为，所以在虚拟企业运行过程中，必须有相应的动态检查机制对盟员企业的行为进行约束。第二，激励机制。盟主企业积极组建虚拟企业目的是为了获得最大利润，这需要盟员企业进行必要的事前专用投资，提高盟员企业参与动态联盟的资源敏捷性，提高产品的 T、Q、C、S 性能，增强动态联盟的市场竞争力。另外，还应引入竞争机制，通过业务量的竞争分配，来提高盟员企业的积极性，增强盟主企业的凝聚力，提高动态联盟的效率和稳定性。第三，利润/风险分担机制。盟员企业参与虚拟企业的根本目的是为了在一定风险下获得相应的市场效益。在虚拟企业中收益和风险是不可分割的。能否实现盟员企业间的公平分配与风险的合理分担是一个决定动态联盟成败的关键问题。第四，清算机制。为了保证动态联盟的顺利进行，最大程度上规避风险，动态合同中必须有明确的清算条款。

（3）动态合同的风险及其防范。在虚拟企业中，盟主企业对盟员企业是分阶段按序列执行动态合同的，如果盟员企业在该阶段没有达到合同的要求，那么他将失去下一阶段的业务，并且也会为本阶段的工作不足而受惩罚。有些情况是盟员企业拒绝完成合同任务并且也交纳罚金，那么盟主企业就会受损失。因此，在执行动态合同的过程中，盟主企业和盟员企业都会面临风险，这种风险主要体现在合同的低效执行而给盟主企业或盟员企业带来的损失上。比如，某敌意联盟甲，可以替乙联盟中的 A 企业向乙联盟交纳因低效执行合同而应交的罚金来达到击败乙联盟盟主的目的，乙联盟中的 A 盟员企业有可能因为眼前利益而与甲联盟共谋，那么乙联盟就会受到损失。因此，动态合同在形式上是一种"硬性约束"，而动态合同字里行间所体现出来的"软性约束"对盟员企业更具有激励作用。比如在动态合同中引入业务量竞争分配机制，为盟员企业建立一个美好的愿景，可以规避动态合同执行过程中的风险。

第 14 章

战略联盟中的知识管理

§14.1 企业战略联盟知识传递的理论基础和模型建立

☞ 14.1.1 战略联盟中知识传递研究的理论基础

关于知识传递的理论研究，不少学者从不同视角进行了相关的研究，但对于指导战略联盟中知识传递的理论，比较贴切的有以下几点：

1. 知识分工与知识积累理论[①]

Becker 和 Murphy（1992）在《劳动力、协调成本和知识的分配》一文中提出了知识分工和积累理论，将知识积累效果引入对劳动分工与经济增长的分析。他们认为，完成任务的时间包括知识积累的时间和完成任务本身所需的工作时间，知识以一种特殊方式固化在某个事先设计好的资本

[①] 详见 Gary S Becker & Kevin M Murphy, The division of labor, coordination costs, and knowledge, Quality Journal of Economics, pp. 1137 – 1160, Vol, CVII Nov 1992, Issue4.

载体中，知识积累效率越高，报酬递增效应越明显，而知识积累效率的提高依赖于知识专门化前提下所进行的有效分工。这种专门化分工意味着知识投资在时间和空间上可能具有差异以及知识投资的风险。因此，知识的收益和价值取决于知识在特定的时间和空间下对组织目标的贡献，也就是说不同的专门化知识在组织中的作用是不同的，只有能够满足社会需要和市场的知识才能获得价值的实现。

企业原有的知识积累是企业获得竞争优势的重要条件，但是市场环境的迅速变化有可能使企业原有的专门化知识积累难以应付新的局面，企业通过战略联盟伙伴间的知识传递，能够实现企业知识专门化和多样化的统一，形成知识协同作用，既能降低知识投资的风险，又能获得持续的报酬收益。

2. 野中郁次郎的知识创新理论①

日本学者野中郁次郎在对一系列公司的知识创新过程进行了实证研究的基础上，于1995年首次提出了知识创新的过程模型 SECI。他认为，显性知识和隐性知识转换有四种模式，即社会化（Socialization）、外在化（Externalization）、组合化（Combination）和内在化（Internalization），如图14-1所示。通过这四个过程不断地相互转化，导致知识创新的永无止境，螺旋上升。并且，这种知识转换不仅仅发生在个体与个体之间，也发生在个体与组织之间，组织与组织之间，而且上述知识的转换与知识传递是同时发生的，不断丰富着个人和组织的知识库。正是这种持续不断的动

图14-1　知识创新 SECI 模型

---

① Nonaka I, Takeuchi, H. The knowledge creating company: how Japanese companies create the dynamics of innovation, New York: Oxford University Press, 1995, 64~83.

态过程，使企业的知识保持一种活力，继而使企业实现持续不断的创新能力，获取持续不断的竞争优势。

战略联盟中的知识传递正是组织间知识创新的最大范围延伸，是知识创新在组织层次的升华，它解释了战略联盟知识传递的重要性，它是联盟企业不断获得知识创新，获得竞争优势的源泉。

3. 知识市场的路径依赖理论[1]

这是经济学家阿瑟（B·Arthur，1989）在分析高技术市场规模报酬递增的基础上提出的。该理论认为通过观念、技术和生产等的领先而获得市场领先，从而获得知识投资的报酬递增。因此，企业缩短知识创新、新产品和新服务面市的时间，是实现与提高知识投资收益的关键，而一旦领先市场，根据学习曲线和规模报酬递增原理，新产品开发的投资收益会不断提高。如 VHA 制式录像带成为主流产品与行业标准，就迫使其他厂商都遵循之。企业间在战略联盟条件下，可以通过知识传递，形成产品知识优势，克服产品创新和商品化中的各种问题与困难，提高产品开发的速度与效率，提高市场领先的能力。

4. 知识能力过剩理论[2]

市场中不同规模的企业，由于技术、经济和政府管制等方面的不同，将在规模经济和范围经济显著的资产上有不同的投资和管理积极性。纵向一体化的大型企业和企业集团倾向投资于规模经济；而中小型企业，则感兴趣于专门性资产的有效管理，两种投资积极性都会造成知识能力的过剩。因为独立的经济实体无法根据个人效用来估计专门性资产上的投资所带来的外部成本和知识能力的增长，公司制具有投资甚至是过分投资的强烈愿望，其在专门性资产的有效运营与管理上积极性不高，因此在市场多变、知识极易贬损的情况下，公司制不可避免地会出现资产投资和知识能力的过剩。在市场结构下的众多小企业，虽然在专门性资产的进一步投资

---

① Arthur Eliot Berkeley, The Most Serious Faults in Labor-Management Arbitration Today and What Can Be Done to Remedy Them, Labor Law Journal, November 1989, pp. 727~733.
② 引自武晓波、刘清华：《基于知识观的战略联盟机理分析》，载《研究与发展管理》2003 年 2 月，第 12~16 页。

方面动力不足，但在既有资产的有效管理方面愿望强烈，使其在资产规模和范围经济不明显的条件上，比公司治理结构更具有知识优势，但如果彼此之间缺乏协调，市场结构下也会造成中小企业在某些资产上总的过度投资，同时由于市场快速变化，也会出现某些既有资产相对过剩的情形。

解决大企业知识能力过剩问题的主要出路是提高知识有效扩散的能力与速度，提高其市场占有能力，而利用公司之间的外部合作是重要手段之一；对于中小企业，关键是能否形成各自有限资产方面的协同，形成与大企业之间的知识、能力协同，最终提高市场抢先能力。因此企业间通过战略联盟知识传递可以有效避免专门性知识的过度投资，避免能力的相对过剩，实现知识的有效整合与协同。这就解释了大企业和小企业之间知识传递的动力源泉，但是对于实力相当的企业之间的战略联盟，以及其中的知识传递则无法很好的解释。

5. 知识缺口理论[①]

各个企业的知识系统具有异质性，同时具有有限性。在利用市场机会、开发新产品基于和实现战略目标时，企业现有的竞争能力不能够达到战略目标，这样在战略目标和企业现有的竞争能力之间就存在一个"能力缺口"。之所以出现能力缺口，是因为现有的知识体系与企业所要求的知识有一定的差距，即"知识缺口"。而外部企业所拥有的知识能弥补这一差距时，那么通过企业之间的合作建立战略联盟则能够有效利用市场机会、开发新产品和实现企业战略目标。如图 14 - 2 所示。

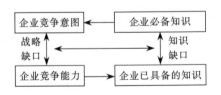

图 14 - 2　企业的知识缺口

---

　　① 引自刘化檩：《基于战略联盟的组织间学习研究》，首都经济贸易大学硕士论文，2004年。

　　从技术复杂性上来讲，开发一个新产品或新过程具有高度的风险性，需要许多常常是复杂的技术和市场因素的相互作用（Kline 和 Rosenberg，1986）。成功的开发需要组合不同来源的知识，需要有效满足多种维度的各不相同的业绩标准（Patel 和 Pavitt 1998）。当一个企业存在知识缺口时，就有寻求外援的需要。

　　这为企业根据自身的知识需求，寻求合适的联盟伙伴，并且积极管理战略联盟的知识传递，对于阻碍联盟中知识传递障碍的因素进行克服，提供了理论的指导。

6. 知识价值链理论①

　　在研究知识管理活动和过程的基础上，彭锐、吴金希把知识管理的活动分为两类：一类是知识管理的主要活动；另一类是知识管理的辅助活动，企业借助这些活动实现知识的价值增值，这个模型被称作知识价值链模型。如图 14－3 所示。

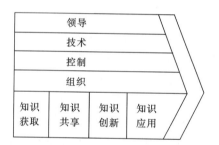

图 14－3　知识价值链模型

　　根据这个理论，战略联盟的知识传递过程就是企业知识获取的一个重要途径，通过与联盟伙伴的知识共享，促进知识创新，最终实现企业建立在以新知识基础上的持续的竞争优势。

---

　　①　彭锐、吴金希：《核心能力的构建：知识价值链模型》，载《经济管理·新管理》2003年第18期，第20～25页。

☛ 14.1.2　战略联盟知识传递模型建立

1. 战略联盟知识的分类

知识的分类方法有多种，但对于战略联盟中的知识，本文仅把与下文研究相关的知识分类方法叙述如下：

首先，根据波兰尼（Polanyi）的定义，知识可以分为两类：一类是高度个体化、难以形式化的隐性知识（Tacit Knowledge）；另一类是能够编码且能以系统方式表述的显性知识（Explicit Knowledge）。与战略联盟有关的知识不外乎于此，也分为这两类。

其次，Inkpen（1998）将企业战略联盟中的知识分为以下三类：第一，关于战略联盟的设计和管理的知识，这种知识可以用到将来的联盟网络中，拥有这些知识的企业要比其他企业更容易建立企业联盟。第二，联盟一方寻求拥有特殊知识的一方进行合作，但并不要求自身集成的知识，它仅仅通过战略联盟与其他企业合作可以得到。比如，一个物流企业与制造企业建立战略联盟，形成一个高效的产品供应系统，制造企业只需拥有提供优质的产品的相关知识，物流企业仅需有提供高效的物流运输的知识，不需要对所拥有知识进行进一步的发展和集成，那么这些知识被称作合作但并不集成的知识。第三，由联盟成员提供的，通过联盟活动，在联盟活动不够深入的地方被联盟成员继续发展用来提高自身能力的知识。这种知识被 Inkpen 称为联盟知识，是由联盟伙伴发展来的，这种知识的来源方式有两种：一是战略联盟为联盟伙伴的相互作用提供了一个平台；二是他们可能是由联盟与客户、竞争者，以及其他企业相互作用而产生的。

2. 战略联盟知识传递的特征

从组织角度来看，在市场中运作的主体根据其结合的紧密程度，可以分为企业、中间性组织和市场三种方式，战略联盟是介于企业和市场之间的中间性组织的一种，那么它在知识传递上，也有着与其他组织不同的特征。

3. 企业通过三种方式获取知识的优劣势

从知识的角度看，每个企业都是由不同知识组成的集合体。企业创立和保持持久竞争优势的关键不仅在于该企业所拥有的知识存量的多少，而且在于该企业获取企业所需知识的连续性和速度，这需要知识传递顺利进行。在市场经济的条件下，企业获取知识的方式有内部、市场和联盟三个方式。战略联盟就是介于市场和内部的中间性组织，它与企业、市场有所不同，如表 14 - 1 所示。

表 14 - 1　　　　企业获取知识的三种途径优劣势分析

获得方式	优　点	缺　点
企业自主研发	形成完善的价值链，掌握相关知识产权，培养自主研发能力	成本高，对所研发的新知识不能充分利用
市场	时间短，见效快	隐性知识难以获得
战略联盟	易于获得所需知识，产生新知识，发挥知识的其最大潜能，并且有利于隐性知识的传递	自身的知识可能被模仿或外溢

4. 战略联盟知识利用效率分析

（1）在企业内部的知识利用效率最低。假设企业处在没有市场、没有合作伙伴这个封闭的"匣子"里，如果生产一个产品需要三种知识，一种知识同时可以用在三种产品上。如果企业现有的生产产品只有 p0，所需知识为 k1、k2 和 k3，k1 还可以用到产品 p1 和 p2 上，k2 还可以用到产品 p3 和 p4 上，k3 还可以运用到产品 p5 和 p6 上，这时把知识运用的效率记为 -6；为了提高知识运用的效率，企业决定生产 p1 和 p2，这样 k1 得到了充分利用，同时 p1 还需要知识 k4 和 k5；p2 还需要 k6 和 k7，这样 k4、k5、k6、k7 又没有得到充分利用，它们还可运用于 8 种产品上，再加上 k2 和 k3，这样知识运用的效率成为 - 12。所以单独依靠企业内部来运用知识，则越是努力提高知识利用率，知识利用空间就越大，效率越低。

（2）知识在市场中的交易存在一个两难困境：如果知识拥有企业不将知识公开，知识需要企业则无从知道知识的价值，而如果知识拥有企业将知识公之于众，那么很难避免其他企业在不付费的情况下使用之。尤其是隐性知识，则更不易从市场上获得。

（3）在战略联盟中，当企业内部拥有能被运用到其他产品中，但又不十分完备的知识时，企业将通过企业间合作的方式向外部输出知识；而当企业拥有的知识不足以生产某种产品并且对所需知识的特征及其前景不很了解时，企业则是通过企业间的合作从外部引入知识。它避免了仅凭企业内部知识所形成的知识浪费或是知识缺乏，也远离了仅凭市场造成的知识的无法获得。战略联盟在利用知识方面的效率优势远远超过其他两种形式。

5. 战略联盟对隐性知识的传递优势

隐性知识和显性知识都是企业知识的组成部分，而且隐性知识对于企业来说更重要，这是由于：第一，隐性知识不容易从外部市场获得，隐性知识的差异决定了企业的差异，导致了企业在竞争中的独特性。第二，企业隐性知识具有路径依赖和历史依赖性，企业的竞争对手必须在类似的环境中通过类似的体验才能获得，费时而且昂贵。正如 Kugot 和 Zander（1993）指出，知识是具有经验性的，它需要很长时间才能积累到。第三，企业的知识存量所形成的知识结构决定了企业发现未来机会和配置资源的方法，同时也决定了企业内部各种资源效能的发挥程度。

战略联盟对隐性知识的传递有着超越其他组织的优势。首先，对于联盟的管理，各联盟成员都具有"共同身份"，它降低了交流成本，为隐性知识的"带土栽培"（企业环境的复制）和"个体嫁接"（关键员工的流动）提供了平台。其次，战略联盟成员合作的长期性导致了其有了彼此信任的社会资本，并且建立了独有的隐性知识传递的组织编码和交流习惯，促进了隐性知识的流动畅通，这都是联盟外的成员所无法获得的。

6. 战略联盟知识传递模型

一般来说，知识传递的发生涉及到两个主体：知识的提供者和知识的吸收者，因此知识传递的成功离不开知识提供方的共享与知识接受方的吸收。根据战略联盟的界定，参与联盟成员企业无论是通过建立合资企业，还是通过契约的形式建立的合作关系，甚至只是通过人员的交流，都给知识传递提供了空间和过程，我们在此把这个空间和过程抽象为一个知识传递的平台，它可以是有法人实体（合资企业），也可能没有法人实体（契约、人员交流等）。这个平台集合了成员企业的知识，也存在着平台与外界的相互作用，所以，联盟知识平台产生知识增值效应，最终形成 Inkpen（1998）提出的战略联盟中的三种类型的知识，即：联盟设计和管理知识，合作但不需集成的知识以及联盟知识。整个战略联盟知识传递的框架如图 14 - 4 所示。

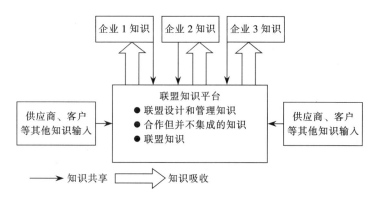

图 14 - 4   战略联盟成员企业的知识传递过程

战略联盟的知识传递主要分为以下几个阶段：

第一阶段：各企业向战略联盟共享知识，在这一阶段各个成员企业面临的主要问题为是否与其他联盟企业共享知识的问题，它是整个战略联盟知识传递过程的开始，只有成员企业自愿将本企业知识与其他成员企业共享，才能使战略联盟的知识传递优势得到进一步的发挥。在这里每个企业的知识共享行为将会影响到其他企业的知识共享决策，而反过来自身的知识决策也不得不受到其他企业的影响，但归根结底企业的出发点是如何使自己得到更大的知识优势，获得更多的知识回报。因此战略联盟知识共享的过程是一个各合作企业之间的相互博弈过程。

第二阶段：联盟平台的知识交流和知识增值。拥有不同专长的企业贡献各自的知识，并通过战略联盟这个平台，进行相互的交流和学习。在交流和学习过程中，相互启发和探讨，从而产生新知识。这种新知识对联盟来说是联盟的创新成果。对参与联盟的企业来说，它们在实现联盟创新成果的同时，不但可以进行显性知识的传递，而且可以通过边干边学实现隐性知识的传递。在这一阶段，联盟企业不但实现了联盟的目标，而且通过共同完成联盟的任务，加深彼此依赖程度，增强协调解决问题的能力，并能获得自己原先不具有的知识，为自身的创新打下坚实的基础。

第三阶段：各成员企业通过战略联盟进行知识的吸收。战略联盟不是一个拥有独立法人资格的企业实体，而只是各个联盟企业进行战略目标合作的平台，同时也是知识交流的平台，知识传递的根本目的是通过知识的交流与碰撞，产生新的有用知识并被联盟企业吸收，最终增强各个参加联盟的成员企业的竞争实力。在各联盟企业共享知识，并通过战略联盟过程整合的基础之上，各个成员企业共同拥有通过联盟的所有知识，因此，各个企业真正实力的获得就是对联盟知识中有价值知识的吸收情况。因此，知识吸收是知识传递的一个重要的过程。

经过以上的过程分析可以看到，战略联盟知识的传递是一个有知识付出，但是知识回报更大的战略选择。联盟平台的知识含量远远超越了联盟成员提供的知识数量总和，产生了知识协同增值效应，如图14－5所示。因此，对于建立战略联盟的企业来说，知识共享和知识吸收则要求更高。成员企业立足点应为自身是否向战略联盟共享知识，共享哪些知识；对于战略联盟中的知识，则需要成员企业增强自身的知识吸收能力，以求最大限度地吸收联盟知识，运用到自身的经营中，取得更强的竞争优势，知识吸收越充分，获得的收益越大。因此可得到：

图 14－5

战略联盟知识传递的成功 ＝ 成员企业知识共享 ＋ 高的知识吸收能力

对于成员企业的知识共享主要是指联盟伙伴企业是否愿意共享及共享过程能否持续下去的问题，因此研究的重点集中于知识长期共享的可能性分析；而知识吸收的关键则是能将战略联盟合作过程中产生的对企业本身发展有用的知识最大限度的吸收，因此，分析和解决吸收障碍是关键。

§14.2　企业战略联盟知识共享
可能性和吸收障碍分析

经过前面一章对知识传递研究框架的论述，我们得出，知识传递的顺利进行，需要联盟各方共享自有知识，并有效地对联盟平台进行管理，进而促进知识吸收的顺利进行。因此本章主要对知识共享的可能性，知识吸收的影响因素来对知识传递进行研究。

☛14.2.1　战略联盟知识共享可能性研究

1. 战略联盟知识共享过程的主要特征

战略联盟知识共享的目标是为了共同的战略目标，甚至是以获得对方知识为目的的长期合作。战略联盟的知识共享是两个企业之间的合作关系，它以联盟为平台，每一方都平等地扮演知识发送者和知识接受者的双重角色，既超越市场交易，又不存在控制与被控制关系。战略联盟是一种高度信任，长期合作的联合，因此知识共享的深度和广度比一般组织要高。企业通过联盟知识共享完成战略目标的同时，各成员企业的知识存量和创新能力都将得到增长和提高，但增长和提高的幅度受成员企业的知识吸收能力的影响。战略联盟的知识共享是一个长期的活动，它不因一次知识共享的完成而终结，而是无数次知识共享的长期过程，这也是战略联盟区别于其他中间性组织的一个显著特点。知识共享不是没有成本的，主动共享知识的一方要付诸传递成本，知识共享的前提是建立在获得知识收益基础上的。

2. 战略联盟知识共享的博弈特征

（1）战略联盟知识共享是非合作博弈。根据战略联盟的定义和特点，联盟企业之前虽有共同的战略目标，但是从战略联盟内部来说，联盟的目的是为了获得更大的收益，这是由企业的竞争的根本性决定的。另外，联盟企业虽有合作协议，但是他们不存在控制与被控制，企业之间具有相对独立性和平等性。所以我们研究联盟企业之间的博弈，应该从非合作博弈角度进行研究。

（2）战略联盟知识共享博弈是动态重复博弈。动态博弈的根本特征是各博弈方不是同时，而是先后、依次进行选择或博弈。因为参与人的行为有先后次序，所以后行动者在行动之前能够观察到先行动者的选择，并据此调整自己的战略选择。重复博弈是动态博弈的一个重要类型，当博弈只进行一次时，参与者只关心一次性的支付；而当博弈重复多次时，参与者就可能为了长远利益而牺牲眼前利益来选择不同的均衡战略。在战略联盟知识共享中，如果成员着眼于长远利益，一次的不合作行为将会导致长期收益的总体减少，那么知识共享的重复博弈将因此展开。

（3）战略联盟的知识共享博弈是完全信息博弈。完全信息指的是每一个参与方对所有其他参与方的特征、战略空间及支付函数有准确的知识，即没有事前的不确定性。战略联盟中，联盟各方都会对其他成员有了解和评估，这也恰恰是联盟成员选择合作伙伴的基础。并且在每一次战略联盟知识共享发生之前，成员对自身所需知识的类型以及通过合作所能获取的价值有明确的估计，同时对于自身应提供的知识也会进行筛选，对知识共享成本进行预算，最终在长期合作中使自身收益最大化。因此，在本章的研究视角下知识共享博弈是一个完全信息博弈。

3. 战略联盟知识共享可能性的博弈分析

我们知道，结成战略联盟的企业一般在两个或两个以上，但是为分析方便，选用两个主体之间的知识共享行为进行博弈分析，多个主体之间与此类似，只是更加复杂一些。假设战略联盟的知识共享在企业 A 和企业 B 之间进行。A 和 B 的原有知识的价值分别为 V_A 和 V_B，在知识共享的过程中，他们知识吸收能力系数为 $\alpha_A(0 < \alpha_A \leqslant 1)$ 和 $\alpha_B(0 < \alpha_B \leqslant 1)$，通过战略联盟产生的联盟增值为 V_{SA}，同时知识共享方共享知识产生的成本为 V_A' 和 V_B'，由此可得以下过程：

知识共享以前，知识价值构成：

企业 A：V_A 企业 B：V_B

假设只有一方向联盟平台共享知识，则该企业负担知识共享成本，联盟不能产生知识增值效应，另一方只能获取到战略联盟平台的合作而非集成知识（即对方企业的知识）。如果主动共享知识的企业为 A，B 选择不共享，则知识价值构成为：

企业 A：$V_A - V_A'$　　　　　　企业 B：$V_B + \alpha_B V_A$

类似地，如果仅有 B 选择共享，A 选择不共享，则知识价值构成为：

企业 A：$V_A + \alpha_A V_B$　　　　　企业 B：$V_B - V_B'$

如果双方都选择知识共享，双方都要承担共享成本，同时吸收联盟知识和对方知识，则各企业的价值构成：

企业 A：$V_A + \alpha_A V_B + \alpha_A V_{SA} - V_A'$　企业 B：$V_B + \alpha_B V_A + \alpha_B V_{SA} - V_B'$

博弈的战略表达式如图 14 - 6 所示。

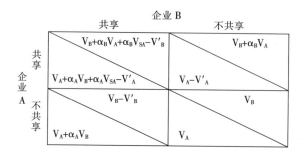

图 14 - 6　知识共享博弈战略表达式

从战略式中，以企业 A 为例，几种取值情况如为：

第一种情况，如果 $\alpha_A V_{SA} > V_A'$，则 $V_A + \alpha_A V_B + \alpha_A V_{SA} - V_A' > V_A + \alpha_A V_B > V_A > V_A - V_A'$，我们可以得出，这时的纳什均衡是（共享，共享）和（不共享，不共享），如果一方选择共享，则另一方必然选择共享；如有一方选择不共享，则都选择不共享。但是从获得的收益看，双方一旦建立战略联盟，则必然选择共享，因为双方进行知识共享是最优的，它超过了一方进行共享，而另一方不共享的收益，更远远大于双方都不进行知识共享时的收益，因此在这种情况下，双方都积极进行知识共享，它是建立战略联盟知识共享的理想状态。

第二种情况，如果 $\alpha_A V_{SA} < V_A'$，而 $\alpha_A V_B + \alpha_A V_{SA} > V_A'$，则有 $V_A + \alpha_A V_B > V_A + \alpha_A V_B + \alpha_A V_{SA} - V_A' > V_A > V_A - V_A'$，从双方的博弈策略组合来看，是一个典型的囚徒困境博弈。一次博弈结果只能惟一的纳什均衡，即（不共享，不共享）策略组合，结果为（V_A，V_B）。但是我们论证的是战

略联盟的知识共享，战略联盟着眼的是长期合作，甚至是永久性的合作，而不是一次性的合作关系。这样，这个博弈就变成了一个无限次的重复博弈，（共享，共享）是一个子博弈完美纳什均衡。稍后我们证明这个结论。

第三种情况，如果 $\alpha_A V_B + \alpha_A V_{SA} < V'_A$，则有 $V_A + \alpha_A V_B > V_A > V_A + \alpha_A V_B + \alpha_A V_{SA} - V'_A > V_A - V'_A$，则说明知识共享所耗费的成本比所获得的知识收益还要大，知识传递成本太高，那么在这种情况下，企业双方不会选择知识共享知识，（不共享，不共享）是最好的策略选择，企业摒弃战略联盟知识传递策略。

现在我们来证明第二种情况下我们所得到的纳什均衡的结论。

考虑下列战略，（1）开始选择共享；（2）选择共享直到有一方选择了不共享，然后就永远选择不共享，这被称为"触发战略"，因为任何一方只要选择了不共享将触发永远的不共享。

这样就涉及到对未来时间的价值判断的问题，存在着贴现率 $\delta_A(0 < \delta_A < 1)$ 和贴现率 $\delta_B(0 < \delta_B < 1)$，贴现率越接近于 1，则表明合作方越有耐心，对未来的收益越关注。为简化起见，我们从研究 A 企业入手，B 企业也是一样。

A 企业一直选择共享，则其效用为：

$$U_A = (V_A + \alpha_A V_B + V_{SA} - V'_A) + \delta_A(V_A + \alpha_A V_B + V_{SA} - V'_A)$$
$$+ \delta_A^2(V_A + \alpha_A V_B + V_{SA} - V'_A) + \cdots$$
$$= (V_A + \alpha_A V_B + V_{SA} - V'_A)\frac{1}{1 - \delta_A}$$

A 企业首先选择共享，而后选择不共享，引发"触发战略"，对方也将选择不共享策略，则必须一直选择不共享策略。此后的效用为：

$$U'_A = (V_A + \alpha_A V_B + V_{SA}) + \delta_A V_A + \delta_A^2 V_A + \delta_A^3 V_A + \cdots$$
$$= (V_A + \alpha_A V_B +) V_{SA} + \frac{V_A}{1 - \delta_A} - V_A$$
$$= \alpha_A V_B + V_{SA} + \frac{V_A}{1 - \delta_A}$$

如果要使企业一直选择共享战略则必须 $U_A > U'_A$，则有

$(V_A + \alpha_A V_B + V_{SA} - V'_A)\frac{1}{1 - \delta_A} > \alpha_A V_B + V_{SA} + \frac{V_A}{1 - \delta_A}$ 经过化简，则得到：

$$\delta_A > \frac{V'_A}{\alpha_A V_B + V_{SA}}$$ 同理，B 的贴现率应满足关系：$$\delta_B > \frac{V'_B}{\alpha_B V_A + V_{SA}}$$

根据前面的含义，只要双方有足够的耐心，并且对未来的收益比较看重，那么知识共享的战略联盟是可以建立的，这样就符合了战略联盟的实质需求：追求长期、稳定的合作，排斥短期行为，充分利用并发挥对方的资源优势来获得更大的收益，同时又使自己的能力得以加强。

但是，从现实经济规律角度考虑，博弈双方的耐心是有限度的，一般对远的利益不看重，更关心当前的利益，这就是说，δ 的取值靠近 0 一端，这样根据我们的分析 $\delta_A > \dfrac{V'_A}{\alpha_A V_B + V_{SA}}$，如果 $\dfrac{V'_A}{\alpha_A V_B + V_{SA}}$ 取较小的值，将使双方的合作成为可能。

4. 对结果的进一步讨论

经过以上分析可以看出，除非知识共享的成本非常高，大于通过战略联盟获得的收益时，战略联盟都有可能选择知识共享。其实在知识共享成本高于所获得的知识的价值的情况下，企业不会选择建立战略联盟，换句话说，企业一旦建立战略联盟，就有知识共享的可能性。但是在现实条件下，出现最多的便是第二种情况，即选择共享，可以长期获得收益；而一方选择不共享，则能够获得一次性的、较多的收益。由公式 $\delta_A > \dfrac{V'_A}{\alpha_A V_B + V_{SA}}$ 和 $\delta_B > \dfrac{V'_B}{\alpha_B V_A + V_{SA}}$，可得：

（1）如果 V'_A 和 V'_B 值较小，也就是说知识共享花费的成本越小，则双方选择共享知识的可能性越大。从现实角度看，即企业建立了顺畅的沟通渠道，一方共享时，另一方不共享，企业不会损失太多的知识价值，对自身的竞争力影响较小。可以理解为：即使自己共享了知识，对方违约，自己也不会损失太多；对方虽然获得了本企业知识，但是不是关键知识，对于知识共享一方的竞争优势不够成威胁等。

（2）如果 α_A 和 α_B 值较大，即在对方共享知识时对知识的吸收能力越强，则知识共享的可能越大；V_A 和 V_B 的值越大，即对方共享知识的价值越大，企业本身知识共享的可能性越大；V_{SA} 的值越大，表明战略联盟平台的增值效应越大，吸收知识后，获得的知识量越多，知识共享的可能性越大。可以理解为：企业学习能力强，并且对所需知识能够充分吸收，转化为自身的产品优势，企业越倾向于知识共享；或是企业急需某种知识，一旦发现对方拥有，就不惜代价获取，这样，企业之间易于知识共享；或是企业在建立战略联盟的过程中能够获得在某领域内的新飞跃，产生强大的竞争优势时，企业乐于知识共享。

5. 促进知识共享的策略

经过以上从博弈论的角度对战略联盟成员企业间的知识共享可能性的分析，我们知道，在知识共享成本足够低的情况下，战略联盟企业之间的知识共享行为是完全可能存在的，而且选择知识共享是各成员企业的最优选择。但是现实中还存在许多知识共享的障碍，因此，企业要从下面几个方面着手，扫清知识共享的障碍，使得知识传递过程顺利进行。

（1）降低知识共享成本。有效的沟通有利于增强企业间的信任，不但可以增加知识流动的速度，而且可以降低知识共享成本，因此可以促进组织间的知识共享。战略联盟成员企业间的沟通可以通过正式的，也可以通过非正式的，如战略联盟企业间的人事交流；技术项目小组；甚至是进行参观和旅游。①联盟企业具有共同的利益关系，如果能够以此为基础建立有利于知识共享的企业文化，同时注意彼此之间企业文化的相容性，也会降低知识共享的成本。②完善企业的知识基础，将知识模块化、标准化，可以减少知识共享的成本，缩短知识创新的周期。③建立发达的信息网络，使信息技术、网络技术围绕知识共享来建立顺畅的知识通道，使知识便于传递。④组织结构的设计要适应知识共享的需要，采取尽量扁平的组织结构。

（2）提高联盟成员的学习能力。首先，对联盟伙伴的选择需基于企业的知识互补性，即联盟伙伴拥有企业本身所不具备的知识和能力，并且还要着眼于知识的可获得性。如果一个伙伴没有自己所需要的知识和能力，那么联盟既难以形成也不会持久。其次，企业必须具有学习的主观意愿，才会去积极寻找、参与学习有价值的知识并加以吸收利用，组织要能够辨别有价值的外部知识，进而消化吸收并加以应用。最后，组织的吸收能力越强，则企业吸收转换外来新知识的速度与效率就越高，外部知识的价值就越大，吸收能力直接影响知识的传递与共享，在下一节中将详细分析知识的吸收能力。

☞ 14.2.2 企业战略联盟知识吸收障碍分析

1. 企业的知识吸收能力的概念

所谓知识吸收指的是将新知识纳入组织知识系统之中，并能加以有效地利用。Cohen & Levinthal（1990）首次提出了"知识吸收能力"的概念，随后得到了广泛的引用和讨论。企业的知识吸收能力是一个企业评价、吸收和利用外部新知识以实现特定商业目的的能力。Zahrav & George（2002）在此概念的基础上又把知识吸收能力的功能概括为对外部知识的获取、吸纳、转化并开发利用。获取是指企业识别和搜索企业运作必需的外部知识；吸纳是企业对从外部获得的知识进行消化和吸收；转化是指企业把已有知识和新获得的知识组合在一起，这一过程通过增加、删除知识或仅仅以不同的方式解释知识来实现；利用是企业把获得和转化的知识运用到经营中，提炼、利用和扩展现有能力或创造新的能力。

战略联盟的知识吸收能力是指企业知识吸收能力在战略联盟条件下的细化。本章主要的研究点在于联盟成员企业对以战略联盟为平台的知识进行识别、吸纳、转化并应用，成为成员企业通过战略联盟方式所获得的知识收益。

2. 战略联盟知识吸收的特点

战略联盟的知识吸收与一般意义上的企业知识吸收有所不同，它应具备以下特点：

（1）战略联盟的知识吸收是指成员企业通过战略联盟平台进行知识进行吸收，吸收的不仅包括合作企业的知识，还有通过战略联盟平台上的关于联盟设计和管理的知识，以及联盟知识。

（2）知识吸收界面广阔、友好。战略联盟中，经过长时期的重复博弈，与其他组织之间建立了超出纯粹市场交易的互惠、互赖的合作关系。联盟企业间建立了适合知识，尤其是隐性流动的、友善的接触界面。

（3）成员企业和战略联盟的知识相关度大。企业战略联盟源于共同的战略目标，企业要开发某种产品，但必需的知识不够；或者是企业拥有某些知识，但它们还有运用于企业之外的其他途径，于是就产生了合作意愿。因此，战略联盟合作企业之间的原有知识具有相关，与企业无关联的产品和知识领域不可能产生合作行为，这种知识相关性为企业吸收其他组织的知识奠定了基础。

（4）基于战略联盟平台与成员企业的知识相关性，使得战略联盟的知识整合效率比一般类型企业知识吸收的知识整合效率高。

☞14.2.3 战略联盟知识吸收障碍分析

尽管战略联盟对于知识传递有着先天优势，但是战略联盟的建立并不表明知识传递整个过程的成功。在现实中，由于存在联盟各方信息的不对称，传递路径限制以及自身能力等多个方面的原因，通过战略联盟进行的知识吸收还存在很多障碍。

根据战略联盟知识传递的路径，其主要障碍包括以下几个方面，如图14-7所示。

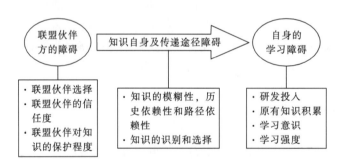

图14-7 战略联盟知识吸收障碍

1. 联盟伙伴方的障碍

其中包括选择合适的联盟伙伴，联盟伙伴之间的信任关系，联盟伙伴对自身知识的保护程度。

（1）联盟伙伴的选择。企业在决定联盟前，必须有详尽的计划过程。这里的计划过程不是指对合约细节的考虑，而是指企业在合作关系建立之前，必须仔细选择合作伙伴。例如，在合作过程中，合作伙伴是否会投入所需资源，企业和合作伙伴之间是否存在着相互沟通和交流的基础，合作伙伴所涉足领域是否与企业大幅度重合，等等。

（2）联盟伙伴之间的信任。在战略联盟中，联盟伙伴之间的信任对于知识吸收是有重要影响的，没有信任的存在，战略联盟必然貌合神离，自然也维持不了多久。如果联盟各方彼此信任，则出现机会主义的情况较少，联盟中的知识共享才可能成功，自然就促成了知识的吸收。Dodgson（1992）称，联盟企业之间需要很长的时间来建立良好的沟通途径，形成互信的关系，减少机会主义行为。而且选择可信的伙伴往往被作为战略来考虑，他通过六家企业的案例分析，指出很多企业要经过长时间的谈判来决定是否将彼此的合作关系推向深入。一般来说，成熟的联盟都会经历一个随着时间的推移，信任度由低到高的过程。因此，正确管理和处理联盟伙伴之间的关系，促进联盟之间的信任，是保证联盟知识吸收过程成功不可或缺的。

（3）联盟伙伴对知识的保护程度。联盟对象构筑的学习障碍还来自于其对自身知识的有意识的防范，为了保护其核心技术和商业诀窍不泄露给合作伙伴，联盟企业往往采取各种方式提高学习障碍。如选择低度参与的联盟形式。联盟的形式多种多样，既有双方参与程度较低的单边许可证协议，也有参与程度较高的股权式合资企业。参与程度高的形式由于更有利于双方的密切交流，因而使隐性知识的传递更为便利。Dutta 和 Weiss 论证道，技术水平高的企业，往往会选择低度参与的合作模式，他们倾向于签订较多的单边许可证协议，而组建较少的合资企业。如富士公司在其加入的各种联盟中，设立合作办公室，该机构专门负责信息的传递工作。这些控制机制的存在使其他公司对于内隐于行动之中的隐性知识的获取十分困难。

2. 知识自身以及传递路径的障碍

（1）知识的模糊性、历史依赖性和路径依赖性。正如前面所分析的，知识分为显性知识和隐性知识。显性知识容易被学习和吸收，而隐性知识具有其特有的模糊性、历史依赖性和路径依赖性，尽管战略联盟为其传递提供了可能，但是这并不等于知识传递的成功，它依旧是知识传递的障碍之一。

隐性知识的模糊性在于在学习过程中难以被理解和模仿，当联盟对象的知识模糊性高时，而隐性知识由于其难以表述，因此大大增强了学习的困难。由于战略联盟所需转移的核心知识基本上属于无法通过市场交易而获得的隐性知识，因此联盟的知识特性本身就蕴含着一定的模糊性。向合作者学习知识、技能的机会就受到了限制。

战略联盟各方的知识是在其各自独有的背景和环境中形成的，具备独自的特色，因此他们的知识有其自有的历史依赖性和路径依赖性，甚至对理解对方知识的本质产生障碍。例如，在法国的雷诺公司与瑞典的沃尔沃公司的联盟中，对于新型轿车的设计，法国人强调的是式样和成本的控制，而瑞典人强调的是工程制造和安全性。法国人担心瑞典人的高工程技术标准会带来成本的大幅增加，而且主张该款轿车应为前轮驱动；而瑞典人则主张后轮驱动。双方最后争执不下，大大延缓了新型轿车的开发时间。沃尔沃－雷诺联盟终于在 1994 年宣布解体。

（2）战略联盟的介入程度和知识选择。企业通过战略联盟平台吸收知识，涉及到从战略联盟平台向组织内部的知识吸收问题。一方面，对于成员企业在战略联盟中参与程度，在联盟中的地位以及参与的形式，如战略联盟的合作关系包括水平和垂直两个维度，是采用合资企业呢，还是契约的方式等；另一方面对于战略联盟平台的知识，要有选择性的识别和吸收，这需要有敏锐的目光和把外部知识转化为组织可识别的语言，来促进知识的吸收。因此，涉及到联盟和企业界面的管理问题。

3. 企业自身的学习障碍

（1）企业原有知识。企业的吸收知识和运用知识能力与先前的相关知识存量有关。行为科学的研究表明：原来的记忆能够使新的知识更容易被记住。企业的知识吸收能力是逐渐积累的，企业吸收的新知识大都与其原有知识相关，因此企业所拥有的原有知识将影响其吸收新知识的能力。企业成员原有的知识记忆导致了类似的新知识学习能够轻车熟路，以前的经验和绩效影响到新知识的学习并且能够使绩效在原来记忆的基础上进一步提高。解决问题的能力也是与以前的经验相关的，原有的知识使个体在解决问题时按照既定的启发模式进行思考，同时也更加固化了其解决问题的方法。

另一方面，组织内原有知识的多样化程度也影响到知识的吸收。单一的知识模式只能使企业在与己相关的知识面前有着较强的吸收能力，但是一旦有了新的机遇，并且看起来与企业固有的知识和思维方式有所不同，那么企业可能会视而不见，而且认为是非常可笑的，不足以得到企业的重视从而失去机会。相反，多样化的知识结构会使企业有着敏锐的知识目光，一旦发现有用的知识，就会吸收为我所用，从而使自己处于不败之地。

（2）对知识的渴望程度和学习方式。除了原有的知识之外，企业本身对学习行为的投入程度也会影响到其知识的吸收能力。对知识的渴望程度可以理解为：企业对于引进与学习新知识的迫切程度。当外部知识越容易取得与吸收，则企业对于吸收能力的发展就越不重视。但是，当企业所要学习的新技术越复杂，对企业的竞争优势影响越大时，则企业将需要越高层次的吸收能力，因此企业对于如何提升技术吸收能力的态度也会更为积极。

韩国现代汽车与大宇汽车之间的技术吸收能力差距，就是一个典型的案例。这两家公司在发展初期都与美国通用汽车公司有密切的技术合作，不过现代汽车是一家独资的本土型企业，坚持自主经营，与通用的合作仅是建立在技术转移与合作研究的基础上。而大宇汽车为便利取得整套的技术转移，因此采取与通用合资的方式，并且交由通用公司来主导大宇的经营发展。现代汽车公司虽然因为采取自主经营，相对来说比较难以自先进大厂取得成套技术，不过通过强化自主吸收能力与积极的技术引进策略，克服重重难关，技术吸收能力与自主创新能力反而要优于大宇汽车公司。分析现代汽车公司技术吸收能力较优的原因，主要是因为独资企业在技术取得与学习方面的门槛较高，必须积累更多的原有知识与投入更高比例的研发资源，并以更积极的态度进行新知识的吸收与学习，因此导致较强的技术知识水平与技术吸收能力。

将新知识吸收到企业的知识库之中，并能被企业有效使用，并非一件易事，也需要有一定的学习方法来相辅助。比如老师要求学生反复做练习题，目的就是要学生学习使用新知识，并将新知识纳入其知识库之中。当然也可以利用一些实验、实习与引人入胜的案例研究或一些具有挑战性的问题，来促使学生学习与使用新知识。与此类似，企业经常利用解决问题的机会来进行学习。因为在解决问题的过程中，我们经常需要学习与使用知识，然后问题解决的成果又可以创造出新的知识。所谓"做中学"，就是吸收与学习新知的重要手段和必要的过程。因此，企业的学习还在于找到自身最适合的学习方式，否则，也会给知识转移筑成障碍。

（3）研发投入对知识吸收能力的影响。外界环境的变化，使得企业对于新知识的需求不断加强，企业也必须投入越来越多的资源来提高自身的知识吸收能力。Cohen 和 Levinthal 的研究中采用实证研究的方式表明：企业知识吸收能力与研发投入具有密切关系。研发活动除了会带动创新与新产品开发，对强化企业的知识吸收能力也具有显著的效益。研发活动中的基础研究、技术转移、合作研究、与供应企业合作、派员出席技术会议等等，都会有助于企业引进新知识，这在无形中增长了企业知识吸收的经验，而且也增加了知识的丰富程度。

尤其是由于基础研究具有知识外溢的风险，所以许多企业并不热衷于投入这类研发活动，但是一些大型企业仍会将一定比例的研发资源投入于基础研究（如10%），其主要目的在于提高企业的知识吸收能力，以使企业成员能够快速吸收最先进的知识和技术，最终还是有助于企业重大创新成果的产出。

§14.3　"中国 TD—SCDMA 产业联盟"知识传递案例分析

☞ 14.3.1　"中国 TD—SCDMA 产业联盟"的形成

近年来，我国移动通信制造产业发展较快，但是我国这一产业的发展已经丢失了第一代、错过了第二代。目前这一产业基础设施的市场占有率仍不过10%，移动终端市场占有率表面上达到50%，其实多是贴牌生产。联通第一期 CDMA 网络建设中，我国企业只拿到了10%以下的市场份额，第二期 CDMA 网络建设中，还是国外大公司拿到了绝大部分份额。这就是说，在经济日益全球化的新格局下，如果我国通信业仍不能抓住机遇，发展第三代移动通信，我国移动通信市场就很有可能像移动第一二代那样仍被别人垄断。这第三代移动通信技术，就是我们所说的"3G"。据有关部门预测，未来我国的 3G 市场将会有 5 000 亿元的基础设施，5 000 亿元的终端市场，由此带动的产业链价值 10 万亿元。中国通信制造企业想要在中国庞大的 3G 市场和其他国家的 3G 市场里占有一席之地，我们必须拥有自己的移动通信标准和核心技术。为此，中国提出了 TD—SCDMA 标准。

TD—SCDMA 标准是中国具有自主知识产权的通信标准。TD—SCDMA 标准的构建和完善是一项浩大的系统工程，单靠一家或者几家企业来完成这项知识和技术含量极高的任务是不现实的。从前两代 WCDMA 和 CDMA2000 的前期发展来看，这两个标准都汇集了移动通信产业链上的许多厂家集体的研发。2002 年 10 月 30 日，大唐电信、南方高科、华立、华为、联想、中兴、中国电子、中国普天等 8 家通信制造企业自愿联合发起成立 TD—SCDMA 产业联盟。2003 年，又有 6 家企业加入 TD—SCDMA 产业联盟。2005 年 4 月 16 日，UT 斯达康、上海贝尔阿尔卡特、众友科技、上海迪比特、英华达、中山通宇、中创信测等 7 家企业正式加入 TD—SCDMA 产业联盟。

目前，"TD—SCDMA 产业联盟" 取得了令人瞩目的成绩。TD—SCDMA 产业联盟成员研发的产品包含了 TD—SCDMA 系统的所有组成部分，从基站、基站控制器到天线；从终端、芯片到测试软件等一应俱全。大唐、中兴、华为等企业形成了 TD—SCDMA 的整体解决方案；T3G、凯明等芯片企业在 TD—SCDMA 芯片研发上也取得了重大突破。2004 年 12 月 9 日，温家宝总理在荷兰接通了来自北京的全球第一个 TD—SCDMA 商用手机国际长途电话。这次真实商用环境下的通话，不仅打破了数万里的空间距离，更将成为 TD—SCDMA 产业联盟取得阶段性成果的重要标志。2005 年，TD—SCDMA 实现了从芯片、终端的全面突破到产业联盟的深入合作。

14.3.2 "中国TD—SCDMA 产业联盟"实现知识传递的因素分析

1. 联盟成员合作意愿和技术实力的审查

TD—SCDMA 移动通信标准的研究，需要不同领域交叉的知识和能力，即使像大唐电信这样提出 TD—SCDMA 标准的企业，仅仅依靠自身的知识和能力研发 TD—SCDMA 标准，也是一件不可能的事情。TD—SCD-

MA 产业联盟的各方有共同的合作意愿，并且技术实力各有专长，如联盟各方做出分工，大唐从事核心技术开发，中兴、华为、普天、南方高科等可能会专注于设备开发，华立要在芯片上下工夫，中国电子正在进行芯片和手机研发，联想将在手机和 PDA 上有所作为。联盟内各个成员能够把自己独特的能力和资源整合在一起围绕 TD—SCDMA 技术进行标准的推进与完善，以及产业的管理和协调，形成了联盟的协同效应。另外，在吸纳成员企业方面，针对申请加入 TD—SCDMA 产业联盟的企业，根据《TD—SCDMA 产业联盟章程》，对企业进行严格的资格审定，在考察了企业在 TD—SCDMA 领域的研发投入情况后，经联盟理事会表决通过，才能被批准为 TD—SCDMA 产业联盟新成员。这些涉及到联盟伙伴的选择和评判，能否形成一个高效的联盟成员组合，是解决知识传递的最初问题。

2. 联盟成员的管理

在介入程度上，联盟成员分为：理事会成员和非理事会成员。理事会成员和非理事会成员有不同的审批制度和不同的权利义务。

联盟信任度管理上，TD—SCDMA 产业联盟倡导"团结、信任、合作"的工作方式，在信任的基础上，减少成员之间的冲突，同时又存在一定的竞争关系。只有具备坚实的信任基础，才能使 TD—SCDMA 产业联盟内的各个成员在相互合作过程中，在保护各自专有知识能力和与成员伙伴传递知识之间找到一种平衡。TD—SCDMA 产业联盟拒绝那些抱有投机心态的公司加入到联盟中来。联盟内各个成员坚守"共同完善和推动 TD—SCDMA 标准"这一宗旨，建立了更加紧密的合作关系，他们相互学习、创造和加强专业能力。

3. 以共同目标为基础的知识共享

"TD—SCDMA 产业联盟为成员企业创造沟通和交流的平台，促进资源共享和互利互惠；竭尽全力进行 TD—SCDMA 标准的推进与完善以及产业的管理和协调；竭尽全力反映成员企业的心声，促进对话，促进合作，建议政府制定有利于 TD—SCDMA 发展的重大产业政策，提升联盟内企业的研究开发、生产制造水平。"这是 TD—SCDMA 产业联盟合作的共同目标，各联盟成员只有共同努力，舍小利，顾大局，才能获得中国有自主知识产权的技术突破，从根本上获得长远的收益。因此，联盟章程中指出：联盟理事会成员必须在 TD—SCDMA 领域的研发、制造等方面进行实质性的投入，主动按照各自企业的特点在产业链上协作，积极推动产业化的进程。这就要求各成员在根据自身特点和专长，为联盟建设提供技术与人力支持，实现以共同目标为基础的知识共享。

4. 联盟中知识吸收

对于联盟企业的知识吸收，除了前面提到的联盟合作方和联盟企业本身原因以外，对于 TD—SCDMA 产业联盟来说就是要传递的知识本身了，联盟间的知识分为显性知识与隐性知识。显性知识通常表现为具体的设计、技术和产品。隐性知识指的是主观的、不容易口语化与形式化、不易传递给别人的技术和诀窍。根据联盟章程，TD—SCDMA 产业联盟成员共享具有知识产权的 TD—SCDMA 技术，这是一种显性知识。另外，TD—SCDMA 产业联盟存在的最主要的优势就是要实现隐性知识的转移，联盟内部贯彻统一的知识产权管理政策，高度共享技术信息和市场资讯，还有很重要的一点就是学习方员工要尽可能融入合作方的整个运作系统中，尽可能实现充分接触，从而从中获取隐性知识及隐性知识的开发过程。

5. 知识产权管理和风险防范

面对国际社会越来越多的知识产权之争，我国 TD—SCDMA 产业联盟的顺利发展，面对知识产权问题是不可回避的，尽管于国外同行业知识产权问题尚无定论，但是对于 TD—SCDMA 产业联盟内部来说，规定了作为发起成立联盟的 8 家企业是联盟的理事会成员，理事会成员之间将完全免费共享 TD—SCDMA 的知识产权。而联盟的其他非理事会成员则享受由理事会成员以最低的市场价格转让知识产权。

如前文所述，TD—SCDMA 标准的建立必然潜藏着巨大的利润，联盟必须划分好将来各个成员的利益。否则，联盟就可能会内斗散伙或被对手各个击破而收场。因此，TD—CDMA 联盟各方必须实事求是地面对各自义务、责任与收益问题，而且要预测一些可能出现的利益分配以及竞争对手会以什么手法来破坏这个联盟等问题。

6. 联盟环境建设

在 TD—SCDMA 产业联盟培养互动式参与和分享的联盟环境，有关的项目研究是将有关科研人员组织到该联盟中心，成立专题研究小组（如 863－371 主题专家组），并利用通信网络或研讨会共享知识，使专题研究小组成员相互学习，进行知识交流和合作。

TD—SCDMA 产业联盟中企业各自的经营管理风格不同，就需要做到在经营观念、战略目标、组织体制、规章制度等方面取得一致，又不影响各自的文化传统，做好跨文化的管理和整合，增强员工之间的心理磨合。TD—SCDMA 产业联盟内的企业各自的经营管理模式不同，在企业文化上存在着差异。比如，偏重研发企业文化的联盟成员，必须和偏重市场企业文化的联盟成员加强交流和沟通。各成员必须相互了解彼此的文化，做好跨文化的管理和整合，消除文化差异对成员之间沟通造成的障碍。TD—SCDMA 产业联盟要提倡一种合作的、开放的、鼓励学习的文化，加强联盟的成员之间、不同部门之间的文化交流。

☛ 14.3.3 "中国 TD—SCDMA 产业联盟"的评析与借鉴

"中国 TD—SCDMA 产业联盟"的健康运行和技术成果的获得，离不开有效的知识传递过程。上节的分析表明，TD—SCDMA 联盟成功的实现了知识共享和知识吸收，同时围绕这两个环节完成了一整套系统的管理过程，包括最初对联盟成员的合作意愿和技术能力的审查，以保证整个联盟是一个高效、精干、具有互补知识和研发的能力的组合；联盟形成的过程中的参与维度和信任程度管理，从而使联盟以恰当的合作方式来运行；在联盟运行中，对可能出现的收益分配、知识产权等风险进行防范，对联盟的跨文化管理、经营风格管理进行了成功的探索。因此，"中国 TD—SC-DMA 产业联盟"的运行经验告诉我们，战略联盟的知识传递的成功，需要围绕知识共享和知识吸收两个关键过程，建立一套包括联盟伙伴选择、联盟方式选择以及联盟过程管理三个阶段系统管理的战略联盟知识传递机制，才能为战略联盟知识传递顺利进行提供有力的指导。

§14.4　企业战略联盟知识传递机制的构建

根据前面对于战略联盟知识共享和知识吸收影响因素的分析，结合"中国 TD—SCDMA 产业联盟"的实际案例，我们给出战略联盟知识吸收机制的过程模型如图 5 - 1 所示。

☛ 14.4.1　战略联盟伙伴的选择

一项重大的投资在确定之前，必须对投资对象进行全方位的评估。选择战略联盟伙伴也是如此，需要从知识传递的角度，对战略联盟伙伴的过去、现状和未来进行综合评价，才能保证以后的合作中知识传递的顺利进行。根据对知识吸收障碍的分析，本章主要从待选企业所拥有的知识和能力，联盟历史，为知识传递所做的准备以及文化背景几个方面来进行筛选。

第一，目标企业所拥有的知识和能力是考虑合作的基本目标，这是和联盟组建战略紧密联系在一起的，是知识传递顺利进行的第一要素。

第二，对待选企业的联盟历史进行分析，可以了解企业是否拥有组建战略联盟经验，如果该企业与多个组织建立了战略联盟关系，而且运作良好，那么这个企业就拥有丰富的战略联盟经验，即我们所说的联盟组建知识；并且从另一方面我们还可以看出该企业在与其他企业合作时的诚信状况，对自身知识的保护程度和保护方式，这无疑是日后合作情况的重要参考，减少了合作风险。

第三，知识的传递需要相应的硬件设施和管理理念，因此需要对此进行投资，因此还要考察目标企业对基础设施的投资情况，如需要的计算机、通讯、网络等硬软件设备，或是业务流程重组等，通过考察这些，可以判断对方是否有诚信进行知识的传递。

第四，联盟各方一致的文化背景能够减少成员企业的矛盾和冲突，强化成员企业行为的连续性和一贯性，提高知识传递的效率，因此需要联盟管理人员敏锐的意识到联盟企业间存在的文化差异，使联盟成员在不同背景文化的成员企业间进行良好的沟通。

以上四个方面是联盟伙伴选择的主要依据，在此推荐使用层次分析法来进行选择。

第一，如图14-8中第一步所示，根据层次分析法，建立选择最可信任的联盟伙伴决策的层次结构。目标层O为选择适合的合作伙伴，准则层

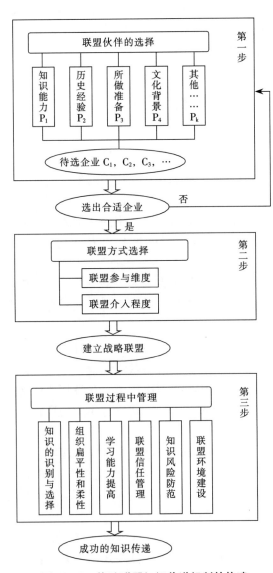

图14-8 战略联盟知识传递机制的构建

为 P，方案层为 C。P_1，P_2，……是选择联盟伙伴所依据的原则，C_1，C_2……是 n 个潜在的合作伙伴。

第二，针对目标层 O，成立一个专家小组对所有因素，P_1，P_2……进行两两比较，得到数据 a_{ij}，其定义和解释见表 5 - 1。记 $A = (a_{ij})_{k \times k}$ 则矩阵因素 A 为因素 P_1，P_2，……，相对于目标层 O 的判断矩阵。

$$A = \begin{pmatrix} a_{11} & \cdots & a_{1k} \\ \cdots & \cdots & \cdots \\ a_{m1} & \cdots & a_{kk} \end{pmatrix}$$

表 14 - 2　　　　　　　　　　对数据 a_{ij} 的定义和解释

相对重要程度	定义	解释
1	同等重要	目标 i 与 j 同样重要
3	略微重要	目标 i 比 j 略微重要
5	相当重要	目标 i 比 j 重要
7	明显重要	目标 i 比 j 明显重要
9	绝对重要	目标 i 比 j 绝对重要
2，4，6，8	介于两者之间	

下面我们采用方根法来求判断矩阵 A 的最大特征值（根）与特征向量。

（1）计算判断矩阵 A 每行所有元素的几何平均值：

$$\overline{\omega}_i = \sqrt[k]{\sum_{i=1}^{k} a_{ij}}, \ i = 1, 2, \cdots k$$

（2）将 $\overline{\omega}_i$ 归一化，即计算

$$\omega_i = \frac{\overline{\omega}_i}{\sum_{i=1}^{k} \overline{\omega}_i}, \ i = 1, 2, \cdots k$$

这样，我们得到 $W = (\omega_1, \omega_2, \cdots, \omega_k)^T$ 即为判断矩阵 A 的特征向量的近似值，也就是各因素的相对权重，即为目标层 O 对准则层 P 的相对权重。

（3）计算判断矩阵 A 的最大特征值 $\lambda_{max} = \sum_{i=1}^{k} \frac{(AW)_i}{k\overline{\omega}_i}$，其中 $(AW)_i$ 为向量 AW 的第 i 个元素。

（4）计算判断的一致性。我们采用一致性指标 CI 对判断矩阵的一致性进行检验。

$$CI = \frac{\lambda_{max} - k}{k - 1}$$

一般，只要 $CI \leq 0.1$，则矩阵是满意的，否则要重新判断矩阵。

第三，根据第一步的做法，分别给出方案 C_1，C_2，……C_n 相对于准则层 $P_i(i=1, 2, \cdots k)$ 的判断矩阵 B_i

$$B_i = \begin{pmatrix} a_{11}^{(i)} & \cdots & a_{1n}^{(i)} \\ \cdots & \cdots & \cdots \\ a_{m1}^{(i)} & \cdots & a_{mn}^{(i)} \end{pmatrix}$$

同理，我们可以求得准则层的各准则 C，对方案层 C 的单个方案的相对权重为 $W_i = (\omega_{1i}, \omega_{2i}, \cdots, \omega_{ni})^T (i=1, 2, \cdots, k)$ 即为判断矩阵 B_i 的特征向量的近似值。

第四，由第二步与第三步的计算我们得到了目标层对准则层的相对权重和准则层 P 的各准则对方案层 C 的 n 个方案的相对权重 $W_i = (\omega_{1i}, \omega_{2i}, \cdots, \omega_{ni})$ $(i=1, 2, \cdots, k)$。那么，对目标而言，各方案的相对权重是通过 W 和 W_i 组合而得到的，其计算过程见表 15 – 3。

表 15 – 3 　　　　　　　　组合权重 V 的计算过程

C 层 ＼ 权重 ＼ P 层	因素及权重 P_1，P_2，$\cdots$，P_k ω_1，ω_2，$\cdots$，ω_k	组合权重
C_1	ω_{11} 　ω_{12} 　$\cdots$，ω_{1k}	$V_1 = \sum\limits_{i=1}^{k} \omega_i \omega_{1i}$
C_2	ω_{21} 　ω_{22} 　$\cdots$，ω_{2k}	$V_2 = \sum\limits_{i=1}^{k} \omega_i \omega_{2i}$
$\cdots\cdots$	$\cdots\cdots$	$\cdots\cdots$
C_n	ω_{n1} 　ω_{n2} 　$\cdots$，ω_{nk}	$V_n = \sum\limits_{i=1}^{k} \omega_i \omega_{ni}$

这时得到的 $V = (v_1, v_2, \cdots, v_n)^T$ 即为 C 层各方案的相对权重向量，这样便完成了总排序 $V_i(i=1, 2, \cdots, n)$ 中的最大者 $\max V_i$ 所对应的方案即为最优方案，也就是我们应选择的合作伙伴。

☛14.4.2 联盟方式选择

1. 根据知识吸收需求决定企业参与维度

战略联盟中按照价值链的不同可分为纵向联盟和横向联盟。横向联盟提供给成员企业的主要有类似的、多种多样的观念和知识资源，扩大企业对现有知识的范围，从而引发创新。而纵向联盟主要是为企业本身的进一步发展获取创新必需的互补资产，它可以深化企业专业知识，让企业接近和获取生产新产品所需要全部资源和资产。简单地讲，横向联盟有利于扩大知识的广度，而纵向联盟有利于提高知识的深度。从上述分析可以看出，成员企业的参与维度暗示了企业加入联盟的动机，企业对外界知识的需求不同，合作参与的维度也应该不同。

2. 根据企业原有知识积累确定企业在联盟中的介入程度

企业合作介入程度表现在合作方式上和交易内涵上。如前所述，战略联盟的建立存在多种形式，一般分为非股权合作和股权合作。非股权合作包括非正式合作和契约合作；股权合作可以分为相互持股型和对等持股型，介入程度从非正式合作到对等持股型的介入程度逐次加深。合作的介入程度还与交易内涵密切相关，同样的合作方式，交易内涵的异质性越大、流动性越小，合作介入程度就越深。管理者应该根据企业先验知识的积累情况循序渐进地安排合作的介入程度，逐渐吸收更为复杂的隐性知识。见图14-9。

图14-9 战略联盟形式的介入程度比较

☛14.4.3 战略联盟过程中管理

1. 知识的识别和选择

如前所述，战略联盟中的知识分为三类，对于联盟企业来说，并不是所有的知识都对企业有价值，联盟设计和管理知识对企业以后的联盟活动提供经验；需要合作但并不集成的知识，仅仅需要和其他企业合作就能获得，并不需要学习；而联盟知识则是和企业战略目标一致的、用来提高自身能力的知识，企业必须要学习。

因此企业的知识学习与吸收需要与企业的战略目标相协调，企业中需要有扮演"新知识引进者"（gate keepers）的接口角色，可以是企业的关键人物，也可以是企业专门的部门或委员会。这个角色既具有选择，识别外部新知识的能力，又知道如何将新知识转化为组织内其他人可以理解的语言。当外部知识较难获得或难以在企业内部扩散的时候，也需要"新知识引进者"监控外部环境或保证外部信息以一种可以理解的形式转移到研究团队之中。因此，负责边界管理的新知识引进者的职能主要有两方面：一是对外监控外部环境，评价企业可能需要的相关知识；二是对内向组织内部成员转移所获取的知识。我国民营高科技企业（如联想、华为等）在硅谷等尖端技术的发源地设立的科研机构，就起着跟踪世界技术发展方向的作用。

2. 企业自身的组织结构的扁平性和柔性

组织结构影响企业如何处理知识，是企业识别、吸收、整合和利用知识的基础。在其他情况确定的条件下，不同的组织结构有不同的知识吸收潜力。Van den Bosch 和 Henk（1999）对基本的三种组织结构的吸收能力进行过比较研究的基础上，得到这样的结论：职能型组织对企业吸收能力具有消极影响，矩阵型组织对企业吸收能力具有积极影响，事业部组织介于两者之间。矩阵型组织对企业吸收能力的积极作用在于它的扁平性与柔性，层级很少的组织结构，高度面向任务的集权制度等等。因此我们可以推断，与外部战略联盟相适应的具有扁平性和柔性特征的企业内部网络组织对企业知识吸收具有更积极的作用，反过来说，身处战略联盟中的企业只有保持相当程度的扁平性和柔性，才能更好地实现企业的知识吸收。

3. 提高自身的学习能力

研究表明，学习强度与原有知识是影响吸收能力的两大主要因素，并且在一定程度上，学习强度可以弥补原有知识的不足。基姆（1998）曾对企业原有知识与学习强度两者的互动关系做过考察，建立了原有知识和学习强度之间的联系分析矩阵，如图 14－10 所示。当两者都高时，企业吸收能力水平就高，当两者都低时，企业吸收能力水平也低；当原有知识水平较低而学习强度较高时，企业吸收能力水平将能提高，吸收能力由象限 3 向象限 4 移动；当原有知识水平较高而学习强度较低时，企业吸收能力将降低，吸收能力由象限 1 向象限 2 移动。

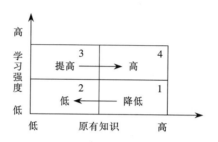

图 14－10　原有知识，学习强度组合对企业吸收能力的影响①

（1）如果战略联盟中的安排使自身减少了知识学习的难度，则企业本身可能会因为学习强度过小而影响企业吸收能力的发展。因此在战略联盟的设计环节应注重联盟的安排形式，不宜照搬而是注重企业自身的学习能力，从而提高成员企业的知识吸收能力。企业还可以在其他方面提高企业自身的学习能力，如开发知识库，通过网络进行查阅、使用、供员工学习；建立联盟网站，使联盟企业共享经验，发布新闻，资料共享，提高市场反应速度，员工能通过内部网络传播各种联盟工具、联盟伙伴和联盟信息等。紫光集团就与各合作伙伴、专家学者建立了发达的知识网络，通过知识网络共享和发掘知识，从而为紫光的进一步发展提供了必要的知识储备。（2）知识地图是又一种促进企业学习能力的工具②，当遇到知识难题时，它能通过获取知识源信息，对该知识进行分类和管理，使知识拥有者和知识需求者能迅速建立联系，进而利用现有知识为企业创造价值。尤其在战略联盟中建立知识地图，使知识可获取范围又进一步扩大了。另外，还可通过视频工具使分处两地的像面对面一样的交流，消除了空间距离所

---

① 　Kim，L. Crisis Construction and Organizational Learning ：Capability Building in Catching-up at Hyundai Motor. Organization Science，1998 ；9（4）。

②　引自刘化檩：《基于战略联盟的组织间学习研究》，首都经济贸易大学硕士论文，万方数据，2004 年 3 月。

造成的障碍。

4. 联盟之间的信任

为取得预期的学习效果，首要的一点就是联盟组织之间的相互信任，这是保证学习活动有效进行的基础。要建立起组织之间的相互信任，企业必须具有较为长远的合作意向，从本企业自身做起，我们知道，成员企业的知识共享是无限重复博弈的过程，任何一方的触发战略都会导致联盟的失败并且失去长远的收益。从公平合作角度使各方互惠互利。最著名的例子是 1995 年马狮公司同其供应商共同开发厨房用品的例子。产品上市 4 个月后，供应商发现算错了生产产品所需的劳动工时，因此价格算低了。当供应商将这一情况告诉马狮公司时，马狮公司认为产品的价格不能改变，因为价格已经列入商品目录中，但为了不使合作伙伴遭受损失，马狮公司帮助供应商重新设计产品，在不影响产品性能的前提下降低了成本。此外，马狮公司还降低了自己的毛利率，让利给供应商。正是由于努力与供应商建立长期的信任关系，才使马狮公司历经百年而不衰。

5. 知识风险防范

战略联盟建立之后，在知识传递方面，主要面临两方面的风险，一方面为联盟伙伴的机会主义，即联盟发展过程中，联盟伙伴拒绝共享知识，使得知识传递无法进行下去从而合作失败；另一方面，由于知识的过分外溢，使企业自身的核心竞争力丧失。

为了防止联盟成员的机会主义，除了自身讲究诚信原则以外，还需要在联盟内部建立一套防止相互欺骗和机会主义行为的规范机制。（1）建立机会主义行为的防范机制，制订知识传递的合同或契约。在合作协议中，对于不合作的行为进行惩治，可促进成员企业清除行为预期，抑制机会主义行为的发生。（2）提高退出壁垒。通过成员企业相互间的不可撤回性投资来"锁住"对方，即如果企业放弃结盟关系，那么它的某些资产，如场地资产、人力资本资产和商誉资产都将受到很大的损失。换句话说，这些资产绝大部分具有沉淀沉没成本，一旦企业发生机会主义行为，它将不能逃脱联盟其他成员对它的惩罚。

另一方面，企业既然建立战略联盟，就不可避免与合作伙伴的知识流通，在这个过程中，要把握好合作的"度"，以免核心能力的丧失。这需要：首先，明确合作范围。双方应该预先明确相互交换技术，以确保双方都有利可图，同时也可以明确合作范围。如 AT&T 与日本电气公司〔NEC〕达成相互交换的技术协议：AT&T 向 NEC 提供计算机辅助技术，而 NEC 则向 AT&T 提供计算机芯片技术。有了这些安排，经理们就可以与来自联盟伙伴的人员密切合作，而不用担心会将涉及企业核心的知识或技能泄露出去。其次，在联盟协议中加入保护性条款。如 TRW 有限公司和日本汽车零部件供应商结成联盟，在联盟协议中，TRW 规定了详细的保护性条款，禁止联盟伙伴与 TRW 竞争，向美国的汽车制造商，如通用、福特等供应汽车零部件。这就排除了日本公司通过结盟进入 TRW 的原有市场，成为 TRR 的竞争伙伴的可能性。

6. 创建适宜的联盟环境

知识的学习和共享常常不是一个自然的过程，知识的拥有者为了保持自己的优势，有时并不愿意将自己的知识与人共享；知识的接受者有时也不愿意接受自己不熟悉的知识，这对联盟的知识学习和共享非常不利。因此，在联盟过程中，应该努力营造宽松的、有利于员工交流和学习的环境，鼓励分享，由环境驱动知识的学习和共享。联盟可以通过员工之间的正式接触，有些企业采用培训的方法来加强沟通，如开设联盟培训课程。还有，如建立跨联盟的项目团队、特别任务组等，鼓励面对面的交流，沟通效果良好，因而在促进知识的学习方面有着重要作用。近年来，西方企业在积极完善正式工作团队的同时，又开始着力培育类似于"实践社团"、"巴"等这样的非正式交流空间，这些非正式交流空间往往由专业相同，有着相同的兴趣爱好的成员组成，他们使用相同的专业术语，更容易交流。有的学者调查后发现，员工在工作场所获取的知识中，有70%来自于与非正式团体的成员的交流和沟通。因此，创建正式的工作团队，培育非正式交流空间，两者互为补充，在战略联盟条件下可以大大促进企业知识传递的效果。

☞ 14.4.4 对我国企业发展战略联盟的建议

1. 我国企业战略联盟现状

我国企业与跨国公司的战略联盟。我国企业与国外企业联盟开始于上世纪 80 年代，从 90 年代以来开始迅猛发展，到现在，我国引用外资，建立合作关系还在逐年增长，表 14 - 4 所示的为我国企业截止到 2003 年所吸收外商的投资数额及方式比重。

表 14 - 4   截至 2003 年中国吸收外商直接投资分方式统计表统计

方式	项目数（个）	比重	使用额	比重
中外合资企业	238 367	51.23	2 060.27	41.08
中外合作企业	54 512	11.72	866.19	17.27
外资企业及其他	172 392	37.05	2 084.97	41.58
总计	465 277	100	5 014.71	100

资料来源：《中国对外经济贸易白皮书 2004》，http://www.bjinfobank.com。

据商务部最新统计，2004 年全国新批设立外商投资企业 43 664 家，合同外资金额 1 534.79 亿美元，实际利用外资金额 606.30 亿美元，分别比 2003 年增长 6.29%、33.3% 和 13.3%。截止到 2004 年底，来自近 200 个国家和地区的投资者在华累计注册外商投资企业超过 51 万家，累计投入资金达到 5 700 亿美元。外商投资企业遍及制造业、服务贸易领域、农业、基础设施等几乎所有的行业，高新技术产业和服务贸易领域正在成为外商投资新的热点，全球最大的 500 家跨国公司中有 450 多家已在华投资。目前，跨国公司开始加快在中国设立投资公司和地区总部，特别是先期进入中国的跨国公司加快了对华迁移公司总部和投资建立研发中心的步伐，据初步统计，跨国公司在我国设立的研发机构已经近 700 家。

从企业战略联盟的知识传递来看，我国参与联盟的主要目的是吸收国外跨国公司先进的技术和管理理念，而对于国外企业来说，目的就是得到中国的原材料、廉价的劳动力以及中国的市场，如表 14 - 5 所示。也就是说，我国企业参与战略联盟的直接结果是，用原材料、劳动力以及市场来换取先进的技术和管理经验，以取得自身的发展，在这种情况下，中国企业的首要任务就是利用合作时机，最大限度吸收对方的知识，以求得自身的跨越式发展。

表 14 - 5　　　　　　广东 116 家三资企业投资动机调查结果

中方动机	比例（%）	外方动机	比例（%）
获得技术，进行改造	61.2	抢占中国市场	63.5
获得资金，扩大规模	51.0	利用廉价生产要素	43.9
利用政策，享受优惠	38.7	利用优惠，减少关税	46.9
利用外方优势打入国际市场	30.6	输出成熟或过时的技术	61.5
减少政府行政干预	20.4	分散投资风险	57.1
出口创汇	12.2	盈利机会多	68.8
扩大劳动就业	8.2		

资料来源：《中外企业合作的战略联盟特征与技术学习》，载《管理科学学报》1998 年 12 月。

从跨国企业向我国投资的过程中可以发现，从我国企业在联盟中学习的效果来看，妨碍我国企业知识学习的首要因素是我国企业自身的学习意识和学习能力，而联盟伙伴方面构筑的障碍并不明显。

其一，学习的投入和支持上看，外方企业为了取得高额的投资回报，一般非常重视员工素质的提高，经常举办一些员工培训，创造了一种相对开放的学习环境。有研究表明，几乎所有在华有较大型投资项目的跨国公司，都在我国设立了培训基地。许多企业为其在华雇员提供的培训机会和培训设施，与母国公司的雇员相差无几。此外，在减少外派人员成本和本土化经营的政策下，包括人力资源部门在内的许多重要职位都由中国人担任，这在组织上为知识传递扫清了障碍；

其二，向中国转移研发能力，提升其在中国产业的竞争力，已成为许多跨国公司的共识。据商务部研究院统计，截至 2004 年 9 月，著名跨国公司以各种形式在华设立的研究开发中心约有 750 家，其中仅 2004 年 1 ~ 9 月份就设立了 298 家，同比增幅达到 48.2%。为应对加入 WTO 带来的挑战，我国企业之间相互建立战略联盟的趋势也将加强，一方面会增强大型企业集团的整体实力，在研发、市场开辟或是在技术实力上互相补充、避免重复建设方面有重要优势；另一方面会使大型企业集团的所有制结构趋于多元化。从长期来看，我国产业结构将在世界范围内进行重组。家用电器及部分重化工业将成为我国参与国际竞争、实现"走出去"战略的重要力量。

2. 我国企业战略联盟知识传递中存在的不足

（1）我国企业在建立战略联盟过程中受约束并且学习动力缺乏。首先，过于重视投资规模和引进外资的数量。合资企业能享受税收减免和其他的优惠政策，这是吸引我国企业和国外企业合作的一大动力，同时，引进外资的规模是地方政府的政绩，受到国家政策鼓励。因此，合资的主要目标偏离了本来的知识吸收和传递，而是受到功利左右的。因此，只强调合作关系的建立，不惜成本代价，不注重知识的吸收。其次，知识吸收目标不明确。企业知识关注于合作形式的建立，而并没有把学习目标贯彻始终，认为只要联盟成立，自然会学到知识和技术，没有主动学习的意识。

（2）知识共享量不足。经过前面的分析，唯有企业之间知识的充分共享才能使知识传递顺利进行。我国企业原有的知识水平落后，大多数企业不具备在战略联盟合作中的知识优势，因此，只能通过拿市场换技术，拿原材料换技术，因此存在知识传递不平衡的问题，只有存在长期的知识优势，才能更加促进知识传递的持续性，同时才能稳固战略联盟的合作关系。

（3）知识吸收能力不够强。战略联盟的主要目的是知识的传递，根据本文前面部分对知识传递的分析，知识吸收能力的大小是关系知识传递的关键因素。我国的企业原有知识的缺乏，以及学习的动力不足，研发投入相对较弱，都导致了我国企业吸收能力的不足。

3. 对我国企业的建议

战略联盟是知识传递的充分实现，是我国企业建立战略联盟的终极目标，因此我国企业需要从各个方面加强自身的知识能力，从实力出发建立一套相适应的体系，同时还包括国家、社会等各方面的共同努力。

（1）发展自身优势，积极加入战略联盟。加入战略联盟对我国企业来说是促进自身发展，赶上国际先进水平的一条快捷途径。尤其在我国许多行业，自身的技术基础薄弱，自主开发需要成本高，通过联盟方式可以少走很多弯路。但是一个稳固的战略联盟需要企业自身的竞争优势为基础的。企业自身还应重新审视自身的价值链，着力发展自身的核心竞争力，凭借自身实力、积极创造条件，加入战略联盟。一些已经进入海外经营的企业，完全可以依据自身的情况选择不同的联盟方式，与国外企业建立战略联盟。还有些企业可以先在国内组建战略联盟，经过一段时间的探索与实践，具有一定的经验后再选择合适的国外企业组建战略联盟。无论如何，企业都要打造好自身的竞争优势。

（2）注重企业内部知识创新活动。在企业把知识看成自身优势的首要因素时，企业内部的知识管理成为关键环节，除了从企业外部吸收知识以外，企业还要增强自身的知识整合，共享和创新。Nonaka 的知识创新理论告诉我们，知识的创新过程分为社会化、外在化、组合化和内部化。因此企业中显性知识和隐性知识并重，同时促进知识的转化过程。加强组织内部的人力资源管理，重视对知识型员工的激励和管理，充分发挥"实践社群"、"师徒制"等方式的优点来促进隐性知识的传递。同时，加强企业的信息化，建立一套完善的相当于企业的数字神经网络的企业信息处理、传播反应系统，是促进知识管理的必要工具，也是构建战略联盟的技术基础。因为信息技术的采用可以为企业构建知识平台，从而提高知识的学习和使用效率。比如企业可以通过开发知识库，将专利、特殊技术等显性知识存放在知识库中，从而供员工学习和分享。有些企业还设立了知识主管，负责将企业显性知识转化为有形资产。

（3）谨慎选择战略联盟伙伴。选择战略联盟合作伙伴的关键点不在于企业规模，也不局限于是否是竞争对手，而在于对方是否拥有所需要的知识，在于双方的知识是否能够互相补充，相互促进，还有对方对知识的保护水平，即战略联盟是否能有助于联盟双方获取对方的知识和能力，做到双方互利、共同发展。可以说，双方企业的能力是战略联盟成功的基础。目前我国企业与先进国家企业的联盟，很多是建立在以本国市场换取外商资金、技术和管理经验的基础之上的。由于合作双方对企业的控制能力不对等，所获收益不对等，我国企业面临着失去市场或是无法引进先进技术的两难选择。有些跨国公司在挤占中国市场，获取丰厚利润的同时，还牢牢地控制了技术和技术创新。因此我国企业必须把好伙伴选择关。

（4）促进企业知识共享是战略联盟知识传递的前提和首要条件，没有成员企业间知识的共享，那么战略联盟的知识传递过程只能是暂时的，或是不稳定的。根据前面的博弈过程分析，只有各方将自身的知识共享到战略联盟平台，才能获得更大的知识收益，这是一个无限次重复博弈的过程，我国企业应注重联盟的长期收益，避免贪图眼前利益，采取"触发战略"，造成诚信和利益尽失。

（5）增强企业自身吸收能力。企业注重增强自身知识吸收能力，通过制定明确的学习目标、加强 R&D 等活动，包括在合资企业内部保留 R&D 机构和提高企业 R&D 费用占销售额的比例，等等。尊重知识，鼓励多元化，吸收各方面的不同意见，在企业内部形成良好的吸收机制。另外，建立激励机制，鼓励员工在企业内部进行个人或合作创新，促进知识开发，充分调动和发挥企业中每个成员的主观能动作用。尊重知识，也包括尊重每位成员的性格和情感，形成良好的人际交往氛围。在战略联盟界面管理上，充当"新知识引进者"的人员应当挑选那些既具备敏锐的知识眼光，又有能力把知识转换成企业内部员工能够理解的语言的精英分子。

（6）优化联盟环境。战略联盟要求国家和社会的大环境。政府和社会对知识的重视将为战略联盟的建立创造了良好的政策环境，并可以起巨大的推动和引导作用。第一，政府及相关管理部门要大力倡导对知识的重视。强调发展经济必须依赖于知识水平的提高，知识经济已经成为经济论坛上的主角。第二，政府必须向社会提供越来越广泛的机会和信息共享的条件。用公开的法律程序来取代幕后的行政手段，保障和服务与社会的经济文化发展权利，将经济活动的自主权、选择权和发展权还给社会和企业，还给市场。第三，为企业的发展创造有利的经济政策环境。如文化、信息产业等相关部门大力加强企业信息化的建设，由政府部门出面开展科学技术成果的交流，等等。

主要参考文献

1. Dorothy Leonard-Barton, The Factory as a Learning Laboratory, MIT Sloan Management Review, Fall 1992, Vol. 34.

2. Davenport, T. and Prusak, L. (1998): Working Knowledge: How organizations manage what they know, Harvard Business School Press, Boston, 1998.

3. P. E. Drucker. The Information Executive Truly Need, Harvard Business Review, January-February, 1995.

4. Bassi, L. J. (1997). Harnessing the power of intellectual capital, Training & Development, Vol. 51, No. 12, December, 1997.

5. Quintas, P., Lefrere, P. and Jones, G. (1997). Knowledge Management: a Strategic Agenda, Long Range Planning, Vol. 30, No. 3, June, 1997.

6. Wiig, K. M. (1997). Integrating intellectual capital and knowledge management, Long Range Planning, Vol. 30, No. 3, June, 1997.

7. Frappaolo, C. (1998). Defining knowledge management: Four basic functions, Computer world, Vol. 32, No. 8, 23rd, November, 1998.

8. Amidon, D. M. (1998). Evolving community of knowledge practice: The Ken awakening, International Journal of Technology Management, Vol. 16, No. 1 –3, 1998.

9. Davenport, T. and Prusak, L. (1998). Learn how valuable knowledge is acquired, created, bought and bartered, Australian Library Journal, Vol. 47, No. 3, August, 1998.

10. Hayek, F. A. 1948a. Individualism and Economic Order. Chicago: University of Chicago Press.

11. Nonaka & Konno. The Concept of "Ba": Building a Foundation for

Knowledge Creation [J], California Management Review, Vol. 40, 1998, (3).

12. V. Allee. The Knowledge Evolution: Expanding Organizational Intelligence Butterworth [M], England Heinemann Publishing Company, 1997.

13. Daniel A. Levinthal and James G. March. "The Myopia of Learning", Strategic Management Journal 14 (1993): 95 – 112.

14. John Seely Brown and Paul Duguid, "Organizational Learning and Communities of Practice: Toward a Unified View of Working, Learning, and Innovation", Organization Science 2 (1991): 40 – 57.

15. Wesley M. Cohen and Daniel A. Levinthal. "Absorptive Capacity: A New Perspective on Learning and Innovation", Administrative Science Quarterly 35 (1990): 128 – 152.

16. Donald A. Schön. The Reflective Practitioner (New York: Basic Books, 1983); Chris Argyris, Robert Putnum, and Diana M. Smith, Action Science (San Francisco: Jossey-Bass, 1985); and Robert Kegan, In Over Our Heads (Cambridge, MA: Harvard University Press, 1994).

17. Michael Polanyi. The Tacit Dimension (Gloucester, MA: Peter Smith, 1983).

18. Geary A. Rummler and Alan P. Brache, Improving Performance: How to Manage the White Space on the Organization Chart (San Francisco: Jossey-Bass, 1990).

19. Nancy M. Dixon. "Hallways of Learning", Organizational Dynamics 25, no. 4 (spring 1997): 23 – 34.

20. Thomas H. Davenport and Laurence Prusak, Working Knowledge (Boston: Harvard Business School Press, 1998), P. 92.

21. Art Kleiner and George Roth. "How to Make Experience Your Company's Best Teacher", Harvard Business Review 75, no. 5 (September-October 1997): 172 – 177.

22. Chris Argyris. Knowledge for Action: A Guide to Overcoming Barriers to Organizational Change (San Francisco: Jossey-Bass, 1993).

23. Karl E Weick. Sense making in Organizations (Thousand Oaks, CA: Sage, 1995), P. 28.

24. Art Kleiner and George Roth. "How to Make Experience Your

Company's Best Teacher", Harvard Business Review 75, no. 5 (September-October 1997), P. 3.

25. David Constant, Lee Sproull, and Sara Kiesler. "The Kindness of Strangers: The usefulness of Electronic Weak Ties for Technical Advice", Organization Science 7, no. 2 (1996).

26. Michael W. Macy. "Learning Theory and the Logic of Critical Mass", American Sociological Review 55 (1990): 809 – 826.

27. Jean Lave and Etienne Wenger. Situated Learning: Legitimate Peripheral Participation (New York: Cambridge University Press, 1991); Etienne Wenger, Communities of Practice: Learning, Meaning, and Identity (New York: Cambridge University Press, 1998).

28. Oliver Williamson. Markets and Hierarchies: Analysis and Antitrust Implications. New York: The Free Press, 1975.

29. Wiig, K. (1997). Role of Knowledge-based Systems in Support of Knowledge Management.

30. Sveiby K. The New Organizational Wealth, San Francisco; Berrett-Koehler, 1997.

31. [法] 查尔斯·德普雷、丹尼尔·肖维尔主编，刘庆译：《知识管理的现在和未来》，人民邮电出版社 2004 年版。

32. [美] 迈克尔·J·马奎特 (Michael J. Marquardt)：《创造学习型组织 5 要素》，机械工业出版社 2003 年版。

33. [美] Amrit Tiwana：《知识管理十步走》，电子工业出版社 2004 年版。

34. [美] 埃蒂纳·温格等著：《实践社团：学习型组织知识管理指南》，机械工业出版社 2003 年版。

35. [芬兰] 彭特·赛德玛兰卡：《绩效、能力和知识管理的整合》，经济管理出版社 2004 年版。

36. [加] 弗朗西斯·赫瑞比：《管理知识员工》，机械工业出版社 2000 年版。

37. [美] 保罗·S·迈耶斯：《知识管理与组织设计》，珠海出版社 1998 年版。

38. [英] 乔治·旺·科鲁夫：《知识创新：价值的源泉》，经济管理出版社 2003 年版。

39．［美］鲁迪·拉格斯等：《知识优势：新经济时代市场制胜之道》，机械工业出版社 2002 年版。

40．［英］尼克·海伊斯：《协作制胜：成功的团队管理》，东北财经大学出版社 1998 年版。

41．［美］卡尔·弗莱保罗：《知识管理》，华夏出版社 2004 年版。

42．［新西兰］斯图尔特·巴恩斯：《知识管理系统：理论和实务》，机械工业出版社 2004 年版。

43．［美］汉密尔顿·比兹利：《持续管理：如何在员工离开时避免知识流失》，电子工业出版社 2003 年版。

44．［美］杰西卡·利普耐克、杰弗里·斯坦普斯：《虚拟团队理论与案例》，经济管理出版社 2003 年版。

45．［美］哈维·塞弗特、彼得·伊科诺米：《没有指挥的乐队》，中信出版社 2003 年版。

46．［美］帕特里克·兰西奥尼：《团队的五种机能障碍》，中信出版社、辽宁教育出版社 2002 年版。

47．［美］R. Brayton Bowen：《激励员工》，企业管理出版社 2001 年版。

48．［美］杰克·D·奥斯本、琳达·默兰：《自我管理型团队》，人民邮电出版社 2004 年版。

49．OECD：《以知识为基础的经济》，机械工业出版社 1997 年版。

50．Verna Allee 著，刘民慧等译：《知识的进化》，珠海出版社 1998 年版。

51．南希·M·狄克逊著：《共有知识——企业知识共享的方法与案例》，人民邮电出版社 2002 年版。

52．［美］维娜·艾莉：《知识的进化》，珠海出版社 1999 年版。

53．［美］沃伦·麦克法兰等：《IT 战略与竞争优势》，高等教育出版社 2003 年版。

54．［美］比尔·盖茨：《未来时速》，北京大学出版社 1998 年版。

55．［美］艾尔弗雷德·D·钱德勒：《战略与结构》，云南人民出版社 2002 年版。

56．［美］鲁迪·提格斯等：《知识优势：新经济时代市场制胜之道》，机械工业出版社 2002 年版。

57．［美］查尔斯·M·萨维奇：《第五代管理》，珠海出版社 1998

年版。

58. ［美］彼得·德鲁克等：《知识管理》，中国人民大学出版社1999年版。

59. ［美］彼得·圣吉：《第五项修炼——学习型组织的艺术与实务》，上海三联书店1998年版。

60. 乌家培：《正确认识信息与知识及其相关问题的关系》，载《情报理论与实践》1991年。

61. 李宗红、朱洙：《团队精神：打造斯巴达方阵》，中国纺织出版社2003年版。

62. 黄立军：《企业知识管理理论与方法》，厦门大学出版社2002年版。

63. 王君、樊治平：《一种基于Multi-Agent的知识转移模型框架》，载《东北大学学报》（自然科学版），2003年。

64. 李顺才、常荔、邹珊刚：《基于知识链的知识扩散影响因素分析》，载《科技进步与对策》2001年。

65. 刘炳瑛等：《知识资本论》，中共中央党校出版社2001年版。

66. 陈则孚：《知识资本：理论、运行与知识产业化》，经济管理出版社2003年版。

67. 杨治华、钱军：《知识管理——用知识建设现代企业》，东南大学出版社2002年版。

68. 陈锐：《知识管理的实现思路与实现技术》，载《图书情报知识》1999年。

69. 王德禄：《积累、共享与交流》，http：//www.chinakm.com，1999年。

70. 郭强：《论KM与CKO制度的构建》，载《情报资料工作》1999年。

71. 丁蔚、倪波：《略论现代社会组织的知识管理》，载《图书情报知识》2001年。

72. 党跃武：《略论现代社会组织的知识管理》，载《图书情报知识》2000年。

73. 盛小平：《试析知识经济时代的知识管理》，载《情报资料工作》1999年。

74. 邱均平等：《知识管理与信息管理》，载《中国图书馆学报》1999年。

75. 朱晓峰、肖刚：《知识管理基本概念探讨》，载《情报科学》

2000 年。

76. 尹继东：《知识管理的主要层面和特点》，载《企业经济》2000 年。

77. 李敏：《现代企业知识管理》，华南理工大学出版社 2002 年版。

78. 王广宇：《知识管理——冲击与改进战略研究》，清华大学出版社 2004 年版。

79. 乌家培：《信息经济与知识经济》，经济科学出版社 1999 年版。

80. 王德禄：《知识管理：竞争力之源》，江苏教育出版社 1999 年版。

81. 王德禄：《知识管理的 IT 实现——朴素的知识管理》，电子工业出版社 2003 年版。

82. 柳卸林：《知识经济导论》，经济管理出版社 1998 年版。

83. 霍国庆：《信息主管与战略信息管理》，中国科学院文献情报中心博士论文，1999 年。

84. 徐勇、王福军等：《知识管理》，广东经济出版社 1999 年版。

85. 夏敬华、金昕：《知识管理》，机械工业出版社 2003 年版。

86. 韩经纶主编：《凝聚知识员工》，贵州人民出版社 2003 年版。

87. 李东：《知识型企业的管理与沟通》，上海人民出版社 2002 年版。

责任编辑：吕　萍　于　源
责任校对：杨晓莹
版式设计：代小卫
技术编辑：李长建

基于企业团队和员工个体双重视角的知识管理

马国臣　柳丽华　徐向艺　等著

经济科学出版社出版、发行　新华书店经销

社址：北京海淀区阜成路甲 28 号　邮编：100036

总编室电话：88191217　发行部电话：88191540

网址：www. esp. com. cn

电子邮件：esp@ esp. com. cn

汉德鼎印刷厂印刷

华丰装订厂装订

787×1092　16 开　28 印张　550000 字

2007 年 3 月第一版　2007 年 3 月第一次印刷

印数：0001—5000 册

ISBN 978 - 7 - 5058 - 6121 - 3/F·5382　定价：42.00 元